Prominente in Dresden

Norbert Weiß · Jens Wonneberger

Prominente in Dresden

und ihre Geschichten

edition q im
be.bra verlag

Impressum

Bibliografische Information der Deutschen Nationalbibliothek
Die Deutsche Nationalbibliothek verzeichnet diese Publikation in der Deutschen Nationalbibliografie; detaillierte bibliografische Daten sind im Internet über http://dnb.d-nb.de abrufbar.

KulturBrauerei Haus 2, Schönhauser Allee 37, 10435 Berlin
post@bebraverlag.de
Lektorat: Ingrid Kirschey-Feix, Berlin
Umschlag: Hauke Sturm, Berlin
(auf dem Titel abgebildete Personen: v.l.n.r: Erich Ponto, Erich Kästner, Gret Palucca, Otto Dix, Victor Klemperer)
Satzbild: Friedrich, Berlin
Schrift: New Baskerville 9/11 pt
Druck und Bindung: Finidr, Český Těšín
ISBN 978-3-86124-660-2

www.bebraverlag.de

Inhalt

Die Salzgasse in Dresden, um 1910.

Vorwort

»Die Welt steht auf kein' Fall mehr lang«[1] hatte der Possenschreiber Johann Nestroy im April 1833 mit ernster Miene von der Bühne herab verkündet, und sein »Kometenlied« pfiffen nicht nur in Wien die Spatzen von den Bäumen. Als man in den Jahren darauf, vor allem im Wiener, Prager und Berliner Blätterwald, aufgeregt darüber spekulierte, ob der für den Oktober 1835 angekündigte Halleysche Komet erscheinen und tatsächlich mit der Erde kollidieren könnte, der Weltuntergang also unmittelbar vor der Tür stünde, da antwortete der für seine spitze Zunge geschätzte und gefürchtete Journalist Moritz Gottlieb Saphir mit galligem Humor auf die von einer Zeitung an zahlreiche Prominente gestellte Frage, was man zu tun gedenke, wenn der fürchterliche Komet denn käme: »Ich packe meine sieben Sachen und übersiedle nach Dresden, denn dort passiert alles zirka dreißig Jahre später ...«[2]

Die sächsische Residenz, die Barocklegende der Wettiner, ein verschlafenes Nest? Freilich, rund 60 000 Seelen machen nicht unbedingt eine lebendige Stadt. Aber heißt es nicht, jede Stadt sei Rom und sich selbst genug? Die Dresdner jedenfalls begegneten dem Spott über ihre angebliche Provinzialität in der Regel mit großer Gelassenheit. Nicht aber, wenn er, wie im »Kasus Grillparzer« grobschlächtig daher kam. Der Wiener Dramatiker notierte – ungefähr zur gleichen Zeit auf Bildungsreise im Sächsischen und übel gelaunt – in seinem Tagebuch, welch einen miserablen Eindruck die Elbestadt und ihre Bewohner bei ihm hinterlassen hatten: »Drääsden. Gestern abends hier angekommen. Die Nacht hier verbracht. Nichts kann dem unangenehmen Gefühle verglichen werden, mit dem ich mich hier befinde. Diese quäkenden Frösche mit ihrer

Blick auf Dresden vom Rathausturm, 1910.

äußeren Höflichkeit und innern Grobheit, mit ihrer Bereitwilligkeit und Tatlosigkeit, ihrer schwächlichen Großtuerei, das alles ekelt mich an.«[3] Das traf ins Mark! Hielt man sich doch als Sachse und noch dazu als Dresdner eher für helle, fichelant, gutmütig, feinsinnig, geistvoll und emsig. Sei es drum. Die den altsorbischen Sumpfwäldlern, also jenen, die ursprünglich das Tal längs der Flussbiegung besiedelt hatten, auf den Fersen folgten, schufen sich trotzig ihre Metropole, ließen sie Barock- und Kunststadt oder – von den angemessen ehrfürchtigen und weniger spöttisch aufgelegten Besuchern – gar Elbflorenz nennen, womöglich, um mit den Kleinparisern in der Leipziger Tieflandbucht und den Spreeathenern hoch droben im Preußischen konkurrieren zu können. Sie klotzten ordentlich ran und vermehrten sich derart, dass auch der Böswilligste ab 1852 von Dresden mit seinen über 100 000 Einwohnern, die ihre Unterkünfte auf 250 Straße und Plätze verteilten, als Großstadt zu sprechen gezwungen war. Und es ging ja munter weiter. Als das 20. Jahrhundert auch über der Residenz des letzten sächsischen Königs, dem dritten Friedrich August hereinbrach, den das Volk später einmal den Anekdotenkönig nennen würde, wimmelten bereits Fünfhunderttausende durch Dresdens Straßen und Gassen, welche sich nun anschickten, weitere schmückende Titel an das schwarzgelbe Banner ihres Gemeinwesens zu heften; zum Beispiel Stadt der Wissenschaftler, Forscher und Erfinder,

Stadt der Fotoindustrie, der Hygiene, der pasteurisierten Milch, des künstlichen Mineralwassers und der Fußballverrückten …

An ihrer kontemplativ gestimmten Mentalität indes ließen die Dresdner deshalb noch lange nicht rütteln. Merke: »Nur Ahnungslose halten den Dresdner für einen normalen Sachsen, der Dresdner aber ist in erster Linie Bürger seiner Stadt, einer … dessen Selbstverständnis seiner kulturellen Einzigartigkeit in der Vorstellung kulminiert, dass jeder Bürger der Stadt als Dresdner Baby mit dem Canaletto-Blick auf jenes sagenhafte Panorama aus Oper, Augustusbrücke, Hofkirche und Schloss geboren wird. Vor diesem aus Trümmern wiedergeborenen Gesicht seiner wundervollen Stadt verneigt sich der Dresdner gedanklich einmal am Tag.«[4] Das stimmt. Es muss stimmen, denn es hat in der Zeitung gestanden. Noch dazu in der *Berliner Zeitung*.

Heute gibt es in Dresden, das mittlerweile zu den am schnellsten wachsenden deutschen Städten gehört, mehr als 2300 Straßen, Gassen und Plätze, von denen »nahezu 900 nach Personen benannt«[5] sind, so genannten Prominenten, also nach besonders auffälligen, in welcher Art und Weise auch immer aus der allgemeinen Bevölkerung herausragenden Persönlichkeiten. Nach diesem verdienstvollen Verzeichnis, wie auch den Listen der Ehrenbürger haben sich die Autoren des vorliegenden Buches nicht gerichtet, zumal sie sich auf das 20. Jahrhundert beschränken mussten. Sie sind ihren eigenen Vorstellungen von Prominenz gefolgt und zugegeben, durchaus auch ihren eigenen Vorlieben und Interessen. Dennoch kam es hin und wieder zu Übereinstimmungen. Die Überraschungen aber sollten deutlich überwiegen. Bitte sehen und lesen Sie selbst!

Dresden, im Sommer 2015
Norbert Weiß und Jens Wonneberger

Zahnpasta-Werbung aus den 1920er-Jahren.

Karl August Lingner, Begründer der »Stadt der Hygiene«.

Die Welt um 1900 war ein »irdisches Jammertal«. Not und Elend, Krankheit und Irrsinn, Alkoholismus und Nikotinsucht, Verbrechen und Verrohung. Man schlief in Kammern mit geschlossenen Fenstern, saß in rauchverpesteten Gastzimmern, hatte einen zehnstündigen Arbeitstag. So jedenfalls sah es Friedrich Eduard Bilz, der diesem Elend in seinem 1904 erschienenen Buch »Der Zukunftsstaat« ein »irdisches Paradies« gegenüberstellte: Reigenaufführungen in freier Natur, dreistündige Arbeitszeit, Spiele im Freien, Tanz und Frohsinn.[6] Und er ging auch sofort an die praktische Umsetzung seiner Vorstellungen dieses irdischen Paradieses, indem er in Radebeul bei Dresden, im »sächsischen Nizza« also, ein Sanatorium errichtete. Bilz war einer der führenden Köpfe jener Bewegung, die in der zweiten Hälfte des 19. Jahrhunderts alle Bereiche des Lebens zu verändern suchte und unter dem Begriff Reformbewegung zusammengefasst wird. Auch in Dresden brach sich die Lebensreform Bahn, auf dem Weißen Hirsch, in Loschwitz und Wachwitz gründeten Ärzte wie Hermann Klencke-Mannhart, Eugen Weidner, Heinrich Lahmann oder Heinrich Teuscher Kurbäder und Sanatorien, in der Stadt wurde das Güntzbad, bis zur Zerstörung 1945 das bedeutendste Hallenbad der Stadt, eröffnet, im Norden der Stadt entstand mit der Gartenstadt Hellerau gar eine ganze Siedlung im Zeichen der neuen Ideen. Die Erkenntnis, dass besonders die Wohn- und Arbeitsverhältnisse in den rasch wachsenden Großstädten eine Ursache für viele Krankheiten und Seuchen waren, hatte aber nicht nur die Vertreter der Reformbewegung alarmiert. Die Bekämpfung von Tuberkulose oder der hohen Säuglingssterblichkeit waren auch für die klassische Medizin und für die Politik wichtige Themen geworden. Schon 1871 wurde in Dresden mit der »Chemischen Zentralstelle für öffentliche Gesundheitspflege« die erste Einrichtung dieser Art in Deutschland begründet, 1881 wurde die erste Professur für Hygiene am Dresdner Polytechnikum eingerichtet, 1884, zwei Jahre nachdem Robert Koch den Erreger der Tuberkulose entdeckt hatte, schuf die Technische Hochschule einen Lehrstuhl für Hygiene, dem drei Jahre später das Institut für Hygiene folgte. 1887 gründete der Kinderarzt Arthur Schloßmann mit anderen Ärzten den »Verein Kinderpoliklinik mit Säuglingsheim in der Johannstadt«, 1889 schließlich wurde eine Milchkontrolle zur Senkung der Säuglingssterblichkeit eingerichtet und im bakteriologischen Institut der TH war vom Mediziner Walther Hesse ein Verfahren zur Dauerpasteurisierung der Milch entwickelt worden, das die Molkerei der Gebrüder Pfund ab 1900 in die Praxis umsetzte. Überall in der Stadt entstanden kleine irdische Paradiese, Kleingärten wurden angelegt, Reformkleider hergestellt, vegetarische Restaurants eröffnet – »Luft, Licht und Seifenschaum sind die drei Parzen der Hygiene«[7].

Das sind nur einige Beispiele aus jener Zeit, in der ein Mann in die Stadt kam, der den Ruf Dresdens als Stadt der Hygiene begründen sollte: Karl August Lingner.

Karl August Lingner, am 21. Dezember 1861 in Magdeburg geboren,[8] hatte sich wie sein Vater zum Kaufmann ausbilden lassen, war dann nach Paris gegangen und kam nach Dresden, um für die Nähmaschinenfabrik Seidel & Naumann zu arbeiten. Doch für ein Angestelltendasein war Lingner nicht geschaffen, Stiefelknechte, Rückenkratzer, Scheuerbürsten, hygienische Senfpumpen und »Patent-Wasch-Frottierapparate« waren die Produkte, die seine erste gemeinsam mit Georg Wilhelm Kraft gegründete Firma in einer Gartenlaube an der Wölfnitzer Straße vertrieb. »Dresdner Chemisches Laboratorium Lingner« hieß der nächste 1892 gestartete Versuch auf der Freiberger Straße. Chemiker war Lingner nicht und es war wohl sein Freund Richard Seifert, der jene Substanz entwickelte, die Lingners Aufstieg zum Multimillionär ermöglichte: das antiseptische Mundwasser »Odol«. Das Produkt passte in die Zeit, doch erst der Geschäftssinn von Lingner garantierte den durchschlagenden Erfolg. Er hatte sich bei den Chemischen Fabriken Heyden in Radebeul einen Exklusivvertrag für die Zulieferung des entscheidenden Grundstoffs gesichert und startete für sein Mundwasser eine einzigartige Werbekampagne. »Die visuell überwältigende Serie von Anzeigen, in der zwischen 1893 und 1914 mehr als 600 verschiedene Motive in allen führenden Magazinen und Tageszeitungen erschienen, war für die Jahrhundertwende ein Novum.«[9] Dazu kam die eigenwillige Flasche mit dem Seitenhals als unverwechselbarem Markenzeichen. Nach kurzer Zeit war »Odol« der be-

Odol-Werbung von 1906.

kannteste Markenname seiner Zeit und wurde zum Synonym für Mundwasser überhaupt. Freilich gab es auch Kritik, der Soziologe Werner Sombart zum Beispiel fand es abstoßend, »in jedem Augenblick an all den Dreck« erinnert zu werden, den man »zu des Leibes Nahrung und Notdurft«[10] brauchte. Aufhalten ließ sich der Siegeszug des »Odol« durch solche Einwände nicht, der Absatz stieg und bald wurden an der Ecke Nossener Straße/Zwickauer Straße neue Gebäude für die Lingner-Werke AG gebaut. Lingner selbst zog 1897 in eine Villa in der Leubnitzer Straße und kaufte 1906 eines der drei Elbschlösser, die Villa Stockhausen, vom Sohn seines ersten Arbeitgebers in Dresden, dem Nähmaschinenfabrikanten Naumann. Zum dortigen Luxus zählte ab 1908 eine elektrische

Privatseilbahn, mit der der steile Hang des Grundstückes überwunden werden konnte. Zum nicht unumstrittenen Privatleben des Odolkönigs gehörten seine Vorliebe für jüngere Damen vom Ballett und Schauspiel und zwei uneheliche Kinder.

Um einige Jahre zeitversetzt, aber von verblüffender Ähnlichkeit zu Lingners Karriere, vollzog sich der Aufstieg des Ottomar Heinsius von Mayenburg (1865–1932). Auf dem Dachboden der Löwenapotheke am Altmarkt entwickelte er 1907 aus Zahnpulver, Mundwasser und ätherischen Ölen eine Zahnpasta, die er »Chlorodont« nannte und in Tuben abfüllte. Unterstützt von einer massiven Werbe- und Aufklärungskampagne trat die auf der Internationalen Hygiene-Ausstellung mit einer Goldmedaille ausgezeichnete »Chlorodont-Zahnpasta« ihren Siegeszug an. Zu den Leo-Werken mit Hauptsitz in der Katharinenstraße gehörten Kalkgruben, Pfefferminzplantagen in Rumänien und auch die Verpackungsmittel wurden selbst hergestellt. In den 20er-Jahren war das Werk der größte europäische Zahncremehersteller mit 27 Niederlassungen weltweit, die Tagesproduktion belief sich auf 150 000 Tuben. Von Mayenburg erweiterte die Produktpalette um Rasierwasser, Cremes, Seifen und die Leo-Pillen, ein pflanzliches Abführmittel. 1925 kaufte auch er für die Seinen, neben der Ehefrau Rose von Loeben gehörten vier Kinder zur Familie, eines der Elbschlösser, das Schloss Eckberg, dessen Garten der Hobby-Botaniker regelmäßig für die Bevölkerung öffnete.

»Odol« war aber nicht nur der Garant für Lingners persönlichen Aufstieg gewesen, es war auch die Basis für sein kulturelles und soziales Engagement. Dass er das Dresdner Kulturleben beeinflusste, am Konzept für das Neue Schauspielhaus beteiligt war und Bilder seiner Sammlung der Galerie zukommen ließ, sei hier nur nebenbei bemerkt, sein eigentliches Interesse galt der hygienischen Volksaufklärung. Er gründete eine »Zentralstelle für Zahnhygiene« in der Polierstraße, eine »Desinfections-Anstalt« in der Fabrikstraße, die für das regelmäßige Desinfizieren von Schulen und Wohngebäuden zuständig war, das »Sächsische Serumwerk und Institut für Bakteriotherapie«, er unterstützte die Kinderpoliklinik in der Johannstadt, stiftete eine Lesehalle und organisierte Ausstellungen zum Thema Volkskrankheiten und 1911 schließlich die I. Internationale-Hygiene-Ausstellung. Diesen »Jahrmarkt aus Wissenschaft und Industrie« auf dem städtischen Ausstellungsgelände am Stübelplatz und im Großen Garten, mit Schwerpunkten wie »Geschichte der Hygiene« oder »Galewsky's Schreckenskammer«, wie der Volksmund die Abteilung über Geschlechtskrankheiten nannte, besuchten in einem halben Jahr mehr als fünf Millionen Menschen. Auf den Plakaten tauchte erstmals das als »Hygiene- Auge« bekannt gewordene Motiv von Franz von Stuck auf. Teil der

Das »Lingner-Auge« auf einer Zeichnung von Otto Seebaldt, 1913.

Ausstellung war eine koloniale Völkerschau. Vor allem aber im zentralen Pavillon »Der Mensch« »musste Polizei eingreifen, um den Andrang zu regeln«[11]. Lingner selbst brachte die Ausstellung hohe Auszeichnungen und Ehrungen ein, doch »der Adelsstand blieb ihm verschlossen; darunter hat er gelitten. Wie zum Trotz schwelgte er in Luxus, kaufte Schlösser und Schiffe und ließ sein häusliches Orgelspiel telefonisch übertragen.«[12] Auch ein anderes großes Ziel Lingners blieb vorerst unverwirklicht, der Bau eines Hygiene-Museums. Weltkrieg, Inflation und der frühe Tod Lingners, er starb am 5. Juni 1916 an Zungenkrebs, verhinderten die Umsetzung dieses Planes. Lingner wurde zunächst auf dem Johannisfriedhof beigesetzt, seinem testamentarischen Wunsch gemäß, wurden die sterblichen Überreste 1922 in einem von Hans Poelzig entworfenen und von Georg Kolbe gestalteten Mausoleum am Fuße des Weinberges unterhalb des Lingner-Schlosses bestattet.

Inzwischen hatte das Land Sachsen dem »Deutschen Hygiene-Museum«[13] in der Zirkusstraße 38/40 mehrere Räume zur Verfügung gestellt und damit die erste öffentliche Präsentation einer bereits bestehenden und aus Mitteln der Lingner-Stiftung erweiterten Sammlung ermöglicht. Viele der Exponate waren im Vorfeld der Internationalen Hygiene-Ausstellung in den von Lingner eingerichteten Werkstätten für medizinische Lehrmittel entstanden, so verschiedene Lehrtafeln, die meist aus der Werkstatt von Rudolf Pohl (1852–1926) stammenden sogenannten Moulagen, naturgetreue Wachsnachbildungen von Organen und Körperteilen, oder die damals noch als Sensation geltenden Röntgenaufnahmen des menschlichen Körpers.

Postkarte von der Internationalen Hygiene-Ausstellung, 1911.

1930 konnte das Museum dann in den vom Architekten Wilhelm Kreis entworfenen Neubau einziehen. Die Ausstellung wurde nach den frühen Ideen Lingners gestaltet. Zeitgleich mit der Eröffnung fand die II. Internationale Hygieneausstellung statt. Wieder kamen drei Millionen Besucher, so dass die Schau ein Jahr später wiederholt werden musste. Star dieser Schau und des neuen Museums war der Gläserne Mensch, den der Präparator Franz Tschackert gebaut hatte. Im Schuppen einer Marmeladenfabrik hatte er aus Knochen, Organmodellen, Kabeln und Glühlampen eine Figur zusammengesetzt und mit dem Kunststoff Cellon überzogen. »Unter seiner Leitung wurden bis 1945 vermutlich neun Gläserne Menschen hergestellt, darunter zwei Frauen. In jeder dieser Figuren steckten etwa 12000 Meter Draht zur Darstellung von Nerven und Adern.«[14]

»Es geht heute ein tiefes Sehnen durch unser Volk; ein schier unbändiger Drang nach Aufklärung, Fortbildung und Höherzüchtung hat vor allem die unteren und mittleren Schichten ergriffen“, war schon in einer frühen Veröffentlichung über das Deutsche Hygiene-Museum zu lesen.[15] Die Lehre von der Veredlung des Menschengeschlechts, die Eugenik, fand vor allem unter den Völkischen in der Lebensreformbewegung ihre Anhänger. Besonders in der Gartenstadt Hellerau waren deren Vertreter präsent. Und so fügte sich auch im Hygiene-Museum die »Rassenhygiene« mühelos in die Aufklärungskampagnen gegen Epidemien, Kriminalität oder Alkoholismus ein. Nach 1933 kam es zu einer engen Verbindung zwischen Rassenhygiene und politischem Rassismus und das Museum propagierte in einer Ausstellung »Volk und Rasse« die »Reinhaltung des deutschen Volkskörpers von fremden Elementen«[16]. NS-Institutionen wie das Rassenpolitische Amt oder die Staatsakademie für Rassen- und Gesundheitspflege mieteten sich im Museum ein, jüdische Mitarbeiter wie die Ärztin Marta Fraenkel wurden entlassen. Auch der in Dresden sehr beliebte Arzt Rainer Fetscher (1895–1945) hatte auf dem Gebiet der Eugenik geforscht. Fetscher war Dozent für Hygiene an der TH gewesen und hatte von 1926 bis 1932 die 1911 als erste Einrichtung dieser Art in Deutschland gegründete Dresdner Eheberatungsstelle geleitet. Im Rahmen seiner Arbeit hatte er eine »Erbbiologische Kartei« angelegt, die die These einer kriminellen Veranlagung von Straftätern erhärten sollte. Auch die von den Nazis erlassenen Sterilisierungsgesetze unterstützte Fetscher, trotzdem wurde ihm 1936 die Lehrbefugnis entzogen. Ob die Nazis Fetschers Kartei ohne dessen Zutun für Zwangssterilisierungen und das Euthanasie-Programm herangezogen haben, ist nicht vollständig geklärt.

Nach dem Krieg wurde das bei der Bombardierung zerstörte Hygiene-Museum rasch wieder aufgebaut, bereits 1946 stand der Rohbau und im gleichen Jahr war die erste Ausstellung über Geschlechtskrankheiten zu sehen. Außerdem wurden Wanderausstellungen wie »Hygiene auf dem Lande« konzipiert, ein fahrbarer Großpavillon brachte die Schauen in kriegszerstörte deutsche Städte, aber auch im Ausland wurden die Exponate gezeigt. Die Lehrmittelwerkstätten begannen wieder zu arbeiten, »Lehrtafeln, anatomische Modelle und Moulagen waren begehrte Exportschlager. Von 1948 bis 1959 entstanden gläserne Figuren in erstaunlicher Anzahl: 21 Frauen, 12 Männer und 3 Torsi; Gläsernes Pferd und Gläserne Kuh bereicherten das Angebot.«[17] 1961 fand dann die »Nationale Hygiene-Ausstellung« der DDR statt. Und bald trat »Kundi« auf den Plan, eine Trickfilmfigur, die mit ihrem Fernrohr den fünf Provokateuren Dreckfinger, Stinkfuß, Tropfnase, Schwarzohr und Faulzahn auf der Spur war. »Kundi« verschwand nach der Wende, »allzu deutlich erinnerten die Überwachungstechniken des Museumsmaskottchens an diejenigen der DDR-Staatssicherheit«[18], am Grundkonzept des Hauses als ein »Museum vom Menschen« änderte sich aber glücklicherweise nichts.

Ausstellungsplakat von Ernst Ludwig Kirchner, 1910.

Die Maler von der Berliner Straße

»Eine Künstlergruppe« von Ernst Ludwig Kirchner, 1926.

Wo das sächsische Militär vor dem Deutsch-Französischen Krieg von 1871/72 sein Schießpulver in Magazinen trocken hielt, ließ die private Berlin-Dresdner Eisenbahngesellschaft bis 1875 am Rande der nach Friedrich August II. benannten Friedrichstadt ihre neue Trasse für die Fernverbindung Dresden–Elsterwerda–Berlin erbauen und eröffnete mit dem Berliner Bahnhof an der Waltherstraße deren Ausgangspunkt. Der parallel zur Trasse verlaufende, ehemals namenlose Wirtschaftspfad, nunmehr Berliner Straße genannt, wurde mit respektablen Mietshäusern im Stil der Gründerzeit bebaut. Im Haus Nummer 65, das in den 1890er-Jahren errichtet wurde, befanden sich die Dienstwohnungen für mittlere und höhere Beamte der Sächsischen Staatsbahn. Hier nahm der Baurat und Ingenieur Julius Heckel aus Döbeln 1903/04 nach seiner Beförderung zum Vorsteher der Eisenbahninspektion Dresden mit der Familie Quartier, zu der sein einundzwanzigjähriger Sohn Erich gehörte, der sich an der Königlich Sächsischen Technischen Hochschule Dresden eingeschrieben hatte, obwohl er noch unschlüssig war, ob er nicht doch lieber seinen literarischen Neigungen folgen oder die künstlerische Laufbahn einschlagen sollte. Schließlich einigte er sich mit den Eltern und folgte deren Kompromissvorschlag, »ein Architekturstudium aufzunehmen, (da es) allen Seiten gerecht würde – den künstlerischen Ambitionen und den Vorstellungen von einem gesicherten Verdienst«.[19] 1905 folgte ihm sein im Chemnitzer Vorort Rottluff geborener Freund Karl Schmidt an die TH Dresden. Er wohnte zeitweilig im gleichen Gebäude wie die Familie Heckel. Karl Schmidt und Erich Heckel hatten sich als Gymnasiasten im Chemnitzer Schülerklub »Vulkan« kennen gelernt, in dem sich ambitionierte Jugendliche regelmäßig trafen, »deren Gesichtskreis über den Schulbetrieb hinaus strebte und die vorwiegend schon selbst in einem Kunstbezirk tätig waren oder mindestens das Verlangen hatten, ihr Leben mit künstlerischem Fühlen und Verstehen zu durchdringen«.[20]

Beide brachen ihr Studium nach wenigen Semestern ab – Heckel, um zu malen und den nötigen Lebensunterhalt als angestellter Zeichner und Bauführer im Büro des bekannten Architekten Wilhelm Kreis zu verdienen, Schmidt (als Maler sollte er sich bald Schmidt-Rottluff nennen) um ganz seine Kunst zu leben.

Der Zwickauer Friedrich Wilhelm Bleyl sowie der aus Aschaffenburg stammende, in Chemnitz aufgewachsene Ernst Ludwig Kirchner hingegen schlossen das von den Eltern angemahnte »Brotstudium« pflichtgemäß, doch keineswegs ohne Gewinn für ihre spätere künstlerische Entwicklung, mit dem Examen ab. Bereits seit dem Sommer 1904, also noch während der Studentenzeit, hatten sich die vier aufstrebenden Autodidakten regelmäßig gegenseitig besucht, »um gemeinsam zu zeichnen, zu lesen, zu rezitieren, nachdenklich und schöngeistig zu plaudern und zu diskutieren«.[21] Ein Jahr später, am 7. Juni 1905, schlossen sie sich auch formell zur Künstlergruppe »Brücke« zusammen und wagten »einen mächtigen und anspruchsvollen Schritt in die Kunstgeschichte, ohne dass sie damals künstlerisch schon viel zu bieten gehabt hätten, ... vier junge Männer, die ... nur Anfangsschritte im Zeichnen, in der Malerei und im Holzschnitt vorzuweisen hatten, keinesfalls eine ausgereifte stilistische Position ...«.[22]

Namensgeber der Vereinigung soll, wie Erich Heckel in seinen Tagebuchaufzeichnungen festhielt, Karl Schmidt-Rottluff gewesen sein, der vorschlug: »Wir könnten das ›Brücke‹, nennen, das sei ein vielschichtiges Wort, würde kein Programm bedeuten, aber gewissermaßen von einem Ufer zum anderen führen.«[23] Auch wenn den Malern der Begriff Programm als zu bürgerlich suspekt gewesen sein sollte, die ersten Ansprachen der Künstler trugen durchaus programmatischen Charakter. So forderten sie selbstbewusst in ihrem Gruppenmanifest, das 1906 als gedrucktes Blatt (ein Holzschnitt) und am 9. Oktober 1906 als Inserat in der »Elbtal-Abendpost für die westlichen und östlichen Vororte Dresdens« erschien, ihre Generationsgefährten heraus und grenzten sich scharf von den etablierten Akademikern ab:

Unser Programm

Mit dem Glauben an Entwicklung, an eine neue Generation der Schaffenden, wie der Geniessenden rufen wir alle Jugend zusammen. Und als Jugend, die die Zukunft trägt, wollen wir uns Arm- und Lebensfreiheit verschaffen gegenüber den

wohlangesessenen, älteren Kräften. Jeder gehört zu uns, der unmittelbar und unverfälscht wiedergibt, was ihn zum Schaffen drängt.
Künstlergruppe »Brücke« Dresden.
Geschäftsstelle Berlinerstrasse 65, 1, Dresden-Fr.[24]

Noch arbeiteten sie hart an sich und der erklärten Überwindung des »damals in Blüte stehenden Jugendstils …, in dessen Bahnen sie sich (zunächst noch) bewegen … hin zu einer ungekünstelten Kunst von elementarer Ausdrucksstärke«[25], die sie nicht nur in Bildern und Grafiken verwirklicht sehen wollten, sondern auch in der Raumgestaltung ihrer zu Ateliers ausgebauten ehemaligen Fleischer- und Schusterläden der Berliner Straße, in denen sie sich eingemietet hatten, und die viel mehr sein sollten als Produktions- und Schlafunterkünfte für Maler, Freunde und Modelle, nämlich »Manifestationen einer neuen Haltung, in der sich Kunst und Leben aufs engste verbanden. Die Wände wurden farbig gestrichen, Wandbehänge und Vorhänge von den Künstlern selbst bemalt oder von ihren Freundinnen nach ihren Entwürfen mit Applikationen besetzt. Ausstattungsstücke und Skulpturen aus Holz geschnitzt … Man lebte mitten in der Kunst, und das Leben in den Räumen ging unmittelbar ein in die Kunst.«[26] – Und gerade weil sie in ihren Anfängen als Einzelne von der Dresdner Kunstszene kaum wahrgenommen wurden, gelang es ihnen als Künstlergruppe relativ rasch, Ausstellungsräume für ihre Werke zu finden, auch wenn die etablierten Galerien der Stadt zunächst noch zurückhaltend reagierten.

Die auf der belebten Prager Straße gelegene Kunsthandlung Emil Richter hatte mit ihren großen, den französischen Impressionisten (1904) und Vincent van Gogh (1908) gewidmeten Expositionen die noch um den eigenen Stil ringenden »Brücke«-Maler tief beeindruckt, ebenso die Galerie Ernst Arnold mit den in ihren Kunstsalons auf der Schloßstraße und der Wilsdruffer Straße präsentierten Sonderausstellungen zur internationalen Moderne.

Doch zunächst mussten die »Brücke«-Maler als Gruppe noch bescheiden außerhalb der sächsischen Residenz auftreten – erstmals im November 1905 in der Leipziger Kunsthalle P. H. Beyer & Sohn, Anfang 1906 im Braunschweiger Kunstgewerbehaus Georg Hulbe und ab September endlich umfassend im Mustersaal der Lampenfabrik Karl Max Seifert auf der Gröbelstraße in Dresden-Löbtau, den der Besitzer, ein passives Mitglied der »Brücke«-Vereinigung und Förderer der Künste, ihnen zur Verfügung gestellt hatte.

Ab 1907 war die »Brücke« dann auch in Richters Kunsthandlung präsent und die Galerie Arnold veranstaltete im Herbst 1910 eine Ausstellung der »KG Brücke«, auf der 87 Exponate (Malerei und Grafik) gezeigt und der erste illustrierte Katalog der »Künstlergruppe Brücke« mit »14 Holzschnitten nach den ausgestellten Gemälden, wobei keiner dieser Holzschnitte von dem Urheber des jeweiligen Gemäldes stammte«,[27] angeboten wurde.

Während die Maler der Gruppe den Vorbildcharakter bereits arrivierter Künstler wie Vincent van Gogh, Paul Gauguin, Edvard Munch u. a., in der Öffentlichkeit eher zurückhaltend eingestanden oder beschwiegen, entwickelten vor allem Kirchner, Heckel und Max Pechstein (der 1906 zur »Brücke« gestoßen war) freimütig voller Bewunderung ein besonderes Verhältnis zur Kunst der so genannten »Primitiven«, wie sie das damals im Zwinger untergebrachte Museum für Völkerkunde aufbewahrte und zeigte oder wie sie (auf Breitengeschmack abgestimmt), bei den vom Dresdner Zoo alljährlich erfolgreich veranstalteten »Völkerschauen« zu sehen war. 1909, nachdem die international renommierten, »für besonders alte ethnografische Objekte ... u. a. der Inselvölker des Indischen und Stillen Ozeans berühmten Dresdner Sammlungen«[28] nach ihrer erweiterten Neuaufstellung dem Publikum wieder zugänglich gemacht worden waren, »gehörte Kirchner zu den ersten Besuchern. Seinen Skizzenblock immer zur Hand, wendete er sich Afrika und der Südsee zu; Asien und Amerika lagen nicht auf seinem Kurs. Zuhause wurden die Skizzen umgesetzt, Wände bemalt, Vorhänge gestaltet oder Hocker entworfen. Im Sommer wurden Badefeste im Freien nachgestellt.«[29]

Max Pechstein, der einzige »Akademiker« unter den »Brücke«-Malern und in jenen Jahren deren berühmtester Vertreter, ließ sich von den ethnologischen Exponaten gar zu einer ausgedehnten Südseereise (1913/14) inspirieren, auf der Suche »nach einfachen Menschen in einer einfachen Welt, im Einklang mit der Natur«.[30]

Zu sommerlichen Freiluft-Dependancen kürten Ernst Ludwig Kirchner, Max Pechstein, Erich Heckel und ihre Modelle zunächst das Künstlerdorf Goppeln an den südlichen Elbtalhängen, Leubnitz-Neuostra und Golberode am Gebergrund, später und mit aller Intensität die Teichlandschaft um Moritzburg im Nordwesten Dresdens.

Fritz Bleyl, der sich bereits ein Jahr nach Gründung der »Brücke« von seinen Gefährten trennte, um sich ganz dem Lehramt an der Bauschule Freiberg zu widmen, hatte die Gegend bereits 1901, zu Beginn seines Architekturstudiums in Dresden, also lange vor Gründung der Künstlergruppe, als Refugium für sich entdeckt. Seine Aquarelle und Tuschfederzeichnungen »Moritzburger Jagdschloß« oder »Windmühle am Moritzburger Großteich«, entstanden zwischen 1901 und 1906, gelten aus heutiger Sicht allerdings als eher »gefällig und geschmackvoll, aber auch konventionell – und damit weit von dem entfernt, was die Werke der ›Brücke‹ später auszeichnen sollte«[31] – wofür an dieser Stelle als Beispiele so bekannte Gemälde wie Kirchners »Vier Badende« von 1910 und das im gleichen Jahr entstandene Bild »Badende am Waldteich« von Erich Heckel stehen und genannt sein sollen. Kirchners Ölgemälde »Alte Brauerei von Moritzburg« (1909/10) erhielt übrigens bislang kaum eine Chance in der Öffentlichkeit bekannt zu werden, schmückt es doch »die Rückseite einer Leinwand, die auf der Vorderseite zwei sich unterhaltende Mädchenakte (Marcella/Fränzi und Senta?) zeigt«.[32] Im Gegensatz zu Max Pechsteins ebenfalls 1910 entstandenem Aquarell »Alte Brauerei Moritzburg«, ist auf Kirchners Gemälde die »von den Feldern aus gesehene rückwärtige Ansicht«[33] jener Herberge im Bild festgehalten, von der aus »Pechstein wohl den Dorfteich und den Dreiseithof gemalt hat und von der eine Postkarte mit der Absender-Adresse ›Moritzburg N 93 Alte Brauerei‹ erhalten geblieben ist, welche Erich Heckel am 11. August 1910 an seinen Bruder Manfred schickte, und die auch seine beiden Malerkollegen Kirchner und Pechstein unterzeichneten. Sie belegt die Quartiernahme der Künstler an diesem Ort.«[34] Von dort brachen sie zu abgelegenen, schwer einzusehenden Uferregionen auf, um sich, wenn sie nicht gerade vom sittenstrengen Ortsgendarmen aufgestöbert wurden, ungestört der Aktmalerei widmen zu können, »spontan und ohne Posen oder arrangierte Szenen, (denn) es kam ihnen auf ungezwungene Bewegungen, Natürlichkeit und Unbefangenheit an, wie sie besonders Fränzi, das Lieblingsmodell der ›Brücke‹-Künstler … ausstrahlte«.[35]

Fränzi – Lina Franziska Fehrmann (1900–1950) – gehörte spätestens ab Sommer 1909 bis in das Jahr 1911 hinein zu den bevorzugten Modellen der Künstlergruppe, für die sie (zu sehen auf weit mehr als vierzig Bildern) »häufig in alltäglichen Situationen, beim Baden, Herumtollen und Spielen posierte … (und dabei) mit ihrer Dynamik den Künstlern Vorlagen bot, zu denen ein erwachsenes Modell nicht in der Lage gewesen wäre«.[36]

Auf den Sommer 1911 fällt der letzte gemeinsame Aufenthalt der »Brücke«-Maler und ihrer Modelle an den Moritzburger Teichen. Den Spuren Max Pechstein folgend, der bereits seit 1908 in Berlin wohnte, verließen auch Heckel, Kirchner und Schmidt-Rottluff Dresden. Kirchner, der die Elbestadt noch einmal besuchte, notierte am 12. Februar 1926 auf Fränzi bezogen in einem Brief: »Ich war heute bei Fehrmann … Kl. Plauensche Gasse 60. Die Fränzi hat 2 uneheliche Mädchen … ihre Jugenderinnerungen an Moritzburg etc. sind auch ihr das Liebste im Leben.«[37]

»Tanzhalle Bellevue« von Ernst Ludwig Kirchner, 1909/10.

Keiner der »Brücke«-Maler, zu denen als zeitweilige Mitglieder der Künstlervereinigung unter anderen auch Emil Nolde (1906/07) und Otto Müller (1910 bis 1913) zählten, kehrte für längere Zeit nach Dresden zurück. Die mit dem Wechsel nach Berlin gehegten Erwartungen – Vielzahl und Vielfalt der Galerien, zahlungskräftigere Sammler und Kunsthändler und die gesteigerte Nachfrage eines weltstädtischen, an der künstlerischen Moderne interessierten Publikums – erfüllten sich nur zum Teil und nicht für alle Gruppenmitglieder gleichermaßen, was zu Spannungen zwischen den Künstlern führen musste. Kirchner, der innerhalb der Vereinigung wie selbstverständlich die Führungsposition für sich beanspruchte, hatte außerdem eine von den Gefährten als zu sehr auf seine Person und seine Verdienste abgestellte Chronik der »Brücke« verfasst – was zum Eklat und im Mai 1913 schlussendlich zur Auflösung der Gemeinschaft führte, die noch heute als Wegbereiter der expressionistischen Kunst in Deutschland gilt. »Der Text hat uns vor den Kopf gestoßen«,[38] konstatierte Erich Heckel noch im hohen Alter kopfschüttelnd in einem Gespräch.

Nahezu die Hälfte der von den Nationalsozialisten in ihrer Propagandaausstellung »Entartete Kunst« diffamierten 650 Bilder stammten von den Mitgliedern der »KG Brücke«, mehrere darunter von den Malern der Berliner Straße, von deren Wohnhäusern und Atelierquartieren nur wenige die alliierten Luftangriffe heil überstanden, wohl weil sie zu nahe an Brücken, Unterführungen und Bahntrassen lagen, die zu den bevorzugten, ja geliebten Bildmotiven der Maler gehört hatten: das Wohnhaus Nummer 80, Kirchners Quartier, Gebäude Nummer 65, Heckels und Schmidt-Rottluffs erste Adresse sowie Geschäftsstelle der »Brücke« und nicht zuletzt Oswin Nitzsches Balletablissement »Bellevue« an der Ecke zur Waltherstraße, in dem nicht nur trinkfeste und streitlustige Elbeschiffer zum Schwof einkehrten, sondern auch die Künstler und das der traditionellen Lokalschlägereien wegen den stolzen Beinamen »Zum blutigen Knochen«[39] im Schilde führte. Kirchner hat es gemalt.

Émile Jaques-Dalcroze, Karikatur von 1912.

Im Sommer 1892 gab die ehemalige amerikanische Schlangentänzerin Loïre Fuller (1862–1928) ihr Solodebüt im Berliner Wintergarten und bekam von der Presse bestätigt, »mit den Konventionen des Balletts gebrochen und tatsächlich etwas Neues und Schönes erfunden zu haben«.[40] Ihre Schülerin Isadora Duncan (1877–1927) war es dann, die »den entscheidenden Impuls für jene primär im deutschsprachigen Raum verankerte Bewegung des Tanzes gab, die man Ausdruckstanz nannte«.[41] Dass Dresden mit seiner damals noch vor den Toren der Stadt gelegenen Gartenstadt Hellerau eines der wichtigsten Zentren dieser neuen Bewegung des Tanzes wurde, war einer glücklich zu nennenden Fügung zu verdanken. 1909, Karl Schmidt und Wolf Dohrn hatten gerade begonnen, ihre Idee von der Gartenstadt im Norden Dresdens Realität werden zu lassen, unternahm der Schweizer Musikpädagoge und Komponist Émile Jaques-Dalcroze (1865–1950) mit seinen Schülern eine Vortragsreise durch mehrere deutsche Städte. In Dresden saß auch Wolf Dohrn im Publikum und war von dem Gesehenen und Gehörten so begeistert, dass er Jaques-Dalcroze sofort anbot, ihm ein neues Institut zu bauen. Eine Besichtigung von Hellerau wurde beschlossen und obwohl die neue Siedlung erst über wenige Häuser verfügte, löste Dalcroze nach der Rückkehr in die Schweiz seinen Vertrag mit dem Genfer Konservatorium und begann mit den Vorbereitungen zur Umsiedlung nach Dresden. Als er 1910 seine Tätigkeit aufnahm, fast ein Viertel der über 200 Schüler hatte er aus Genf mitgebracht, war für die Hellerauer Bildungsanstalt noch nicht einmal der Grundstein gelegt. Im Landhaus an der Wilsdruffer Straße (dem heutigen Stadtmuseum) fand die Schule eine provisorische Bleibe, bis man im

Herbst 1911 endlich in die noch immer unfertigen Gebäude nach Hellerau ziehen konnte. Hauptziel der Ausbildung war aber nicht der Ausdruckstanz, sondern ein Diplom als Lehrer der Rhythmischen Gymnastik. Jaques-Dalcroze arbeitete mit dem Körper und mit Rhythmus, Tanz lehnte er ab, was ihn in der Geschichte des Tanzes in gewisser Weise zu einem nicht selten angefeindeten Außenseiter machte.[42] So ist es auch nicht verwunderlich, dass einige die Arbeit von Jaques-Dalcroze »zwecks ausgiebiger körperlicher Schulung der Frauen« vor allem als eine »moderne Sportbewegung« ansahen, die neben »den älteren turnerischen und sportlichen Bestrebungen«[43] stand. Doch was seine Schützlinge unter Mitwirkung der Bühnenbildner Adolphe Appia und Alexander von Salzmann bei den jährlichen Schulfesten der Öffentlichkeit präsentierten, löste – auch wenn es nicht an Spöttern fehlte – Erstaunen und Bewunderung aus. Der irische Dramatiker George Bernhard Shaw, 1913 Gast des Schulfestes, war jedenfalls begeistert. »Die Kinder können gleichzeitig mit einer Hand 4 Vierteltakt und 3 Viertel mit der anderen schlagen, und sie können beim Marschieren von 4 und 3 und 6 (und solchen Rhythmen, die Du und ich fertigkriegen) augenblicklich auf 5 und 7 wechseln … nehmen einen Stab und dirigieren wie Nikisch, bloß besser …«, schrieb er an seine Freundin Stella Patrick Campbell. »Ich sehe den Tag kommen, da es keine Richters und Nikischs mehr gibt, statt dessen aber schöne Gestalten, zur Erde geneigt oder die Hände gen Himmel hebend, und zwar so, daß … ›zum Schmuck wird jede Beugung‹.«[44]

Das Kriegsjahr 1914 brachte eine jähe Wendung für die Bildungsanstalt. Wolf Dohrn starb an den Folgen eines Skiunfalls in den Walliser Alpen. Jaques-Dalcroze unterzeichnete bei einem Aufenthalt in Genf einen Protest gegen die Beschießung der Kathedrale von Reims durch deutsche Truppen und durfte danach nicht mehr nach Deutschland einreisen. Nicht alle fanden das beklagenswert. Der Dresdner Musikkritiker Eugen Thari sprach sogar von einer »Gesundung«, die durch den Krieg in Hellerau eingetreten sei, beklagte die »Ausfälle auf deutsches Wesen durch den französelnden Dalcroze«, der »sogar Bachsche Fugen … zu Lehrstücken für die Beinbewegung gemacht« habe.[45]

Nach dem Konkurs der Bildungsanstalt im März 1915 wurde zunächst eine »Neue Schule für angewandte Rhythmik Hellerau« gegründet, nach deren raschem Aus führten dann die ehemaligen Dalcroze-Schüler Christine Baer-Frissell, Èmile Ferand-Freund und Valeria Kratina mit der »Neuen Schule Hellerau für Rhythmus, Musik und Körperbildung« die Arbeit fort, ehe die Schule 1925 nach Laxenburg bei Wien übersiedelte. »Tanzabende gab es nicht mehr viele. Mit der verebbenden Tanzwut der Zeit unmittelbar nach dem Kriege ist auch das Interesse für den Ausdruckstanz geringer geworden. … Hellerau schloss seine Pforten … Nun steht Mary Wigman in Dresden allein als berühmte Meisterin da und schart die jungen Tanztalente um sich.«[46]

Mary Wigman war unter den vielen Schülerinnen der Hellerauer Bildungsanstalt, die die Entwicklung des modernen Tanzes als Tänzer, Choreografen oder Lehrer nachhaltig beeinflusst haben, eine der bedeutendsten. Für die Entwicklung des Tanzes in Dresden war sie zweifellos *die* Bedeutendste. Am 13. November 1886 in Hannover als Marie Wiegmann geboren, wurde die Tochter eines Fahrradhändlers schon als Kind Mary gerufen, schließlich hatte das Haus Hannover einmal Könige von England gestellt. Den englischen Familienamen fügte sie dann selbst bei ihren ersten Auftritten hinzu. Von 1910 bis 1912 studierte sie in Hellerau, ging später, mit den Lehrmethoden von Jaques-Dalcroze unzufrieden, zu Rudolf von Laban auf den Monte Verità am Lago Maggiore. Ab 1920 begann sie in Dresden zu unterrichten, zunächst im Palasthotel Weber am Postplatz, und eröffnete dann ihre Schule für modernen Tanz in einem von ihrer Assistentin Berthe Trümpy, der Tochter eines vermögenden Schweizer Industriellen, gekauften Haus in der Schillerstraße 17 (heute Bautzner Straße 107). Da lagen die ersten Schritte ihrer später so äußerst erfolgreichen Karriere als Tänzerin schon hinter ihr. In München hatte sie erstmals ihren berühmten »Hexentanz« gezeigt und am 7. November 1919 im großen Saal der Kaufmannschaft in der Ostra-Allee einen riesigen Erfolg gefeiert. »Ungarische Tänze« von Brahms, ein »Walzer« von Johann Strauß und ein »Marche Orientale« von Granados standen auf dem Programm, nach dem in den *Dresdner Nachrichten* die »kautschukartige Gelenkigkeit« der Tänzerin gelobt wurde, »die akrobatische Kraft der Glieder, die die Übergänge von der aufrechten zur kauernden, knienden oder liegenden und wieder zur aufrechten Stellung mit scheinbar spielerischer Leichtigkeit überwindet«.[47] Sie war jetzt schon über dreißig, doch der moderne Ausdruckstanz hob die bisherigen Altersgrenzen für Tänzerinnen auf und im Dresden der Zwanzigerjahre bestimmte mit dem Expressionismus eine künstlerische Richtung die Atmosphäre, die im Ausdruckstanz eine Entsprechung fand. Liiert war Mary Wigman in der Dresdner Zeit zunächst mit Hans Prinzhorn, einem Arzt im Sanatorium »Weißer Hirsch«, der 1922 die »Mary-Wigman-Gesellschaft« gründete, später mit Hanns Benkert, einem Ingenieur der Siemens-Schnuckert-Werke.[48]

Die Wigman-Schule, an der auch Marys Schwester Elisabeth[49] unterrichtete, war indes keineswegs die einzige Tanzschule in Dresden, an über zehn verschiedenen Instituten wurden nach den unterschiedlichsten Methoden moderner Tanz, Gymnastik und Rhythmus gelehrt und auch die Staatsoper verschloss sich dieser Entwicklung nicht. Eine Übernahme des

Mary Wigman in den 1920er-Jahren, Foto von Rudolf von Delius.

Ensembles durch Mary Wigman war zwar gescheitert, doch mit Ellen von Cleve-Petz (1899–1970) wurde 1924 eine neue Ballettmeisterin angestellt, die ihre Ausbildung in freier Gymnastik erhalten hatte. 1925 brachte sie E. T. A. Hoffmanns »Elixiere des Teufels« mit Susanne Dombois auf die Bühne und 1928 entwarf der Bauhauskünstler Oskar Schlemmer Kostüme und Bühnenbild für »Der Nußknacker als Spielzeug« nach Tschaikowski.[50] 1936 schließlich übernahm mit der Dresdnerin Valeria Kratina (1862–1942) eine der führenden Persönlichkeiten der einstigen Hellerauer Schule das Staatsopernballett.

Die weitere Entwicklung des modernen Tanzes aber wurde vorerst weiter vor allem von Mary Wigman und ihren Schülerinnen und Schülern geprägt. »Es ist sehr schwer, der heutigen Generation klarzumachen, was für uns damals Mary Wigman bedeutete«, wird eine von ihnen später sagen. »Es war etwas so unerhört Neues, so Elementares, daß mir sofort klar wurde: Entweder lerne ich bei ihr Tanzen, oder ich lerne es nie! Hier war der neue Tanz, der meinem Ideal entsprach.«[51] Der Name dieser Schülerin ist Gret Palucca.

Gret Palucca wurde am 8. Januar 1902 als Margarete Paluka in München geboren. Drei Jahre nach ihrer Geburt musste der Vater, der ein Parfümerie- und Toilettenwarengeschäft in der Innenstadt betrieb, Konkurs anmelden und entschloss sich zur Auswanderung nach Amerika. Die Ehe ging in die Brüche. Die Mutter kehrte mit Gret und deren Bruder Hans nach Europa zurück. In Dresden, wo man sich in der Nähe des Hauptbahnhofes ansiedelte, lernte die Mutter den Komponisten Karl Maria Pembaur kennen. Der war Chorleiter an der Oper und vermittelte dem Mädchen ihren ersten Unterricht bei Heinrich Kröller, dem Ballettmeister der Oper. Schon damals wurde ihre Neigung, »nicht hübsch und lieblich tanzen«[52] zu wollen, deutlich. Weil die Mutter einen Amtsrichter aus Plauen heiratete, zog man zunächst ins Vogtland, wo Gret Paluka mit fünfzehn Jahren ihren ersten Auftritt als Tänzerin erlebte. 1918 kam sie nach Dresden zurück, das sie nur noch einmal kurz verließ, um ihrem Lehrer Heinrich Kröller als Ballettelevin nach München zu folgen. Entscheidend für ihren weiteren Weg wurde das Jahr 1919, in Dresden lernte sie ihren späteren Ehemann Friedrich Bienert, den Erben des Dresdner Mühlenimperiums, kennen und sah erstmals Mary Wigman tanzen. Gret Paluka wurde 1920 ihre Schülerin, ließ den klassischen Tanz hinter sich und nannte sich bald Palucca.

Die Wigman-Schule stand ganz im Zeichen der neuen Kunst, die junge Tänzerin lernte den Dichter Theodor Däubler kennen, ging mit Otto Dix und Oskar Kokoschka zum Tanz, später gehörten die Bauhauskünstler Kandinsky, Klee und Moholy-Nagy zum Freundeskreis. Dem ersten Auftritt mit Berthe Trümpy und Lena Hanke in der »Kammertanzgruppe Mary Wigman« 1921 folgte der erste Solotanzabend am 1. Februar 1924 im Dresdner Vereinshaus. »Meine Tänze«, formulierte sie ihr Credo, »haben keinen anderen Inhalt und Sinn als eben den Tanz, die natürliche Bewegung.«[53] Da hatte sie sich schon von ihrer Lehrerin getrennt, Friedrich Bienert wurde ihr Ehemann und Mäzen,[54] man lebte in einer Villa an der Bürgerwiese. Bienert unterstützte die Solokarriere seiner Frau und 1925 auch die Gründung der eigenen Schule. Unterrichtet wurde anfangs in den Räumen des eigenen Hauses, bis Bienert Räume im

Gret Palucca, 1934.

Johanneum mietete. Ende der 20er-, Anfang der 30er-Jahre befand sich Gret Palucca auf dem Höhepunkt ihrer Tanzkarriere und war zu einem »Gesamtkunstwerk«[55] geworden. Und wohl auch zu einer Konkurrentin ihrer Lehrerin Mary Wigman, die noch immer aktiv war und 1926 ihren berühmten »Hexentanz« neu gestaltete.

Immer wieder wurden die Tänzerinnen nun auch Gegenstand anderer Künste. Schon der Dresdner Fotograf Hugo Erfurth hatte mit Porträts der Tänzerinnen begonnen, doch vor allem die Aufnahmen seiner Schülerin Charlotte Rudolph wurden zu Ikonen der Tanzfotografie, Künstler wie Kandinsky ließen sich von den Bewegungen inspirieren.

Auch nach 1933 konnte Gret Palucca ihre Karriere zunächst fortsetzen. Sie war nun mit dem Dresdner Kunsthistoriker Will Grohmann liiert, der unter dem Pseudonym Olaf Rydberg eine Monografie über sie schrieb.[56] 1936 tanzte sie mit Mary Wigman bei der Eröffnung der Olympiade in Berlin. Mit dabei war auch ein anderer Wigman-Schüler: Harald Kreuzberg (1902–1968). Der im böhmischen Reichenbach Geborene war von der Dresdner Kunstgewerbeschule, wo er sich zum Modegrafiker ausbilden ließ, an die Wigman-Schule gewechselt, hatte 1921 am Alberttheater debütiert und danach in Yvonne Georgi eine künstlerische Partnerin gefunden. Der Tänzer mit dem kahl rasierten Schädel wirkte danach in Berlin und unternahm ausgedehnte Auslandstourneen, wo man ihn als »Inkarnation des German Dance« ansah und als einen »der größten Tänzer der Welt« feierte.[57] Hinter der Filmkamera stand 1936 in Berlin übrigens noch eine weitere Wigman-Schülerin und frühere Freundin von Palucca: Leni Riefenstahl.

Die Olympiade leitete aber auch eine Wende im Umgang der Kulturbehörden mit dem modernen Tanz ein. Propagandaminister Goebbels gab die neue Richtlinie vor: »Tanz muss beschwingt sein und schöne Frauenkörper zeigen. Das hat mit Philosophie nichts zu tun.«[58] Die Schulen von Wigman und Palucca wurden nun zu einer Art Berufsschulen für Bühnentanz. Palucca selbst galt nun als »Halbjüdin«, konnte aber trotz einiger Einschränkungen weiterarbeiten. Sie blieb in Deutschland und war eine »Zwischenfigur: nicht ganz erwünscht, aber auch nicht ausgegrenzt«.[59]

Nach dem Krieg setzte Gret Palucca ihre Karriere fort, schon im Juli 1945 eröffnete sie ihre Schule neu. Als die 1949 verstaatlicht und der klassische Tanz russischer Prägung als Ausbildungsprofil vorgeschrieben wurde, ging Palucca aus Protest nach Westberlin, kehrte aber schon bald zurück, konnte den »Neuen Künstlerischen Tanz« als Unterrichtsfach etablieren und Mitte der 50er-Jahre mit der Schule einen Neubau am Basteiplatz beziehen. Bis an ihr Lebensende wirkte sie auf dieser »Insel

Schüler der Palucca-Schule bei Sprungübungen, 1950.

künstlerischer Freiheit«[60] als Lehrerin, führte internationale Sommerkurse durch, zu denen Tänzerinnen und Tänzer, Choreografinnen und Choreografen aus vielen Ländern nach Dresden kamen.

Zu den zahlreichen Schülerinnen von Gert Palucca zählten auch die Dresdnerinnen Marianne Vogelsang (1912–1973) und Dore Hoyer (1911–1967). Als Siebzehnjährige hatte Marianne Vogelsang ihre Ausbildung bei Palucca begonnen und bildete mit den Tänzerinnen Hertha Feist und Charlotte Hölzner das legendäre Palucca-Tanz-Trio. 1935 trat sie im Dresdner Komödienhaus in der Reitbahnstraße erstmals als Solistin auf und entwickelte sich rasch zur »Erste(n) unter den deutschen Ausdruckstänzerinnen«[61], bis sie wegen ihrer Choreografie »Slawischer Gesang und Tanz« als »undeutsch« verunglimpft wurde. Sie arbeitete als Lehrerin an der Deutschen Tanzbühne bei Rudolf von Laban und an der Folkwang-Schule in Essen und übernahm Anfang der 50er-Jahre die Leitung der Abteilung Neuer Künstlerischer Tanz an der Berliner Fachschule für künstlerischen Tanz.

Mary Wigman hatte ihre Schule in der Bautzner Straße schon 1942 verkauft und war nach Leipzig gegangen, nach dem Krieg übernahm Dore Hoyer die Schule und gründete mit ihren Schülerinnen das Tanz-Studio Dresden. Die Tänzerin hatte ihre Ausbildung an der Gymnastikschule von Ilse Homilius in Blasewitz (Regerstraße 1), einer Zweigstelle der Hellerau-Laxenburger Schule, und bei Gret Palucca erhalten. 1933 hatte sie ihren ersten Soloabend gegeben und war ein Jahr in der Tanzgruppe von Mary Wigman engagiert gewesen. Mit ihren Zyklen »Tänze für Käthe Kollwitz« und »Der große Gesang« feierte sie im Dresden der Nachkriegszeit Erfolge, doch bereits 1948 verließ sie die DDR, war an verschiedenen Bühnen in Westdeutschland engagiert und nahm sich in der Silvesternacht 1967/68 das Leben.

»Dresden und der Ausdruckstanz – das ist weit mehr als ein zufälliges Zusammentreffen von Ereignissen und Personen. Die Stadt hat im 20. Jahrhundert Tänzerinnen und Tänzer der Moderne angezogen und aufgezogen.«[62] Zwar hatten mit dem Weggang von Dore Hoyer bis auf Gret Palucca alle Hauptakteure aus der Hochzeit des Ausdruckstanzes Dresden verlassen, doch auch danach setzten ihre Schülerinnen und Schüler wie Manfred Schnelle, Hanne Wandke oder Arila Siegert die Entwicklung fort.

Hellerau oder Von der Besetzung des nördlichen Randes

Mitbegründer der Gartenstadt, Möbelfabrikant Karl Schmidt, 1943.

Am Anfang war die grüne Heiderandwiese, im Norden Dresdens gelegen auf Rähnitzer und Klotzscher Flur, gründlich »bewässert vom Klotzscher Dorfbach, später aufgeteilt in zipfelartige Flurstücke«[63] und deshalb »Am Grünen Zipfel« genannt. Hier wurde vor über hundert Jahren, am 9. Juni 1909, die Grundsteinlegung für das Gemeinwesen Hellerau gefeiert. Karl Schmidt, der Möbelfabrikant, und das Organisationsgenie Wolf Dohrn, hatten die Vision eines Lebensortes geliefert, die »die Einheit von Wohnen und Arbeit, Kultur und Bildung«[64] beispielhaft verwirklichen sollte. Beeinflusst von der bereits Ende des 19. Jahrhunderts entwickelten und propagierten Idee des englischen Parlamentsstenotypisten und Sozialreformers Ebenezer Howard, der 1903 die Arbeits- und Wohnanlage im englischen Letchworth begründet hatte, und unterstützt von zahlreichen Reformbegeisterten aus ganz Deutschland, Europa und den Vereinigten Staaten, entstand die Gartenstadt Hellerau, für deren bauliche Gestaltung bedeutende Architekten wie Hermann Muthesius, Richard Riemerschmid und Heinrich Tessenow die Verantwortung übertragen bekamen. In rascher Folge entstanden so neben den »Hellerauer Werkstätten« die dazu gehörige »Wohnsiedlung mit Kleinstwohnhäusern für die Arbeiter, geräumige Landhäuser, Markt, Geschäfte, Wasch- und Badehaus, Praxen, Ledigenwohnheim, Schule und Schülerwohnheim«.[65] Wohlwollend äußerte Howard 1912 nach seinem Besuch der deutschen Reformsiedlung: »Ich bekenne, daß mir in Hellerau sowohl die innere Einrichtung der Häuser als ihre Gruppierung gefallen hat (und) daß, obwohl wir viele Fabriken in Letchworth haben, keine einzige davon vom Standpunkt des Architekten annähernd so schön ist wie die Deutschen Werkstätten für Handwerkskunst in Hellerau.«[66]

In den beiden Jahren vor Beginn des Ersten Weltkrieges mutierte der seit 1913 durch die »Elektrische« mit der sächsischen Hauptstadt verbundene Vorort »mit den Deutschen Werkstätten, seinem Festspielhaus, mit Tanz- und Reformschulen, Verlagen, den ansässigen Künstlern, Kunstgewerblern und illustren Gästen und vor allem mit den legendären, alljährlich stattfindenden gefeierten Schulaufführungen und Bühneninszenierungen zur europaweit geachteten, reformorientierten Kulturstätte«[67] – eine Entwicklung, die nach dem Ende des Krieges 1918 zwar wieder aufgenommen aber keineswegs auf ähnlichem Niveau fortgesetzt werden konnte, bis unter der nationalsozialistischen Diktatur das weithin berühmte Festspielhaus und dessen Umfeld zur Kasernenanlage verkam und nach 1946 von Einheiten der Roten Armee als Unterkunft und Ausbildungsgelände genutzt wurde.

Heute versteht sich die Gartenstadt als »ein Flächendenkmal, dessen Bewohner sich der Moderne nicht verschließen, sich aber der Tradition des Ortes eng verbunden fühlen«.[68]

Den entscheidenden Impuls zur Herausbildung des unvergleichlichen »künstlerisch-reformpädagogischen Habitus«[69] Helleraus lieferte Wolf Dohrns persönliches Engagement für die Etablierung der vom Schweizer Komponisten und Musikpädagogen Émile Jaques-Dalcroze geführten »musikalisch-rhythmischen Bildungsanstalt«[70], deren internationale Ausstrahlung nach 1910 außerordentlich anziehend auf Geistesschaffende und Künstler aller Couleur zu wirken begann. Maler, Holz- und Steinbildhauer, Kunstgewerbler, Musiker, Tänzer und Schriftsteller, die sich am Heiderand ansiedelten oder als wissensdurstige Besucher das Areal inspizieren kamen, verliehen schon bald der »Gartenstadt den Status einer Künstlerkolonie«.[71]

Im Gefolge des Rhythmikers Dalcroze wirkten Adolphe Appia (1862–1926) und Alexander von Salzmann (1874–1934) ab 1911/12 in Hellerau. Appia, der Architekt und visionäre Bühnenbildner, war Dalcroze und dessen Rhythmiklehre bereits 1906 begegnet und stand ihm kongenial als bildkünstlerischer Berater und Szenarist zur Seite. Er lieferte die Entwürfe für den großen Saal im Festspielhaus und inszenierte Glucks Oper »Orpheus und Eurydike«, deren glanzvoller, jedoch nicht unumstrittener Aufführung, mehr als 5000 Zuschauer aus dem In- und Ausland beigewohnt haben sollen.

Salzmann, kaukasiendeutscher Abstammung, im georgischen Tiflis als Maler und Bühnenbildner ausgebildet, war bei den Hellerauer Aufführungen und Schulfesten als »Beleuchtungsinspekteur« und »Akrobat des Lichteffektes« tätig. Für die Deutschen Werkstätten entwarf er »Möbel, Lampen, Textilien und Spielzeug … und (wahrscheinlich) das von einem

Ansicht der Gartenstadt Hellerau auf einer Postkarte, 1934.

chinesischen Glückssymbol abgeleitete schwarz-weiße Signet, das unter anderem im Giebel des Festspielhauses angebracht war.«[72]

Mary Wigman, die als Tänzerin und Choreographin bahnbrechend für den expressiven Ausdruckstanz wirkte und später in Dore Hoyer und Gret Palucca berühmte Nachfolgerinnen fand, studierte1910/11 bei Dalcroze, von dem sich die Vierundzwanzigjährige allerdings kaum ernst genommen fand. So offenbart Suzanne Perrottet, eine der Lieblingsschülerinnen des Meisters, in ihren Erinnerungen: »Die Wigman wollte, weil sie davon begeistert war, etwas für die Sache tun, mehr als nur eine Schülerin. Dann hat sie einmal mit ihm gesprochen, und das Ergebnis war, er hatte gar kein Interesse an ihr gehabt und hat sich ihrer Arbeitslust gar nicht annehmen wollen. Das fand ich komisch, denn er konnte doch froh sein, wenn sich eine solche Frau interessierte.«[73]

Besonderer Beliebtheit erfreute sich, vor allem bei den zugereisten prominenten Künstlern, unter ihnen Else Lasker-Schüler, Oskar Kokoschka, Gerhart Hauptmann, Stefan Zweig, Lou Andreas-Salomé, das im Mittelalter angesiedelte Mysterienspiel »Mariae Verkündigung« des französischen Schriftstellers und Diplomaten Paul Claudel (1868–1955). Es gelangte am 13. Oktober 1913 im Festspielhaus zur Aufführung, fand beim breiteren Publikum jedoch nur geringe Akzeptanz. Dennoch setzten sich die Hellerauer Intellektuellen in besonderem Maße für die Verbreitung der Werke ihres Lieblingsautors Claudel ein, allen voran der aus Wien stammende Verleger und Claudel-Übersetzer Jakob Hegner (1882–1962) mit seinem in der Gartenstadt installierten hoch geachteten Verlag, in dem mehrere literarische Arbeiten des französischen Autors erschienen – neben Büchern des expressionistischen Prager Dichters Paul Adler, des Erzählers Friedrich Schnack, dem Dichter des »Nordlichts« Theodor Däubler und anderen. Sein Wohnhaus Auf dem Sand 11, das gleichzeitig als Verlagsadresse firmierte, entwickelte sich im Laufe der Zeit nicht nur zum Mittelpunkt der Hellerauer literarischen und künstlerischen Szene, sondern auch zum Zentrum Maßstäbe schaffender, verlegerischer und buchgestalterischer »Arbeit an Manuskript, Satz, Druck und Einbandgestaltung … des Dreigestirns Buchbinder Demeter, Drucker und Setzer Max Malte Müller und Kunsthandwerker Georg Mendelssohns«,[74] das dem »Hegner-Buch« internationales Renommee einbrachte.

Bei aller Wertschätzung, die Helleraus Bildungsbürgertum dem Buch und dem Schrifttum an sich entgegenbrachten, zu einer Schriftstellersiedlung entwickelte der Ort sich nie. Zwar gab es durchaus eine Vielzahl von Autoren – Alfons Paquet darunter, Camill Hoffmann, Berthold Viertel –, die sich in Hellerau für mehr oder weniger lange Zeit niederließen, so dass bei literarischen Einzelgängern wie Emil Strauß zuweilen der Eindruck entstehen konnte, es gebe in seiner Nachbarschaft, in den Villen, Siedlerhäusern oder Kellerwohnungen, »mehr Dichter als Läuse«. Die wenigsten aber blieben, meist jene, die sich nicht vorrangig als Dichter im romantischen Sinne verstanden, sondern die »neben der Schreiberei in den Werkstätten als Angestellte oder Arbeiter Lohn und Brot gefunden oder im nahen Dresden am Theater, im Buchhandel oder als Publizisten bei den großen Zeitungsblättern der Residenz ein Unterkommen gefunden hatten«.[75] Oder sie ließen sich von den hier postulierten lebensreformerischen Ansätzen und der pädagogischen Experimentierfreude der Gartenstadtsiedler zum Mittun bewegen. So die Kaufmannstocher und dichtende Lehrerin Tami Oelfken aus Bremen-Blumenthal, die in der berühmten Barkenhoff-Künstlergemeinde den Maler Heinrich Vogeler kennen gelernt hatte und von dessen freigeistigem Menschenbild so stark geprägt wurde, dass sie, zum Entsetzen der in der Hansestadt hoch angesehenen konservativen Familie, ihre bürgerliche Umgebung verließ. »Ich selber aber«, bekennt sie in ihrer 1949 verfassten Autobiografie, »befreite mich nun endgültig aus den Umwicklungen des roten Plüsches und widmete mein Leben der Freiheit«[76]: Spartakusbund, Barrikaden gegen den Kapp-Putsch im thüringischen Gotha 1920, Spandauer Schulkampf in Berlin und – praktische Reformpädagogik in Hellerau … Hier startete sie

Das Festspielhaus Hellerau, um 1915.

einen »Quarta-Schulversuch« bei dem sie 48 Mädchen und Jungen gemeinsam! unterrichtete, »die schwierigeren Kinder im Internat, so daß ich alle gemeinsam über den ganzen Tag betreuen konnte«.[77]

In Hellerau, so erinnerte sie sich später, lebte sie unter einem Dach mit dem Schotten Mr. A. S. Mill, der ausländische Kinder in Gruppen malen ließ und sie sehr beeindruckte. In Berlin gründete sie anschließend ihre eigene »Freie Schule für Kinder und Eltern«, die die Nationalsozialisten 1933 auflösten, wurde Kinderbuchautorin, deren bekanntestes Werk »Das Logbuch« 1948 erschien. Ihr schottischer Kollege, sein richtiger Name lautete Alexander Sutherland Neill (1883–1973), hatte während eines Deutschlandaufenthaltes 1921 die Gartenstadt besucht und wenig später hier die »Internationale Schule Hellerau« gegründet. Seinen zweijährigen Aufenthalt bezeichnete er in der Autobiografie »Neill, Neill, Birnenstiel« als »die aufregendste Zeit meines Lebens« und dachte mit Bewunderung an seine damaligen Reformkollegen: »Da saß ich mit meinem akademischen Grad in Anglistik und konnte mich nur still verhalten, wenn von Kunst, Musik oder Philosophie die Rede war.«[78] 1923, nachdem seine wirtschaftlichen Verhältnisse den Erhalt der Schule in Sachsen nicht mehr gewährleisten konnten, verlegte er den Standort des Bildungsinstituts nach Tirol und danach in die englische Grafschaft Dorset, wo er seine berühmte »Problemkinderschule Summerhill« weiterführen konnte.

Von unten, aus dem Blickwinkel eines »betroffenen« Kindes, beschrieb Konrad, der Sohn des Schriftstellers Emil Strauß, sein Hellerauer Bildungserlebnis: »In der Schule, die sich Reformschule nannte, war es glattweg verboten, ein Linkshänder zu sein, man wurde mit Gewalt zum Rechtshänder dressiert, genau wie der Tiger im Zirkus dazu, dass er durch den brennenden Reifen springt.«[79]

Auf ganz eigene Art wurden Wenzel und Heinrich Holek, Vater und Sohn, zu Prominenten der Gartenstadt. Wenzel (1864–1935), Verfasser der Autobiografie »Lebensgang eines deutsch-tschechischen Handarbeiters«, der ersten wichtigen Arbeiterautobiografie des beginnenden 20. Jahrhunderts, war 1904 aus dem böhmischen Schönhof nach Dresden gekommen und lebte ab 1910 für zwei Jahre in Hellerau, arbeitete als Zuschneider in den »Werkstätten« und gehörte zu den aktiven Mitgliedern des Bürgervereins Hellerau, für den er die Bildungsarbeit organisierte. Dabei stieß er nicht nur auf Zustimmung: »Lassen Sie mit ihrer Bildungsarbeit die Menschen in Ruh! Wer das Zeug in sich hat, kümmert sich schon darum, wie er es in sich entwickelt, der braucht ihre Vorträge und Bücher nicht … Wir werden jetzt die Hellerauer Mode fördern, die Lust und Liebe zur Gartenarbeit wecken – und dann die rhythmische Kunst, das ist Bildung!«[80]

Ebenfalls als Werkstättenarbeiter und Möbelpacker beschäftigt war Wenzel Holeks Sohn Heinrich (1885–1934), den seine Kollegen zum »Branchenvertrauensmann« gewählt hatten. Er blieb bis 1914 im nahen Rähnitz (die Hellerauer Mietunterkünfte blieben für ihn unerschwinglich) und arbeitete danach als Lokalredakteur der Zeitung *Volksrecht* und als Korrespondent der Gewerkschaftspresse im nordböhmischen Aussig, seiner Geburtsstadt. Er veröffentlichte Skizzen, Reportagen und Reiseberichte. Die außerordentlich lesenswerte Selbstbiografie »Unterwegs« erschien 1927 in Wien. An seine Zeit in Hellerau zurückdenkend schrieb er: »… nicht allen gefielen diese kleinen, niedlichen Häuschen mit den davor befindlichen Gärtchen. Manche Spötter ließen sich vernehmen, es könne jeder aus der Dachrinne dieser Häuschen saufen, oder auch, daß die Bewohner dieser kleinen Häuschen den Hausschlüssel in der Dachrinne hinterlegen könnten, wo er bequem zu erreichen sein wird.«[81] Wesentlich emphatischer äußerte sich der »Kronzeuge des leuchtenden Hellerau«[82], der spätere Schriftsteller und Thomas-Mann- Biograf Peter de Mendelssohn (1908–1982), Nachkomme des Goldschmieds Georg Mendelssohn, aus Nazideutschland nach Großbritannien geflohener Exilant, der Hellerau seinen Roman »Schmerzliches Arkadien« widmete und die Gartenstadt zu seiner »pädagogischen Provinz« deklarierte, die ein Leben lang sein »persönliches, ureigenstes, unverlierbares Europa«[83] geblieben war.

Vom Einzelstück zur Großproduktion – die Kameraindustrie

Aus einer Kamera-Werbung der Heinr. Ernemann A.G., 1911.

Als die Franzosen Niepce und Daguerre in den ersten Jahrzehnten des 19. Jahrhunderts die Bilder einer Camera Obscura erstmals dauerhaft zu bannen suchten, lebte in Dresden Caspar David Friedrich noch und Ludwig Richter begann gerade, seine biedermeierliche Bilderwelt zu entwerfen. Vermutlich wenig Beachtung fand da eine Anzeige, die der Dresdner Unternehmer Friedrich Wilhelm Enzmann (1802–1866)[84] Ende Oktober 1839 im Stadtanzeiger schaltete. Geworben wurde für fotografische Apparate und es waren die ersten außerhalb Frankreichs hergestellten Geräte ihrer Art. Heinrich Ernemann, ein Pionier der Dresdner Fotoindustrie war zu diesem Zeitpunkt noch gar nicht geboren. Doch schon als Eugen Kalkschmidt in seinem gemeinsam mit Erich Haenel herausgegebenen Buch »Das alte Dresden« 1925 eine Bilanz der »Großstadt bis zur Jahrhundertwende« zog, konnte er konstatieren, dass die Industriestadt Dresden neben Strohhüten, Porzellan, Schokolade und Zigaretten auch mit »photographischen Papieren und Apparaten« Weltruf gewann.[85]

Der aus dem Eichsfeld stammende Heinrich Ernemann (1850–1928) war zunächst als Handelsreisender tätig, hatte 1875 in Dresden geheiratet und mit seiner Frau das Textil- und Kurzwarengeschäft seiner Schwiegermutter in der Blochmannstraße weitergeführt.[86] 1889 kaufte der umtriebige Geschäftsmann eine kleine Kameratischlerei in der Güterbahnhofstraße und nannte die Hinterhofwerkstatt, die im folgenden Jahr auf die Pirnaische Straße zog, Dresdner photographische Apparate-Fabrik. Wurden hier anfangs Fotokameras als Einzelstücke hergestellt, konnte spätestens seit dem Bau der Fabrik an der Schandauer Straße und der Umwandlung des Unternehmens in eine Aktiengesellschaft von einer industriellen

Produktion gesprochen werden. Ernemann »erkannte wohl als erster in Deutschland, daß die Kamera kein Arbeitsmittel der Kunstfotografen, der Kamerabau keine Angelegenheit für Hinterhofwerkstätten bleiben wird, sich Foto und Film vielmehr als Phänomene von kulturgeschichtlicher Dimension in die Gesellschaft einschreiben werden«.[87] Heinrich Ernemann war es auch, der 1903 den weltweit ersten Amateurkinematographen als Fabrikware herstellte. »Kino« hieß dieser Apparat und gab damit dem neuen kulturgeschichtlichen Phänomen in Deutschland einen gängigen Namen.

In Dresden, wo vor der Wende zum 20. Jahrhundert etwa 75 Prozent der deutschen Kameras produziert wurden, stand Ernemann mit seiner Firma allerdings bei weitem nicht allein. Der Unternehmer Emil Wünsche hatte das erste Fachgeschäft für Kameras und Zubehör in Dresden gegründet, verkaufte dort zunächst Apparate der ebenfalls in der Stadt ansässigen Hüttig AG (Schandauer Straße), die 1896 mit der »Zeus-Spiegel-Kamera« die erste einäugige Platten-Spiegelreflexkamera entwickelt hatte. Durch den Ankauf mehrerer Kleinbetriebe entstand mit der Wünsche AG ein weiteres Kamerawerk in Reick (Moritzstraße). Noch 1902 waren die Betriebe von Emil Wünsche und Richard Hüttig größer als das Werk von Ernemann, 1909 fusionierten sie zur Internationalen Camera Actiengesellschaft (Ica AG). Direktor der Ica wurde 1917 der in Moskau geborene Emanuel Goldberg (1881–1970), der etwa dreißig Patente hielt. Er entwickelte verschiedene Filmkameras wie die »Kinamo«, mit der er selbst den ersten Werbefilm herstellte, der seine Familie beim Skifahren zeigte, und ab 1932 die »Contax«. Bahnbrechende Leistungen gelangen ihm mit den Forschungen zur Mikropunkttechnik und zur Sensitometrie.

In Dresden und Umgebung gründeten sich in den Jahren vor und nach der Jahrhundertwende über 20 Kamera-Werke unterschiedlicher Größe. Genannt seien Unger & Hoffmann (Reißiger Straße) und die Deutschen Kinematographenwerke (D.K.W., Blasewitzer Straße), die sich vor allem den bewegten Bildern widmeten, wobei die D.K.W. nicht nur Kameras produzierte, sondern ganze Filmtheater einrichtete. Weitere Hersteller von Kameras und Zubehörteilen waren zum Beispiel die Balda Werke von Max Baldeweg in Laubegast (Seidnitzer Straße), die Firma von Franz Kochmann (Blasewitzer Straße, später Trinitatisstraße), die Certo (Pirnaische Straße), die EHO-Kamera-Fabrik von Emil Hofert, die Zeh-Camera-Fabrik, oder Guthe & Thorsch und Goltz & Breutmann, um nur einige zu nennen.

1908 kam Johan Steenbergen (1886–1967) nach Dresden. Der Sohn eines niederländischen Textilunternehmers sollte eigentlich die ortsan-

Heinrich Ernemann, 1939.

Werbung für Mimosa-Kameras, 1921.

sässige Textilbranche studieren. Der Tod des Vaters entband ihn von diesem Auftrag und Steenbergen wandte sich seinem Hobby zu, der Fotografie. Nach einem Volontariat bei der Ernemann AG gründete der Autodidakt 1912 in der Blasewitzer Straße sein eigenes Unternehmen, in dem, unter dem Namen Ihagee Kamerawerke Steenhagen & Co, Kamerazubehör aus Holz und bald auch die erste Kamera hergestellt wurden. Mit der Einstellung von Karl Nüchterlein (1904–1945) entwickelte sich das Unternehmen zu einem der führenden Kamerahersteller. Nüchterlein war der Sohn eines Dresdner Bierausgebers, absolvierte nach der Volksschule zunächst eine Mechanikerlehre im Schreibmaschinenwerk Seidel & Naumann, schon 1926 aber, nur drei Jahre nach seiner Einstellung, wurde er Werkleiter der Ihagee. 1932 stellte das Werk die von Nüchterlein entwickelte »Exakta« und 1936 die »Kine Exakta« vor, die erste einäugige Kleinbild-Spiegelreflexkamera für Filmpatronen mit perforiertem Kleinbildfilm, die Basis aller heutigen Kleinbildspiegelreflexkameras. Bis Ende 1943 wurden 38 000 dieser Kameras hergestellt und auch nach dem Krieg lief die Produktion bis 1970 weiter. Der Autodidakt Nüchterlein hielt mehr als zwanzig Patente im Kamerabau, so auch für eine Spiegelreflexkamera mit eingebautem Belichtungsmesser.

Immer mehr Betriebe für Zubehör siedelten sich in Dresden an, so verlegte 1904 die Rheinische Emulsions-Papierfabrik AG ihren Firmensitz an die Elbe und wurde ab 1913 als Mimosa AG mit Sitz an der Bärensteiner Straße zu einem der größten Fotopapier- und Filmhersteller in Deutschland.

Die Entwicklung des Kamerabaus in Dresden stand in engem Zusammenhang mit der Entwicklung der Fotografie im Allgemeinen und auch hier nahm Dresden eine führende Rolle in Deutschland ein. Der Fotopionier Hermann Krone hatte schon Mitte des 19. Jahrhunderts ein »Historisches Lehrmuseum für Photographie« aufgebaut, 1870 wurde eine Photographische Gesellschaft gegründet und der Chemiker Robert Luther (1868–1945), von 1908 bis 1935 Professor am neu geschaffenen Lehrstuhl für Photographie an der Technischen Hochschule, wurde Gründungsdirektor des Instituts für Wissenschaftliche Photographie und Initiator der Gründung der Deutschen Photohändlerschule in Dresden. 1909 fand in der Stadt die Erste Photographische Weltausstellung statt. Von Mai bis Oktober zeigten fast 1 700 Aussteller aus über 20 Ländern ihre Erzeugnisse auf dem Ausstellungsgelände am Stübelplatz.

In den ersten Jahrzehnten des 20. Jahrhunderts hatte Dresden mit den Ernemann-Werken, der Ica AG und der Ihagee nun drei Unternehmen, deren Produktion sich hin zur industriellen Großserie entwickelte. Voraussetzung dafür waren innovative Entwicklungen und die Einführung moderner Produktionsverfahren. Bei den Ernemann-Werken stand Alexander Ernemann (1878–1956) für diese Entwicklung. Als er 1904 in das väterliche Unternehmen eintrat, lagen zwei Aufenthalte in den USA hinter ihm, bei denen er unter anderem für die Western Electric Company gearbeitet hatte. Einen großen Erfolg feierte Ernemann, auf dessen Werk im Laufe seiner Geschichte über 200 Patente angemeldet wurden und dessen Produkte eine Lichtgöttin als Schutzmarke trugen,[88] zum Beispiel mit dem weltweit gefragten Kinoprojektor »Imperator«, der ab 1909 vollständig aus Stahl gefertigt wurde. »1913 waren bereits 22 von den 28 Pariser Großkinos mit dem Imperator ausgestattet. Im Herbst 1921 verließ die zehntausendste Maschine das Werk.«[89] Wie die D.K.W. stellte auch Ernemann selbst Filme zur Projektion her, meist dokumentarische Streifen über lokale Ereignisse und Landschaftsporträts. Weitere Neuentwicklungen der 20er-Jahre auf dem Gebiet der Fototechnik waren zum Beispiel die Kameras »Ernox« bzw. »Ernanox«, die erstmals Nachtaufnahmen ohne Blitzlicht ermöglichten.

Das Jahr 1926 brachte eine Monopolisierung der Kameraproduktion. Die Ernemann und die Ica AG fusionierten mit den Stuttgarter Contessa Nettel-Werken und der Optischen Anstalt Goerz AG aus Berlin zum größten Unternehmen der europäischen Fotobranche, der Zeiss Ikon AG mit Sitz in Dresden. Direktoren wurden Alexander Ernemann und Emanuel

Kamera-Werbung von 1952.

Goldberg. Das Firmengebäude an der Schandauer Straße war dafür Schritt für Schritt ausgebaut und erweitert worden und hatte mit dem 1923 fertiggestellten 48 Meter hohen Turm ein dominantes Erkennungszeichen erhalten. Zeiss Ikon beschäftigte in Spitzenzeiten bis zu 14000 Menschen.

Die politischen Veränderungen nach 1933 und vor allem der Zweite Weltkrieg brachten auch für die Firmen und Protagonisten der Dresdner Foto- und Kameraindustrie entscheidende Veränderungen. Viele Betriebe mussten ihre Produktion nun auf kriegswichtige Güter umstellen. Manche der Besitzer und Ingenieure konnten die weitere Entwicklung ihrer Firmen allerdings nicht mehr beeinflussen. Emanuel Goldberg, der an der TH auch als Honorarprofessor wirkte, wurde von den Nazis die Lehrbefugnis entzogen, er floh zunächst in eine Zeiss-Niederlassung nach Frankreich und emigrierte schließlich 1937 nach Palästina. Auch die Mimosa AG wurde »arisiert« und die jüdischen Mitglieder der Geschäftsleitung wurden ebenso ins Exil gezwungen wie der Fabrikant Franz Kochmann. Karl Nüchterlein, obwohl zunächst für unabkömmlich erklärt, wurde 1942 zur Wehrmacht eingezogen, diente zuletzt in Jugoslawien und gilt seit 1945 als vermisst.

Im Zuge der Zwangsenteignungen jüdischer Unternehmer betrat ein neuer Akteur die Bühne, der Amerikaner Charles Adolph Noble (1892–1983). 1892 als Karl Adolf Spanknöbel geboren und 1922 in die USA ausgewandet, hatte er 1938 die 1919 gegründeten Dresdner Kamera-Werkstätten Guthe & Thorsch von ihrem jüdischen Besitzer übernommen, der im Gegenzug Nobles Detroiter Fotogeschäft erwarb. Der amerikanische Unternehmer war überzeugt, dass die in Dresden gebaute Spiegelreflexkamera die Zukunft der Fotografie bedeutete und produzierte die in seinem Werk entwickelte »Praktiflex«, eine Vorläuferin der »Praktica«. Noble residierte in der prächtigen Villa San Remo am Dresdner Elbhang, um die sich verschiedenste Legenden rankten. Eine wurde 1955 vom ehemaligen sächsischen Ministerpräsidenten Max Seydewitz in Umlauf gebracht, der behauptete, die Bewohner der Villa hätten im Februar 1945 die Luftangriffe auf Dresden gelenkt. Da freilich hatte das Schicksal längst den Stab über sie gebrochen. Schon im Juni 1945 wurden der amerikanische Staatsbürger Charles A. Noble und sein Sohn John von der sowjetischen Geheimpolizei verhaftet. Der Vater wurde zunächst am Münchner Platz, später in den Speziallagern Mühlberg und Buchenwald sowie im Zuchthaus Waldheim inhaftiert, er kehrte 1952 als gebrochener Mann in die USA zurück. Der Sohn wurde zur Zwangsarbeit nach Sibirien deportiert und kam erst 1955 nach persönlicher Intervention des amerikanischen Präsidenten Eisenhower frei. Das nach dem Krieg konfiszierte, später enteignete Unternehmen ging im Kombinat Pentacon auf. John H. Noble (1923–2007) zog 1990 erneut nach Dresden, bekam die Villa zurück und entwickelte die Panoramakamera »Noblex«, musste aber seine Firma wegen finanzieller Schwierigkeiten bald verkaufen.

Nach dem Krieg, der auch die meisten Betriebe der Fotoindustrie zerstört hatte, begann der Wiederaufbau, der mit einer Welle von Verstaatlichungen einherging. Johan Steenbergen und Alexander Ernemann gingen in den Westen. Steenbergen wurde niederländischer Honorarkonsul in Hannover, ein Amt, das er ab 1929 auch schon in Dresden bekleidet hatte. Alexander Ernemann setzte seine Arbeit in Stuttgart und Kiel fort. Schon bald wurden aber in Dresden wieder Kameras gebaut. 1949 zum Beispiel die »Contax« von Zeiss Ikon und die erste Kamera der erfolgreichen »Praktica«-Serie von der zum VEB Kamera-Werke Niedersedlitz gewordenen einstigen Fabrik von Charles A. Noble. Bis 2001 verließen etwa neun Millionen dieser Kameras das Werk. 1959 wurden einige der verstaatlichten Firmen zum VEB Kamera- und Kinowerke zusammengeschlossen, 1964 entstand aus diesem Zusammenschluss das Kombinat VEB Pentacon Dresden,[90] dem bald auch die Ihagee Kamerawerke angegliedert wurden. Firmenlogo wurde die Turmsilhouette der Ernemann-Werke auf der Schandauer Straße, mit denen die so erfolgreiche Geschichte der Kameraindustrie in Dresden begonnen hatte. 1985 wurde Pentacon dem VEB Carl Zeiss Jena angegliedert, 1990 schließlich liquidiert.

In jenem vom Ernemann-Turm gekrönten Teil des ehemaligen Produktionsgebäudes befinden sich heute die Technischen Sammlungen der Stadt Dresden, deren Ausstellungen auch die Entwicklung des Kamerabaus dokumentieren.

Heißluftballon »Wilhelmine Reichard« über Dresden, 2005.

Am 18. November 1784 startete der Astronom und Entdecker des Sternhaufens Messier 67, Johann Gottfried Köhler, seines Zeichens Inspektor der Vereinigten Dresdner Sammlungen, auf dem Innenhof des Zwingers unweit der ihm unterstehenden Arbeitsstätte, dem Mathematisch-physikalischen Salon, einen Gasballon, der 24 Meilen in reichlich zwei Stunden zurücklegte, bevor er im Gut Brechelshof, nahe der niederschlesischen Stadt Jauer niederging. Damit hielt Köhler »sowohl den Geschwindigkeits- als auch den Entfernungsrekord unter allen Dresdner Aerostaten des Jahres 1784«.[91] Die erste deutsche Ballonfahrerin Wilhelmine Reichard (sie sollte dereinst Karl Mays leicht entflammbare Fantasie entzünden), nutzte bei ihrer dritten Ballonreise am 30. September 1811 ebenfalls den Zwingergarten zum luftigen Aufstieg, der sie bis zum Wachberg in der Sächsische Schweiz schweben ließ und beinahe gründlich danebengegangen wäre. Denn die Chronik vermeldet, »daß in einer Höhe von 7800 Metern der Ballon platzte und Frau Reichard auf Grund von Sauerstoffmangel bewußtlos wurde. Trotzdem überlebte sie den Absturz, da der geplatzte Ballon sich nach innen hineinstülpte und wie ein Fallschirm wirkend herunter kam.«[92] Es sollte nicht die einzige Bruchlandung der todesmutigen Braunschweiger Professorengattin bleiben, die es immerhin auf 17 Fahrten brachte, bei denen sie das Wetter beobachtete und Temperaturmessungen vornahm, bevor sie sich nach dem Tod ihres Mannes in Freital-Döhlen bei Dresden zur Ruhe setzte, unweit des Plauenschen Grundes, wo Otto Lilienthal Jahrzehnte später »mit freifliegenden Modellen experimentierte«.[93]

Nachdem zu Beginn des 20. Jahrhunderts in Dresden-Reick und bei Weißig Ballonaufstiegsplätze entstanden waren, gab es kein Halten mehr.

Ballonfahrten gehörten forthin zu den beliebtesten Freiluftveranstaltungen, vor allem an den Osterfeiertagen. Und wieder waren es Aerostaten-Lenkerinnen, denen ein neuer Rekord gelang. 873 Kilometer legten die Schwestern Große aus Meißen, die zuvor schon einmal als Passagiere per Ballon die Alpen überwunden hatten, im Ballon zurück. Sie starteten am 27. März 1910 auf der Reicker Radrennbahn. Erst »nach 23-stündiger Fahrt landeten beide wohlbehalten in den rumänischen Südkarpaten«.[94]

Mit Hermann Reichelt schließlich, der auf dem Heller Drachenflieger und leichte Motorflugzeuge Marke Eigenbau testete und bei internationalen Luftfahrtausstellungen Preis um Preis einheimste und nicht zuletzt mit der Laubegasterin Melli Beese, begann auch in Dresden die Ära der Flugpiloten.

Hermann Reichelt wurde als Sohn eines Sattlers aus der Wilsdruffer Vorstadt am 18. März 1878 geboren. Er absolvierte eine Lehre als Maler, begeisterte sich bereits als Jugendlicher für den Flugmodellbau und konstruierte Drachenflieger und Gleiter. Im November 1909 glitt er von den Hellerbergen im Dresdner Norden aus mit seinem selbst gebastelten Flugapparat über eine Distanz von 72 Metern und errang im gleichen Jahr in Frankfurt am Main die ausgeschriebene Prämie von mehreren tausend Mark für den weitesten Gleitflug. Freilich startete er als einziger Teilnehmer. Den unverhofften Geldsegen investierte Reichelt in den Bau »eines neuen motorbetriebenen Eindeckers, den er sich in einer Tischlerei auf der Annenstraße zimmern ließ«.[95] Anschließend versuchte er sich als Gründer der Flugtechnischen Werke. Nicht immer war seinen Flugversuchen auf dem Heller Erfolg beschieden. Häufig endeten sie so wie jener am 27. Juli 1910 gestartete Test, von dem die *Dresdner Nachrichten* zu vermelden wussten: »Der tadellos anspringende und kräftig durchziehende Motor versprach das Beste. (Doch) kaum hatte der Aviatiker Reichelt auf dem Eindecker Platz genommen, als der Wind plötzlich umsprang und mit voller Wucht von hinten auf den Apparat drückte. Leider brach in diesem gefährlichen Augenblicke das linke Laufrad, so dass sich die Flugmaschine, mit ihrem linken Flügel aufstauchend, bei einem erneuten Windstoß überschlug und den Führer unter sich begrub.«[96] Fast alle weiteren Notlandungen seiner Pilotenlaufbahn überstand er einigermaßen unbeschadet. Er absolvierte sensationelle Fernflüge von Kiel nach Posen und von Berlin nach Paris. Am Flughafen Dresden-Kaditz siedelte er 1914 sein Unternehmen AERO Flugzeugbau in einer Halle an, die vom Volksmund der »Reicheltsche Schuppen« genannt wurde. Er veranstaltete Schauflüge mit seiner AERO-Taube und erteilte Flugunterricht.

Erste deutsche Motorfliegerin Melli Beese, 1910/14.

Karfreitag, am 10. April 1914, beteiligte er sich am Kaditzer Wohltätigkeitsfliegen vor zahlenden Zuschauern. Der Erlös aus den Eintrittsgeldern sollte zum Teil »verunglückten Fliegern und deren Familien«[97] zugutekommen. Zum Abschluss der Vorführungen startete Hermann Reichelt am späten Nachmittag 17 Uhr mit seiner Schwägerin Selma Steglich, einer dreiundzwanzigjährigen Dresdner Zigarettenarbeiterin. Sieben Minuten später verunglückte der zur AERO-Taube umgebaute Harlan-Eindecker. Das Startbuch des Kaditzer Flugplatzes notierte lapidar: »Aus einer Höhe von ca. 200 m abgestürzt. Defekt in der Tragfläche des Apparates, Ursache unbekannt. Der Apparat überschlug sich und glitt seitlich zur Erde. Bei einem zweiten Überschlagen stürzte die Begleiterin Frl. Steglich, aus dem Flugzeug, bei Aufprall sofort tot (Sturz aus 20 m Höhe). Apparat begrub Reichelt beim Absturz. Er hatte beide Beine gebrochen, innere Verletzungen und starke Blutungen, das Kranken-Automobil war rasch zur Stelle. Reichelt verschied jedoch kurz nach Einlieferung in das städtische Krankenhaus.«[98] Hermann Reichelt und Selma Steglich wurden auf dem Neuen Annenfriedhof in Dresden-Löbtau begraben.

Tragisch endete auch das Leben Melli Beeses, der ersten Frau in Deutschland, die das Pilotenpatent erwerben konnte. Sie wurde am 13. September 1886 in Dresden-Laubegast geboren, studierte in Stockholm

Bildhauerei und belegte an der hiesigen Technischen Hochschule die Fächer, Mathematik, Mechanik, Schiffbau und Flugzeugmechanik. Mit einer gebraucht erworbenen Rumpler-Taube als Schulungsflugzeug und finanziellen Beihilfen stiller Teilhaber wie Friedrich August Lingner und Hermann Reichelt, gründete sie 1912 in Berlin-Johannisthal ihre eigene Flugschule und plante den Bau eines von ihr entworfenen Flugbootes. Zum Verhängnis wurde ihr während des Ersten Weltkrieges die eheliche Verbindung mit dem Angehörigen einer »feindlichen Macht«, dem französischen Fluglehrer und Piloten Charles Boutard, der von den deutschen Behörden interniert wurde. Sie selbst musste mehrere Hausdurchsuchungen und Verhaftungen erdulden und durfte das Gelände ihrer Flugschule nicht mehr betreten. Die engagiert betriebene Flugbootunternehmung musste vollends eingestellt werden. Nach dem Krieg stand die Familie vor dem finanziellen Aus. Depressiv und morphiumsüchtig nahm sich Melli Beese am 21. Dezember 1925 das Leben.

Im gleichen Jahr wurde in Dresden die erste Wasserfluglinie Europas eröffnet. Sie sollte Dresden mit Magdeburg und Hamburg-Altona verbinden. Der Start der Junker F 3, die drei Passagiere aufnehmen konnte, und die Landung der Hamburger Gegenmaschine erfolgten an den weitläufigen Johannstädter Elbwiesen. Zunächst wurde zweimal täglich geflogen und Post befördert. Wetterunbilden, Eisgang auf der Elbe, der Start oder Landung erschwerte, sowie eine erstaunlich geringe Nachfrage von Fluginteressierten, die bereit gewesen wären, 90 Mark für die Passage Dresden-Altona zu bezahlen, führten bereits ein Jahr später zur Einstellung der Wasserfluglinie. Und der kleinste Dresdner Flugplatz – »ein vergrößerter Bootssteg am Altstädter Elbufer, der den Fluggästen zum Ein- und Aussteigen diente … Flughafentypische Anlagen oder repräsentative Empfangsgebäude gab es nicht«[99] – wurde Geschichte.

Nicht viel besser erging es dem ersten Dresdner Flugplatz, der »auf der Wiese zwischen Windmühle und Wetterberg«[100] bei Reichenberg/Boxdorf aus dem Boden gestampft und am 31. August 1913 eröffnet wurde. Zu Beginn des Ersten Weltkrieges wurde der Flugbetrieb eingestellt, auch, weil die Anlage mit dem am 26. Oktober 1913 festlich eröffneten Städtischen Land- und Wasserflugplatz Dresden in Kaditz, der städtische Förderung erhielt, nicht konkurrieren konnte.

Bereits vor der Inbetriebnahme des Flugplatzes war im September 1913 das Zeppelin-Luftschiff LZ 17 »Sachsen« auf dem Kaditzer Gelände gelandet, das sich rasch einem rege entwickelnden Luftschiffverkehr öffnete und für zahlreiche spektakuläre Schauflugveranstaltungen zur Verfügung stand, die »allein von Januar bis Juli 1914, 115 200 Besucher«[101] verzeichnen konnten, bevor er ab Sommer 1914 bis zum Ende des Ersten

Luftschiff über Dresden, Postkarte von 1915.

Weltkrieges ausschließlich militärischen Zwecken dienen musste. Anfang der beginnenden 20er-Jahre expandierte der zivile Flugverkehr in Kaditz kontinuierlich.

Täglich verkehrende Luftpost- und Passagierfluglinien wurden etabliert – dennoch konnte und wollte man die Kaditzer »Standortmängel« nicht übersehen: »Die Luftverhältnisse ... sind oft böig ... und der Luftverkehr leidet nicht selten unter den schlimmen Herbstnebeln, die Start und Landung stark behindern ... und außerdem liegt der Platz auch sehr abgelegen.«[102] Also entschloss sich die Stadt auf dem weit bequemer erreichbaren Dresdner Heller einen »idealen, allen neuzeitlichen Anforderungen gerecht werdenden Flughafen entstehen zu lassen«,[103] der im Sommer 1926 in Betrieb gehen konnte. Gleichzeitig wurden die Linienflüge von Kaditz zum Hellerflughafen verlegt. Offiziell wurde die Kaditzer Anlage im September 1927 nach vierzehnjähriger Nutzung stillgelegt. Trotzdem kam es noch geraume Zeit »immer wieder zu illegalen Landungen von ortskundigen Privatfliegern, weil sich an sehr heißen Sommertagen auf dem Hellerflugplatz gefährliche Böen bildeten, die besonders Piloten mit kleinen Flugzeugen das Landen dort erschwerten«. Als zudem im Oktober 1930 beim Anflug auf den Hellerflugplatz »eine Messerschmidt M 20 über dem Prießnitzgrund abstürzte (und) dabei acht Todesopfer zu beklagen waren ... kam sogar der Ausbau des Kaditzer Flugplatzes wieder ins Gespräch«.[104] Der Hellerplatz hingegen geriet in eine veritable Imagekrise!

Nach der Fertigstellung des Flughafens in Klotzsche (1935) wurde der gesamte Flugbetrieb dorthin verlegt und die Helleranlage nur noch als Ausbildungsstätte genutzt. Im Frühjahr 1945 wandelte man dessen Areal in parzelliertes Gartenland um, auf dem heute der Kleingärtnerverein Hellersiedlung-Nordhöhe e.V. »die mit 800 Einzelgärten auf 55 ha wohl größte Kleingartenkolonie Deutschlands«[105] residiert, die es immerhin als Drehort für den TV-Mehrteiler »Geschichten übern Gartenzaun« Anfang der 1980er-Jahre in das Adlershofer Fernsehen schaffte und damit zu einigem Ruhm gelangte.

Der Dresdner Architekt Kurt Otto, ein Vertreter der Neuen Sachlichkeit und Schüler Tessenows, dem die Gartenstadt Hellerau sein berühmtes Festspielhaus verdankt, fertigte die Entwürfe für das Gebäudeensemble des nunmehr dritten Dresdner Flughafens, einem der deutschlandweit modernsten seiner Zeit. Sein »Hansa-Haus« genanntes, schnörkellos auf Funktionalität und Schlichtheit ausgerichtetes Flughafengebäude, das bis 1995 unter Denkmalschutz gestanden hatte, und – wie der Ortshistoriker Siegfried Bannack anmerkt – »ein Symbol für Klotzsche war …, dessen Abriss ein Beispiel dafür (sei), wie von Bürokraten mit wenig Fingerspitzen- und Heimatgefühl Geschichte zugunsten anderer Interessen ausradiert wird«[106], musste 2010 weichen, damit Platz für Schneeablageflächen und weitere Flugzeughallen gewonnen werden konnte.

In unmittelbarer Nähe des Flughafens befand sich von 1935 bis 1945 die Luftkriegsschule Sachsen/Schlesien, an der Fahnenjunker eine dreijährige Ausbildung zum Offizier der Fliegertruppen absolvierten. Am Morgen des 8. Mai 1945 wurde das Areal von Panzertruppen und Soldaten der motorisierten Infanterie der Roten Armee besetzt und anschließend zum sowjetischen Luftwaffenstützpunkt ausgebaut, der bis 1955 genutzt wurde. Am 1. Mai 1955 schlug hier die Geburtsstunde der Luftfahrtindustrie in Dresden, das zum Zentrum des DDR-Flugzeugbaus entwickelt werden sollte. Es entstanden der VEB Maschinen- und Apparatebau als Entwicklungs- und Versuchswerk für Flugzeuge und Geräte sowie der VEB Industriewerk als Serienwerk und für die Flugerprobung. Bereits ein Jahr darauf, am 1. Mai 1956, startete mit einer Iljuschin Il-14 P, »das erste in Dresden produzierte Flugzeug … und überflog die Dresdner Maidemonstration«.[107]

Mit dem Aufstieg aber auch mit dem Niedergang des Dresdner Flugzeugbaus auf das Engste verbunden ist das Lebenswerk des Ingenieurs und Konstrukteurs Brunolf Baade (1904–1969), der häufig auch »Vater der DDR-Luftfahrtindustrie« genannt wird. Baade, der eigentlich Schiffs-

Das Verkehrsflugzeug 152 wird präsentiert, 1958.

bauer werden wollte, studierte Maschinenbau, volontierte auf der Hamburger Werft von Blohm & Voss, schipperte als Kohlentrimmer mit der »Waskenland«, an deren Bau er mitwirken durfte, nach Südamerika und »durchwanderte den Kontinent, um dessen Bewohner und Sitten kennen zu lernen«.[108] Nach Deutschland zurückgekehrt, diplomierte der passionierte Segelflieger in München als Maschineningenieur und erhielt eine »Anstellung als Teilkonstrukteur für Sonderaufgaben unter Leitung von Willy Messerschmidt«.[109] Von 1930 bis 1936 arbeitete er in den USA, unter anderem in Ohio an der Entwicklung des Starrluftschiffes »USS Akron ZRS 4«. Er kehrte anschließend nach Deutschland zurück und arbeitete als Konstrukteur in den Dessauer Junkerswerken. 1945 wurde er zunächst von den Amerikanern interniert und später mit mehr als 3 000 weiteren deutschen Spezialisten zur Erbringung von Reparationsleistungen für ein knappes Jahrzehnt in das russische Podberesje (Dubna) an der Wolga und nach Kuibyschew verbracht, um die Weiterentwicklung des sowjetischen Strahlbomberbaus voran zu treiben. In Dresden, wo Baade 1954 als Chefkonstrukteur der DDR-Flugzeugindustrie eingesetzt wurde, war er vor allem für das Prestigeobjekt »Verkehrsflugzeug 152« verantwortlich, dem Bau des ersten deutschen mit Strahlantrieb ausgerüsteten Passagierfliegers, der am 4. Dezember 1958 zum ersten Probeflug starten konnte. An Bord waren zwei Piloten und ein Ingenieur mit folgender Aufgabenstellung: »Beurteilung des allgemeinen Flugverhaltens mit Fahrwerke

Aus- und Landeklappen, Aus bei Start, Platzrunde und Landung«.[110] Der zweite Testflug wurde am 4. März 1959 um 12.56 Uhr von den Piloten Willi Lehmann und Kurt Bemme, dem Bordingenieur Paul Heerling und dem Flugversuchsingenieur Georg Eismann in Angriff genommen. Problemlos stieg die 152 auf die vorgesehene Flughöhe von 6000 Metern. »Die Besatzung begann den Abstieg und die Landung vorzubereiten. An der Start- und Landebahn wartete die gesamte Belegschaft der Flugzeugwerke auf die Rückkehr ..., aber plötzlich war in Landerichtung in einiger Entfernung vom Flugplatz eine Rauchwolke zu sehen.«[111] Die Maschine war etwa acht Kilometer vor der Landepiste abgestürzt. Alle Besatzungsmitglieder kamen ums Leben. Obwohl die Regierung der DDR eine Untersuchungskommission einsetzte, die die Absturzursache ermitteln sollte, drangen keinerlei Informationen an die Presse. Unter der Bevölkerung kursierten die wildesten Gerüchte, denen zufolge östliche oder westliche Geheimdienste für die Eliminierung der 152 gesorgt hätten. Die Berichte der Untersuchungskommission landeten im Geheimarchiv. Eine Schuldfrage wurde offiziell nie gestellt. Erst 1995 war aus den nun öffentlich gemachten Dokumenten zu erfahren, dass der Vorführungsflug leichtfertig, noch vor der Absolvierung einer ausreichenden Anzahl von Werkflügen und Trainingseinheiten der Besatzung durchgeführt worden war. Die tödlich verunglückten Piloten und Ingenieure wurden in einem gemeinschaftlichen Fliegergrab auf dem Neuen Friedhof Klotzsche beigesetzt. Ein Jahr darauf wurde der DDR-Flugzeugbau zu Grabe getragen.

Der restaurierte Rumpf des strahlengetriebenen Fliegers 152 soll sich auf dem Gelände des Dresdner Flughafens befinden, kann aber »von der Öffentlichkeit nur sehr begrenzt in Augenschein genommen werden«.[112]

Manfred von Ardenne

1907 Hamburg – 1997 Dresden

Erfinder, Forscher

Zeppelinstraße 7

Als der vierundzwanzigjährige Studienabbrecher Manfred von Ardenne auf der Berliner Funkausstellung 1931 das erste vollelektronische Fernsehen vorstellte, war dieses Ereignis der auflagenstarken und international verbreiteten *New York Times* eine groß aufgemachte Meldung auf ihrer Titelseite wert. Mit sechzehn (Foto oben, 1923) hatte Ardenne sein erstes Patent angemeldet. Am Ende seines Forscherlebens konnte er auf mehr als 600 Patente, die Leibniz-Medaille der Preußischen Akademie, den Stalinpreis der Sowjetunion, den Nationalpreis der DDR, den Hamburger Schillerpreis und zahlreiche andere Ehrungen verweisen. Bis zum Ende des Zweiten Weltkrieges leitete er das private Forschungslaboratorium für Elektronenphysik in Berlin-Lichterfelde. »Am 10. Mai 1945, russische Soldaten hatten das in den letzten Kriegswirren intakt gebliebene Institut umstellt, richtete er ein Schreiben an den ›Genossen Stalin‹ und bot der Sowjetregierung seine Dienste an«[1] –, die dankbar angenommen wurden. Ab Juli 1945, sein gesamtes Institut wurde in den georgischen Schwarzmeerkurort Suchumi »ausgelagert«, arbeitete er für ein Jahrzehnt an der atomaren Aufrüstung der Sowjetunion mit, nachdem die amerikanischen Atombombenabwürfe auf Hiroshima und Nagasaki die Welt erschüttert hatten. 1955 kehrte er nach Deutschland, in die DDR, zurück.

Zunächst war Weimar als Wohn- und Wirkungsstätte in Erwägung gezogen worden. Dann aber erhielt Dresden den Zuschlag, denn: »Für unser persönliches Leben erschien uns Dresden wegen seiner schönen Lage am Elbebogen und seiner landschaftlich so reizvollen Umgebung mit der nahen Dresdner Heide, der Sächsischen Schweiz und dem Erzgebirge besonders anziehend, aber auch sein Ruf als Stadt der Musik und bildenden Künste bestärkte den Wunsch dort zu wohnen.«[2]

Zunächst, im Februar 1952, erwarb die Familie Ardenne aus der Ferne das Grundstück Weißer Hirsch, Plattleite 27/29. Später wurden »die seitlich angrenzenden Nachbargrundstücke Plattleite 31, 25a, 19 und Zeppelinstraße 2, 7, 8 und 10«[3] dazu gekauft. Freilich musste sich die Familie Ardenne noch reichlich gedulden, bis die Sowjetregierung ihre über die in Suchumi tätigen deutschen Wissenschaftler verhängte »Quarantäne« aufhob.

Am 25. März 1955 endlich traf der Spätheimkehrerzug auf dem Bahnhof Frankfurt/Oder ein. Die Fahrt nach Dresden wurde mit einem Sondertriebwagen der Deutschen Reichsbahn fortgesetzt. Zwar stand am Dresdner Hauptbahnhof ein Auto bereit, das die Ardennes auf den Weißen Hirsch bringen sollte, »wir entschieden uns jedoch dafür, gemeinsam mit den Kameraden der Suchumi-Zeit im Omnibus zum Hotel ›Astoria‹ zu fahren und dort die erste Nacht auf deutschem Boden zu verbringen«.[4] Die Nacht begann mit einem gemeinsamen Abendessen der Suchumi-Kameraden und endete mit der Begrüßung durch Vertreter des Rates des Bezirkes Dresden, kommentiert vom Rundfunkjournalisten Karl-Eduard von Schnitzler.

Am nächsten Morgen blieb vor der Fahrt zur Plattleite noch genügend Zeit, um ausgiebig über die deutschen Studentinnen der Technischen Hochschule zu staunen: »In Scharen überquerten sie den Platz, und sahen so ganz anders aus als die russischen Frauen, an deren Typ wir uns in den zurückliegenden zehn Jahren gewöhnt hatten. Andererseits muß das Äußere der eigenen Familie damals erheblich von der Dresdner Norm abgewichen sein, denn wir erregten bei den ersten schüchternen Ausgehversuchen beträchtliches Aufsehen. Vielleicht lag es an der altmodischen Kleidung, vielleicht waren aber auch die langen Zöpfe unserer großen Tochter daran schuld.«[5]

Auf der Plattleite wurden der Hausherr und die Familie mit Salz und Brot empfangen. Angestellte und Mitarbeiter stellten sich vor. Ob sich unter ihnen bereits »Anna« befand – »Geheim-Informator GI Anna«, vom Staatssicherheitsdienst vorsorglich »in unmittelbarer Nähe des Schnittpunktes der wichtigsten Informationsflüsse des Instituts platziert, um die Telefongespräche des Direktors und der Chefsekretärin Else Suchland abzuhören und präzise zu protokollieren«[6] –, ist nicht bekannt. Dass Ardenne selbst es, nach seinen diversen Erfahrungen mit dem sowjetischen Geheimdienst, geahnt habe dürfte, scheint sicher. Nichts davon kommt in dessen Autobiografie »Ein glückliches Leben für Technik und Forschung« zur Sprache. Vielmehr freute man sich darüber, dass die La-

Sternwarte auf der Plattleite 27, 2010.

boratorien und Werkstätten sofort in Betrieb genommen werden konnten, dass der spätere Staatsratsvorsitzende Walter Ulbricht, »ein Mann der Tat, der schnell das Wesentliche erkennt«[7] zu Besuch im Institut erschien und dem geschätzten Forscher »einen nagelneuen sowjetischen SIS-Wagen«[8] – die Repräsentationslimousine des Ostens schlechthin – zum Geschenk machte.

In atemberaubend kurzer Zeit gelang es Manfred von Ardenne, sein privat geführtes Institut, an dem zeitweilig mehr als 500 Mitarbeiter angestellt waren, zur »wohl größten und womöglich erfolgreichsten Forschungseinrichtung des gesamten Ostblocks zu machen«.[9]

In dem von der weißen Kuppel einer kleinen Sternwarte nach außen hin dominierten Gebäudekomplex wurden unter anderem der Elektronenstrahl-Mehrkammerofen zum Erschmelzen von Reinstmetallen im Hochvakuum, die Sauerstoff-Mehrschritt-Therapie und die systemische Krebs-Mehrschritt-Therapie entwickelt.[10] Umso mehr schmerzte es den alternden Erfinder – der »nicht nur ab und zu mit der Vision, eines Tages nicht mehr nur ein gelegentlich willkommener Gast bei den alljährlichen Treffen der Nobelpreisträger auf der Bodenseeinsel Mainau zu sein, sondern zum Kreis der Laureaten zu gehören, kokettierte«[11] –, dass die ungeteilte Zuerkennung des Physik-Nobelpreises 1986 für die Elektronenmikroskopie an den Konkurrenten Ernst Ruska, den Anteil seiner

Forschungsergebnisse und seiner Person vollkommen unberücksichtigt ließ. Im Stillen geärgert haben dürfte ihn auch, dass er im Blätterwald der bundesdeutschen Presse ironisch als »roter Baron« apostrophiert wurde. Indes: »Als geborener Hamburger nahm er es mit hanseatischer Gelassenheit zur Kenntnis, ebenso wie er den ihm von einigen Professoren-Kollegen der hiesigen Technischen Universität – die im Gegensatz zu ihm freilich über Abitur und abgeschlossenes Studium verfügten – abschätzig verliehenen Titel »Bastler vom Weißen Hirsch« mit generösem Achselzucken quittierte. Denn er war nicht nur ein begnadeter Erfinder und Tüftler, er besaß auch, so formulierte es der Essayist Friedrich Dieckmann einmal, »die Noblesse des habituellen Gentlemans, eine Haltung, in der Charme und Humanität sich durchdringen«.[12] Diese nicht gar so weit verbreitete Eigenschaft erschloss ihm außerhalb seiner beruflichen und familiären Sphäre ein weiteres Betätigungsfeld, als 1957 der amtierende Bürgermeister Walter Weidauer ihn bat, »im ehemaligen Lingner-Schloß am rechten Elbhang einen Begegnungsort für die schöpferisch tätigen Geistesschaffenden ins Leben zu rufen ... und Vorschläge für die Organisation des Dresdner Klubs, die Verwendung der Räumlichkeiten im Lingner-Schloß sowie für besondere Einrichtungen zu unterbreiten«.[13]

Auch hierbei erwies sich der Forscher als kenntnisreicher Planer und erreichte, »dass die Möglichkeiten für DDR-Verhältnisse in der Tat einzigartig waren: Den Mitgliedern und ihren Gästen stand ein Vortragssaal, eine Bibliothek, ein Musikzimmer, ein Billardzimmer mit anschließender Terrasse, ein Speisesaal mit angrenzendem Teezimmer, ein Wintergarten mit einer kleinen Tanzfläche, eine Bar, ein Bier- und Weinkeller sowie ein Kinderspielzimmer zur Verfügung. ... Die Außenanlagen, vorerst durch eine großartige Freiterrasse dominiert, sollten zügig um einen Kinderspielplatz, einen Tennisplatz und ein Schwimmbassin mit angemessener Liegewiese erweitert werden.«[14] Rasch entwickelte sich der »Dresdner Klub« unter seiner Ägide zum Treffpunkt von Persönlichkeiten der Wissenschaft, Medizin, Politik und kulturell-künstlerisch Tätigen und zur »Heimstätte einer einzigartigen Pflege sozialistischer Bürgerlichkeit«.[15]

In seinen späten Lebensjahren, nach 1990, verfasste Manfred von Ardenne mehrere Bücher. So schrieb er seine bereits 1972 im Berliner Verlag der Nation erschienene Autobiografie fort und veröffentlichte unter dem Titel »Wegweisungen« 1996 eine »Sammlung von Aphorismen, Lebenserfahrungen und aktuellen Aufgaben, ... die ihn, geschrieben und keineswegs geordnet, durchs Leben begleitet hatten«.[16] Manfred von Ardenne starb neunzigjährig am 26. Mai 1997. Im Beisein von mehr als 500 Trauergästen wurde er eine Woche darauf in der Kapelle des Waldfriedhofes auf dem Weißen Hirsch beigesetzt.

Heinrich Barkhausen

1881 Bremen – 1956 Dresden

Wissenschaftler, Hochschullehrer

Daheimstraße 10
(heute: Friedrich-Hegel-Straße)

1911 berief die Technische Hochschule Dresden den Physiker Heinrich Barkhausen als außerordentlichen Professor für elektronische Messkunde, Telegraphie und Telephonie und Theorie der elektrischen Leitungen. Diese Fachrichtungen waren in jener Zeit verstärkt in den Fokus der Ingenieurswissenschaften gerückt, da Industrie, Verkehr und Militärwesen immer größere Anforderungen an eine moderne Nachrichtentechnik stellten. Einige Jahre zuvor war mit der Elektronenröhre zudem eine technische Voraussetzung für die Entwicklung der neuen Technologie gefunden worden. Die TH Dresden hatte diese Zeichen früh erkannt und beauftragte Barkhausen mit der Gründung eines Instituts für Schwachstromtechnik, dem deutschlandweit ersten auf diesem, heute der Informationstechnik entsprechenden Gebiet. Dabei galt es nach der Jahrhundertwende erst einmal, die Öffentlichkeit von der neuen Technik und ihrer Bedeutung für die Zukunft zu überzeugen. Barkhausen wusste darum, in *Dinglers Polytechnischem Journal* schrieb er: »Wenn von Elektrotechnik die Rede ist, so denkt der Laie meist an irgendwelche imposanten Kraftleistungen: sausende Maschinen, eilende Bahnen, Krane, die ohne jede sichtbare Anstrengung fabelhafte Lasten heben, Wasserfälle, die ihrer Energie beraubt werden, um Licht zu schaffen. Gegen solche Respekt und Bewunderung einflößenden Leistungen der Starkstromtechnik erscheint ihm die Schwachstromtechnik, wobei er an Hausklingelanlagen und allerlei Kinderspielzeug denkt, leicht als etwas Kleinliches ohne größere wirtschaftliche Bedeutung.«[17]

Barkhausen, einer angesehenen Bremer Bürgerfamilie entstammend, hatte vor seiner Dresdner Berufung in München, Berlin und Göttingen

Physik studiert, 1906 seine Doktorarbeit über »Das Problem der Schwingungserzeugung mit besonderer Berücksichtigung schneller elektronischer Schwingungen« vorgelegt und in der Fachwelt damit große Aufmerksamkeit erregt.[18] Die Siemens & Halske AG holte den jungen Wissenschaftler nach Berlin, wo er sich zudem 1910 an der TH Charlottenburg mit einer Arbeit über die elektrische Signalübertragung habilitierte. Verheiratet war er mit Hilde Mollier, der Schwester des zeitweiligen Rektors der TH Dresden, Richard Mollier, der wiederum Barkhausens Schwester Elisabeth ehelichte. Der Romanist Victor Klemperer nannte Hilde Barkhausen eine »junge, bildungseifrige aber wenig vorgebildete Frau«, die zur Stütze seines dramatischen Collegs wurde.[19] »Er, der lange blonde ruhige feine Bremenser ist ebenso sympathisch wie sie.«[20]. Klemperer war in den 20er-Jahren oft Gast in Barkhauses »hübscher Villa in der Daheimstraße, oben am Westendpark«[21], in die er mit seiner Frau im Sommer 1920 vorübergehend sogar selbst einzog.

In seinen Dresdner Vorlesungen bemühte sich Barkhausen nun vor allem um die theoretischen Grundlagen der Schwachstromtechnik. Viel Zeit blieb ihm dafür zunächst aber nicht, denn spätestens mit dem Ausbruch des Ersten Weltkrieges verlangte die Rüstungsindustrie nach praktischen Anwendungen der Nachrichtentechnik. So war Barkhausen zwar kurzzeitig Soldat in Flandern, wurde aber schon bald zur Torpedo-Inspektion der kaiserlichen Marine nach Kiel versetzt. Im Rahmen dieser Rüstungsaufgabe, einer Weiterentwicklung der Morsetelegrafie, forschte er systematisch an den Eigenschaften der von Robert von Lieben entwickelten Elektronenröhre. Dabei entdeckte er Ummagnetisierungssprünge im Eisen, die man als »Barkhausen-Effekt« bezeichnet. Sichtbar gemacht werden kann dieser Effekt durch ein Experiment, bei dem ein stabförmiger Eisenkern in einer Spule versenkt wird, an die über einen Verstärker ein Lautsprecher angeschlossen ist. Bewegt man einen Permanentmagnet in der Nähe des Eisenkerns, ertönt im Lautsprecher ein Geräusch, das sogenannte »Barkhausen-Rauschen«. Der Barkhausen-Effekt wurde später für die zerstörungsfreie Werkstoffprüfung bedeutsam.

Auch andere Entdeckungen tragen den Namen des Wissenschaftlers, so die »Barkhausen-Kurz-Schwingungen«, eine mit seinem Kollegen Karl Kurz ebenfalls in Bremen gemachte Entdeckung, die später in der Radartechnik genutzt wurde, und die »Barkhausen-Röhrengleichung«, welche die elementaren Röhren-Kennwerte in eine mathematische Beziehung zueinander setzt. Barkhausen gelang es in dieser Zeit »einen Markstein für die künftige Radio-, Radar- und Fernsehtechnik zu setzen«.[22]

Heinrich Barkhausen (4. v.l.) in Japan, 1938.

Nach dem Krieg lehrte Barkhausen wieder an der TH und erlebte dabei einen Aufschwung seines Fachgebietes. Die Industrie förderte zunehmend die Arbeiten auf dem Gebiet der Nachrichtentechnik und nicht zuletzt der aufkommende Hörfunk verlangte nach immer mehr ausgebildeten Fachkräften. Während seiner Forschungen auf dem Gebiet der Elektroakustik führte Barkhausen 1925 das Lautstärkemaß Phon ein, eine weitere psychoakustische Einheit erhielt den Namen »Bark«. 1926 wurde ein von Barkhausen entwickelter Schallmesser vorgestellt und in Serie gefertigt. »Diese und weitere Arbeiten machten ihn zum Begründer der Dresdner Schule der Akustik.«[23]

Mit der Veröffentlichung der vierbändigen Monografie »Lehrbuch für Elektronenröhren« gelang ihm zudem ein Standardwerk. Dieses umfassendste und bedeutendste Werk auf dem Gebiet der Röhrentechnik wurde in zahlreiche Sprachen übersetzt. Seine letzte Auflage erschien 1965, zweiunddreißig Jahre nach der Erstveröffentlichung des ersten Bandes, was für eine sich rasant entwickelnde Technik einen sehr langen Zeitraum bedeutet.

Barkhausen war nun ein weltweit anerkannter Wissenschaftler – eine »lebende Legende«[24]. Dreizehn wissenschaftliche Gesellschaften verliehen ihm die Ehrenmitgliedschaft, die TH Darmstadt die Ehrendoktorwürde, Vortragsreisen führten ihn unter anderem 1929 in die USA, in die Sowjetunion und 1938 nach Japan, wo er als »Vater der japanischen Schwachstromtechnik«[25] verehrt wurde. Aus der Luft gegriffen war diese Bezeichnung nicht, befanden sich doch unter den ersten Dresdner Studenten Barkhausens zahlreiche Japaner, unter ihnen mit Hidetsugu Yagi auch der Erfinder der nach ihm benannten Antenne.

Während der Wissenschaftler im Ausland gefeiert wurde, geriet sein Dresdner Institut in Schwierigkeiten. Nach 1933 konnte der »dem Nationalsozialismus reserviert gegenüberstehende Barkhausen«[26] nur weiterarbeiten, weil er das geforderte Bekenntnis der Professoren zu Adolf Hitler unterzeichnet hatte. Der längst entlassene Victor Klemperer notierte im Februar 1941 über seinen ehemaligen Kollegen im Tagebuch: »Schwachstrommann und già Demokrat – jetzt – im Amt«[27].

Das Institut für Schwachstromtechnik wurde durch die Bombenangriffe im Februar 1945 zerstört. Barkhausen nahm 1946 nach einer kurzen Beurlaubung seine Lehrtätigkeit wieder auf und wirkte bis 1953 als Professor an seinem Institut.

Heinrich Barkhausen starb am 20. Februar 1956 in Dresden, beigesetzt wurde er in der gemeinsamen Grabstelle der Familien Barkhausen und Mollier auf dem Friedhof Tolkewitz. Das Anfang der 50er-Jahre erbaute neue Hauptgebäude der heutigen Fakultät Elektrotechnik und Informationstechnik erhielt den Namen Barkhausen-Bau. 1956 war das Jahr, in dem der Nobelpreis an drei Physiker verliehen wurde, die an der Erfindung des Bipolartransistors beteiligt waren. Auch Barkhausen hatte sich in seinen letzten Lebensjahren noch an der Entwicklung von Transistoren beteiligt, jener Technik, die in den folgenden Jahren die Elektronenröhren als Signalgeber ablösen sollte.

Die TU Dresden lobt heute jährlich für eine Dissertation im Bereich Elektro- und Informationstechnik den Heinrich-Barkhausen-Preis aus. Außerdem vergeben der Materialforschungsverbund Dresden, das Fraunhofer IKTS und die TU den Internationalen Dresden Barkhausen Award für herausragende Leistungen in der angewandten Forschung und Entwicklung auf dem Grenzgebiet zwischen Physik, Materialwissenschaft und Elektrotechnik sowie den Dresden Barkhausen-Poster-Preis für Studenten und Nachwuchswissenschaftler.

Ida Bienert

1870 Langenbielau, Niederschlesien – 1965 (1966?) München

Kunstsammlerin, Mäzenatin

Würzburger Straße 46

»Das Dresdner Zentrum der neuen Kunst und Literatur war das Haus Bienert. Frau Ida bot allen Dichtern und Künstlern vorbildliche Gastfreundschaft und wurde die großzügige Mäzenatin für viele. Hier fanden sich die Männer des Bauhauses ein, Gropius und Klee, die Maler der jüngsten Sezession, Otto Dix, Felixmüller, Constantin von Mitschke-Collande, Lasar Segall … Mary Wigman war da … die Palucca gehörte zur Familie.«[28] Die Aufzählung ließe sich fortsetzen, der Maler Emil Nolde kam ebenso wie die Schriftstellerin Else Lasker-Schüler.

Dieses Zentrum der Kunst und Literatur befand sich in der Würzburger Straße im Dresdner Vorort Plauen und gehörte dem Dresdner Großindustriellen Erwin Bienert. 1888 hatte der Spross einer traditionsreichen Müllerfamilie und Besitzer der Bienert- und Hafenmühle Ida Suckert, die Tochter eines schlesischen Fabrikbesitzers, geheiratet, ein Jahr nach der Hochzeit seines Bruders mit Idas Schwester. 1890 bezog das Paar die im Stil der Renaissance erbaute Villa, einen sandsteinverblendeten Ziegelbau, der über eine große, vielfältig nutzbare Empfangshalle mit Oberlicht verfügte. In den folgenden fünf Jahren kamen fünf Kinder zu Welt, vier Mädchen und ein Junge. Als Hauslehrer für die Kinder wurde zeitweise der Publizist und Kulturphilosoph Theodor Lessing angestellt.

Erwin Bienert war ein ebenso toleranter wie großzügiger Mann und finanzierte die umfangreichen Aktivitäten seiner Frau, die selbst über kein eigenes Einkommen verfügte. Nur gelegentlich legte er Idas Temperament und ihren Ankäufen Zügel an, »wenn er auch später dem Geschmack seiner Frau nicht mehr recht folgte«.[29] Möglich wurde diese Unterstützung, weil das von Gottlieb Traugott Bienert gegründete und ab 1885 von Erwin Bienert und seinem Bruder Theodor weitergeführte und ausgebaute Unternehmen, das aus selbst hergestelltem Mehl Brot in großem Stil backte, zu einem wahren Brotimperium angewachsen war und die Firmenbesitzer zu den reichsten Männern Sachsens gemacht hatte. Wie der Firmengründer, der unter anderem die Gas- und Wasserversorgung in Plauen ausbaute, eine »Kinderbewahranstalt« gestiftet und zahlreiche soziale Vereine unterstützt hatte, setzten seine Söhne das soziale Engagement fort, so entstanden mit ihrer Hilfe der Fichte- und der Bienert-Park, wurden weiterhin Vereine und Stiftungen unterstützt. Hinzu kam ein kulturelles Engagement, das Ankäufe der Dresdner Gemäldegalerie ermöglichte und den Neubau des Schauspielhauses beförderte.

Dies war ganz im Sinne von Ida Bienert, die sich besonders für Kunst, aber auch für neue Lebenskonzepte interessierte – sie trug selbst Reformkleidung – und die Lebensreformbewegung unterstützte.[30] Als 1908 die Gartenstadtgesellschaft Hellerau gegründet wurde, saß Ida Bienert im Aufsichtsrat. Ihr soziales Engagement begann aber schon Anfang 1906, als sie in der Kielmannseggstraße (heute: Agnes-Smedley-Straße) die »Freie öffentliche Bibliothek Dresden-Plauen«, Sachsens erste Volksbibliothek, einrichtete, für die sie den Bibliothekar Walter Hofmann anstellte. 1920 schenkte sie die Bibliothek der Stadt Dresden. Als Mitglied des Frauen-Erwerbs-Vereins setzte sie sich zudem für Frauenberufe und Ausbildungsmöglichkeiten ein.

Walter Hofmann war es, der Ida Bienert beim Aufbau ihrer Kunstsammlung beriet. So wurden die ersten Ankäufe von Grafiken alter Meister, Stiche von Dürer, Radierungen von Rembrandt, bald um Arbeiten zeitgenössischer Dresdner Künstler ergänzt. Um das Jahr 1910 etwa, so konstatierte der Literaturwissenschaftler Paul Fechter, war sie »schon bis Cézanne vorgestoßen; ihre Böcklin-Bilder hatte sie verkauft; mit Chagall und Nolde hatte sie gerade angefangen«.[31] Die verstärkte Hinwendung zu moderner Kunst war vor allem dem Dichter Theodor Däubler geschuldet, mit dem Ida Bienert eine enge Freundschaft verband. »Gerüchte … wollen sogar wissen, es sei mehr als bloße Freundschaft gewesen, … doch scheint das höchst unwahrscheinlich.«[32] 1909 jedenfalls, als unter anderen der Bildhauer Paul Peterich dem notorisch klammen Dichter die Finanzierung entzog, sprang, dank der Vermittlung Ernst Barlachs und des Malers Richard Dreher, Erwin Bienert ein. Von da an reiste der Dichter mit Bienerts Geld durch Europa, allein oder in Begleitung von Ida und später auch gemeinsam mit deren Sohn Friedrich (»Fritz«). Der heiratete 1924 die Tänzerin Gret Palucca,[33] trat ins väterliche Unternehmen ein, sammelte ebenfalls Kunst und machte Anfang der 30er-Jahre sein Haus in

Ida Bienerts Privatraum in der Villa Würzburger Straße 46.

Hellerau (Auf dem Sand 13) zu einem Treffpunkt für Künstler und Intellektuelle.

Ida nahm den notorisch klammen Däubler auch immer wieder in ihrer Dresdner Villa auf und »es war ein seltsamer Anblick, dem riesigen Mann etwa im Theater Seite an Seite mit der fast um einen Kopf kleineren Frau zu begegnen, deren Energie ihn bannte, so daß er mit seinem graumelierten Brahmsbart über dem schweren Körper ihr still und behutsam folgte«.[34] Ida Bienert bezahlte die Einrichtung von Däublers Berliner Wohnung oder initiierte die Gründung einer Däubler-Gesellschaft, der in vielen Salons verkehrende Dichter dagegen schlüpfte zuweilen in die Rolle eines Maklers für die Bienerts und nahm auch inhaltlich Einfluss auf die Kunstsammlung. So kamen während des Ersten Weltkrieges Werke von Picasso, Chagall, Klee, Archipenko, Campendonk, Kokoschka und Kandinsky in die Sammlung.

Auch am Umzug Oskar Kokoschkas nach Dresden war Ida Bienert beteiligt. Der im Ersten Weltkrieg verwundete Künstler hatte sich um eine Professur an der Kunstakademie beworben. Schon im September 1916 bedankte er sich bei Ida Bienert für ihre »Gastfreundschaft und für alles, was Sie, gnädige Frau, zu thun beabsichtigen, um mich und meine Kunst an Dresden zu binden«.[35] Die Bewerbung scheiterte zwar zunächst, doch Ende des Jahres fand er im Sanatorium von Dr. Teuscher auf dem Weißen

Hirsch Aufnahme und konnte im Sommer 1919 endlich sein Amt antreten. Die aus Moskau stammende Sängerin Niuta Kallin, mit der Kokoschka einige Zeit zusammenlebte, lernte er im Hause der Bienerts kennen.

Neben Däubler gehörte aber vor allem Paul Klee zu den von Ida Bienert bevorzugten Künstlern. »Zu keinem Maler in ihrer Sammlung hat Ma-Ida so intensive persönliche Beziehungen gepflegt wie zu ihm, die bis zu seinem Tod anhielten.«[36] Fast sechzig Arbeiten Klees kaufte Ida Bienert, die später auch der Klee-Gesellschaft zur Unterstützung des Künstlers beitrat. »Ich schlafe jetzt oben im so gen. Blauen Zimmer«, schrieb sie an Klee, »in dem großen Zimmer, wo in der Decke ein blauer Strich ist. Und denken Sie, ich bin da umgeben von 6 Klees und ich fühle mich außerordentlich wohl dabei.«[37]. Bei ihrer Sammlung ging es ihr »weniger um Dokumentation eines bestimmten Entwicklungsabschnitts, sondern vielmehr findet sich in den von ihr bevorzugten Bildern eine geistig-weltanschauliche Haltung«.[38] Und sie wollte ihren Bildern nah sein, Fotos zeigen einen Kandinsky überm Flügel, Bilder Klees über dem Schreibtisch und dem Sofa. Wie sehr sie mit den Kunstwerken in ihrer Villa lebte, bezeugt zudem der 1925 nach der ersten Dresdner Ausstellung mit Werken von Piet Mondrian an den Künstler ergangene Auftrag, Räume ihres Hauses zu gestalten. Mondrian lieferte zwar einen Entwurf, zu dessen Ausführung kam es aber nicht.

Die Unterstützung Ida Bienerts beschränkte sich nicht nur auf die Ankäufe von Werken oder die Vermittlung von Ausstellungsmöglichkeiten, oft leistete sie auch direkte finanzielle Hilfe, sei es für die Tanzschule ihrer Schwiegertochter Gret Palucca oder für befreundete Künstler und Galeristen, so für Rudolf Probst und seine Galerie »Neue Kunst Fides«. Dazu kam der Einfluss, den sie als Mitglied des Patronatsvereins der Gemäldegalerie auf deren Einkäufe nehmen konnte. Legendär wurden die regelmäßigen Sommeraufenthalte der Familie Bienert auf der Insel Sylt, die so, da man meist nicht allein kam, zu einem temporären Zentrum für Künstler aus allen Sparten wurde.

1933 legte der Kunstwissenschaftler Will Grohmann eine Dokumentation der Sammlung von Ida Bienert vor, die zu diesem Zeitpunkt weitestgehend abgeschlossen war. Da sind zunächst die Franzosen, Cézanne, Gauguin, Redon, Monet, Derain, der Niederländer van Gogh, der Spanier Picasso, dann die Russen Kandinsky, Malewitsch, Lissitzky und vor allem Chagall, dann Bauhaus-Künstler – neben Klee auch Schlemmer, Feininger und Moholy-Nagy –, dazu unter anderem Kokoschka, Franz Marc, Mondrian, später auch Otto Dix. Ebenso bemerkenswert wie der Bestand, sind die Leerstellen, das Fehlen von Arbeiten der Dresdner

»Brücke«-Künstler, was sich nur damit erklären lässt, dass auch Däubler in seiner Standortbestimmung der neuen Kunst, in dem Buch »Der neue Standpunkt«, nicht auf sie einging.

1933 begann eine Zeit, in der das öffentliche Ansehen von Ida Bienert allmählich schwand, wiederholt ist von öffentlichen Angriffen zu lesen, wegen der sich die einstige »Königin von Plauen«[39] immer mehr ins Privatleben zurückzog. Die Zeit der offenen Salons war vorbei, obwohl auch jetzt noch gelegentlich Besucher kamen. So zum Beispiel Samuel Beckett, der während seines Dresden-Besuchs 1937 zu »Tee und Kuchen in der Dämmerung« in der Würzburger Straße geladen war. Er nannte die Hausherrin zwar »gastfreundlich, fast schon lustig«, störte sich aber an ihrem Herbeten der »Nazi-Litanei«.[40] Zu dieser Aussage passt auch ihr Verhalten gegenüber Paul Klee. Schon 1933 war Ida Bienert aus der Klee-Gesellschaft ausgetreten und hatte die Ankäufe von Werken des gerade aus seinem Lehramt an der Kunstakademie Düsseldorf entlassenen Künstlers eingestellt. Zwar suchte sie privat weiterhin Kontakt zu Klee, öffentlich aber verweigerte sie nun jede Unterstützung.

Während des Zweiten Weltkrieges war die Sammlung ausgelagert worden und überstand so die Bombardierung Dresdens nahezu unbeschadet, lediglich die Villa in der Würzburger Straße wurde beschädigt, konnte aber später dennoch vorübergehend als Sitz des Dresdner Stadtmuseums dienen. Noch vor Kriegsende zog Ida Bienert nach München und auch die Bilder konnten nach und nach dorthin gebracht werden, teilweise vom Sohn in einem »alten Opel mit doppelten Boden« geschmuggelt.[41] Der Familienbetrieb wurde zunächst unter Zwangsverwaltung gestellt, blieb aber im Privatbesitz, da Friedrich Bienert als Nazigegner einen guten Ruf genoss – nach dem Hitler-Attentat im Münchner Bürgerbräu-Keller 1939 war er von der Gestapo verhaftet und kurzzeitig interniert worden. Erst nach seiner Flucht in den Westen wurde aus dem Unternehmen ein Betrieb mit staatlicher Beteiligung. Noch 1963 aber hielt Ida Bienert ein Viertel der Gesellschafteranteile.[42] Trotzdem war sie in den Nachkriegsjahren zur Bestreitung ihres Lebensunterhalts gezwungen, die Werke ihrer Sammlung nach und nach zu verkaufen. Neben privaten Sammlern kamen so zahlreiche Museen in den Besitz der Bilder. Ida Bienert starb am 18. August 1965 in München, wo sie auch beerdigt wurde, während ihr Mann und später ihr Sohn die letzte Ruhestätte im Familiengrab – an dessen Gestaltung Walter Gropius beteiligt war – auf dem Dresden-Plauener Friedhof fanden.

Fritz Busch

1890 Siegen – 1951 London

Dirigent, Pianist

Wiener Straße 67

Der 7. März 1933 war einer der schwärzesten Tage in der Geschichte der Dresdner Oper. Pünktlich um sieben Uhr, auf dem Opernhaus war bereits die Hakenkreuzflagge gehisst, begann der Dirigent Fritz Busch an diesem Tag die Ensemble-Probe für die am Abend geplante Aufführung des »Rigoletto«. »Plötzlich öffnete sich die Türe. Ein schwerbewaffneter SA-Mann trat ein. ›Bitte, Herr Generalmusikdirektor, wollen Sie die Sänger auf einen Augenblick zur Teilnahme an einer *feierlichen Handlung* beurlauben.‹ ›Ungern‹, sagte ich, ›ich brauche die Probe dringend ...‹. Kurz darauf kam ein zweiter SA-Mann, ein riesengroßer Kerl, und ersuchte mich, diesmal in weit weniger freundlichem Ton, ihm auf die Bühne zu folgen. Dort stand in der Mitte auf einem kleinen Podest, den Rücken zum Zuschauerraum gekehrt, der Schauspieler Alexis Posse, ein aufgeschwemmter, subalterner Mensch und schlechter Komödiant ... Im Halbkreis vor ihnen standen auf der Bühne etwa fünfzig bis sechzig SA-Leute, tadellos ausgerichtet und in voller Bewaffnung. ... Vor diesem improvisierten Publikum sprach Posse von der Machtübernahme Hitlers, von den goldenen Zeiten, die ... nun anbrechen würden, sowie davon, daß *ich* für solche Ziele nicht verwendbar sei und mich als abgesetzt zu betrachten hätte.«[43] Es war dies der letzte Akt in der Amtszeit von Fritz Busch, einem »der großartigsten Dirigenten und Opernchefs in der Dresdner Musikgeschichte«[44].

Fritz Busch, am 13. März 1890 in Siegen geboren, stammte aus einer musischen Familie, der Vater war Geigenbauer, die Geschwister Musiker und Schauspieler, darunter Adolf Busch, ein berühmter Geiger, Lehrer von Yehudi Menuhin und oft in Dresden zu Gast, sowie Hermann Busch, der 1929/30 Solocellist der Dresdner Philharmonie war. Am 1. August 1922 hatte Fritz Busch, aus Stuttgart kommend, sein Amt als Operndirektor und Generalmusikdirektor in Dresden angetreten. Es war keine leichte Zeit für die Theater, die in Folge der Novemberrevolution verstaatlicht worden waren und noch immer unter personellen Querelen und finanzieller Not litten (das Defizit allein der Oper wurde für die Spielzeit 1919/20 auf drei Millionen Mark beziffert)[45]. In seinen Erinnerungen wird Busch später dennoch »rückhaltlose Bewunderung« empfinden für die »Selbstverständlichkeit, mit der Staat und Stadt in den härtesten Zeiten die Theater, denen kein Pfennig aus privaten Mitteln zufloß, aufrechterhielten«[46]. Überhaupt sah er in Dresden zunächst »alle Voraussetzungen von Natur, Kunst und guter Tradition in seltener Weise vereinigt. Schon der äußere Anblick des Opernhauses stimmte die Erwartungen hoch. Der Semperbau war ein Schatz von wirklich königlicher Schönheit ... Überall herrschte Enthusiasmus, die Presse war begeistert ... ›Habemus Papam‹, schrieb der Kritiker einer großen rechtsstehenden Zeitung. Die linksgerichtete verglich mich mit König Midas, der alles, was er anrührte, in Gold verwandelte.«[47] »Ja, die Begeisterung für Busch ging in den ersten Monaten seiner Dresdner Tätigkeit ins Grenzenlose. Ein förmlicher Busch-Rausch befiel die Leute«, resümierte der Kritiker Hans Volkmann 1925 und hob dann warnend den Zeigefinger: »Aber ein Rausch verfliegt« und man erkenne, »daß er zwar keine ausgeprägte künstlerische Persönlichkeit, aber eine echte und reiche Musikantennatur« sei.[48] Vor allem das konservative Publikum teilte die Begeisterung nicht. »Meine fortgesetzten Bemühungen, die Dresdner Musiker und Musikliebhaber mit wertvollem zeitgenössischem Schaffen bekannt zu machen, stießen auf vollkommene, kalte Ablehnung. Man wollte die Klassiker und Romantiker hören, an denen man sich unermüdlich erfreute.«[49]

Busch ließ sich von solchen Vorbehalten nicht beeindrucken, denn das künstlerische Potential, das er in Dresden vorfand, ließ wenig Wünsche offen, die Kapelle nannte er »fabelhaft« und die Solisten waren »zum Teil das Beste, was die deutsche Bühne heute besitzt«. Zwar hatte sein bis zu fünfundsiebzig Werke pro Jahr umfassender Spielplan durchaus »Dresdner Kolorit (Wagner, Strauss)«[50], doch seine Mozart-, Verdi-, Mussorgski- und Puccini-Pflege strahlten deutschlandweit aus, er baute allmählich ein »junges, hochkarätiges Sängerensemble« auf[51] und erneuerte den Ruf Dresdens als Uraufführungsort. Über 20 Uraufführungen fanden in den nächsten Jahren statt, darunter Werke von Paul Hindemith, Karl Stiegler, Kurt Weill und Richard Strauss. Für die Uraufführungen von dessen »Intermezzo« und »Die ägyptische Helena« holte er die zuvor an die Metropolitan Opera in New York gewechselte Sängerin Elisabeth Rethberg an die Semperoper zurück, verpflichtete auch sonst wichtige Regisseure und Dirigenten und arbeitete mit zeitgenössischen modernen Künstlern wie Oskar Schlemmer, Max Slevogt oder Oskar Kokoschka als Bühnen- und Kostümbildner zusammen. Buschs Arbeitspensum war enorm. »Ich verlasse die Oper nur, wenn ich schlafen gehe«, schrieb er an einen Kollegen.[52] Von den insgesamt »113 Premieren hat er 64 selbst dirigiert … pro Spielzeit leitete er mindestens 80 Opernvorstellungen, dazu fast ausnahmslos alle Konzerte«.[53] Darüber hinaus waren Schallplattenaufnahmen, Gastspiele, zum Beispiel in Holland, England, Skandinavien, der Schweiz, an der Mailänder Scala und in den USA sowie Dirigate in Bayreuth zu bewältigen, so 1924 zur Wiedereröffnung der Festspiele nach dem Ersten Weltkrieg. Busch war auch der erste »Chefdirigent der Staatskapelle, der … bewusst in einen näheren Kontakt zum Schwesterinstitut«, der Philharmonie, trat, was »sich außerordentlich befruchtend auf das Dresdner Musikleben auswirkte«.[54]

Trotz dieser beruflichen Belastung gab es natürlich auch ein Familienleben. Seit 1911 war Busch mit Margarethe Boettcher, der Tochter eines nationalliberalen Politikers, verheiratet. »In Dresden hatte er das Heim gefunden, das kein Künstler mehr brauchte als er; denn, wie die deutschen Meister des Mittelalters, war er ein Bürger im besten Sinn dieses Wortes.«[55]

Drei Kinder hatte das Ehepaar, der Sohn Hans besuchte die Kreuzschule, dazu kamen zwei jüngere Töchter, Eta und Gisela. »Fröhliches Gewimmel (füllte) unser geräumiges Haus in der Wiener Straße. Die Kinder und ihre Freunde tanzten zu Vaters Johann Strauß-Walzern und Jazzimprovisationen am Klavier. Ein vergnügtes junges Ehepaar schwenkte der Hausfrau eine Flasche Champagner entgegen. Wir öffneten sie; der Korken sprang nicht heraus.«[56] Das war Silvester 1932 und das kommende Unheil schien seine Vorboten geschickt zu haben. Doch sie waren schon lange vorher zu spüren gewesen und weitaus realer, als ein steckengebliebener Champagnerkorken. Schon Ende der 20er-Jahre hatte es erste Angriffe gegen Busch im Landtag gegeben, wurde ein deutscher Spielplan gefordert, war ein Ausschuss »zur Förderung und Überwachung der Kunst- und Personalpolitik sowie des Geschäftsbetriebes der Staatstheater« gebildet worden.[57] Dann kam der 7. März 1933 mit dem von lokalen Nazigrößen angezettelten Eklat, und Fritz Busch, der seine Abneigung gegen die Nazis schon lange vorher immer offen ausgesprochen hatte, blieb danach nur noch wenige Tage in der Stadt. »In meiner raschen Laufbahn hatte ich mich bisher der Zudringlichkeit der Menschen, ihrer Schmeichelei und Speichelleckerei zu erwehren gehabt, wie sie überall

Wiener Straße 67, 2012.

mit den Lieblingen des Publikums getrieben wird, trotz mancher beruflicher Kämpfe und Plänkeleien jedoch niemals eines ernstlichen Angriffes auf meine Person. Jetzt war mit einem Schlag das Gegenteil der Fall. Scheel angesehen, von Haß, der sich bis auf die Kinder in der Schule und die uns ergebenen Dienstboten erstreckte, bis zur physischen Bedrohung verfolgt, zu unfreiwilliger Ruhe gezwungen, erfuhr ich täglich, daß ich ein vaterlandsloser Bursche und ein moralisch verkommenes Subjekt sei. Die Stimmen derer, die damals noch, unter dem bereits klar sich abzeichnenden Gewaltsystem, den Mut hatten, sich für mich einzusetzen, verloren sich in dem geräumigen Schmutzkübel.«[58]

Am 25. Mai 1933 wurde der Vertrag mit Buschs Nachfolger Karl Böhm unterzeichnet, am 1. Juli fand die Uraufführung der »Arabella« von Richard Strauss statt, Fritz Busch, dem diese Oper gewidmet ist, war da längst nicht mehr in der Stadt, die er auch später trotz verschiedener Offerten nie wieder besuchte.

Fritz Busch emigrierte nach Buenos Aires, er starb am 14. September 1951 in London.

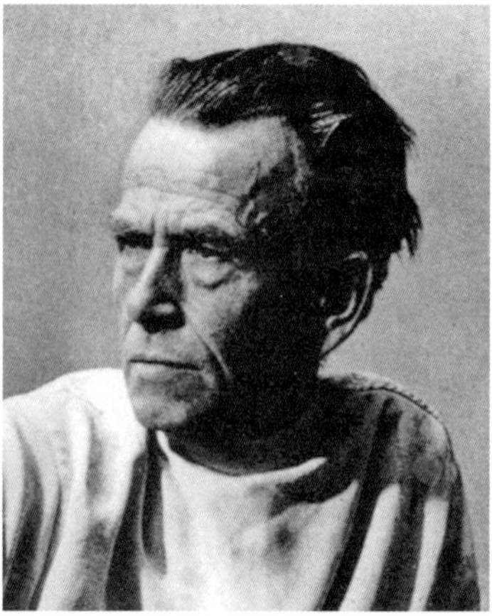

Otto Dix

1891 Untermhaus/Gera –
1969 Singen am Hohentwiel

Maler

Bayreuther Straße 32,
Hopfgartenstraße, Ziegelstraße,
Kesselsdorfer Straße 11

Heute gilt Wilhelm Heinrich Otto Dix als einer der bedeutendsten deutschen Maler und Grafiker, den das 20. Jahrhundert hervorgebracht hat. Dass der Sohn eines Geraer Gießereiarbeiters und einer Näherin, der schon als Volksschüler seinen Lehrer Ernst Schunke mit ausgeprägtem Maltalent und rascher Auffassungsgabe in Erstaunen versetzt hatte, eine künstlerische Laufbahn überhaupt ins Auge fassen konnte, verdankte er dem Regenten des Fürstentums Reuß Heinrich XXVII., der ihn mit einem Stipendium ausstattete. Fürst Heinrich, der in Dresden am Vitzthum'schen Gymnasium das Abitur ablegte, erhob allerdings zur Bedingung, dass Dix vorher seine Lehrer als Dekorationsmaler erfolgreich abschließt und die weitere künstlerische Ausbildung in Dresden an der Königlich Sächsischen Kunstgewerbeschule fortsetzt, da diese in der Fachwelt vor allem wegen ihres hervorragenden Zeichenunterrichtes geschätzt wurde.

Otto Griebel, der spätere Freund und Kollege, erinnert sich an Dix' erste Auftritte in der Kunstmetropole im Jahre 1910: »... ein schmächtiger Bursche der damals schon auffiel ... und sich von den übrigen Schülern bewußt absonderte«.[59] Außerdem frönte er der in Mode gekommenen und heute längst vergessenen Mazdaznanlehre. »Da musste man morgens Atemübungen vornehmen, Eukalyptusöl inhalieren, Pinienkerne kauen und dem Fleischgenuß entsagen«,[60] weshalb Dix mit Vorliebe im »Pomona«, dem stadtbekannten vegetarischen Restaurant auf der Grunaer Straße, unweit der Kunstgewerbeschule, einkehrte. Er ließ nichts aus, was ihn in seiner künstlerischen Entwicklung weiter zu bringen versprach, beschäftigte sich intensiv mit den in der Gemäldegalerie präsentierten Bildern, vor allem der »altdeutschen und italienischen

Meister des 15. und 16. Jahrhunderts«[61], las Friedrich Nietzsche, verehrte Max Klinger und zeigte sich außerordentlich beeindruckt von dem, was die Galerie Emil Richter auf der Prager Straße und im Besonderen der entdeckungsfreudige Kunsthändler Ludwig Gutbier in der von ihm geleiteten Galerie Arnold auf der Schloßstraße ausstellte: Werke Vincent van Goghs und der in der Dresdner »Brücke« und dem Münchner »Blauen Reiter« organisierten expressionistischen Maler. Dix, der sich vehement der »neuen Kunst« zuwandte, »malte ungestüm mit Schwarz und Rot auf geöltem Papier und entwickelte eine wilde Produktivität«.[62] In altmeisterlichem Kontrast zu diesen Bemühungen entstand 1912 jedoch sein ungewöhnlich anmutendes »Selbstbildnis mit Nelke«, das den jungen Künstler finster und mit betont starrem, auf den Betrachter gerichteten Blick zeigt.

Auch während des Ersten Weltkrieges, als kriegsfreiwilliger Artillerist und Unteroffizier eines Maschinengewehrtrupps an mehreren Fronten eingesetzt, malte Dix wie besessen.

An der Westfront, in der Nähe des französischen Dorfes Angres, begegneten sich im Schützengraben die ehemaligen Dresdner Kunstgewerbeschüler Griebel und Dix. »... im Spätsommer 1916 traf ich dann eines Morgens ganz unvermutet Otto Dix ... Er nahm mich mit nach seinem Unterstand und zeigte mir da einen ganzen Stapel von Temperabildern und Tuschzeichnungen, die er sehr fleißig in seinen Freistunden geschaffen hatte. Es waren kubistisch gehaltene Kompositionen, meist Kriegsthemen. Die Leute seiner Korporalschaft lächelten spöttisch, als er mir die Sachen vorführte, und Dix meinte: Siehst du, die halten mich für verrückt; was sie nicht fressen können, begreifen sie nicht!«[63]

Später reflektierte Dix seine in den Schützengräben und hinter der Front skizzenhaft auf Papier fixierten, naturkatastrophengleich erfahrenen, abstoßend grausamen elementaren Erlebnisse »während seines Schaffensrausches in der Weimarer Republik«[64] künstlerisch und begründete mit herausragenden Werken wie »Schützengraben« und dem heute verschollenen Gemälde »Die Kriegskrüppel« seinen Weltruhm.

Das Triptychon »Der Krieg«, sein in den Jahren 1929 bis 1932 entstandenes Hauptwerk, das sich neben weiteren sechs Gemälden im Bestand der Dresdner Gemäldegalerie Neue Meister befindet, spaltet noch heute die Menge der Galeriebesucher, es polarisiert, stößt ab oder zieht magisch in seinen Bann: »Andächtig wie vor einem Altar des Mittelalters kann der Betrachter grausam blutige, aber auch heroische Züge des Krieges und des Kriegserlebens in einem Bogen vom Marsch in die Schlacht über Leichenberge und apokalyptische Verwüstung im Schützengraben bis hin zur Rettung verletzter Kameraden erblicken.«[65]

Bayreuther Straße 32, 2015.

Im Februar 1919 kehrte Dix nach Dresden zurück, wechselte von der Kunstgewerbeschule, an der es für ihn wohl kaum noch etwas zu lernen gab, zur Kunstakademie auf der Brühlschen Terrasse, wo er sein Studium als Meisterschüler Otto Gussmanns fortsetzen und bis 1922 ein mietfreies Atelier im Gebäude der ehemaligen Polytechnischen Schule am Antonsplatz im Herzen der Inneren Altstadt nutzen konnte. Als ihm die Arbeitsstätte nach Abschluss des Studiums gekündigt werden musste, zog er nach Düsseldorf, wo er seine spätere Ehefrau Martha kennen lernte. Erst 1927 folgte er dem Ruf der Dresdner Akademie, an der er bis zu seiner Entlassung durch die Nationalsozialisten als Professor wirkte.

Bereits im September 1933 wurde im Lichthof des Dresdner Rathauses die vom Kunstkommissar der NSDAP Walter Gasch und dem neuen linientreuen Rektor der Akademie Richard Müller organisierte Exposition »Spiegelbilder des Verfalls der Kunst« gezeigt. »Die Hauptattraktion dieser Schandschau bildeten, was zu erwarten gewesen war, die Bilder ›Der Schützengraben‹ und ›Kriegskrüppel‹ von Otto Dix.«[66] Immerhin misstraute man dem sachkundigen Dresdner Kunstpublikum und dessen schwer kalkulierbaren Reaktionen, weshalb die Ausstellung von SA-Männern überwacht wurde, die auch »darauf achten mussten, daß keine positiven Äußerungen seitens der Besucher erfolgten«.[67]

Als 1937 insgesamt ca. zweihundertsechzig Bilder von Dix als »entartet« aus deutschen Galerien, Museen und öffentlichen Gebäuden entfernt worden waren, hatte sich der Maler längst in das idyllische Hemmenhofen am Bodensee und die »innere Emigration« zurückgezogen. Sein bei Nacht und Nebel gestarteter Versuch, noch 1933 gemeinsam mit dem Kunstsammler Friedrich Bienert »das Hauptwerk der 1920er-Jahre sicher in Kisten verpackt aus Dresden zu entfernen«,[68] gelang zwar – die Bilder landeten im erzgebirgischen Gut Reinholdshain, dort aber kam es wenige Jahre nach dem Krieg »zu der heute unfassbaren Zerstörung von sieben Hauptwerken des Malers durch den Pächter des Guts«.[69]

Als Dix 1947 erstmals nach dem Krieg das bombardierte Dresden besuchte, war er tief erschüttert vom Ausmaß der innerstädtischen Zerstörung: »Diese Trümmerwelt, die an Pompeji erinnert, würde mich völlig deprimiert haben, hätte ich nicht … gesehen, welch reger und nimmermüder Geist und Aufbauwille hier am Werk sind.«[70] Verhandlungen um eine zweite Professur an der Dresdner Akademie kamen zwar in Gang, blieben aber letztendlich ohne Ergebnis.

Sein Atelier in Dresden-Löbtau nutzte Dix noch bis 1966 als Arbeitsstätte und Quartier bei recht häufigen oft wochenlangen Besuchen der Stadt, die vor allem der langjährigen Geliebten, Käthe König, und ihrer gemeinsamen Tochter, der 1939 geborenen Katharina, galten, aber auch dem hoch geschätzten versierten Grafikdrucker Roland Erhardt, der mehr als zweihundert seiner Lithografien druckte, und dem befreundeten Briefmarkenexperten, Sammler und Kunsthändler Horst Kempe, der für Dix den Kontakt zu Museen und Galerien in Dresden und dem Umland aufrecht erhielt.

Hans Erlwein

1872 Bayrisch Gmain –
1914 Amagne-Lucquy

Architekt, Stadtbaurat

Sedanstraße 22
(heute: Hochschulstraße),
Sedlitzer Straße 13

»Zweckmäßigkeit, klarer Grundriss, Einordnung in die städtebauliche Situation, Verzicht auf falsche Monumentalität, Maßstabsgerechtigkeit, lockere Gliederung des Aufbaus, Bereicherung durch bildhauerischen und malerischen Schmuck«, so charakterisiert Fritz Löffler die Bauten von Hans Erlwein, mit denen »der farbige Reichtum des 18. Jahrhunderts, der im 19. Jahrhundert einem eintönigen Grau gewichen war, in das Stadtbild« zurückkehrte.[71] Zwar ging diese ursprüngliche Farbigkeit im Laufe der Zeit wieder verloren und viele der Gebäude wurden 1945 zerstört, dennoch prägen die Bauten des Architekten und Stadtbaurates noch heute die Stadt.

Hans Erlwein wurde am 13. Juni 1872 in Bayrisch Gmain geboren, einem kleinen Dorf bei Bad Reichenhall, in dem der Vater ein einfaches Hotel betrieb. Bald zog die Familie nach München, wo Erlwein nach seiner Schulzeit an der Königlich Bayrischen Technischen Hochschule Hochbau und Architektur studierte. Bereits kurz nach dem Abschluss bekam er Ende 1898 eine Anstellung als Stadtbaurat in Bamberg, obwohl er nur auf einige Praktika in Amberg und München verweisen konnte. Die Bamberger Jahre gestalteten sich schwierig. Erlwein hatte verschwiegen, Vater eines unehelichen Kindes zu sein – die Tochter Elisabeth war am 31. Oktober 1898 geboren worden. Obwohl er die Mutter des Kindes, Maria Hirsch, im Sommer 1899 heiratete, bot sein Privatleben genug Angriffsfläche, dazu kamen Ungereimtheiten bei seinem Abschluss und Erlweins neue kreative Ideen, mit denen er den Widerspruch der städtischen Beamten hervorrief.[72] Die Zeit in Bamberg jedenfalls endete im Streit und Erlwein bewarb sich im Sommer 1904 in Dresden, wobei die

Bamberger in anonymen Briefen an die Dresdner Behörden, den Bewerber »einen notorischen Schwindler und Hochstapler«[73] nannten und der Oberbürgermeister Beutler daraufhin ein Disziplinarverfahren eröffnete. Es gab gegenseitige Beleidigungen, die sogar in einer Duellforderung gipfelten.

Dennoch, am 17. November 1904 wurde Hans Erlwein zum Stadtbaurat in Dresden gewählt, Anfang 1905 trat er sein Amt an und wurde wenige Wochen später auch Leiter des Hochbauamtes. Unterkunft fand er zunächst bei der Baronin von Locella in der Sedanstraße 22 und bezog bald mit seiner Frau und der Tochter die Villa Sedlitzer Straße 13.

Die Jahre nach der Jahrhundertwende waren eine »Zeit, in der sich die wirtschaftlich aufgeblühte Residenz- und Kunststadt zur Großstadt entfaltete. Ein Sprung in neue Maßstäbe städtebaulicher Erschließung, Versorgung und Verdichtung war gefordert«.[74] Wie der neue Stadtbaudirektor mit diesen Anforderungen umging, sollte sich schnell zeigen. »Als erste große städtebauliche Leistung entstand 1906 bis 1910 auf der reizvollen Ostra-Insel westlich der Stadt gegenüber den Lößnitzbergen der städtische Vieh- und Schlachthof mit fast siebzig Einzelbauten.« Ein gelungener Versuch, »ein ganzes Stadtviertel mit Industrie- und Wohnbauten einschließlich jeder Umfriedung und jedes Beleuchtungskörpers künstlerisch durchzuorganisieren.«[75] Erlwein meisterte das Projekt, bei dem ihm Experten und Berater unterschiedlichster Gebiete zur Seite standen, »mit Feldherrnbegabung und als architektonischer Kapellmeister«[76].

Trotz dieses ersten großen Erfolges, ohne Anfeindungen ging es auch in Dresden nicht. Erlwein lebte auf großem Fuß, die Miete für die Villa verschlang riesige Summen, vor allem aber sein Auto, mit dem er bei einer Rundfahrt den ersten Preis für den schönsten Wagen zu bekommen hoffte. Als er den nicht bekam, ergab sich ein heftiger Wortwechsel und in dessen Folge ein Rechtsstreit mit dem Odol-Erfinder Karl August Lingner. Doch das sollte erst das Vorspiel sein, denn im Herbst 1908 wurde Erlwein von renommierten Dresdner Architekten und Künstlern bezichtigt, die Freunde des von ihm mitgegründeten Kunstvereins »Die Zunft« bei der Vergabe von Bauaufträgen bevorzugt und Bestechungsgelder angenommen zu haben. Der »Dresdner Künstlerstreit«[77] war vom Zaune gebrochen, auch die Presse stimmte ein, doch zu Erlweins Glück stellte sich der Oberbürgermeister Beutler auf seine Seite. Der Stadtbaurat selbst zog sein eigenes Fazit: »Außerdem war ich nie so naiv, mir selbst einzubilden, daß alle Künstler und Kunstrichtungen dieser Stadt von einer einzigen Stelle aus qualifiziert und geleitet werden könnten oder sollten. Das würde die in der Kunst nötige Freiheit, Selbstständigkeit und jeden Fortschritt untergraben.«[78]

Gasastätte »Italienisches Dörfchen«, 1912.

Die Hilfe von Oberbürgermeister Beutler kam nicht von ungefähr, der neue Stadtbaurat hatte das Stadtoberhaupt durch Leistungen überzeugt. Neben dem Beginn der Arbeiten am Schlachthof hatte Erlwein in den ersten Jahren schon Gebäude für die Dresdner Kunstgewebeausstellung gebaut, das Wasserwerk Hosterwitz, das Gasometer in Reick und die Kläranlage in Kaditz waren geplant worden. Eine Auflistung der von Erlwein in seiner nicht einmal zehn Jahre währenden Amtszeit entworfenen und gebauten Gebäude umfasst einhundertdreißig Positionen.[79] Zu den bereits erwähnten Bauten kamen mehrere Feuerwachen und Schulen, Stadt- und Sparkassenhäuser, das Städtische Lagerhaus, das Restaurant »Italienisches Dörfchen« und die Löwenapotheke, Wohnbauten, Wartehallen und Kleinbauten, außerdem Um- und Erweiterungsbauten an Kirchen und Krankenhäusern, die Gestaltung von Innenräumen und sogenannte Straßendekorationen, die für den Einzug von Prinzen, Fürsten sowie des Kaisers Wilhelm II. errichtet wurden, dazu noch zum Beispiel der Wolfshügelturm in der Heide oder der Artesische Brunnen am Albertplatz. Zu meistern war diese Fülle an Bauwerken nur dadurch, dass Erlwein für seine Gebäude bestimmte Grundmodelle verwendete, die er dann durch Farbgestaltung und die Verwendung unterschiedlicher künstlerischer Elemente so abwandelte, dass er der Einförmigkeit seiner Bauten entging. So wurden die Gebäude des Schlachthofs oder der Feuerwache in der Louisenstraße mit themenbezogenen Plastiken verziert, das Sparkassengebäude am Güntzplatz mit »Jugendstilelementen angereichert und eine für die Reformarchitektur typische Gesamtwirkung«[80] angestrebt, erhielt der heute als Hotel genutzte »Erlweinspeicher« in der Devrientstraße, der erste vollständig in Stahlbetonbauweise ausgeführte Großbau in Dresden,

Artesischer Brunnen am Albertplatz, 1920er-Jahre.

»eine durch Fensterrahmen und Türen rot und grün akzentuierte Farbigkeit«.[81] Einige dieser Projekte verlangten nicht nur den Bau einzelner Häuser, sondern waren wie schon der Bau des Schlachthofes städtebauliche Aufgaben. So wurde beim Bau des Italienischen Dörfchens die gesamte Verkehrsführung auf dem Theaterplatz verändert, um den »für damalige Verhältnisse enorm gewachsenen Betrieb der Pferdedroschken, Straßenbahnen, Lastfuhrwerke, Radfahrer, Automobile und der 21 Automobil-Taxen in Richtung Postplatz, hinunter an das Terrassenufer und durch das Georgentor über die Schloßstraße zum Altmarkt zu leiten«.[82] Auch die Neugestaltung des Königsufers in der Neustadt war eine städtebauliche Herausforderung, die Erlwein anging, deren Realisierung jedoch der Ausbruch des Ersten Weltkrieges vorerst verhinderte.

Der Krieg bedeutete nicht nur für einige von Erlweins Projekten das Aus, er beendete auch das Leben des Stadtbaurates. Gleich nach Ausbruch der Kampfhandlungen meldete sich Erlwein als Mitglied des Freiwilligen Automobilkorps für Hilfsdienste, gegen den ausdrücklichen Willen des Oberbürgermeisters, der den Baurat in der Stadt zu halten suchte. Vergebens, Erlwein fuhr als Begleiter eines Transportes mit »Liebesgaben« der Bevölkerung für die Soldaten an die Front, genauso wie der Dresdner Fabrikant Küchenmeister. Der saß auch am Steuer des Privatfahrzeugs, das am 9. Oktober 1914 in den Ardennen mit einem Zug kollidierte. Erlwein erlitt beim Zusammenstoß einen Schädelbasisbruch und war sofort tot. Auf dem Friedhof des kleinen Ortes Rethel wurde er zunächst beigesetzt, 1922 wurde seine Leiche umgebettet. Erlweins Grab befindet sich auf dem Soldatenfriedhof in Sedan. Erlweins Nachfolger als Stadtbaurat wurde der Architekt Hans Poelzig.

Richard Hofmann

1906 Meerane – 1983 Dresden-Freital

Fußballer, Trainer

Untere Dresdner Straße 67 (Freital)

Jimmy Hogan, der legendäre Trainer aus England, dem Mutterland des Fußballs, war höchstpersönlich mit dem Auto in die sächsische Provinz gereist. Hogan, weit in der Welt herumgekommen, hatte Teams in den Niederlanden, Österreich, der Schweiz und Ungarn betreut. Ein stärkeres Schuss- und Spieltalent als den gerade einmal 1,68 Meter großen Richard Hofmann, der ihm bei einem Sichtungslehrgang aufgefallen war, hatte er jedoch noch nie erlebt.

Nun galt es, den frisch gekürten deutschen Nationalspieler von seinem Stammverein in der sächsischen Provinz loszueisen. Kein leichtes Unterfangen. Der Junge, gelernter Weber und Autoschlosser, also ein Prolet, wenngleich seit kurzem stolzer Taxichauffeur mit eigenem Automobil, galt als sturköpfig und ungehobelt. In Fachkreisen war es kein Geheimnis geblieben, dass er den Unterhändlern aus den Fußballhochburgen Hamburg und Fürth sang- und klanglos die Tür gewiesen hatte. Auch das verlockende Angebot des Mitteldeutschen Meisters Dresdner SC, »gute Stellung im Beruf, gutes Einkommen«[83], konnte ihn nicht dazu bringen, seine Heimatstadt Meerane, die Mutter und seine sieben Geschwister zu verlassen. Aber unter Jimmy Hogan, dem englischen Zauberer, trainieren und lernen zu können, war etwas völlig anderes. »Ich werde aus Ihnen einen großen Fußballspieler machen«, hatte der ihm versichert. »Ich werde mich persönlich um Sie kümmern. Sie werden es nicht bereuen!«[84]

Seit seinem siebenten Lebensjahr trat Richard Hofmann gegen das runde Leder. Begonnen hatte es mit dem »Gebäbbel« beim Kleinstadtkick Meritzstraße gegen Crotenlaiterstraße. Dann landete er im Jugendteam von Meerane 07 und rückte schließlich neunzehnjährig in die »Erste« auf, mit der er völlig überraschend westsächsischer Gaumeister wurde. Nun bot sich ihm die Chance, in einem weitaus bekannteren und erfolgreicheren sächsischen Team sogar um den Titel des Deutschen Meisters zu spielen. Also, auf in Richtung Dresden, ins Ostragehege, dem Domizil des DSC.

Doch zunächst hing Richard mehrere Monate beschäftigungslos in seiner miesen, karg möblierten Dresdner Bude herum. Die großspurigen Versprechungen der Sportvereinsführung, dass ihm fünf oder sechs gut bezahlte Posten zur Auswahl und hundertprozentig für ihn zur Verfügung stünden, waren in Nullkommanichts wie Seifenblasen zerplatzt, weit und breit keine ordentliche Arbeitsstelle in Aussicht. Er hatte seine Taxilimousine verkaufen müssen, um den Lebensunterhalt bestreiten zu können. Gäbe es nicht Trainer Jimmy, der sich väterlich um Richard kümmerte, er wäre längst wieder daheim. Aber dann klappte es irgendwie doch noch und Richard stand von sieben bis sieben in der Autowerkstatt, putzte, ölte und reparierte, bevor es mit den gewienerten Fußballstiefeln um den Hals zum Training ging.

Die oftmals harten, aber effektiven Stunden auf dem Rasen des Ostrageheges gaben ihm Halt. Am Mittwoch und am Freitag trainierte die Mannschaft. Richard aber war jeden Werktag bei der Sache. Ein Stammplatz in der Ersten wollte erst noch erobert sein. Immerhin, sein Debüt als Halblinker der Reservemannschaft beim Spiel gegen Brandenburg war zum Dresdner Tagesgespräch geworden: 10:1 für die Rotschwarzen und alle zehn Tore gingen auf Richards Konto! Ein begeisterter DSC-Anhänger war nach dem Spiel in die Kabine gestürmt und hatte dem fassungslosen Debütanten vor den Augen der feixenden Mannschaftskameraden ein blankes Fünfmarkstück in die Hand gedrückt. Mehr noch. Mit den folgenden spektakulären Auftritten in der ersten Mannschaft brachte er sich den feinen Herren vom Vorstand so nachhaltig in Erinnerung, dass ihn der Vorsitzende persönlich von einem Tag zum anderen in seiner Freitaler Papiermaschinenfabrik als Materialverwalter einstellte.

Feste Arbeit, gutes Geld, Stammspieler beim Mitteldeutschen Meister, mehrfach in die Nationalmannschaft berufen. Richard war angekommen. Mit dem 10. Mai 1930 aber, einem Samstag, wurde der Vierundzwanzigjährige, der seit einem Autounfall, bei dem er das rechte Ohr einbüßte, mit seinem Markenzeichen, einer stabilen Ohrenklappe, spielte, landesweit endgültig zur lebenden Legende.

Das Länderspiel gegen England in Berlin stand bevor. Zunächst verschuldete Richard Hofmann den unpünktlichen Start des Mannschaftsbusses und damit den um fast eine Viertelstunde verspäteten Anstoß des

Länderspieles im Grunewald-Stadion, weil er den ganzen Nachmittag und damit die Abfahrtszeit im Hotelzimmer verschlafen hatte. 50 000 ungeduldige Berliner empfingen ihr Auswahlteam, nebst säumigem Sachsen mit einem gellenden Pfeifkonzert. Dann spielte Hofmann, wie der Sportreporter der *Fußball-Woche* später krittelte, noch dazu provozierend gelassen »seinen eigenartigen Stiebel für sich und war im Felde oft nicht zu sehen«.[85] Dennoch schoss er die deutschen Amateure mit drei Toren zum völlig unerwarteten Remis gegen die sagenhaften Profikicker von der Insel und »50 000 Deutsche tobten als wären sie Italiener«[86]. König Richard sei Dank, der den Engländern nach dem Spiel weder, wie gewünscht, seine »Töppen« als Souvenir verkaufte noch das Angebot des Londoner Renommiervereins Arsenal annehmen wollte, ihn zum fürstlich honorierten Berufsfußballer zu machen. Was sich möglicherweise als Fehlentscheidung erweisen sollte, als der Deutsche Fußballbund den Amateur und Nichtraucher aus der deutschen Nationalmannschaft ausschloss, weil er im Jahre 1933 sein Konterfei den Werbefachleuten der Dresdner Zigarettenfirma Bulgaria für 3 000 Reichsmark zur Verfügung gestellt hatte. Damit endete seine internationale Karriere nach nur fünfundzwanzig Länderspielen, in denen er vierundzwanzig Tore erzielte, fünf Hattricks darunter, gegen die Schweiz, Schweden, England, Dänemark und Finnland. Auch der Nationalsozialistische Reichsbund für Leibesübungen verstieß Hofmann und untersagte die weitere Teilnahme am Ligawettbewerb. Erst ab 1936, dem Jahr seiner Begnadigung, konnte er in den Spielbetrieb und zu seinem Verein zurückkehren. Dem Dresdner SC, mit dem er zweimal den Titel des Deutschen Meisters erkämpfte, und den er ebenso viele Male zum Pokalsieger schoss, blieb er bis 1945 erhalten.

Als am Silvesterabend 1949 im Dresdner Heinz-Steyer-Stadion mit einem Match der Sportgemeinschaft Friedrichstadt gegen eine DDR-National-Auswahl die Flutlichtanlage eingeweiht wurde, stand der mittlerweile Dreiundvierzigjährige letztmalig in einer (selbstverständlich siegreichen) Fußballmannschaft.[87]

Erich Kästner

1899 Dresden – 1974 München

Schriftsteller

Königsbrücker Straße 66, 48, 38

Die »Königsbrücker« hieß anfangs einfach »Weg nach Langebrück«. Ab Mitte der 1960er-Jahre bis kurz nach der Wende 1990, wurde sie »die Buchwitz« genannt, nach dem Politiker gleichen Namens. Im Norden der Stadt quert sie Kasernenareale, Industriegelände, Industriebrachen und Gewerbegebiete und führt links der Heide aus der Stadt heraus. Nach Süden hin drängt sie in das Stadtinnere und endet am lärmenden Albertplatz, dort, wo sich die Straßenbahnlinien kreuzen, Wasserspiele rauschen, wo die Hauptstraße beginnt, die zum Goldenen Reiter und über die Augustusbrücke an das andere Elbufer, in die Altstadt führt. Zweifellos gehört sie zu den verkehrsreichsten, lebendigsten und lautesten Verbindungswegen der Stadt. Aber ganz sicher zählt sie auch zu den Hauptstraßen im Leben des Schriftstellers Erich Kästner, weshalb sie es lange schon verdient hätte, nach dem Verfasser des »Fabian« und der »Lyrischen Hausapotheke« benannt zu werden. Aber die Erich-Kästner-Straße gibt es ja schon, freilich in einem Teil der Stadt, der mit dem Schriftsteller in keinerlei Verbindung zu bringen ist, dem Prohliser Sternenstädtchen, dessen Häuser längst abgerissen wurden.

Zwei Jahrzehnte verbrachte Kästner in den Mietshäusern 66, 48 und 38 der Königsbrücker Straße, über die er in seinen »Erinnerungen für Kinder und Nichtkinder« (»Als ich ein kleiner Junge war«) schrieb: »Je mehr sich die Königsbrücker Straße von der Elbe entfernte, um so unfeierlicher geriet sie. Die Vorgärten wurden seltener und schmäler. Die Häuser waren höher, meistens vierstöckig, und die Mieten waren billiger. … Geboren wurde ich in einer vierten Etage, in der 48 wohnten wir im dritten und in der 38 im zweiten Stock. Wir zogen tiefer, weil es mit uns bergauf ging. Wir näherten uns den Häusern mit den Vorgärten, ohne sie zu erreichen.«[88] Erreicht hatte das nur einer in der Verwandtschaft, Erichs Onkel mütterlicherseits, der erfolgreiche Pferdehändler Franz Augustin von der Hechtstraße. Er erwarb das später nach seiner Familie »Villa Augustin« genannte Haus auf der Antonstraße 1 – in dem sich heute das Erich Kästner Museum befindet –, samt Park, Remise, Treibhaus und Kutscherquartier.«

Im Haus Nummer 66, hoch oben unterm Dach, wurde Erich Kästner am 23. Februar 1899 zwar geboren, wahrgenommen hat er es allerdings kaum. Denn bereits ein Jahr darauf zog die Familie »zum Trockenwohnen« (das kam billiger) ein Stück runter in das gerade errichtete, vom Verputzen und Malern noch feuchte Gebäude Nummer 48, an das er sich später sehr wohl und ausgiebig erinnerte, zum Beispiel »An den Hausflur. An das Fensterbrett, wo ich saß und in die Hinterhöfe blickte. An die Treppenstufen, auf denen ich spielte. Denn die Treppe war mein Spielplatz …«[89] Auch die Untermieter hatte er nicht vergessen, die das Wirtschaftsgeld der Familie aufstocken halfen, allein stehende Lehrerinnen und Lehrer zumeist wie Herr Schurig, der den kleinen Erich derart begeisterte, dass er selbst nichts anderes als Lehrer werden wollte. Ein frommer Wunsch, der ihn zum lernbegierigen Musterschüler reifen ließ und dessen kurzzeitige Erfüllung ihm dereinst sauer aufstoßen würde. 1911 schließlich wechselten die drei Kästners, Ida, Emil und Erich, nun für länger, in die zweite Etage des ziemlich prächtigen Jugendstilbaus Nummer 38. Bis zu Erichs Studienbeginn an der Alma Mater Lipsiensis, der Leipziger Universität, blieb das Haus sein Hauptwohnsitz, den er noch lange Zeit an den Wochenenden und in den Monaten, als er in der Sächsischen Landesbibliothek an seiner Dissertation arbeitete, als Quartier nutzte. Anlaufpunkt für Kurzaufenthalte, Postadresse für Pakete mit Manuskripten oder schmutziger Wäsche, die die Mutter ihm wusch, blieb die Wohnung noch bis in die 30er-Jahre hinein.

Zunächst aber lernte Erich ab 1905 vier Jahre lang mit Fleiß in der IV. Bürgerschule auf der Tieckstraße, die auch der Schriftsteller Ludwig Renn absolviert hatte, und die, wie alle Schulen in jener Zeit »düster« aussah, »dunkelrot oder schwärzlich grau, steif und unheimlich«,[90] was sich keineswegs auf den Lerneifer und die Noten Kästners auswirkte, so dass er, ein Besuch des Gymnasiums war für die Eltern unerschwinglich, 1913 in das Freiherrlich von Fletchersche Lehrerseminar als Internatsschüler aufgenommen werden konnte, das er später als »Lehrerkaserne« bezeichnete, in der »die Charaktere gestutzt, das Rückgrat geschmeidig gemacht, und war das nicht möglich, gebrochen«[91] wurden. Dieses »Experiment« am lebendigen Körper sollte sich für den Achtzehnjährigen bei der militärischen Ausbildung auf dem Heller; nahe der Dresdner Heide, wäh-

Königsbrücker Straße 38, 2015.

rend des Ersten Weltkrieges wiederholen und Kästner wird das nie verwinden. 1929 widmete er seinem Hauptpeiniger, dem Sergeanten Waurich, der den Einjährig-Freiwilligen durch seine schikanöse Dressur unwissentlich zum radikalen Pazifisten machte, ein Gedicht, an dessen Schluss es heißt: »Der Mann hat mir das Herz versaut. / Das wird ihm nie verziehn. / Es sticht und schmerzt und hämmert laut. / Und wenn mir nachts vor'm Schlafen graut, / dann denke ich an ihn.[92]

Volksschullehrer wollte er, trotz der ernüchternden Erfahrungen am Seminar, noch immer werden. Doch als er, probeweise, das erste Mal vor Schülern stand, wurde ihm sein Ideal zur Schimäre: »Es ging wie am Schnürchen. Und trotzdem war alles grundverkehrt. Und die Kinder wussten es. Der Jüngling auf dem Katheder, dachten sie, das ist kein Lehrer, und er wird nie ein richtiger Lehrer werden. Und sie hatten recht.«[93] Und gedankt sei es den Kindern noch heute, denn sie bewahrten Kästner davor, kein Schriftsteller zu werden.

Kästner wechselte von der Fletcherschen Anstalt an das König-Georg-Gymnasium am Johannstädter Fiedlerplatz. Er veröffentlichte seine ersten, noch sehr braven Gedichte in der Theaterzeitschrift *Zwinger* und in der Schulzeitung des Gymnasiums, machte ein Einser-Abitur und verließ mit dem Goldenen Stipendium der Stadt Dresden in der Tasche die Königsbrücker per Zug vom Neustädter Bahnhof aus via Leipzig, Rostock und Berlin.

Stadtbekannt wurde er in der umtriebigen Messestadt mit dem leicht frivolen »Nachtlied des Kammervirtuosen« (das ihm die Redakteursstellung an der *Neuen Leipziger Zeitung* kostete) und mit dem Kinderkrimi »Emil und die Detektive« in Berlin so weltberühmt, dass darüber sein womöglich bestes Buch, der Roman »Fabian. Die Geschichte eines Moralisten«, beinahe in Vergessenheit geriet. In der Welt möglicherweise – nicht aber in seiner Heimatstadt. Schließlich kehrt der Romanheld (anders als der Autor) in diese für immer zurück, sieht wie ein kleiner Junge von der Brücke in die Elbe fällt, springt, obwohl Nichtschwimmer, dem Kind nach, um es zu retten und ertrinkt, während der Knabe hundepaddelnd das Ufer erreicht. So etwas passiert nur in Dresden!

Notabene: Nach Krieg und Zusammenbruch des »Tausendjährigen Reiches« schrieb Kästner in München seine liebenswerten Erinnerungen an die Dresdner Kindheit »Als ich ein kleiner Junge war«, machte Kabarett, Bücher, Zeitschriften, Chansons, legte Buch und Filmdrehbuch zu seinem »Doppelten Lottchen« vor, wurde noch weltberühmter als er schon war und erhielt den renommierten Georg-Büchner-Preis. Ein paar Mal noch kam er für wenige Tage nach Dresden. 1946 besuchte er die Eltern in der zerbombten Stadt, die er als die seine nicht wiedererkannte.

Gedenktafel am Haus in der Königsbrücker Straße 66.

Im Jahr darauf reiste er gemeinsam mit dem Schriftstellerkollegen Ludwig Renn aus Berlin zu einer Stippvisite an. Sein letzter Aufenthalt im Februar 1967, über den die Dresdner Lyriker Manfred Streubel und Joochen Laabs gesprächsweise berichteten, weil sie dabei gewesen waren, dürfte ihn eher verstört als beglückt haben.

»Damals 1966 oder 1967, kam auch Erich Kästner einmal nach Dresden. Das war eine tragische Veranstaltung. In aller Verschwiegenheit wurden wir Autoren eingeladen. Dann gab es einen freien Kartenverkauf, und das verbreitete sich wie ein Lauffeuer in Dresden. Die Karten waren im Nu weg, man hätte Lautsprecher anbringen müssen für die Massen im Zwingerhof. Das war der Bezirksleitung zu viel. Hier kommt der Klassenfeind, etc. Also wurden alle bereits verkauften Karten plötzlich annulliert, und die Bezirksleitung veranlasste, dass neue Karten verkauft wurden, aber dann nur gezielt an geladene Gäste. Und die Peinlichkeit des Ganzen: der Gobelinsaal im Zwinger war schließlich nur halb voll. Erich Kästner war sauer. Er eröffnete seine Lesung richtig bedrückt. Er sagte: ›Ich bin nicht freiwillig gekommen. Es ist ein Austausch. So wie ich hier in Dresden, liest Anna Seghers heute Abend in Frankfurt am Main.‹ Nach dieser Geschichte ist Erich Kästner nie wieder nach Dresden gekommen. … Die Begegnung mit Kästner und erst recht die Auseinandersetzung mit ihm war für das offizielle geistige Dresdner Klima eine Nummer zu groß.«[94]

Kästner jedenfalls zog sich nach der Lesung in sein Schlafdomizil, das noble Interhotel Astoria am Strehlener Platz, zurück, setzte sich am nächsten Tag vor der Abreise noch kurz mit einigen vom Bezirksverband der Schriftsteller auserwählten Dresdner Dichterkollegen im Hotelfoyer in stocksteifer Runde zusammen, bestellte Whisky beim Kellner, bekam jedoch Wodka serviert, äußerte verständlichen Unmut und wurde von den Dresdnern besänftigt: »Nehmen Sie Wodka. Schmeckt fast genauso.« Kästner darauf sehr nüchtern und nachdrücklich: »Überzeugen, nicht überreden!«[95]

Victor Klemperer

1881 Landsberg an der Warthe – 1960 Dresden

Romanist

Bendemannstraße 3 (Pension Blancke, heute: Rugestraße), Daheimstraße 10 (heute: Friedrich-Hegel-Straße), Holbeinstraße 131, Hohe Straße 8, Am Kirschberg 19, Caspar-David-Friedrich-Straße 15b

»Es liegt eine gewisse Tragik darin, dass sich der Name dieses Hochschullehrers mit der Stadt und der TH Dresden erst vierzig Jahre nach seinem Tod und der Veröffentlichung seiner Tagebücher enger verbinden sollte.«[96] Dieser Einschätzung kann man zustimmen, denn die mit minutiöser Genauigkeit geführten Tagebücher Klemperers, allen voran der den Zeitraum von 1933 bis 1945 umfassende Band »Ich will Zeugnis ablegen bis zum letzten«, wurden bei ihrem Erscheinen 1995 als Sensation gefeiert[97] und sind eine erschütternde Chronik der zunehmenden Repressalien gegenüber den Dresdner Juden in dieser Zeit. Gelesen wurde der Professor für Romanistik aber auch vorher, zumindest im Osten, und das durchaus von einem breiteren Publikum. Zwar hatte Klemperer sein 1947 erstmals erschienenes Buch »LTI – Notizbuch eines Philologen« selbst als »sein schwierigstes Buch«[98] bezeichnet, doch als es ab 1975 in mehreren Auflagen auch bei Reclam erschien, fanden die Leser dieser umfassenden Kritik der Sprache des Dritten Reiches (Lingua Tertii Imperii) Parallelen zu der sie im real existierenden Sozialismus umgebenden Sprache, auch wenn Klemperers Entschluss, der »LTI« eine »Lingua Quarti Imperii« an die Seite zu stellen, letztlich nicht umgesetzt wurde.

Victor Klemperer wurde am 9. Oktober 1881 als achtes Kind eines Reformrabbiners in Landsberg an der Warthe geboren. Nach einer Kaufmannslehre begann er ab 1905 in München, Genf, Paris und Berlin Philosophie sowie romanische und deutsche Philologie zu studieren, unterbrach das Studium, um in Berlin als Journalist und freier Schriftsteller zu leben, wurde aber 1913 mit einer Schrift über die Zeitromane Friedrich Spielhagens promoviert und habilitierte sich ein Jahr später mit einer Arbeit über Montesquieu. Als Lektor der Universität Neapel zog er 1915 freiwillig in den Krieg und wurde 1919 außerordentlicher Professor in München. Dem Ruf der TH Dresden auf ein Ordinariat für romanische Sprachen folgte er 1920. Geisteswissenschaften führten an der Technischen Hochschule damals noch ein Schattendasein und schon ein erster Blick in die »bunt zusammengewürfelte Bibliothek« sorgte für Ernüchterung: »Bücher wie sie der Zufall angeschwemmt hat … aber kein völliger Molière, kein Atom Corneille, kein ganzer Rousseau, überhaupt kein Voltaire usw. usw. – in dieser Beziehung trostlose Tabula rasa«.[99] Kein Wunder, dass sich Klemperer wiederholt um einen Lehrstuhl an anderen Universitäten bemühte – vergebens, und so blieb er an der TH, lehrte und schrieb eine Geschichte der italienischen Renaissance-Literatur, eine fünfbändige Geschichte der französischen Literatur des 19. und 20. Jahrhunderts und eine »Idealistische Literaturgeschichte«.

Dann kam das Jahr 1935 und Klemperer, der bereits 1912 vom jüdischen Glauben zur evangelischen Kirche konvertiert war,[100] wurde Ende April aufgrund des Gesetzes zur »Wiederherstellung des Berufsbeamtentums«, weil »nicht-arisch«, in den Ruhestand versetzt. Die Entlassung traf den Professor in einer Zeit, da er seinen Ruf als Wissenschaftler gefestigt sah und auch privat hatte er sich eingerichtet. Seit 1906 war er mit der Königsberger Pianistin, Malerin und Übersetzerin Eva Schlemmer (1882–1951) verheiratet. In Dresden hatte das Paar zunächst in der Pension Blancke in der Bendemannstraße gewohnt, dann im Haus seines TH-Kollegen Barkhausen in der Daheimstraße. Nach weiteren Stationen hatte man sich ein Haus im Vorort Dölzschen bauen lassen, trotz finanzieller Schwierigkeiten und der Zweifel, die Klemperer immer wieder hegte. Vor allem Eva war stets bemüht, das Vorhaben voranzutreiben und Klemperer zwang sich »so leidenschaftlich zu tun, als ob ich an den Hausbau glaube, daß ich mir auf Couèsche Art ein bißchen Glauben einzwinge und derart Evas Stimmung zu stützen vermag«,[101] heißt es im Tagebuch. Doch es gab »immer größere Verstrickungen in der Bausache, die mir den letzten Pfennig abpreßt und doch nicht vorwärtskommt«,[102] »aber ohne den Bau schleppe ich Eva sicher nicht mehr lange durchs Leben«.[103] Denn vor allem Eva setzten die zunehmende Ausgrenzung und die schrittweise forcierten diskriminierenden Maßnahmen zu, doch als man das Haus 1934 bezog, schien man einen Fluchtpunkt und eine Art Sicherheit erreicht zu haben. Auch nach der Entlassung konnte Klemperer zunächst privat weiterarbeiten. »In meinem Leben habe ich nie so konzentriert gearbeitet wie seit der Entlassung«,[104] heißt es zunächst im Tagebuch, doch schon zwei Jahre später erschien ihm die Arbeit nur noch als »Selbstbetrug und Zeittotschlagen«[105], bald darauf erhielt er an der TH sogar Hausverbot. Er

Klemperers Haus im Vorort Dölzschen, 2002.

träumte nun von einem Auto, das ihnen ein Stück Leben und Welt wiedergeben sollte, erwarb im Januar 1936 die Fahrerlaubnis, im März wurde das Auto gekauft und die Terrasse des Hauses für »den Bock« unterkellert.

Doch der Enge der Vorschriften und den Demütigungen war auch mit Haus und Auto nicht beizukommen. Anfang 1940 mussten die Klemperers ihr Haus vermieten, zu einem Vertrag, der »sehr Erpressung und Instrument künftiger Schikane«[106] war. Im Musikzimmer betrieb nun der Krämer Berger seinen Laden. Doch es kam noch schlimmer, im Mai erfolgte die Zwangsumsiedlung ins »Judenhaus« auf der Caspar-David-Friedrich-Straße, eine Villa »gepfropft voll mit Leuten, die alle das gleiche Schicksal haben«.[107] Nun kamen ständig neue Verbote, Juden durften die Parks nicht mehr betreten, Theater-, Kino- und Konzertbesuche waren tabu, die Benutzung von Leihbibliotheken wurde verboten, der Judenstern war zu tragen. Am 2. Juni 1942 listete Klemperer die Verbote auf und kam auf 32 Positionen, die aber »gar nichts gegen die ständige Gefahr der Haussuchung, der Mißhandlung, des Gefängnisses, Konzentrationslagers und gewaltsamen Todes« waren.[108] Nur die Ehe mit einer »arischen« Frau schützte Klemperer vor der Deportation. Unter immer schwieriger werdenden Verhältnissen schrieb er weiter an seinem Tagebuch, das geplante »Curriculum vitae« musste zunächst Fragment bleiben, aber er machte sich immer wieder Notizen zur Sprache, die er im Alltag, in Zeitungen und offiziellen Verlautbarungen fand und die später in das Buch »LTI« einflossen.

Am 12. Februar 1945 war Klemperer zum »Austragen von Briefen« an jüdische Adressaten eingeteilt. Eine heikle Aufgabe, denn zwar betrafen die Schreiben »ausdrücklich nur auswärtigen Arbeitseinsatz«, wurden »aber durchweg als (Aufforderung zum) Marsch in den Tod aufgefaßt«.[109] Die Bombardierung Dresdens am folgenden Tag überlebte das Paar, rettete sich zunächst nach Piskowitz, ging dann ins vogtländische Falkenstein und schließlich nach Bayern. Am 10. Juni kehrten sie vorerst nach Dresden zurück, es war ein Sonntag und er brachte »den märchenhaften Umschwung … Am späteren Nachmittag stiegen wir nach Dölzschen hinauf«.[110]

Noch 1945 trat Victor Klemperer in die KPD ein, die Gründe dafür waren »so vielschichtig wie die Person Klemperer selbst. Einerseits hatte er den Wunsch nach einer gründlichen Reinigung der Gesellschaft … Andererseits spielten unzweifelhaft wohl auch opportunistische Gründe eine Rolle, … nach den vielen Jahren der Zurücksetzung … wollte Klemperer jetzt endlich ›dazugehören‹.«[111] Aus diesem Grund entschied er sich, in der Sowjetischen Besatzungszone zu bleiben, in den Jahren 1947 bis 1960 war er an den Universitäten Greifswald, Halle und Berlin beschäftigt, wobei das Haus in Dölzschen auf Evas Drängen ab 1950 wieder zum Hauptwohnort wurde. Klemperer agierte jetzt im Vorstand der Vereinigung der Verfolgten des Naziregimes und im Landesvorstand der Gesellschaft für Deutsch-Sowjetische Freundschaft und saß für den Kulturbund acht Jahre in der Volkskammer der DDR.

Doch das sind lediglich äußere Fakten, in Wahrheit saß er zwischen den Stühlen, eine mehrfach auftauchende Metapher, die den Tagebüchern der Jahre von 1945 bis 1959 dann auch ihren Titel gab.[112] Ein Jahr nach dem Tod seiner Frau Eva heiratete er 1952 seine Assistentin, die fünfundvierzig Jahre jüngere Philologin Hadwig Kirchner. Victor Klemperer starb am 11. Februar 1960 in Dresden, sein Grab befindet sich auf dem Friedhof Dölzschen.

Oskar Kokoschka

1886 Pöchlarn/Niederösterreich –
1980 Montreux/Schweiz

Maler, Dramatiker, Dichter

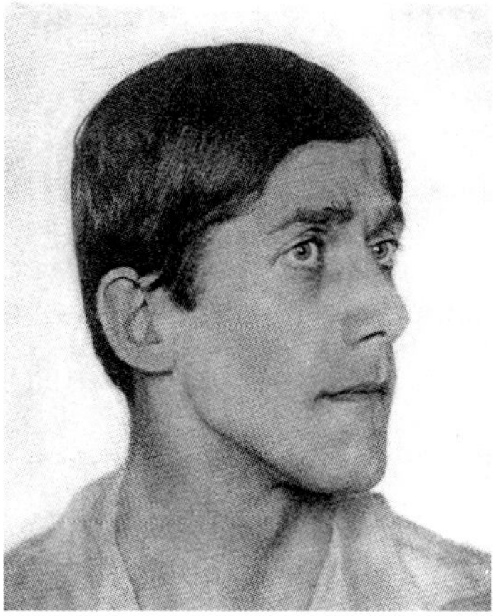

Rißweg 68 (Pension Felsenburg),
Großer Garten (Pavillon A, Haus J)

Bislang war er noch glimpflich davongekommen, der Kriegsfreiwillige und Angehörige des 15. k. u. k.-Dragonerregimentes Oskar Kokoschka, seines Zeichens Maler und Dichter aus Wien. Im Sommer 1915 überlebte er an der ukrainischen Front um Haaresbreite einen Kopfschuss und mehrere Bajonettstiche. Zwölf Monate später explodierte in seiner unmittelbaren Nähe eine Granate. Die ohrenbetäubende Detonation löste bei ihm den so genannten »Shellshock« aus, von dem man damals annahm, dass er die Lage des Gehirns unter der Schädeldecke schmerzhaft verändert. Wieder wurde er kriegsverwendungsfähig gepflegt. Doch dem programmierten Heldentod mochte der kaum Dreißigjährige nicht entgegen leben. Im November 1916 versicherte er der Mutter: »Wenn ich schon so lange heil durchgekommen bin, will ich jetzt gegen Schluß nicht noch etwas erwischen. Also will ich am 1. Dez. nach Dresden in ein Sanatorium gehen, wo ich Freunde unter den Ärzten auch habe, die mich so lange als möglich dort beschützen.«[113]

Doktor Heinrich Teuschers auf die Behandlung von Nervenkrankheiten spezialisiertes Sanatorium auf dem Weißen Hirsch und die unweit am Rißweg gelegene Pension Felsenburg, in die er wenig später umzog, standen dem Maler und Dichter, wie so vielen seiner Künstlerkollegen, weit offen. Zu den bekanntesten Gästen, denen Kokoschka dort begegnete, zählten die expressionistischen Dichter Albert Ehrenstein und Walter Hasenclever, die Mimen Heinrich George, Ernst Deutsch und Käthe Richter, die junge Hauptdarstellerin in Kokoschkas Drama »Der brennende Dornbusch« auf der Dresdner Bühne, die ihm auch Modell stand.

Seinen wohl größten literarischen Erfolg feierte Kokoschka, der bereits vor dem Ersten Weltkrieg Gedichte und Theaterstücke veröffentlicht hatte, am Dresdner Albert-Theater in der Neustadt. Hier kam es am 3. Juni 1917 unter seiner Regie zur viel beachteten Komplexinszenierung der expressionistischen Einakter »Hiob«, »Mörder, Hoffnung der Frauen« und »Der brennende Dornbusch«, für die er auch die Bühnenbilder geschaffen hatte. Über den provokanten Eindruck, den die Sonntagsmatinee offenbar beim Theaterpublikum hinterließ, wusste Tags darauf die *Dresdner Volkszeitung* aufgewühlt und höchst verunsichert zu berichten: »In den drei leicht verständlichen, durchaus nicht geistreichen, eher gefühlsschweren Dichtungen, treibt der romantische Expressionismus ein wildes Rankenwerk mit manch' stark duftender, eigenartiger Blüte. Es gibt viele Geheimräte, Kunstbonzen, Mäzene in dieser Stadt, die beim Genuß solcher Emanationen wilder Künstler direkt leichte Schlaganfälle mit linksseitigen Lähmungen befürchten müssen. Über sie schreitet der Expressionismus hinweg.«[114]

Während des Kriegswinters 1916/17 und in den Sommermonaten 1917 entstanden auf dem Weißen Hirsch u.a. Kokoschkas erste Ansicht auf Dresden »Sächsische Landschaft«, das »Selbstbildnis 1917« sowie sein Gemälde »Liebespaar mit Katze«, für das Käthe Richter und Walter Hasenclever gemeinsam als Modelle fungierten, und 1918 das Gruppenporträt »Die Freunde«, auf dem wiederum Käthe Richter und Walter Hasenclever zu sehen sind, daneben der Arzt Doktor Fritz Neuberger, der Bohemien und Dichter Ivar von Lücken sowie das in der Pension Felsenburg angestellte Zimmermädchen Maria Ridrich.

Als er im August 1919 den Anstellungsvertrag vom sächsischen Ministerium des Innern zugestellt bekam – »der ›Revolutionäre Studentenrat‹, allen voran die Malerstudenten Edmund Kesting und Eric Johannson«[115] hatten sich für Kokoschka eingesetzt –, erfüllte sich dessen geheimer Wunsch, den er der Mutter in Briefen mehrfach offenbart hatte, königlich-sächsischer Professor an der Dresdner Kunstakademie zu werden. Wenngleich er nun, nach der Abdankung des letzten sächsischen Königs Friedrich August III., am 13. November 1918, auf das Prädikat »königlich-sächsisch« verzichten musste, konnte er als staatlich sanktionierter Professor nun für die kommenden sieben Jahre ein standesgemäßes »großes, mehrräumiges Eckatelier«[116] auf der Brühlschen Terrasse beanspruchen und eine eigene geräumige Wohnung im Erdgeschoss des hinter dem Pavillon A gelegenen Haus J im Großen Garten, in der Nähe des Palaisteiches, beziehen, die ihm der Kunsthistoriker und Direktor der Dresdner Gemäldegalerie Hans Posse zur Verfügung gestellt hatte.

»Augustusbrücke mit Dampfboot II« von Oskar Kokoschka, 1923.

Viele der in Dresden ansässigen jungen Künstler und Kunststudenten hatten mit großen Erwartungen der Berufung des Wiener Avantgardisten zum Akademieprofessor entgegengesehen und spürten aufatmend, »dass durch die Räume des Lipsius-Baues auf der Brühlschen Terrasse, in dem Gotthardt Kuehl seit 1895 das Regiment geführt hatte, ein frischer Wind wehte«.[117]

Bald schon versammelte er eine Schar enthusiastischer Jünger um sich, die seine Wirkung auf die Dresdner Kunstszenerie nicht genug zu rühmen wussten und noch in der späteren Erinnerung an den Meister der festen Überzeugung waren, dass »an etwas Ähnliches wie des jungen Goethes Wirkung in und um Weimar hinaus, durchaus zu denken sei ..., denn seine (Kokoschkas) damals atemberaubende Modernität, ging einher mit der Verpflichtung zur Tradition der alten Meister, ja, als Lehrer betonte er das Letztere bisweilen mehr als sein Avantgardistentum.«[118]

Einen literarischen Beitrag zur Beförderung der Legendenbildung hat der Prager Schriftsteller und Kunstkenner Josef Paul Hodin geliefert, der Kokoschka, den er persönlich allerdings erst nach dessen Weggang aus Dresden kennen gelernt hatte, in seinem Roman »Die Brühlsche Terrasse« als »Kirchhofer« agieren ließ, den verrückten Professor, der seine Kollegen Schafsköpfe titulierte und von seinen Studenten »menschliches Gefühl, statt Können«[119] forderte. Aber »er war eine Figur für die Stadt geworden, eine Attraktion. Das vertrug Kirchhof nicht. Er kommt ins Café, man steckt die Köpfe zusammen: Da ist er. Wer denn? Der einmal auf der Brücke an einem Drehorgelspieler vorbeikam, sich plötzlich umwendete, zu ihm hinlief, sein ganzes Gehalt, das er eben bekommen hatte, aus der Tasche zog, es ihm in die Hand drückte und davoneilte. Er hatte eine Idee gehabt, der arme Drehorgelmann war der Anlaß dazu gewesen. Kennen Sie das Bild, das damals entstanden ist? ›Macht der Musik‹ heißt es.«[120]

Keiner Legende entsprungen, sondern ausreichend dokumentiert wurde jene Dresdner Episode aus dem März 1920, wenige Tage nach der Niederschlagung des rechtsnationalen Kapp-Putsches, bei dem in der Nähe des Postplatzes 59 Kapp-Gegner von der Reichswehr erschossen und mehr als 200 verwundet wurden, was Kokoschka offensichtlich aus den Augen verloren hatte, und was ihm deshalb in einem von den Berliner Dadaisten George Grosz und John Heartfield verfassten Pamphlet den Titel »Kunstlump« einbrachte. Eingedenk der Tatsache, dass verirrte Kugeln Peter Paul Rubens in der Zwingergalerie gezeigtes Gemälde »Bathseba im Bade« getroffen hatten, ließ Kokoschka in mehr als vierzig deutschen Zeitungen einen »Aufruf an die deutsche Öffentlichkeit« einrücken, der in der naiven Aufforderung an kämpfende Parteien gipfelte, »ihre kriegerischen Übungen nicht mehr vor der Gemäldegalerie des Zwingers, sondern etwa auf den Schießplätzen der Heide abhalten zu wollen«.[121]

Zahlreiche Dresdner Künstler, Otto Griebel und Hans Grundig unter ihnen, reagierten mit Unverständnis. Heiterkeit erregte hingegen (wenngleich nicht eben bei der saturierten Dresdner Bürgerschaft), die spektakuläre »Puppenaffäre« des prominenten Künstlers.

Bei der bekannten Münchner Puppengestalterin Hermine Moos, die häufig in Dresden bei seinem Freund Hasenclever in Strehlen zu Gast war, hatte Kokoschka im Sommer 1918 »als Ersatz für die verlorene Geliebte Alma eine lebensgroße Puppe nach dem Vorbild Alma Mahlers«[122] bestellt. Von dem endlich im April 1919 gelieferten, durchaus getreu nach seinen präzisen Anweisungen gefertigten Objekt allerdings war er derart enttäuscht, dass er sich, wie er in seinen Erinnerungen »Mein Leben« notierte, gezwungen sah, entschieden und endgültig Hand an sie zu legen: »Endlich, nachdem ich sie hundertmal gezeichnet und gemalt hatte, habe ich mich entschlossen, sie zu vernichten. Die Puppe hatte mir die Leidenschaft gänzlich ausgetrieben. Ich machte also ein großes Champagner-Fest mit Kammermusik, während dessen mein Kammer-Mädchen Hulda die Puppe mit all ihren schönen Kleidern zum letzten Mal vorführte. Als der Morgen graute – ich war wie alle anderen sehr betrunken – habe ich im Garten der Puppe den Kopf abgehackt und eine Flasche Rotwein darüber zerschlagen. Am nächsten Tag schauten ein paar Polizisten zufällig durch das Gartentor, erblickten wie sie meinten den blutüberströmten Körper einer nackten Frau, und stürzten in der Verdächtigung eines Liebesmordes ins Haus hinein. Genau genommen war es das auch, denn an jenem Abend hab ich die Alma ermordet …«[123]

Datiert auf Frühjahr und Sommer 1923 begann Kokoschkas langer Abschied von der Elbestadt. Mehrere seiner bedeutendsten Gemälde sind in den Räumen der Akademie auf der Brühlschen Terrasse entstanden, »Dresdner Elblandschaften, Blicke hinüber zum Neustädter Ufer mit Strom, Augustusbrücke, Dreikönigskirche und weiten Himmeln«.[124]

Mittlerweile aber »haßt er sein Atelier, in dessen nach Norden gerichtete Fenster nie ein Strahl Sonne dringt, seine Umgebung und Verhältnisse … Dresden wird zu Plage und Verdruß«[125] … und die Reisen in das Ausland wurden immer länger: zunächst Zürich, Luzern, Les Avants und Montreux, dann Wien, London, Paris … Im Juni 1927 endlich, »da es aussichtslos erscheint, von Kokoschka eine bindende Zusage zu erhalten«,[126] entschloss sich die Leitung der Akademie außerordentlich verärgert, die vakante Professorenstelle neu zu besetzen. Kokoschkas kaum weniger prominenter Nachfolger wurde der fünf Jahre zuvor von Dresden nach Düsseldorf exilierte Otto Dix.

Martin Andersen Nexö

1859 Christianshaven (Kopenhagen) – 1954 Dresden

Schriftsteller

Professor-Wilhelm-Ring 20, Collenbuschstraße 4

Meist wollten sie nach Süden – Rom, Venedig oder Florenz, auf den Montmartre oder Granadas Alhambra. Wer als dänischer Künstler, ganz gleich ob Maler, Musiker oder Dichter etwas auf sich hielt, der musste in Arkadien oder den anliegenden Provinzen geweilt haben. Martin Andersen Nexö, den die Literaturhistoriker in eine Reihe mit Maxim Gorki, Pablo Neruda und Bertolt Brecht gestellt haben, machte dabei keine Ausnahme. Zwar, wie er selber formulierte, als Reisender der unteren Klasse, doch Pompeji, Neapel, Palermo oder Granada gehörten zum Pflichtprogramm. Die Route in den Süden führte zumeist durch Deutschland, weshalb also ausgerechnet Dresden, mit seinen berühmten Galerien, Museen und Bühnenhäusern links liegen lassen?

Angefangen hatte es womöglich bereits zu Beginn des 19. Jahrhunderts. Jens Immanuel Baggessen, der »dänische Wieland«, wie man in Kopenhagens literarischen Zirkeln ehrerbietig den Satiriker und Verserzähler nannte, war auf einer seiner Europatouren in der sächsischen Residenz eingekehrt und auf der Stelle den umtriebigen Schwadroneuren des »Dresdner Liederkreises« in die Fänge geraten, dessen Mitglieder ihre zumeist anspruchslosen Poesien in der hiesigen *Abendzeitung* veröffentlichten und sich gegenseitig in den Dichterhimmel lobten. Baggessen, der für den Not leidenden Friedrich Schiller in Adelskreisen Geld gesammelt hatte und als klarsichtiger Freimaurer galt, dürfte seine neuen Kollegen bald durchschaut haben. Jedenfalls wurde er nach kurzem Aufenthalt an der Elbe doch lieber Professor in Kiel.

Um einiges später folgte ihm der Märchenerzähler Hans Christian Andersen, der, beginnend mit seiner ersten Deutschlandreise im Sommer

1831, innerhalb von drei Jahrzehnten regelmäßig immer wieder und auch für längere Zeit nach Dresden und das nahe gelegene Dörfchen Maxen fand. In seinen »Schattenbildern«, Memoiren und Reisetagebüchern, notierte er Stippvisiten in der Hofkirche, der Galerie, dem Grünen Gewölbe und Theateraufführungen im Linkeschen Bad. Wanderungen führten ihn durch den Plauenschen Grund, nach Pillnitz und in die Sächsische Schweiz. Besonders animiert berichtete er von seinem Besuch im Salon Ludwig Tiecks, dem »König der Romantik« und schwärmte: »Bei meiner Abreise schrieb er einige Worte in mein Album, wünschte mir Dichterglück, umarmte und küsste mich. Wie seine sanften, großen blauen Augen auf mir ruhten, habe ich nie vergessen. Weinend ging ich fort …«[127]

Gastfreundlichkeit und Liebenswürdigkeit von geistvollen intelligenten Persönlichkeiten, wie sie bei seinem Gastgeber, dem bekannten Tier- und Menschenfreund Major Serre, dem Erfinder der Schiller-Stiftung, in dessen Salon auf der Dresdner Amalienstraße oder dem Maxener Rittergut verkehrten, erfreuten ihn vortrefflich. »Es wurde diskutiert, vorgelesen, gesungen, musiziert oder in einem extra dafür eingerichteten Saal Theater gespielt.«[128]

1892 kam Karl Gjellerup, der seeländische Pfarrerssohn, ein Bewunderer Richard Wagners und glühender Verehrer Friedrich Schillers, dem er, so versicherten ihm seine besten Freunde, »en profil« außerordentlich ähnlich sah, ausgestattet mit einem noblen Stipendium des dänischen Königs nach Dresden. 1887 heiratete er Eugenia, die Tochter des Dresdner Gymnasiallehrers Heusinger. Sie inspirierte ihn zu seinem in Dresden und der Sächsischen Schweiz handelnden Roman »Minna«, in dem »die Geschichte ihrer traurigen Kindheit und der unglücklich verlaufenen ersten Ehe erzählt wird«.[129]

Der Dichter, Dramatiker, Erzähler und spätere Nobelpreisträger des Jahres 1917 schrieb in einem Mietquartier nahe der Dresdner Annenkirche und später im ländlichen Vorort Klotzsche an seinen Romanen, die heute alle vergessen sind. Ossip Kalenter, ein Schulkamerad Erich Kästners, widmete ihm 1925 diesen despektierlichen Nachruf, der in Ernst Rowohlts Berliner Wochenschrift *Das Tagebuch* abgedruckt wurde: »In das literarische Klotzsche schlug sogar einmal der Nobel-Preis. Er traf den deutsch schreibenden, genauer: geschrieben habenden Dänen Carl Gjellerup. In Dresden am Neustädter Bahnhof wohnte jemand, der ihn gelesen hat. Jetzt sind sie beide tot.«[130]

Auf Geld aus königlichen oder fürstlichen Schatullen konnte Martin Andersen, 1869 als Sohn eines Steinhauers und Pflasterers geboren, nicht rechnen, als er sich 1894, auch seiner angegriffenen Gesundheit wegen (die schwachen Lungen rebellierten), auf den Weg in wärmere Gefilde machte. Der ehemalige Hütejunge, gelernte Schuhmacher und Handlanger, hatte es zum Lehrer an einer Privatschule gebracht und erste literarische Texte in Provinzjournalen veröffentlicht, die aber nur geringen materiellen Gewinn einbrachten.

550 Kronen immerhin hatte ihm Mathilde Molbech, die gutmütige Witwe des spätromantischen Dichters und allseits gefürchteten königlichen Theaterzensors Christian Knud Frederik Molbech, in deren Haus Andersen logierte, zugesteckt. Doch um die Reisekosten vollständig aufbringen zu können, verpflichtete sich der angehende Literat recht leichtfertig, für nicht weniger als zwölf dänische Provinzblätter regelmäßig abenteuerliche Auslandskorrespondenzen zu liefern, was die erhoffte »Sehnsuchtsfahrt« sehr bald zur Ochsentour werden ließ.

1902, vor seiner zweiten großen Italien- und Spanienreise, waren erste Erzählungen in Buchform (darunter die später berühmt gewordene Novelle »Der Lotterieschwede«) und vier Romane erschienen, weshalb der Kritiker und Erzähler Hermann Bang anerkennend-ironisch argwöhnte: »Man wird wohl demnächst einen Holzschuhtanz auf dem Parnaß zu gegenwärtigen haben.«[131]

Nun also genügte es ihm bereits, einen einzigen, aber gewinnträchtigen Kontrakt mit der Presse zu schließen. Kopenhagens auflagenstarke Tageszeitung *Politiken*, das Forum der liberalen dänischen Intellektuellen, honorierte die publizistischen Texte ihres frischgebackenen freien Mitarbeiters üppig. Dennoch ließ sich Andersen, der sich mittlerweile – in Erinnerung an die kleine Stadt seiner Kinder- und Jugendjahre auf der Insel Bornholm – Andersen Nexö nannte, nicht nehmen, auf der Hinfahrt in Dresden bei seinem ersten ausländischen Verlag vorbeizuschauen, um die Tantiemen für die Veröffentlichung des Romans »Sühne«, in der deutschen Übersetzung von E. Stine, in bar einzufordern. »Nexö holte in Dresden sein Honorar ab, stieß auf sein Werk an – und war stolz.«[132]

Ein Verkaufserfolg wurde das vom wagemutigen Kleinverlag Moewig & Höffner in einer Auflage von 2 500 Exemplaren herausgebrachte Buch und die zum gleichen Zeitpunkt gestartete »Warenhaus-Ausgabe« der Max Fischer-Verlagsbuchhandlung jedoch nicht. Nexö aber lieferte der Zwischenstopp in Dresden den Aufhänger für seinen ersten Deutschlandartikel, der am siebenten September 1902 in der *Politiken* erschien: »Gerade fünfzehn Eisenbahnstunden von Kopenhagen war die Stadt entfernt und doch – wie anders. Und früh am Morgen, wenn die Straßenreiniger die Schläuche an allen Hydranten anschließen, um die Straßen sauber und frisch zu spülen, fallen einem Höker Hansen und Kneipenwirt

Andersen Nexös Wohnhaus in der Collenbuschstraße 4, 2002.

Svendsen daheim ein, man sieht sie mit einer Wasserkanne in der Hand aus ihren Kellerlöchern auftauchen; sie bespritzen den Bürgersteig so vorsichtig, als wäre es Weihwasser.«[133]

Mit den großen Arbeiterromanen »Pelle der Eroberer« und »Ditte Menschenkind«, zwei Werken von weltliterarischem Rang, gelangen Andersen Nexö vor und während des Ersten Weltkrieges sensationelle Erfolge in Europa und Übersee. Auch in Deutschland, wo sich »zahlreiche regelrechte Pelle-Gemeinden gegründet hatten«,[134] feierten ihn Millionen von Lesern. Ganz im Gegensatz zu der deutlichen Herablassung, die ihn im bürgerlichen Kopenhagen entgegenschlug, war es ihm trotz der Erfolge doch nie in den Sinn gekommen, seine Herkunft aus einfachsten Verhältnisse zu verleugnen: »Ich gehöre selbst zu den unschuldig Ausgestoßenen, die den Reihen der Lebenssklaven eingekoppelt werden, deren verfluchtes Los es ist, einigen wenigen Auserwählten die Erde zu einem angenehmen Aufenthaltsort zu machen.«[135]

Beständig berichtete er als Korrespondent für dänische Zeitungen aus Berlin und der Provinz, verbrachte den Winter 1909/10 im thüringischen Finsterbergen und machte, das alltägliche Elend der Heimarbeiter vor Augen, die hier gewonnenen Eindrücke später zur Grundlage seiner Erzählung »Die Puppe«. Von Dezember 1917 bis März 1918 war er in mehreren deutschen Städten als Redner zu Gast, hielt Vorträge in Leipzig und Dresden und feierte ausgelassen Fasching in München. Er besuchte Cafés und Restaurants, diskutierte und lebte überhaupt, »als ob ich zwanzig wäre«, berichtete er den Freunden in Dänemark.

Im März 1925 heiratete er in Konstanz die aus einer deutschen Beamtenfamilie stammende Johanna May, seine nunmehr dritte Ehefrau und lebte bis 1929 vorwiegend in Allensbach am Bodensee. Als charismatischer Volkstribun, der von ganz unten kam, beeindruckte er an Volkshochschulen und Gewerkschaftsheimen in ganz Deutschland seine Zuhörer mit im besten Deutsch und ohne Manuskript gehaltenen Vorträgen über »die dänischen Volkshochschulen, die Arbeiterkultur und die Kindheit des Dichters«. Gleichermaßen beeindruckt schienen die Organisatoren der Vorträge, die Volkshochschulen und Volksbibliotheken, die ihn 1930 vergeblich für die Verleihung des Literatur-Nobelpreises nominiert sehen wollten. Alfred Döblins Vorschlag im Jahr darauf, wurde zumindest in Erwägung gezogen. (Der dritte Versuch 1950, in den Jahren des Kalten Krieges, scheiterte ebenso, was der Popularität des Romanciers jedoch keinen Abbruch tat.)

Im Frühjahr 1932 absolvierte Andersen Nexö die vorerst letzte Vortragstournee durch Deutschland. Nachdem er sich 1933, nach der Machtergreifung der Nationalsozialisten, mit dem Aufsatz »Der deutsche Faschismus« an einem in Basel erschienenen Braunbuch gegen den Naziterror beteiligt hatte, veröffentlichte sein Münchner Verlag Albert Langen & Georg Müller im Börsenblatt des deutschen Buchhandels am 9. Oktober 1933 folgende Erklärung: »Unter den Namen der Mitarbeiter einer der im Ausland erscheinenden Emigrantenzeitschriften steht, wie wir soeben erfahren haben, Martin Andersen Nexö. Wir sehen in solcher Mitarbeit eine deutschfeindliche Betätigung und haben deshalb mit sofortiger Wirkung die Auslieferung seiner Bücher eingestellt.«[136] Nexö verlangte daraufhin vom Verlag lakonisch, »dass ihm die Vernichtung von 39 000 Exemplaren seiner Bücher amtlich bestätigt würde«.[137]

Ein Vierteljahrhundert sollte vergehen, bevor Nexö wieder deutschen Boden betrat. Nach Jahren der Flucht, zeitweiliger Inhaftierung in Dänemark, dem Exil in Schweden und der Sowjetunion, besuchte Nexö 1947 den Dietz-Verlag in Berlin, um an der Herausgabe seiner Gesammelten Werke mitzuwirken. 1949 weilte er zur Kur im sächsischen Mineral- und Moorheilbad Bad Elster und verbrachte anschließend die Wintermonate 1949/50 mit der Familie auf dem Weißen Hirsch, in einem imposanten Gebäude auf der Preußstraße 10, das seit dem Auszug hochrangiger Offiziere der Roten Armee als Gästeheim der sächsischen Landesregierung diente. Später wurde das Haus dem ehemaligen Generalfeldmarschall der deutschen Wehrmacht zur Verfügung gestellt und nach ihm vom Volksmund kurz Paulus-Villa genannt. 1951 siedelte Martin Andersen Nexö mit Frau Johanna und der jüngsten Tochter May, endgültig vom dänischen Holte zunächst nach Radebeul und kurz darauf nach Dresden über. Die geräumige, am Hang eines ehemaligen Weingutes schön gelegene Villa, Professor-Wilhelm-Ring 20, erwies sich, der steilen und engen Treppenaufgänge wegen, für den über Achtzigjährigen jedoch bald als zu beschwerlich, weshalb die Dresdner Lehrerin Gertrud Haupt der Familie des Dichters, auf Bitten der Landesregierung, ihre Wohnstätte auf dem Weißen Hirsch zum Tausch anbot.

Das Haus Nummer 4 in der Collenbuschstraße, ein 1933/34 im Auftrag des Dresdner Stadtrechtsrates Dr. Herbert Teuscher erbautes, unauffälliges Einfamilienhaus mit Gartengrundstück, das Martin Andersen Nexö und seiner Familie als Ehrenwohnung (also mietfrei) vom Land Sachsen zur Verfügung gestellt worden war, entwickelte sich im Laufe der nächsten Monate zum regen und viel besuchten Zentrum prominenter und weniger prominenter Zeitgenossen. Aus Berlin kamen der Romancier Arnold Zweig, der Dichter und Texter der Nationalhymne und spätere Kulturminister der DDR, Johannes R. Becher, der Erzähler Ludwig Renn. Und regelmäßig fanden sich Dresdner Schriftsteller im Hause ein, deren Verband als Ehrenmitglied beizutreten Nexö abgelehnt haben soll und zwar mit den Worten: »Ehrenmitglied? Nein! Mitglied ja, einfaches Mitglied werde ich gerne, wenn Sie mich nehmen.«[138]

Trotz angegriffener Gesundheit und ungeachtet der vielen gesellschaftlichen und repräsentativen Verpflichtungen, die man dem zum Ehrenbürger der Stadt Dresden ernannten Ehrendoktor der Universitäten Leipzig und Greifswald und Nationalpreisträger zumutete, setzte der Dreiunsachtzigjährige nach besten Kräften sein literarisches Werk fort. Obwohl er doch eigentlich, so soll er es seinem Nachbarn und Kollegen Max Zimmering versichert haben, keine schöneren Tätigkeiten kannte, als eine seiner zehn Pfeifen zu rauchen oder im Garten zu pflanzen. »Ich kannte und kenne keine angenehmere Beschäftigung als Gärten anzulegen«[139], bekannte er immer wieder, wenn er seine Gäste durch den Garten am Hang unterhalb seines Hauses führte.

Alle Anstrengungen des alternden Dichters führten dennoch nicht zur Vollendung seines letzten Buches »Jeanette«, das den dritten Band des Romanwerkes »Morten der Rote« abrunden sollte. Am 1. Juni 1954 erlag Martin Andersen Nexö einer Gehirnblutung. Tausende Dresdner nahmen an den Trauerfeierlichkeiten teil.

Von 1958 bis 1990 befand sich im Sterbehaus des Schriftstellers ein sehenswertes kleines Museum, das sein Arbeitszimmer mit Rauchtisch und den geliebten Tabakpfeifen, seltene Werkausgaben in den Bücherregalen, »Ditte Menschenkind« in Blindenschrift darunter, sowie Manuskripte in zum Teil kurioser Form präsentierte, denn der sparsame Autor verwendete jede unbeschriebene Seite, die Rückseiten und Ränder von Briefen und Rechnungen für seine Niederschriften. Heute werden Grundstück und Haus privat genutzt.

Erich Ponto

1884 Lübeck – 1957 Stuttgart

Schauspieler

Elisenstraße 1, Wiener Straße 31

»Bestes Burgtheater« lautete das Urteil des Theaterkritikers Herbert Ihring über die Spielweise von Erich Ponto, doch es war nicht Wien, sondern Dresden, wo Ponto auf der Bühne stand, und das 33 Jahre lang. Zunächst hatte der in Lübeck geborene Kaufmannssohn Pharmazie studiert, das Studium aber abgebrochen, um seine zunächst mit Freunden in diversen Zirkeln erprobte Berufung zum Beruf zu machen – die Schauspielkunst. Nach Engagements in Passau, im böhmischen Reichenberg und in Düsseldorf kam er am 21. Mai 1913 mit der Rolle des Spiegelberg in Schillers »Die Räuber« zum Vorspiel ans Dresdner Hoftheater und wurde für die folgende Spielzeit engagiert. Es war die erste vollständige Saison des Neuen Königlichen Schauspielhauses, das am 13. September 1913 gegenüber dem Zwinger eröffnet wurde. Auch sein Debüt auf der neuen Bühne gab Ponto in einem Schiller-Stück, im »Wilhelm Tell« als Flurschütz Stüssi. Keine große Rolle, aber ganz im Sinne des Künstlerischen Leiters Karl Zeiß, der dafür sorgte, »dass Erich Ponto sich zunächst einmal in scharf chargierten, aber in Ton, Farbe und physiognomischer Eigenart doch abwechslungsreicher Form zu erarbeitenden Episodenrollen entwickeln konnte«.[140]

Auch im wirklichen Leben wartete eine neue Rolle, 1916 heiratete Ponto Tony Kresse, mit deren Brüdern er seit langem befreundet war. 1918 kam Tochter Eva zur Welt, 1927 folgte Sohn Klaus. »Von 1920 an wurden dem mit Narrenrollen, Hofschranzen, schrulligen Käuzen, Spitzweg-Figuren, Totengräbern und Handwerkergesellen reichlich eingedeckten Darsteller endlich auch tragende Rollen anvertraut.«[141] Ponto war nun ein viel beschäftigter Darsteller mit einer ungeheuren Rollenviel-

Erich Ponto als Mephisto, 1930.

falt. Und er wurde gefeiert. Der Dresdner Theaterkritiker Felix Zimmermann lobte »das genialische Spiel Pontos«, der sich bald »bis zu einem höchst eigenständigen Mephisto hinaufwagen« konnte.[142] Doch Ponto beließ es nicht bei klassischen Rollen, immer wieder spielte er in zeitgenössischen Stücken. So stand er auch am 17. Januar 1924 als Max Knatsch auf der Bühne, als es bei der Premiere von Ernst Tollers »Hinkemann« einen echten Theaterskandal gab. »Nationalistische Kreise randalierten wegen der nach ihrer Meinung widerlichen Verhöhnung des Frontsoldaten und des Deutschtums. Die Vorstellung musste mehrfach unterbrochen werden. Die Polizei schritt ein, ohne Ruhe stiften zu können. Auf den Rängen kam es zu Prügeleien.«[143] Die folgende etwas vorsichtigere Spielplangestaltung hatte für Ponto kaum Folgen, er wurde weiter gefeiert, als Toboggan in Gerhard Menzels gleichnamigem Stück ebenso, wie als Polonius im von Gerhart Hauptmann inszenierten »Hamlet«. Während seiner dreiunddreißig Jahre in Dresden stand er in etwa 300 Stücken auf der Bühne. Dazu kamen in den 20er- und 30er-Jahren vermehrt Gastspiele an den großen Berliner Bühnen, doch immer wieder kehrte er nach Dresden zurück, eine Treue, die er auf seine Weise kommentierte: »Wat den Een sien Ul is, is den Annern sien Nachtigall«.[144]

Erich Ponto war auch einer der Akteure der frühen Dresdner Filmproduktionen. So stand er mit Alice Verden 1920 vor der von Wolfgang Fil-

Königliches Schauspielhaus in den 1930er-Jahren.

zinger geführten Kamera, als in einer Villa am Laubegaster Ufer 33 der Film »Der Geiger von Meißen« gedreht wurde.

Pontos Vielseitigkeit war mit seinen Auftritten als Schauspieler noch lange nicht ausgeschöpft, 1926 wurde für die jährlich aufgeführten Weihnachtsmärchen »Trilltrall und seine Brüder« ausgewählt, eine auf Clemens Brentano zurückgehende Geschichte, für die Ponto erstmals als Autor verantwortlich zeichnete. Er malte, schrieb gelegentlich Gedichte, doch damit nicht genug, schon 1921, als Berthold Viertel für eine Inszenierung des »Sommernachtstraums« die Tänzerin Mary Wigman mit der Choreografie betraute, faszinierte Ponto als Puck mit »Bewegungen von der spielerischen Grazie eines jung-katzenhaften Halbtieres«.[145]

In der »Dreigroschenoper« hatte Ponto zudem als singender Schauspieler debütiert, hatte die Songs des Bettlerkönigs Peachum bei Schallplattenaufnahmen gesungen und unternahm nun auch Ausflüge ins Operettenfach, so als Fürst Sigismund im von Fritz Busch dirigierten »Prinz Methusalem« von Johann Strauß. Das war 1931, zwei Jahre später, am 7. März 1933, jagte bewaffnete SA Fritz Busch aus der Oper und zwang den Spielleiter Josef Gielen die Besetzung des Schauspielhauses zu verkünden, auch der Schauspieler Martin Hellberg und der Dramaturg Karl Wolff mussten gehen. Erich Ponto blieb und stand in den folgenden Jahren fast täglich auf der Bühne, bestritt als Vorleser literarische Matineen und wirkte zudem von 1934 bis 1945 in über vierzig Filmen mit, wobei er besonders als Professor Crey in »Die Feuerzangenbowle« gefeiert wurde.

Den Krieg und die Bombardierung Dresdens hat Ponto überlebt. »Nu – was denn für Not? / Der Bondo is ja garnich dot! / Was is d'nn nu? Is alles aus? / 's wär jammerschade. Schon mei Vader / war Abonnend im Schauspielhaus. / Was wird d'nn nu mit dem Dheader?«, ließ er in einem Gedicht einen durch die Trümmer irrenden Dresdner sagen.[146] Ja, was wurde aus den zerstörten Theatern? Ponto gehörte zu jenen Staatstheatermitgliedern, die von der Stadt mit deren Wiederaufbau beauftragt wurden. Am 10. Juni 1945 eröffnete er als Nathan das Interimstheater Dresdner Bühnen in der Tonhalle, dem heutigen Kleinen Haus, und wurde dessen Generalintendant. Wieder stürzte sich Ponto in die Arbeit, stand »von Oktober 1945 bis Juli 1946 193 Mal auf der Bühne«,[147] hatte zudem Verhandlungen mit Behörden der Stadt und der sowjetischen Kommandantur zu führen und gehörte zur provisorischen Leitung der Ortsgruppe Dresden des Kulturbundes. Letzteres gemeinsam mit Gret Palucca und Victor Klemperer, der die Aufführung des »Nathan« gesehen hatte und aus deren allgemeiner Natürlichkeit er Pontos Nathan »als etwas durchaus Eigenartiges« heraushob.[148]

Trotz seines Engagements wurde Ponto die zunehmende politische und ideologische Beeinflussung allmählich zu viel, wohl auch in Erinnerung an die vielen Kompromisse, die er in der Zeit des »Dritten Reiches« gemacht hatte. Nach einer Reise nach Stuttgart, wo sein Sohn Klaus inzwischen als Schauspieler arbeitete, verschärfte sich die Situation. Ponto pochte auf einen Vertrag, der ihm die Möglichkeit zu Gastspielen und Familienbesuchen einräumte. Stattdessen wurde der »Nathan« vom Spielplan genommen und eine geplante Lesung konnte nicht mehr stattfinden. Ponto geriet »in eine Lage, die der eines gemaßregelten Schuljungen«[149] gleichkam. Er kündigte seinen Vertrag in Dresden. Schon bald spielte er den Hauptmann von Köpenick in Stuttgart, stand in München, Göttingen und Wuppertal auf der Bühne und in zahlreichen Filmen vor der Kamera.

Erich Ponto starb am 4. Februar 1957 in Stuttgart. 1990 wurde er zum Ehrenmitglied des Dresdner Staatsschauspiels ernannt, seine Urne wurde 2007 auf den Tolkewitzer Friedhof überführt.

Maria Reiche

1903 Dresden – 1998 Lima (Peru)

Mathematikerin, Geografin

Zittauer Straße 22

Erzählt man das Leben von Maria Reiche von seinem Ende her, ergibt sich das Bild einer außergewöhnlich erfolgreichen Frau: Ehrendoktorwürden verschiedener Universitäten, Bundesverdienstkreuz 1. Klasse, Trägerin des Ordens der »Weisen des Inka-Reiches« und des peruanischen »Sonnenordens«, Ehrenbürgerin Perus, Frau des Jahres in Peru ... Weiß man aber, dass Maria Reiche achtzig Jahre alt werden musste, ehe sie all diese Auszeichnungen erhielt, ahnt man, welch steiniger Weg in diesem Leben zu gehen war.

Dieser Weg begann am 15. Mai 1903, als Maria in Dresden geboren wurde. Sie war das erste von drei Kindern des Landrichters und späteren Amtsgerichtsrates Dr. Felix Reiche-Große. Ihre Mutter Elisabeth hatte zu den ersten Studentinnen in Deutschland gehört, ihr Studium der Theologie und Pädagogik aber wegen der Heirat kurz vor dem Staatsexamen abbrechen müssen. Maria Reiche wird es später zu ihren Aufgaben zählen, »der Welt zu beweisen, daß eine Frau ohne Mithilfe eines Mannes ein wertvolles wissenschaftliches Ergebnis bekommen kann«.[150]

Das Elternhaus in der Zittauer Straße, die Elbe und die Dresdner Heide waren nah, wurden für das Kind zum Ausgangspunkt unbeschwerter Entdeckungsreisen.[151] Naturwissenschaftlichen Beobachtungen galt schon das frühe Interesse des Mädchens, dessen Hang zum Rebellischen oft mit den gutbürgerlichen Regeln des Elternhauses kollidierte. Dort wehte dennoch ein eher liberaler Geist und auf Bildung wurde viel Wert gelegt. Auch nach dem frühen Tod des Vaters, der 1916 im Ersten Weltkrieg fiel, ermöglichte die Mutter allen drei Kindern ein Studium, wofür sie ihre Witwenrente durch eine Arbeit in einem Büro der Herrnhuter

Brüdergemeinde aufbesserte.[152] Zunächst aber besuchte Maria die private »Noldensche Mädchenschule«, die ihr Schulhaus in der Neustadt im Krieg aufgeben musste, so dass der Unterricht in der Wohnung der Schulleiterin Anna Nolden in der Königsbrücker Straße 9 stattfand. Durch eine angeborene, zu spät erkannte Kurzsichtigkeit[153] und den Tod des geliebten Vaters, verschlechterten sich die Leistungen der anfangs sehr guten Schülerin und sie wechselte im letzten Kriegsjahr ans städtische Realgymnasium für Mädchen auf der Weintraubenstraße, das heutige Romain-Rolland-Gymnasium. Die von Hans Erlwein gebaute, erst ein Jahr zuvor eingeweihte Schule verfügte über einen mathematisch-naturwissenschaftlichen Zweig, keine übliche Ausrichtung für eine Mädchenschule der damaligen Zeit, aber Voraussetzung für die Erlangung der Reifeprüfung. »Das Ergebnis meiner heutigen Arbeit«, so bekannte Maria Reiche später in einem Brief aus Peru an ihre Mutter, »stammt aus der Erziehung meiner alten Lehrer«.[154] Was sich die Sechzehnjährige von ihrem Leben damals erträumte, beschrieb sie in einem Schulaufsatz: »Jeder hat sein ganz eigenes Luftschloß. Ich träume mich z. B. in die Zeit hinein, zu der ich erwachsen werde …, da denke ich mich als Gehilfin irgendeines großen Forschers, die ihn auf allen seinen Reisen begleitet und ihm durch dick und dünn nach den Ländern des ewigen Eises und dem glutvollen Inneren Afrikas oder Asiens folgt und Frost, Hitze gern erträgt. Ich werde ihm helfen, Berichte zu schreiben, werde Photographien machen.«[155] Sie wird später all das tun, nicht als Gehilfin und manchmal sogar gegen die großen Forscher. Doch vor der Realisierung der Luftschlösser stand das Abitur und ein zweijähriger Kurs am Dresdner Lehrerinnenseminar, wo Maria Reiche die Berechtigung zum Volksschuldienst erwarb. Danach arbeitete sie eine kurze Zeit als Hauslehrerin, bevor sie 1924 ein Lehramtsstudium an der Technischen Hochschule aufnahm. Einen Teil des Studiums absolvierte sie in Hamburg, wohin ihre Mutter inzwischen gezogen war, und schloss 1928 das Staatsexamen in den Fächern Mathematik, Physik, Geografie und Philosophie an der TH mit der Gesamtnote Gut ab.[156] In der Beurteilung ihrer Pädagogikarbeit findet sich der Hinweis auf »einige utopische Ideen«, die »der Jugend der Verfasserin zugute gehalten werden« mögen.[157]

Zunächst scheiterten die utopischen Ideen jedoch an der Realität, denn eine Anstellung gab es an verschiedenen Dresdner Schulen nur als Aushilfe, dann befristet an der Blasewitzer Höheren Mädchenschule in der Markgraf-Heinrich-Straße (heute: Rosa-Menzer-Straße), so dass Maria Reiche, desillusioniert von der wirtschaftlichen Lage nach der Weltwirtschaftskrise und überzeugt, »daß über Deutschland eine große schwarze Wolke schwebt«[158], den für ihr weiteres Leben entscheidenden Schritt vollzog, sie bewarb sich als Hauslehrerin der beiden Kinder des deutschen Konsuls im peruanischen Cuzco und erhielt einen Vierjahresvertrag. »Mit der legendären Inkahauptstadt Cuzco und den geheimnisvollen Tempeln und Sonnenobservatorien in Südamerika hatte sich die junge Frau bereits in ihrer Studienzeit beschäftigt.«[159] Anfang 1932 ging sie in Antwerpen an Bord eines Überseedampfers, ausgestattet nur mit den »wenigen Sachen, die sie in ihrem Koffer mit sich nahm«.[160] Als der Arbeitsvertrag nach zwei Jahren überraschend gekündigt wurde, fand Maria Reiche nach einigen Zwischenstationen eine Anstellung bei Dr. Julio C. Tello, dem »Vater der peruanischen Archäologie«.[161] Nach einer zufälligen Begegnung mit dem amerikanischen Archäologen Paul Kosok stand sie im Dezember 1941 erstmals in Palpa und Nasca auf der Hochebene in den Anden.

Ab 1946 widmete sich Maria Reiche der systematischen Erforschung der Nasca-Kultur (200 v. Chr. – 600 n. Chr.). Die Nascaner haben in den Anden u.a. die berühmten Bodenzeichnungen hinterlassen. Auf einer riesigen Geröllfläche erstreckt sich ein Netz von Linien und geometrischen Flächen, dazwischen Darstellungen von Pflanzen, Tieren und Menschen, deren ganzes Ausmaß nur aus der Luft zu überblicken ist. Über die Bedeutung dieser Anlage gab und gibt es verschiedene Theorien und Mythen – Kalender, Sportarena, UFO-Landeplatz –, bis heute ist keine definitive Erklärung gefunden. Während ihrer über vierzigjährigen Arbeit vermaß und erforschte Maria Reiche bis ins hohe Alter und unter schwierigsten Bedingungen dieses »Bilderbuch der Wüste« und setzte sich für dessen Erhaltung ein. Lange musste sie auf eine Anerkennung ihrer durch Desinteresse (die ersten Bücher über Nasca mussten im Selbstverlag erscheinen), Diebstahl und Betrug immer wieder erschwerten Arbeit warten. Durch ihre Bemühungen wurden die Geoglyphen von Nasca schließlich 1994 zum UNESCO-Weltkulturerbe erklärt.

Maria Reiche starb am 6. Juni 1998 in Peru. Straßen, Plätze, Parkanlagen und Gebäude tragen dort ihren Namen, ihr Bild ist auf Briefmarken und Karten zu sehen. Dresden hat Maria Reiche auf verschiedene Art geehrt. Zu ihrem neunzigsten Geburtstag wurde im Romain-Rolland-Gymnasium eine Büste, ein Geschenk ihrer Schwester Renate, enthüllt. Ein Jahr später gründete sich der »Dr. Maria Reiche – Linien und Figuren der Nasca-Kultur in Peru e.V.«, der nicht nur der Arbeit der Wissenschaftlerin gedenkt, sondern diese in Zusammenarbeit mit der TU mit verschiedenen Forschungsprojekten auch fortsetzt. Seit 2005 schließlich hat Dresden auch eine Maria-Reiche-Straße – in einem Klotzscher Gewerbepark.

Ludwig Renn

1889 Dresden – 1979 Berlin

Schriftsteller, Militär

Glacisstraße 15 f,
Löbauer Str. 14,
Arndtstraße 6 und 9,
Auf dem Meisenberg 2,
Neidenburger Straße 30
(heute: Großschönauer Straße),
Plattleite 38

»In unserer Wohnung hingen über sechzig Familienbilder, angefangen mit Justus Vieth, einem dicken, rotbäckigen Herrn mit langer gestrickter Weste, einem roten Samtumhang und Perücke. Eins seiner Augenlider hing, weshalb er von uns Kindern der Einäugige genannt wurde. Er war preußischer Kriegs- und Domänenrat gewesen und hatte, wie sein Vater, die königliche Domäne Klosterzinna gepachtet. Seine Frau, Charlotte von Köhler, brachte ihm vier Güter in die Ehe, in deren bedeutendstem, Golßen, südlich Berlin, er ein Schloß bauen ließ. Da Golßen damals zum kurfürstlichen Sachsen gehörte, bat er in Dresden um die Erteilung des Adels, was ihn mehrere hundert Taler kostete. Seitdem hieß unsere Familie Vieth von Golßenau, nannte sich aber der Einfachheit halber von Vieth.«[162]

Arnold Vieth von Golßenaus Geburtshaus – »Wenn man von der Altstadt über die damalige Albertbrücke kam, war es an der Glacisstraße das erste Haus rechts.«[163] – hatte nichts mehr gemein mit dem gutsherrlichen Anwesen derer von Golßenau. Dennoch, standesgemäß soll es gewesen sein, durchaus angemessen als Wohnstatt für den Gymnasiallehrer und Prinzenerzieher am sächsischen Hofe Carl Johann Vieth und seiner aus gutbetuchter deutsch-russischer Familie stammenden Ehefrau Berta Julie. Auf der Glacisstraße also wurde Arnold Friedrich, der zu seinen prominenten Vorfahren den Kommandanten von Dresden, Generalmajor Justus von Vieth (1770–1853) zählen konnte, nach Bruder Victor als zweites Kind der Familie Vieth am 22. April 1889 geboren, wuchs aber im so genannten Preußischen Viertel, einem durchgrünten, mit »in edlem Stil gehaltenen Villen und Landhäusern«[164] bebauten Areal nahe dem

Waldschlösschen auf. Wenngleich ihm die Kinderjahre in der Erinnerung durchaus glücklich erschienen, die Schulzeit war es nicht. Körperlich schwach entwickelt, unter Sprachstörungen und Sehschwäche leidend, unkonzentriert, seiner krakeligen Schrift wegen von Mitschülern verhöhnt, quälte er sich »förmlich von Schuljahr zu Schuljahr«.[165] Wegen beständig wiederkehrender Mittelohrentzündungen und allgemeiner Kränklichkeit verpasste er so »zwei Drittel des Unterrichts der ersten vier Schuljahre«,[166] nach deren Ablauf Klassenlehrer Krell der besorgten Familie sarkastisch mitteilte: »Ihr Sohn Arnold ist so unbegabt, daß es gar keinen Zweck hat, ihn auf eine höhere Schule zu geben.«[167]

Die Eltern versuchten es dennoch. Arnold wurde unter Vorbehalt am Königlichen Gymnasium in der Holzhofgasse aufgenommen und entwickelte sich, nach anfänglichen Schwierigkeiten in der »verfluchten Lateinstunde«, prächtig (später würde er mühelos französisch, englisch, russisch, spanisch akzentfrei und fließend sprechen). Rasch galt er, nüchtern und exakt, als mathematische Begabung, interessierte sich für Kriegsgeschichte, die heftig aufstrebende Luftfahrt und für kunstgeschichtliche Theorien.

Bei der Abschlussprüfung schrieb er überraschend den besten deutsche Aufsatz der Oberprima, was seinen Vater nach der Lektüre zu kargem Lob veranlasste: »Ich kann ihn (den Aufsatz) nicht so besonders finden. Freilich ist er frisch hingesetzt … vielleicht ist das wirklich ein Ansatz zu etwas Starkem. Du solltest das pflegen.«[168]

Dennoch reifte in Arnold sehr bald der Entschluss, der tief verwurzelten Familientradition folgend, die Offizierslaufbahn einzuschlagen. Nach dem Abitur trat er, der wegen seiner Kurzsichtigkeit »weder für die Luftschiffahrt noch die Marine« als kriegsverwendungsfähig galt,[169] als Fahnenjunker in das sächsische Leibgrenadierregiment Nr. 100 ein und wurde 1911 nach dem Besuch der Hannoverschen Kriegsschule, auf der er zwar sein technisches und militärisches Grundwissen vervollständigen konnte, aber auch erstmals »die ganze Sturheit, Unbildung, Anmaßung und Unehrlichkeit«[170] der Offizierskaste erleben musste, zum Leutnant ernannt.

Am Ersten Weltkrieg nahm er als Regimentsadjutant, Zug- und Kompanieführer buchstäblich von der ersten bis zur letzten Stunde teil. Bereits drei Wochen nach dem Kriegseintritt des Deutschen Reiches wurde am 25. August 1914 Bruder Victor, der erklärte Lieblingssohn seiner Mutter, bei Luneville von einer Granate getötet und Arnold selbst im Verlaufe der Kriegshandlungen mehrfach verwundet. Als Berufsmilitär war er mit geradezu selbstverständlicher Begeisterung an die Front gegangen. Sein strategisch fundiertes militärisches Wissen, gepaart mit unerbittlich

Arndtstraße 6, eine von Renns Wohnadressen, 2012.

scharfer Beobachtungsgabe und einem stark ausgeprägtes Gerechtigkeitsempfinden, begann bald Zweifel an der allseits behaupteten und von der hurrapatriotisch gestimmten Presse propagierten so genannten Genialität des deutschen Generalstabs, ja, am Sinn des Krieges insgesamt zu wecken. Diese Zweifel wurden noch durch persönliche Erlebnisse und Begegnungen mit ähnlich Denkenden verstärkt: »Ich verfolgte genau das militärische Geschehen und brütete über den Karten mit ihren Fronten. Aber im Gegensatz zu den Bierstrategen am heimatlichen Stammtisch, die von deutschen Truppen ununterbrochen Siege verlangten, sah ich nicht nur das bloße Vor und Zurück der Truppen, sondern dachte an meine alte Kompanie und das Regiment. Zu genau kannte ich die am Schreibtisch von Generalen gegebenen Befehle und alle Folgen, die jedes Vorgehen mit sich brachte.«[171]

Nach dem blutigen Ende der Sommeschlacht, sie hatte mehr als einer Million britischer, französischer und deutscher Soldaten das Leben gekostet, traf Arnold an der Westfront unverhofft auf einen entfernten Bekannten aus Dresdner Tagen, Hildebrand, den Sohn des von ihm außerordentlich verehrten Kunsthistorikers Cornelius Gurlitt, der in der benachbarten Maschinengewehrkompanie Dienst tat und bei seinen Vorgesetzten als »Spinner« galt. »Die Offiziere meiner Kompanie«, notierte Arnold, »waren geistig wenig anregend. Dafür aber war ein Leutnant er-

Wohnhaus in der Neidenburger (heute: Großschönauer) Straße 30, 2015.

schienen … Dieser wenig militärisch aussehende junge Mann war lebhaft und gesprächig. Wir kamen rasch in eine engere Freundschaft.«[172]

Durch Hildebrand Gurlitt erhielt Arnold erstmals Kenntnis von der Existenz der halblegalen expressionistischen Wochenzeitschrift *Die Aktion*, in der »neben den Gefühlsergüssen expressionistischer und wohl recht weltfremder Lyriker, der Krieg ernstlich in Frage gestellt«[173] wurde. Gurlitts Vater Cornelius war es schließlich, der Arnold während des Heimaturlaubs in Dresden die Lektüre eines 1916 erschienenen, in Frankreich und Deutschland verbotenen Buches empfahl, das er aus der Schweiz eingeschmuggelt hatte: »Le Feu« von Henri Barbusse. »So nahm ich ›Das Feuer‹ mit nach Hause und begann sofort, es zu lesen. Vom ersten Wort an packte es mich. Seit Jahren bemühte ich mich ja darum, den Krieg darzustellen, wie er wirklich ist, ohne jede Verniedlichung durch journalistische Phrasen. Hier war alles nackt und schonungslos. Obwohl in der unflätigsten Soldatensprache abgefasst, bereitete mir das Buch doch eine tiefe Genugtuung.«[174]

Barbusse folgend, doch auf vollkommen eigenständige Weise, formte Arnold dann Mitte der zwanziger Jahre aus seinen Fronttagebüchern und Aufzeichnungen einen nahezu kunstlos erscheinenden Roman, in dem aus Sicht des fiktiven Gefreiten und später zum Vizefeldwebel beförderten Ludwig Renn, von unten also, Grenzschlachten und Stellungsscharmützel, Grabenkampf, Offensive und Rückzug und schmähliches Ende meisterhaft geschildert werden.

Ludwig Renn, wie sich Arnold Vieth von Golßenau nun als Schriftsteller nannte, blieb es nicht erspart, vier Jahre lang nach einem Verleger für sein Manuskript zu suchen. Erst nachdem »Krieg« 1928 als Fortsetzungsroman der *Frankfurter Zeitung* in 34 Folgen erschienen war, entschloss sich ein Verlag zur Herausgabe des Werkes, das schließlich innerhalb eines Jahres in 100 000 Exemplaren verkauft werden konnte.

Nach dem Ende des Ersten Weltkrieges wurde Arnold Vieth 1919 in Dresden zum Bataillonsführer der Sicherheitstruppen gewählt. Als Hauptmann der Sicherheitspolizei weigerte er sich 1920 während des Kapp-Putsches in Riesa mit Waffengewalt gegen demonstrierende Arbeiter vorzugehen und quittierte den Dienst. Als Einunddreißigjähriger schrieb er sich an den Universitäten Göttingen und München ein, kehrte aber bereits 1923 nach Dresden zurück. Da seine Hauptmannspension für den Lebensunterhalt kaum ausreichte, begann er als kaufmännischer Angestellter der von Aristokraten gegründeten Fides-Gesellschaft zu arbeiten, die »von andern Adligen, die in Not geraten waren, Wertgegenstände annahm … und gegen Provision verkaufte«.[175] Die dubiose und nicht eben seriöse Gesellschaft geriet sehr bald in Auflösung. Arnold Vieth zog sich zum Schreiben in die Dresdner Umgebung, nach Krippen, Goppeln oder Pappritz zurück, wanderte zu Fuß für ein Jahr durch Südeuropa, die Türkei und Ägypten, trat in die Kommunistische Partei ein, wurde zum proletarisch-revolutionären Schriftsteller. 1933 umwarben ihn die Nationalsozialisten. Sie hatten seinen Kriegsroman reichlich missverstanden und gefeiert, dann sperrten sie ihn, der sich nicht gefügig zeigen wollte, wegen Vorbereitung zum Hochverrat im Zuchthaus Bautzen ein. Nach der Emigration in die Schweiz, der Teilnahme am spanischen Bürgerkrieg und mexikanischem Exil kehrte Ludwig Renn 1947 nach Dresden zurück, lehrte an der Technischen Hochschule und der Kunsthochschule. Ab 1951 lebte er als freier Schriftsteller in Berlin.

Seine Erinnerungen und Romane »Krieg«, »Nachkrieg«, »Adel im Untergang«, »Meine Kindheit und Jugend« und »Anstöße in meinem Leben«, die noch heute verlegt und gelesen werden, sie alle stehen dem Bericht bzw. der Reportage sehr nahe. Vielleicht eben deshalb, weil Renn, im Unterschied zu manch professionellem Schöngeist, sich selbst beschreibend sagen kann: »Von jeher war mir die Mathematik – sehr im Gegensatz zu den meisten meiner Mitschüler – als etwas Elegantes, Leichtes erschienen. Zwar habe ich nicht die Mathematik und ihre Schwestergebiete als Beruf gewählt, aber etwas von ihr ist in meine Literatur eingeflossen, die Exaktheit.«[176]

Ernst Edler von Schuch

1846 Graz – 1914 Niederlößnitz

Dirigent, Generalmusikdirektor

Georgenplatz 6c,
Ostra-Allee 17,
Königstraße 2

Man denkt wohl zuerst an einen großen Feldherrn, wenn in einer Todesanzeige vom »genialen Führer« die Rede ist, der seine Mannen »von Sieg zu Sieg geführt« habe, erst recht, wenn diese Anzeige im Kriegsjahr 1914 erschienen ist. Doch am 14. Mai herrschte noch Frieden und mittags 12 Uhr wurde auf dem Friedhof von Kötzschenbroda kein Militärmarsch geschmettert, die Königlich musikalische Kapelle spielte den Trauermarsch aus Wagners »Götterdämmerung«. »Bei ungünstiger Witterung«, so sah es die Beisetzungsordnung vor, »findet die Feier in der Parentationshalle statt«. Doch wer hätte für ungünstige Witterung sorgen sollen beim Begräbnis eines Mannes, für den sogar die Sächsischen Staatseisenbahnen ihre Abfahrtszeiten von Kötzschenbroda nach Dresden mit den Probezeiten an der Oper abgestimmt hatten und der zu Lebzeiten noch höchstpersönlich der Straße vor seinem Haus seinen Namen gegeben hatte? Am 14. Mai 1914, vier Tage nach seinem Tod, wurde Ernst Edler von Schuch feierlich zu Grabe getragen, ein Mann, der über vier Jahrzehnte das Dresdner Musikleben geprägt hatte.

Die Dresdner Hofoper war eine Bretterbude, als der in Graz geborene Ernst Schuch – das Adelsprädikat »Edler« wurde ihm durch Kaiser Franz Joseph I. erst 1898 verliehen – sein Amt als Musikdirektor am 1. August 1872 antrat. Man hatte den hölzernen Interimsbau an der Großen Packhofstraße errichten müssen, weil das von Gottfried Semper gebaute Opernhaus 1869 bis auf die Grundmauern abgebrannt war. Als die zweite von Semper errichtete Oper dann 1878 eingeweiht wurde, stand Ernst Schuch schon kurz vor der Ernennung zum Ersten Kapellmeister, weitere zehn Jahre später sollte er dann Generalmusikdirektor sein, und damit

»souveräner Alleinherrscher in allen Belangen, die die Musik betrafen«.[177] Die Königliche Hofoper »erlangte unter seiner Führung eine seltene innere und äußere Stabilität, ja Kontinuität ... Zum einen hatte er der Dresdner Königlichen Kapelle ... zu neuer Blüte verholfen, zum anderen verkörperte er den Typ des ›modernen Dirgienten‹«,[178] der die von ihm aufgeführten Stücke individuell gestaltete und interpretierte. »Meinen Werken ist er ein Mitschöpfer geworden«,[179] bekannte z. B. Richard Strauss. Diese Einschätzung kommt nicht von ungefähr, war doch der Aufstieg des Komponisten eng mit dem Namen Schuch und Dresden verbunden. Mit »Feuersnot« (1901), »Salome« (1905), »Elektra« (1909) und »Der Rosenkavalier« (1911) wurden vier Strauss-Opern unter Schuch in der Elbestadt uraufgeführt, fünf weitere sollten in den nächsten Jahren unter anderen Dirigenten folgen. Vor allem die Uraufführung der »Salome« wurde zum Triumph für den Komponisten wie für den Dirigenten. Die enge Künstlerfreundschaft zwischen Schuch und Strauss ist an verschiedenen Stellen ausführlich beschrieben worden,[180] auch ist hier nicht der Raum, das umfangreiche Schaffen Schuchs in Dresden, das heute als die »Ära Schuch« bezeichnet wird, im Detail zu würdigen. Allein über fünfzig Uraufführungen und weit mehr als hundert Erstaufführungen hat Schuch in den zweiundvierzig Jahren seiner Arbeit in Dresden geleitet, darunter italienische Opern von Verdi und Puccini, elf Werke Richard Wagners, aber auch viele zeitgenössische Werke. Sein Arbeitspensum freilich war weitaus größer, es reichte von »Palmsonntagskonzerten zur Unterstützung von Witwen und Waisen der Kapellmusiker ..., Aschermittwochs- und Abonnentenkonzerten«[181] über Hofkirchenmusik bis zu Hofkonzerten.

Konzentrieren wir uns auf seine persönlichen Lebensumstände. 1873, schon kurz nach seinem Amtsantritt in Dresden, wurde Schuch bei einer Reise nach Wien am dortigen Konservatorium auf die junge Sängerin Clementine Prohaska aufmerksam. Noch im gleichen Jahr wurde die 1850 in Wien geborene Koloratursopranistin an die Dresdner Oper verpflichtet und schnell zu einem umjubelten Star, bis sie ihre Karriere als Sängerin 1894 beendete und nur noch gelegentlich als Gast auftrat.[182] Bereits zwei Jahre nach ihrem Debüt wurde die Verlobung der Sängerin mit dem Dirigenten angezeigt und noch im gleichen Jahr 1875 fand die Hochzeit statt. Später sagte Schuch, er habe Clementine mit »dem Taktstock erobert«.[183]

Im Sommer des folgenden Jahres wurde der Sohn Ernst geboren, der später eine militärische Laufbahn einschlagen sollte. Sohn Friedrich, Anfang 1882 auf die Welt gekommen, wurde Jurist und arbeitete in dieser Funktion später an der Dresdner Oper. Ernst Schuch, der die ersten Jahre

Ernst von Schuch, 1912.

am Georgenplatz und in der Ostraallee gewohnt hatte, kaufte in diesem Jahr, inzwischen Sächsischer Hofrat, ein Grundstück mit einem Haus im Weintraubenweg in Niederlößnitz. »Schon kurze Zeit nach dem Erwerb wurde die Straße auf Antrag von Ernst Schuch im Schuchstraße umbenannt.«[184] Zunächst verbrachte die Familie in der später mehrfach unter hohem finanziellem Aufwand umgebauten und (oft gesetzeswidrig) erweiterten Villa (heute: Nr. 15/17) nur die Sommermonate, während man im Winter nun in der Königstraße 2 in Dresden wohnte. Später wurde das Haus zum ständigen Wohnsitz und Treffpunkt für Künstler, die dann auch zu Proben in die Lößnitz kamen. Auch das dritte Kind, die im März 1885 geborene Katharina, wurde wegen der beruflichen Belastung der Eltern in ein Internat gegeben, bereits mit acht Jahren kam sie auf ein Mädchenpensionat in Gmunden, später wurde sie Sängerin, beendete ihre Opernkarriere aber schon früh. Und auch der Sohn Hans (1886–1963) strebte nach dem Willen seiner Eltern eine musikalische Laufbahn an, wurde Cellist in der Hofkapelle und später Lehrer am Dresdner Konservatorium. Elisabeth schließlich, die 1891 geborene jüngste Tochter, war »von Kindheit auf dazu bestimmt, ›unters Theater‹ zu gehen«. Sie stand am 31. Januar 1914 als Violetta in Verdis »La Traviata« erstmals auf der Dresdner Bühne, natürlich dirigierte ihr Vater die Aufführung. Die Eltern waren schrecklich aufgeregt, »ich dagegen war ganz ruhig; ›die Frechheit des Unbewußten‹ nannte es mein Vater. ... Ich glaube aber, daß sich die Leute

Elisabeth Schuch als Violetta in Verdis »La Traviata«, um 1914.

am meisten gefreut haben, als am Schluß Vater und Tochter Hand in Hand erschienen.«[185] Elisabeth Schuch feierte als Koloratursopranistin an der Dresdner Oper große Erfolge, war für einige Jahre die engste Vertraute ihres Vaters, heiratete 1918 den Korvettenkapitän Wilhelm Ganzel und arbeitete nach dem Ende ihrer Karriere von 1935 bis 1967 als Gesangslehrerin am Konservatorium. 1988, zwei Jahre vor ihrem Tod, wurde Elisabeth von Schuch-Ganzel Ehrenbürgerin der Stadt.

Im Haus in der Lößnitz gehörte neben den fünf Kindern noch eine »wilde Hundemeute« zum Haushalt. Wenn Schuch das Haus betrat, wurden ihm »Partitur, Paletot und Handschuhe« abgenommen und »ein riesiger Leonberger stemmte sich gegen die Schulter des geliebten Herrn, viele Buzis und Mollys rieben sich gegen seine Beine«.[186]

An der Oper jagte Vater Schuch derweil weiter von Sieg zu Sieg, häufte Orden und Ehrungen (am Ende seines Lebens würden es um die vierzig sein, Ritter- und Komturkreuze, Ehrenmitgliedschaften und Medaillen) und verkehrte in den höchsten gesellschaftlichen Kreisen, was dann zuweilen wirklich militärisch klang: »Auf allerhöchsten Befehl wird Hofrath Schuch, K. Kapellmeister, zum Ball im Königlichen Schlosse ... eingeladen. Anzug: Uniform«.[187] Um die Jahrhundertwende hatte Schuch den Höhepunkt seines Ruhmes erreicht, dirigierte im Frühjahr 1900 acht Konzerte an der Metropolitan Opera in New York und wurde jenseits des Ozeans gefeiert. Auch mit der Kapelle ging er nun oft auf Tournee. Dabei hatte sich sein Gesundheitszustand verschlechtert und der Unternehmer Karl August Lingner, der dem Meister schon mal beim Begleichen von Spielschulden aushalf, lancierte Gerüchte »über erlahmende Schaffenskraft und künstlerische Stagnation Ernst von Schuchs«.[188] Der Spielplan der Oper indes verrät davon nichts, ganz im Gegenteil, die Dresdner Oper erlangte unter Schuch Weltruhm, zu den Uraufführungen reisten Künstlerkollegen und Publikum aus ganz Europa an. Man machte dem Meister Offerten, München warb um ihn, Wien wollte ihn als Hofoperndirektor, doch Schuch blieb in Dresden, feierte mit der Uraufführung von »Der Rosenkavalier« Anfang 1911 noch einmal einen grandiosen Erfolg und wurde ein Jahr später zum vierzigsten Dienstjubiläum mit einer zweitägigen »Schuch-Feier« geehrt. Unter den Gratulanten befand sich auch der Maler Robert Sterl, der in den zurückliegenden Jahren mehrere Zeichnungen und Gemälde des Dirigenten geschaffen hatte und Schuch »als großen genialen Meister glühend bewunder(t)e und verehr(t)e«.[189]

Im Mai 1913 brachte Schuch in der Frauenkirche Werke Richard Wagners zu Ehren von dessen hundertsten Geburtstag zur Aufführung, ein Jahr später war der »geniale Führer« tot und das Dresdner Musikleben schien eine Zeit lang stillzustehen.

Herbert Wehner

1906 Dresden – 1990 Bonn

Politiker

Spenerstraße 13/1b,
Spenerstraße 5,
Wittenberger Straße 17

»Zuchtmeister, kalter Stratege, Machtmensch … tobender und geifernder Parteitagsredner … Kärrner, Urgestein …«,[190] so lauten die gängigen Titulierungen, wenn die Rede auf Herbert Wehner kommt, der 1930 als Kommunist die politische Bühne des Sächsischen Landtags in Dresden betreten hatte, bevor er sich nach langjährigem illegalem Widerstandskampf gegen Hitler, Moskauer Exil und Gefängnishaft in Schweden ab 1946 zum karrierebewussten, hochrangigen SPD-Funktionär, Bundestagsabgeordneten und Spitzenpolitiker der Bundesrepublik Deutschland entwickelte.

Der Sohn eines Lederfabrikarbeiters, dem im aufstrebenden Maschinenzeitalter das erlernte Schuhmacherhandwerk abhanden gekommen war, und einer Schneiderin, wurde am 11. Juli 1906 im Dresdner Stadtteil Striesen, auf der Spenerstraße 13 geboren. Ab Sommer 1911 lebte die Familie im Westerzgebirgsort Schneeberg. Hier hatte der Vater eine Anstellung als Steppmeister und Werkführer gefunden. Seine ersten Schuljahre absolvierte Herbert an der Übungsschule des Königlichen Lehrerseminars, bis er, nach der Einberufung des Vaters zum Kriegsdienst, mit der Mutter, der es in der kleinen Gebirgsgemeinde nicht gelang, die Familie zu ernähren, und dem jüngeren Bruder Rudi 1915 nach Dresden zurückkehrte, wieder auf die Spenerstraße, die sie (zwar die Häuser und Wohnungen wechselnd) bis 1929 nicht mehr verlassen sollten. Eines der Wehnerschen Quartiere, das Seitengebäude der Spenerstraße Nummer 1, fand anschauliche Erwähnung in dem gleichnamigen autobiografischen Text der Schriftstellerin Anne Dorn, der Enkelin des damaligen Hausbesitzers: »Es war ein großes, zweistöckiges Vorderhaus, auf jeder Etage Platz für mindestens zwei Mietparteien. Dazu ein Hinterhaus mit Kutscherwohnung und Unterkunft für diese und jene Menschen ...«.[191] Zu »diesen und jenen Menschen« zählten die Wehners.

Herbert Wehner, war nach der Rückkehr aus dem Erzgebirge an die 24. Bezirksschule auf der Haydnstraße gewechselt, die er bis 1921 besuchte. Er galt als intelligent, lernwillig und ausgesprochen musikalisch. Der Familienlegende nach verdankte er seine musische Ader dem Kleinzschachwitzer Großvater, der an den Wochenenden mit einer Tanzmusikkapelle über die Dörfer des Dresdner Umlands gezogen war. Mühelos brachte Herbert sich im Selbstunterricht das Spielen »einer Reihe von Streich- und Blasinstrumenten«[192] bei und dilettierte auf dem Klavier. Die Mundharmonika aber, der »Schnauzenhobel«, auf dem er mitunter stundenlang improvisieren konnte, blieb zeitlebens sein Lieblingsinstrument, das ihn wie selbstverständlich auf allen Reisen begleitete.

Seine Begeisterung für die Musik führte ihn, den im Elternhaus und in der Schule streng protestantisch Erzogenen, in die Reihen des Knabenchores der Striesener Erlöserkirche und inspirierte ihn im November 1918, nachdem der deutsche Kaiser Wilhelm II abgedankt hatte, zu seiner ersten »politischen« Aktivität: »An einem Samstag hatten wir im Gemeindehaus das übliche Probesingen, und am Samstag hatte einer das dort hängende Kaiser-Wilhelm-Bild von der Wand genommen und umgedreht; das war ich. Und am nächsten Tag sprach der Pastor, das war ein besonders – wie man sagte – nationaler Mann – zum Unterschied zu den beiden anderen Pastoren – nun davon, was das für eine schlimme Sache sei.«[193]

Als Geburtsstunde des Anarchisten Herbert Wehner mag die Episode dennoch kaum taugen. Hätte er sonst den Entschluss gefasst, nach dem Abgang von der Volksschule eine weiter führende Verwaltungsklasse der Neustädter Realschule zu besuchen, »die abgehenden Volksschülern die Möglichkeit bieten sollte, eine bessere Schulbildung sich anzueignen und sie nebenher auf den künftigen Beruf eines Bureaubeamten vorzubereiten«?[194] Die harsche Beendigung dieser Vorzugsbildungsmaßnahme, die er »als großes Glück« empfunden hatte, traf Wehner, der nach den Schulstunden noch in der Großmarkthalle aushalf und ein paar Groschen als Laufbursche oder Transportarbeiter verdienen musste, mit besonderer Härte: Statt Beamte einzustellen, begann man Stellen abzubauen. Rasch verabschiedete Sperrgesetzte verhinderten Neueinstellung. »Nach dreijähriger erfolgreicher Ausbildung wurde der gesamten Verwaltungsklasse der Neustädter Realschule eine Anstellung im Staatsdienst verweigert.«[195] Dass dieser unverschuldete Rückschlag sein aufkeimendes politisches Denken und Handeln maßgeblich beeinflusst haben dürfte, scheint unstrittig. Gleiches gilt wohl für die Bedingungen, unter denen er nun eine Ausbildung im Kontor der Maschinenfabrik Hille, die vor allem stationäre Großmotoren herstellte, absolvieren musste – »neuneinhalb Stunden täglich arbeiten, ohne Urlaub, für einen Hundelohn von 33 Mark«.[196]

Siebzehnjährig war er Mitglied der Sozialistischen Arbeiterjugend geworden. Nach wenigen Monaten trat er wieder aus und gründete die Anarchistische Tatgemeinschaft Dresden. Sie rekrutierte sich aus einem guten Dutzend radikalisierter Jugendlicher, die 1924 bei Prügeleien im Großen Garten mit Vertretern vaterländischer Verbände – bestehend aus »mit Eichenknüppeln bewaffneten uniformierten Kolonnen« – öffentliches Aufsehen erregte, obwohl sie den Kürzeren zog. »Wir wurden zusammengeschlagen und haben uns aufgerafft und wurden wieder zusammengeschlagen und haben uns wieder aufgerafft.«[197] Rangeleien mit den Ordnungskräften des Staates und die Beschimpfung eines Polizisten als »uniformierten Mörder« brachten Wehner eine Woche Gefängnis ein.

Dass die reichlich unüberlegten Aktionen der mittlerweile auf ein halbes Tausend angewachsenen jungen Gruppe in den Zeitungen der sächsischen Landeshauptstadt kaum Resonanz fanden, ärgerte Wehner außerordentlich, weshalb er beschloss, eine eigene Zeitschrift, die *Revolutionäre Tat* zu gründen, für die er die meisten Beiträge selbst verfasste. Das theoretische Rüstzeug für seine journalistisch-agitatorische Tätigkeit hatte er sich im Selbststudium der Klassiker des Anarchismus Proudhon, Stirner und Bakunin angeeignet. Werke, die z. B. der Anarchist Bellmann, der auf der Großen Meißner Straße, nahe dem »Goldenen Reiter«, eine Buchhandlung unterhielt, seiner Kundschaft anpries. Hans Grundig setzte später in seinen »Erinnerungen eines Malers« diesem exaltierten Kauz ein literarisches Denkmal: »Er hatte einen kleinen Buchladen in der Neustadt, in dem zwar viel diskutiert, aber wenig gekauft wurde. Er war ein ganz kleines, leidenschaftliches Männlein und wollte überall jeden davon überzeugen, dass der Marxismus eine Irrlehre sei.«[198]

Auch der proletarisch-revolutionäre Maler Otto Griebel erinnerte sich an die anarcho-syndikalistische Szene jener Jahre, die sich, außer bei Bellmann, auch in einem Etablissement auf der Friedrichstraße, gegenüber dem Friedrichstädter Krankenhaus und auf der Tieckstraße 3, im Restaurant »Zur Nachtigall« zu treffen pflegte: »Durch kulturpolitische Vorträge, die ich in verschiedenen Vereinigungen hielt, war ich auch mit jungen Anhängern der anarcho-syndikalistischen Richtung in Fühlung gekommen. Sie trugen schwarze Samtanzüge und ebensolche Schlipse und schließlich gelang es mir auch, eine Reihe meiner jungen Zuhörer als Mitglieder für die KPD zu gewinnen. Unter den Zuhörern war einer, der sich damals gern hervortat. Bald sah ich ihn als Berater unserer Agit-

Tieckstraße 3, ehemaliger Treffpunkt der anarcho-syndikalistischen Szene, 2015.

Heutige Ansicht von der Spenerstraße 1.

prop-Truppe ›Rote Raketen‹ mit auf der Bühne stehen, später saß er sogar im Büro unserer Bezirksleitung auf der Columbusstraße und spielte da eine wichtige Rolle. Sein Name lautet Herbert Wehner.«[199]

Zunächst aber profilierte sich Herbert Wehner, der nach Beendigung der Lehre wegen seiner politischen Aktivitäten sofort die Arbeitsstelle verloren hatte, weiterhin in den Reihen der Dresdner »Tat-Gemeinschaft«, die im Sommer 1925 den bekannten anarchistischen Dichter Erich Mühsam, der in Berlin die Zeitschrift *Fanal* herausgab, als prominenten Redner zu einer öffentlichen Veranstaltung in die Elbestadt eingeladen hatte. Mühsam, der sich anschließend für wenige Tage auf der Haydnstraße 55 bei Wehners Großmutter einquartierte, bot dem arbeitslosen Gesinnungsgefährten an, als Privatsekretär bei ihm in Berlin tätig zu werden. Wehner nutzte das Angebot sofort. Die Zusammenarbeit zweier ausgeprägter starker Charaktere mit durchaus differierenden politischen Ansichten erwies sich im alltäglichen Umgang miteinander allerdings sehr rasch als problematisch. Nach wenigen Monaten in Berlin kehrte Wehner ernüchtert nach Dresden zurück. Privat allerdings hatte das Berliner Intermezzo für den knapp Zwanzigjährigen zunächst erfreuliche Folgen. Im Umfeld Erich Mühsams lernte er die junge Schauspielerin Lotte Loebinger kennen, mit der er wenige Monate später, am 18. Juni 1927, auf dem Standesamt Dresden-Striesen eine Ehe einging, die auf dem Papier zwar bis 1952 bestand, in der Realität aber bereits nach wenigen Wochen an der Untreue seiner jungen Gattin, die gerade ihre Theaterkarriere in Breslau und Berlin begonnen hatte, scheiterte.

Die »Entzauberung« seines Vorbildes Erich Mühsam, das organisatorische Desaster der jungen Dresdner Anarchistengruppe und die intensivere Beschäftigung mit den Theorien des Marxismus-Leninismus beförderten letztlich Wehners Hinwendung zur Kommunistischen Partei Deutschlands, deren Mitglied er im Sommer 1927 wurde. Den vorläufigen Höhepunkt seiner politischen Karriere erreichte er im Juni 1930 als Mitglied des Sächsischen Landtages, dem er ein Jahr lang angehörte und als stellvertretender Vorsitzender der kommunistischen Fraktion, für die er neunmal engagiert an das Rednerpult des hohen Hauses trat und siebenundzwanzig Ordnungsrufe für beleidigende Zwischenrufe oder andere Störungen kassierte. Im Bundestag der BRD brachte er es später mit achtundfünfzig erhaltenen Ordnungsrufen zum einsamen Rekordhalter.

Auf Betreiben höherer sächsischer KP-Funktionäre musste der als unorthodox geltende junge Abgeordnete im Juni 1930 sein Landtagsmandat niederlegen und wurde vom ZK seiner Partei zur Berliner Zentrale beordert. Wehner beugte sich der Parteidisziplin. Später bemerkte er dazu: »Als ich nach Berlin kam, war ich nicht mehr ein gewählter Mann. In meinem Heimatland wurde ich immer gewählt, auch in den Parteifunktionen. Die Leute haben mir ihre Stimme gegeben oder eben nicht gegeben. Ich war das, wozu ich gewählt wurde. Aber dort war ich dann ein Angestellter und habe den Weg gehen müssen bis zum bitteren Ende.«[200]

Friedrich Wolf

1888 Neuwied – 1953 Lehnitz

Schriftsteller, Arzt

Löbtauer Straße 31–35,
Fröbelstraße 1,
Friedrich-August-Straße 21 (in Langebrück, später: Ernst-Thälmann-Straße, heute: Jakob-Weinheimer-Straße),
Strehlener Platz 1

Als das Königliche Hoftheater der Residenzstadt Dresden im November 1918 seine revolutionäre Umwandlung in ein Sächsisches Staatstheater mit kollektiver Leitung, der neben dem Intendanten »außerdem drei Schauspieler, der Dramaturg Karl Wollff und ein Vertreter der Bühnenarbeiter angehören«,[201] überstanden hatte, als konträr und mit Schaum vor dem Mund diskutierte Aufführungen von Carl Sternheim und Richard Dehmel in der Inszenierung eines »Dahergereisten«, des Wiener Regisseurs Berthold Viertel (über dessen Einstellung die Zeitungen der Stadt nur recht spärlich informiert worden waren), den Spielplan und das Publikum zu erobern begannen, und als der literarische Expressionismus die betuliche Stadt wie ein Wirbelgewitter überfiel, da schlug die Stunde der jungen deutschen, in den Jahren des Weltkrieges desillusionierten Bühnendichter. Sie schlug nicht, wie zu erwarten gewesen wäre, in der hektisch pulsierenden Hauptstadt Berlin, sondern in trauter Nähe zum barocken Zwinger und der Katholischen Hofkirche in der Altstadt Dresdens. Dorthin zogen mit einem Mal die Theaterenthusiasten und namhaften Kritiker der großen Blätter, zu den Aufsehen erregenden Premieren-Stücken der ekstatischen Dramatiker Georg Kaiser, Walter Hasenclever, August Stramm und den mysteriösen Werken eines gewissen Friedrich Wolf, den kaum einer kannte und der gar kein richtiger Dichter war, sondern Arzt. Der aufstrebende Mediziner aber, geboren als Sohn eines jüdischen Geschäftsmannes in Neuwied am Rhein, verstand sich selbstbewusst als »Mann des Jahres 1918«[202] – jedenfalls notierte er es so auf der Rückseite seines fotografischen Porträts, dass er am 7. November 1918 ins nahe Langebrück schickte, wo seine Frau Kaethe mit der kleinen Tochter

Susanne seit 1916 »am dunklen Rand der Dresdner Heide« zurückgezogen lebte. Friedrich Wolf und Kaethe Gumbold, die in Dresden-Hellerau Studien zur Innenarchitektur betrieben und eine Ausbildung bei der Rhythmik-Pädagogin Else Gnindler genossen hatte, waren sich in Berlin bei einer Dichterlesung begegnet und seit 1910 ein Paar.

In den Jahren 1912/13 hatte Wolf als junger Arzt im Ländlichen Krankenhaus Meißen sowie an der Heil- und Pflegeanstalt in Dresden-Löbtau erfolgreich ein Praktikum abgeleistet. Sein Mentor, der bekannte Psychiater Sigbert Ganser urteilte abschließend über »Fritz Wolf aus Neuwied am Rhein, evangelisch: Ich kann den jungen Collegen nur aufs wärmste empfehlen; er ist außerordentlich rege, wissenschaftlich interessiert, von schneller Auffassung, sehr gewandt in der schriftlichen Darlegung seiner Beobachtungen, dabei spontan eifrig und gewissenhaft und durchaus angenehm im persönlichen Verkehr …«[203] Der Beurteilte selbst fügte dem Schreiben korrigierend hinzu: »Das Wort ›evangelisch‹ in diesem Zeugnis beruht auf einem Irrtum, ich bin Dissident.«[204] Was tatsächlich, wenngleich noch nicht allzu lange, der Wahrheit entsprach, denn im Mai 1913 hatte ihm das Königliche Amtsgericht Dresden, seinen »Austritt aus der israelitischen Religionsgemeinschaft und den Eintrag im hiesigen Dissidentenregister unter Nr. 160 des Jahrganges 1913«[205] bestätigt.

Nach kurzer militärischer Ausbildung zum Offiziersstellvertreter im 1. Sächsischen Pionier-Bataillon Nr. 12, verließ er Dresden und heuerte beim Norddeutschen Lloyd als Schiffsarzt an. Auf dem Dampfer »Willehad« gelangte er bis nach Kanada, in die USA und an die Südküste Grönlands. Dann, am 1. August 1914, holte ihn der Krieg ein. Wenige Monate darauf wurden Käthe und der Truppenarzt Wolf während des Heimaturlaubs auf einer Massenveranstaltung in Koblenz »notgetraut«. Die gemeinsame Tochter Johanna wurde 1915 in Berlin geboren.

Anfangs ein »wilder Hurrakrieger« wie so viele Intellektuelle seiner Generation, wird er gar zum patriotischen Dichter: »Es blitzt vom Saum der Hügel und der Berge, / vom Feindeshort, – / Komm, deutsches Eisen, / sag dem welschen Zwerge / Ein klares Wort.«[206]

Spätestens 1917 aber folgte die endgültige Ernüchterung und die Wandlung zum radikalen Pazifisten. Bei Langemarck wird er zum zweiten Mal verschüttet. Sein Freund, der Architekt Bender fällt in greifbarer Nähe. Die Konflikte mit Vorgesetzten häufen sich. Als er den Krieg lauthals als »Verbrechen« deklariert, wird, um jeden Skandal zu vermeiden, der Truppenarzt und Offizier vorsorglich als »nervlich zerrüttet« ins Hinterland verbracht und nach Genesungsaufenthalten im Osterzgebirge, Dresden, Langebrück und Arnsdorf als Lazarettarzt eingesetzt.

»Ich tue Dienst, vierzehn, sechzehn Stunden den Tag, bis zur Bewußtlosigkeit. Ich werde Vertrauensmann des Sanitätspersonals, der Kranken; im Handumdrehen bin ich in der Bewegung. Schweres Leben in Langebrück …«[207] Und in Dresden. Als Mitglied des Arbeiter- und Soldatenrates und zeitweiliger Linienkommandant des Hauptbahnhofes koordinierte Wolf die Versorgung und Behandlung der in Lazarettzügen ankommenden Verwundeten und Kranken. »In dieser Situation ließ ich in der Nähe des Hauptbahnhofes einige Hotels evakuieren und eiligst zu Hilfslazaretten herrichten. Hier gab es fließendes Wasser und heizbare Zimmer. Wir waren dort fünf Ärzte für die gesamte sanitäre Versorgung. Wir wussten wochenlang nicht, was Tag und Nacht war.«[208] Zwei Jahre später verklagten ihn deshalb Dresdner Hoteliers auf eine »Schadensersatzsumme von 80000 Mark wegen eigenmächtiger Beschlagnahme der Hotels, … dem Verdienstverlust der Hotelbesitzer und für Abnutzung des Mobiliars«,[209] die Wolf allerdings nicht zahlen musste, da er Anfang der 1920er-Jahre als Siedler und Landarbeiter »völlig mittellos« in der Künstlerkolonie Worpswede lebte.

Noch während der Kriegsjahre hatte Wolf mit der Arbeit an der dem toten Freund Paul Bender gewidmeten Erzählung »Sprung in den Tod« und dem dramatischen Versuch »Mohamed« begonnen. Aber erst mit dem zweiten, im Januar 1919 vollendeten Stück »Das bist Du« gelang ihm, auch nach eigenem Verständnis, Gültiges.

Der Maler Conrad Felixmüller erinnerte sich an sein erstes Zusammentreffen mit dem Autor: »Es war in Dresden, als wir uns kennen lernten. 1918 – Anfang 1919 – trafen sich die Mitglieder des Arbeiter- und Soldatenrates nach ihren Sitzungen mit Schriftstellern und Künstlern im ›Italienischen Dörfchen‹. Friedrich Wolf war ein schmaler, langbeiniger Mensch. Knapp saß an ihm die feldgraue Uniform und um seine dünnen Beine die Wickelgamaschen. Ohne Abzeichen sah man ihm weder den Oberarzt noch den Vertreter des Lazarettwesens, noch einen Dichter an. … das Sächsische Staatstheater hatte ihm sein neues Bühnenstück zurückgegeben mit der Bemerkung, die vom Dichter angegebene Inszenierung ließe sich nicht aufführen. Also kam Wolf zu mir ins Atelier und las ›Das bist Du‹. Er las begeistert …«[210] Am 9. Oktober des gleichen Jahres wurde das Drama, blendend in Szene gesetzt von Berthold Viertel, mit dem expressiven Bühnenbild des Malers und Grafikers Conrad Felixmüller, einem mittlerweile engen Freund Wolfs, im Großen Haus auf der Ostra-Allee uraufgeführt. Das machte mit einem Schlag den bis dahin in der literarischen Szene völlig Unbekannten, der nur auf spärliche Abdrucke seiner Texte in Zeitschriften verweisen konnte, zum hoffnungsvollen und anerkannten Dramatiker der Nachkriegszeit.

Friedrich Wolf mit Tochter Johanna im Garten des Langebrücker Hauses, 1919.

Im Juni 1919 wurde im Langebrücker »Zauberhaus«, so nannte die Familie ihr Mietquartier, Wolfs erster Sohn Lukas Friedemann geboren. »Er machte seinem Namen gleich Ehre«, vermerkte der glückliche Vater, »da er mit Sonnenaufgang zur Welt kam«.[211] In den sich dem Geburtstag des Sohnes anschließenden Sommerwochen entstand als letztes literarisch bemerkenswertes Werk seiner zu Ende gehenden Dresdner Zeit, das Drama »Der Unbedingte«. Zwar erschien dessen Druckfassung im Verlag von Rudolf Kaemmerer, die sächsischen Bühnen aber zeigten kein Interesse.

Nachdem die Lazarette in Arnsdorf, Langebrück und Dresden aufgelöst worden waren, sah sich Friedrich Wolf gezwungen, ein neues Betätigungsfeld und neue Verdienstmöglichkeiten zu suchen. 1920 trat er seinen Dienst als Stadtarzt von Remscheid an.

Kurz vor der Abreise aus Dresden hatten sich Käthe und Friedrich Wolf in Hugo Erfurths renommiertem Photoatelier – allerdings getrennt – ablichten lassen. Ein Jahr später wurde die Ehe geschieden. 1922 heiratete Wolf die Kindergärtnerin Else Deibholz. Aus dieser Ehe stammen die Söhne Markus (1923) und Konrad (1925).

Nach Dresden kehrte der inzwischen mit Stücken wie »Cyankali«, »Die Matrosen von Cattaro« und vor allem »Professor Mamlock« international bekannt gewordene Bühnendichter erst 1952 für wenige Monate zurück, nachdem seine Bitte um Abberufung von seinem Posten als Botschafter der DDR in Polen erfüllt worden war, den hatte er nur widerwillig und nur der Parteidisziplin folgend übernommen.

Als freier Schriftsteller recherchierte er im Transformatoren- und Röntgenwerk Dresden-Übigau für einen Betriebsroman mit dem Arbeitstitel »Trafo«, von dem nur wenige Kapitel entstanden. In Dresden lebte er mit der jungen Tanzpädagogin Ingeborg Schaaf, einer Mitarbeiterin Gret Paluccas, zusammen. 1953 wurde hier sein Sohn Thomas geboren.

Die mit ihrer für den modernen Ausdruckstanz bekannten Bildungseinrichtung kulturpolitisch in Bedrängnis geratene Gret Palucca – ihre angesehene Tanzschule sollte in das staatliche Bildungssystem »eingetaktet« werden und sich am Vorbild der klassischen sowjetischen Balletttradition orientieren – fand in Friedrich Wolf als engagiertem Mitglied der Sektion Darstellende Kunst der Berliner Akademie der Künste einen vehementen Verteidiger. Auch seinen Bemühungen hat es die Stadt Dresden letztendlich zu verdanken, dass die international renommierte Tanzlehrerin nicht in die Hauptstadt oder gar in den Westen wechselte.

Vorwort

1 Vgl. Johann Nestroy: Kometenlied, in: Der böse Geist Lumpacivagabundus, Ditzingen (o. J.)
2 Vgl. Günter Jäckel (Hrsg.): Dresden zwischen Wiener Kongress und Maiaufstand, Berlin 1990, S. 8
3 Norbert Weiß/Jens Wonneberger: »Lieber Dresden im Regen als Wien bei Sonne«, Berlin 2006, S. 31 f.
4 Frank Junghänel: Im Tal der Könige; in: Berliner Zeitung vom 29. September 2000
5 Karlheinz Kregelin: Vorwort, in: Dresden. Das Namenbuch der Straße und Plätze, Halle/Saale 1993, S. 12

Die Hygienebewegung

6 Friedrich Eduard Bilz: Der Zukunftsstaat. Staatseinrichtung im Jahre 2000, Leipzig 1904
7 Carl Ludwig Schleich in: Das Leben 1/1905, S. 66
8 Angaben zur Biografie Lingners in: Ulf-Norbert Funke: Karl August Lingner, Dresden 1996
9 Henriette Väth-Hinz in: Die Lebensreform, Darmstadt 2001, Bd. 2, S. 511
10 Ebenda
11 Das Deutsche Hygiene-Museum Dresden 1911–1990, Dresden 2003,S. 29
12 Ebenda, S. 16
13 Bereits 1913 war der Verein für das National-Hygiene-Museum aus dem »Verein zur Veranstaltung der Internationalen Hygiene-Ausstellung 1911« hervorgegangen.
14 Hygiene-Museum, wie Anm. 11, S. 77
15 Dr. Willy Blanck: Das Deutsche Hygiene-Museum; in: Dresdner Kalender 1921, S. 89
16 Hygiene-Museum, wie Anm. 11, S. 100
17 Ebenda, S. 113
18 Ebenda, S. 132

Die Maler von der Berliner Straße

19 Meike Hoffmann: Leben und Schaffen der Künstlergruppe »Brücke« 1905 bis 1913, Berlin 2005, S. 24
20 Ebenda, S. 25
21 Magdalena M. Moeller (Hrsg.): Dokumente der Künstlergruppe Brücke, München 2007, S. 34
22 Lucius Grisebach (Hrsg.): Brücke. Aufbruch der Moderne in Dresden und Berlin, München 1991, S.10
23 Ulrike Lorenz/Norbert Wolf: Brücke – Die deutschen »Wilden« und die Geburt des Expressionismus, Köln 2008, S. 6
24 Moeller, wie Anm. 21, S.40
25 Grisebach, wie Anm. 22, S. 26
26 Ebenda, S. 24
27 Anne Seidel: Offen für die Moderne? Dresdener Kunstblätter. 45. Jg., Nr. 5, Staatliche Kunstsammlungen Dresden 2001, S. 165
28 Annegret Nippa: Ernst Ludwig Kirchner im Völkerkundemuseum Dresden; in: Jahrbuch der Staatlichen Kunstsammlungen Dresden, Berichte, Beiträge 2005/Band 32, S.32
29 Ebenda, S. 32
30 Ebenda, S. 36
31 Katja Lindenau: Blick 1 Schloss Moritzburg, in: Kulturlandschaft Moritzburg GmbH, Brücke Verein Moritzburg e.V. (Hrsg.): Brücke Weg. Auf den Spuren der Künstlergruppe BRÜCKE in Moritzburg. Spuren der Brücke-Künstler, S. 1
32 Ebenda, S. 10
33 Ebenda, S. 8
34 Vgl. Ebenda
35 Ebenda, S. 10
36 Laura Mang/Regina Klein: Die Modelle der »Brücke« und ihre Bedeutung; in: Magdalena M. Moeller: Fränzi und Marcella, Heidelberg 2014, S. 11

37 Katja Lindenau: Fränzis Familiengeschichte, in: Moeller, Fränzi und Marcella; in: ebenda, S. 19
38 Hans Kinkel: Gespräch mit Heckel; in: Das Kunstwerk, Jg. 12, Heft 3, 1958
39 Vgl. Manfred Wille: Dresdner Gastlichkeit – von den Anfängen bis zur Gegenwart, Dresden 2008, S. 65

Moderner Tanz

40 Ausdruckstanz. Eine mitteleuropäische Bewegung der ersten Hälfte des 20. Jahrhunderts, hrsg. von G. Oberzaucher-Schüller, Wilhelmshaven 1992, S. IX
41 Ebenda
42 Vgl. Ebenda, S. 71ff.
43 Dresden und die moderne Sportbewegung; in: Dresdner Kalender 1913, S. 79
44 Hellerau leuchtete. Zeitzeugenberichte und Erinnerungen, Dresden 2007, S. 264ff.
45 Dresdner Kalender 1919, S. 137
46 Dresdner Kalender 1926, S. 36
47 Sprache des Körpers. Tanz in Dresden; in: Dresdner Hefte Nr. 95, Dresden 2008, S. 33
48 Vgl. Gabriele Fritsch-Vivié: Mary Wigman, Reinbeck 1999
49 Elisabeth Wiegmann (1894–1981), vgl: ebenda, S. 64
50 Heide Lazarus in: Geschichte der Stadt Dresden, Stuttgart 2006, Bd. 3, S. 380f.
51 Susanne Beyer: Palucca. Die Biografie, Berlin 2014, S. 49
52 Ebenda, S. 37
53 Ebenda, S. 77
54 Die Ehe wurde 1930 geschieden.
55 Ralf Stabel in: Sprache des Körpers. Tanz in Dresden, Dresdner Hefte Nr. 95, Dresden 2008, S. 37
56 Die Monografie erschien 1935 im Dresdner Verlag Carl Reissner, der 1928 auch den Band »Tanzende Füße – Der Weg meines Lebens« der Tänzerin Anna Pawlowa und einen Foto-Text-Band von Rudolf v. Delius über Mary Wigman veröffentlicht hatte.
57 Stabel, wie Anm. 55, S. 38
58 Zit. nach: Lazarus, wie Anm. 50, S. 382
59 Beyer, wie Anm. 51, S. 190
60 Dresdner Hefte Nr. 95, wie Anm. 47, S. 46
61 Ebenda, S. 40
62 Ebenda, S. 33

Hellerau oder Von der Besetzung des nördlichen Randes

63 Siehe: Dresden.stadtwiki.de/wiki/Am_Grünen_Zipfel, S. 1
64 Norbert Weiß/Jens Wonneberger: Am Grünen Zipfel und Auf dem Sand, Dresden 2013, S.7
65 Siehe: wikipedia.org./wiki/Hellerau, S. 1
66 Ehrhardt Heinold/Günther Großer (Hrsg.): Hellerau leuchtete, Dresden 2007, S. 229 f.
67 Weiß/Wonneberger, wie Anm. 64, S. 7
68 Ebenda, S. 8
69 Hans-Jürgen Sarfert: Hellerau als »sehr lebhafte südländische Kolonie«; in: R. Lindner/H.P. Lühr: Gartenstadt Hellerau, Dresden 2008, S. 106
70 Weiß/Wonneberger, wie Anm. 64, S. 7
71 Sarfert, wie Anm. 69, S. 106
72 Heinold/Großer, wie Anm. 66, S. 281
73 Ebenda, S. 146
74 Weiß/Wonneberger, wie Anm. 64, S. 185
75 Ebenda, S. 186
76 Tami Oelfken: Noch ist es Zeit. Briefe nach Bremen, Dülmen-Hiddingsel 1988, S. 19
77 Ebenda, S. 85
78 A. S. Neill: Neill, Neill, Birnenstiel. Erinnerungen, Reinbek 1973
79 Konrad Josef Strauß: Erinnerungen an meinen Vater Emil Strauß, Kirchheim unter Teck 1990
80 Heinold/Großer, wie Anm. 66, S. 81
81 Ebenda, S. 65
82 Ebenda, S. 100
83 Ebenda

Vom Einzelstück zur Großproduktion – die Kameraindustrie

84 Eine detaillierte Zusammenstellung der Entwicklung der Dresdner Fotoindustrie und der Produkte unter www.dresdner-kameras.de
85 Erich Haenel/Eugen Kalkschmidt: Das alte Dresden, München 1925, S. 296
86 Ralf Forster in: Sächsische Biografie, online-Ausgabe: www.isgv.de/saebi/
87 Ralf Forster in: Vom »Kino« und seinen Nachfolgern. Dresden als Zentrum der Filmtechnik, Dresdner Hefte Nr. 82, Dresden 2005, S. 4f.
88 Die Lichtgöttin war von 1903 bis 1917 Schutzmarke, danach wurden die Buchstaben E und W, dann ein stilisiertes Malteserkreuz verwendet. Vgl. Forster, wie Anm. 87
89 Zit. nach ebenda, S. 5
90 Der Name Pentacon setzt sich aus dem griechischen Pentagon (Fünfeck) und dem Namen der Kamera Contax zusammen.

Das Flugwesen – es entwickelte sich

91 Ulrich Rosseaux: Freiräume. Unterhaltung, Vergnügen und Erholung in Dresden 1694–1830, Köln 2007, S. 305f.
92 Luftfahrt im Raum Dresden. Ein historischer Abriß, Leipzig und Dresden (1996), S.7 f.
93 Ebenda, S.8
94 Ebenda
95 Siegfried Reinhardt: Als Fliegen noch ein Wagnis war, Dresden und Leipzig 2012, S. 146
96 Ebenda, S. 148
97 Ebenda, S. 152
98 Luftfahrt im Raum Dresden, wie Anm. 92, S. 11f.
99 Ebenda, S. 29
100 Siehe: wikipedia.org/w/index.php?title=Boxdorf_(Moritzburg)&0ldid=134921423, S. 1 (http://de.wikipedia.org/wiki/Boxdorf_%28Moritzburg%29)
101 Flughafen Dresden, Dresden 2000, S.10
102 Ebenda, S. 16
103 Ebenda, S. 21
104 Reinhardt, wie Anm. 95, S. 366 f.
105 Siehe: http://de.wikipedia.org/wiki/Heller_(Dresden), S. 4
106 www.das-neue-dresden.de/Flughafen-Klotzsche-1935, S. 3
107 Flughafen Dresden, wie Anm. 101, S. 89 f.
108 de.wikipedia.org/w/index.php?title=Brunolf_Baade&oldid=139630956, S.1
109 Ebenda, S. 4
110 Luftfahrt im Raum Dresden, wie Anm. 92, S. 56
111 Ebenda, S. 56
112 Dresdner Neueste Nachrichten vom 24. April 2006, S. 9

ab Seite 57

1 Jörg Riedel: Manfred von Ardenne; in: Harry Balkow-Gölitzer u.a.: Prominente in Berlin-Lichterfelde und ihre Geschichten, Berlin 2008, S. 91
2 Manfred von Ardenne: Ein glückliches Leben für Technik und Forschung, Berlin 1972, S. 211
3 Ebenda, S. 213
4 Ebenda, S. 223
5 Ebenda, S. 223 f.
6 Gerhard Barkleit: Manfred von Ardenne, Berlin 2006, S. 165
7 Ardenne, wie Anm. 2, S. 225
8 Ebenda, S. 226
9 Norbert Weiß: Der Weiß Hirsch in Dresden, Berlin 2010, S. 63
10 Ebenda, S. 64
11 Barkleit, wie Anm. 6, S..269
12 Friedrich Dieckmann: Die unbegriffene Elbhangkugel; in: Dresdner Hefte 86, Dresden – Stadt der Wissenschaften, Dresden 2006, S. 33
13 Ardenne, wie Anm. 2, S. 237 f.
14 Barkleid, wie Anm. 6, S. 133
15 Karl-Siegbert Rehberg: Klub der roten Lichter; in: Die Zeit, Nr. 30, vom 20.11.2011
16 Barkleit, wie Anm. 6, S. 238 f.
17 Zit. nach de.wikipedia.org/wiki/Heinrich_Barkhausen#Schwachstromtechnik_um_1910

18 Innovation hat Tradition. Exzellente Wissenschaft in der Geschichte der TU Dresden, Dresden 2011, S. 146
19 Victor Klemperer: Leben sammeln, nicht fragen wozu und warum. Tagebücher 1918–1924, Berlin 1996, S. 298
20 Ebenda, S. 383
21 Ebenda, S. 307
22 Klaus Mauersberger: Große Köpfe Dresdner Ingenieurswissenschaften; in: Dresdner Hefte, Nr. 86, Dresden 2006, S. 23f.
23 Innovation, wie Anm. 18, S. 149
24 Mauersberger, wie Anm. 22
25 Innovation, wie Anm. 18, S. 149
26 Mauersberger, wie Anm. 22
27 Victor Klemperer: Ich will Zeugnis ablegen bis zum letzten. Tagebücher 1933–1941, Berlin 1995, S. 577
28 Alfred Günther: Dresden im Expressionismus; in: Paul Raabe: Expressionismus, Olten und Freiburg 1964, S. 246
29 Fritz Löffler: Vision einer Stadt, Dresden 1995, S. 70
30 Heike Biedermann: »Mit Ihnen einmal im Orient zu sein, müßte ein Traum sein«; in: Dresdner Hefte, Nr. 116, Dresden 2013, S. 42ff.
31 Paul Fechter: Menschen und Zeiten, Gütersloh 1950, S. 290
32 Thomas Rietzschel: Theodor Däubler, Leipzig 1988, S. 127
33 Die Ehe hielt bis 1930.
34 Fechter, wie Anm. 31, S. 310
35 Kokoschka und Dresden, Leipzig 1996, S. 223
36 Löffler, wie Anm. 29, S. 72
37 Zitiert nach Biedermann, wie Anm. 30, S. 42
38 Heike Biedermann: Aufbruch zur Moderne; in: Dresdner Hefte, Nr. 49, Dresden 1997, S. 35
39 Victor Klemperer im Tagebuch am 4.10.1921, wie Anm. 27
40 James Knowlson: Samuel Beckett. Eine Biographie, Frankfurt a.M. 2001, S. 325
41 Geschichte der Familie Bienert; in: Dresdner Hefte, Nr. 116, Dresden 2013, S. 55ff.
42 Ebenda, S. 72
43 Fritz Busch: Aus dem Leben eines Musikers, Berlin 1978, S. 219f.
44 Wolfgang Hädecke: Dresden. Die Geschichte von Glanz, Katastrophe und Aufbruch, München 2006, S. 244
45 Dresdner Kalender 1921, S. 47
46 Busch, wie Anm. 43, S 171
47 Ebenda, S. 160f.
48 Dresdner Kalender 1925, S. 59
49 Busch, wie Anm. 43, S. 161
50 Matthias Herrmann in: Die Dresdner Oper im 20. Jahrhundert, Laaber 2005, S. 63
51 Ebenda
52 Brief an Max Hartmann, zitiert nach: Herrmann, wie Anm. 50, S. 65
53 Hädecke, wie Anm. 44, S. 246
54 Die Dresdner Philharmonie, Leipzig 1985, S. 43
55 Grete Busch: Fritz Busch, Frankfurt a.M. 1985, S. 63
56 Ebenda, S. 62
57 Vgl. Herrmann, wie Anm. 50., S. 78ff.
58 Fritz Busch, wie Anm. 43, S. 224
59 Otto Griebel: Ich war ein Mann der Straße, Halle/Leipzig 1986, S. 37
60 Ebenda, S. 37
61 Klaus Hammer: Otto Dix. Der Schonungslose; in: Der Tagesspiegel vom 11. März 2001
62 Griebel, wie Anm. 59, S. 50
63 Ebenda, S. 57 f.
64 Carolin Beutel: Otto Dix zur Einführung; in: Die Berliner Literaturkritik vom 22. Juni 2009
65 Katja Lindenau: Otto Dix »Der Krieg« im Albertinum, in: SAX, 5/1914
66 Griebel, wie Anm. 59, S. 350
67 Ebenda
68 Olaf Peters: Otto Dix. Der unerschrockene Blick, Stuttgart 2013, S. 245
69 Ebenda, S. 345
70 Ebenda, S. 225
71 Fritz Löffler: Vision einer Stadt, Dresden 1995, S. 179
72 Vgl.: Günter Göbel: Hans Erlwein, der Dresdner Stadtbaurat, Dresden 1996, S. 29
73 Ebenda, S. 41

74 Helmut Trauzettel in: ebenda, S. 7
75 Löffler, wie Anm. 71, S. 179
76 Göbel, wie Anm. 72, S. 74
77 Ebenda, S 53ff.
78 Ebenda, S. 68
79 Ebenda, S. 98ff.
80 Architekturführer Dresden, Berlin 1997, S. 57
81 Ebenda, S. 30
82 Göbel, wie Anm. 72, S. 73
83 Vgl. Herbert Beyer: Hofmann vor – noch ein Tor!, Berlin 1958, S. 84
84 Ebenda, S. 85
85 Des Volkes König; in: 11 Freunde. Magazin für Fußballkultur, www.11freunde.de/artikel/richard-hofmann-im-portraet
86 Ebenda
87 Vgl. de.wikipedia.org/wiki/Richard_Hofmann_(Fußballspieler)
88 Erich Kästner: Als ich ein kleiner Junge war, Berlin 1978, S. 41
89 Ebenda, S. 42f.
90 Ebenda, S. 59
91 Erich Kästner: Zur Entstehungsgeschichte des Lehrers; in: Der tägliche Kram, München 1989, S. 15
92 Erich Kästner: Die Gedichte, Berlin (o. J.), S.82
93 Klaus Kordon: Die Zeit ist kaputt. Die Lebensgeschichte Erich Kästners, Weinheim/Basel 1998, S. 42
94 H. P. Lühr, M. Streubel, J. Laabs: Die knisternde Idylle – zur Situation der Literatur in Dresden in den sechziger Jahren; in: Dresdner Hefte 31, 1992, S. 46
95 Ebenda
96 Reiner Pommerin in: Die Professoren der TU Dresden 1828–2003, Weimar 2003, S. 457
97 Die Originaltagebücher, teils maschinen-, teils handschriftliche Blätter mit einem Umfang von etwa 5 000 Seiten werden in der Sächsischen Landes- und Universitätsbibliothek aufbewahrt. Auszüge waren schon zuvor in der Dresdner Tageszeitung Die Union erschienen.
98 Vgl. Klappentext von Victor Klemperer: LTI, Leipzig 1982
99 Victor Klemperer: Leben sammeln, nicht fragen wozu und warum. Tagebücher 1918–1924, Berlin 1996, Bd. I, S. 280
100 Später trat Klemperer wegen der unsolidarischen Haltung der Kirche gegenüber den Juden aus der Kirche aus.
101 Victor Klemperer: Ich will Zeugnis ablegen bis zum letzten. Tagebücher 1933–1941, Berlin 1995, Bd. I, S. 20
102 Ebenda, S. 23
103 Ebenda, S. 46
104 Ebenda, S. 213
105 Ebenda, S. 379
106 Ebenda, S. 516
107 Ebenda, S. 527
108 Ebenda, Bd. II, S. 108
109 Ebenda, S. 658
110 Ebenda, S. 829f
111 Pommerin, wie Anm. 96, S. 458
112 Victor Klemperer: So sitze ich denn zwischen allen Stühlen, Berlin 1999
113 Zit. nach Norbert Weiß: Der Weiße Hirsch, Berlin 2010, S. 58
114 Dresdner Volkszeitung (28/1917, 126) vom 4. Juni 1917, S. 8
115 Diether Schmidt: Dresdner Rot; in: Kokoschka und Dresden, Leipzig 1996, S. 30
116 Ebenda, S. 31
117 Otto Griebel: Ich war ein Mann der Straße, Halle/Leipzig 1986, S. 96
118 Friedrich Karl Gotsch: Kokoschka als Lehrer; in: J.P. Hodin: Bekenntnis zu Kokoschka, Berlin und Mainz 1963, S. 95
119 J. P. Hodin: Die Brühlsche Terrasse, Hamburg 1969, S. 59
120 Ebenda, S. 60
121 http://de.wikipedia.org./w/index.php?title=Der_Kunstlump&oldid=131065753
122 www.alma-mahler.at/deutsch/almas_life/puppet.html
123 Ebenda
124 Schmidt, wie Anm. 115, S. 34
125 Ebenda, S. 31
126 Kokoschka in Dresden, Leipzig 1996, S. 22

127 Jens Andersen: Hans Christian Andersen. Eine Biographie, Frankfurt/a.M. und Leipzig 2005, S. 176
128 Ebenda, S. 540
129 F. J. Billeskov Jansen: Leben und Werk von Karl Gjellerup; in: Nobelpreis für Literatur 1915–1997. Zürich (o. J.), S. 26
130 Ossip Kalenter: Was Klotzsche ist; in: Das Tagebuch, Heft 6/1925
131 Norbert Weiß: Holzschuhtanz auf dem Parnaß; in: N. Weiß/J.Wonneberger: Dresdner Dichterhäuser, Berlin 2010, S. 68
132 Aldo Keel: Der trotzige Däne. Martin Andersen Nexö. Eine Biographie, Berlin 2004, S. 58
133 Ebenda, S. 294f.
134 Ebenda, S. 184
135 Zit. nach Weiß, wie Anm. 131, S. 68
136 Börsenblatt des deutschen Buchhandels vom 9. Oktober 1933
137 Helmut Müller-Muck: Er lebte bei uns; in: Der Bibliothekar, 13/1959, S. 499
138 Max Zimmering: Der gekreuzigte Grischa, Rudolstadt 1969, S. 129
139 Ebenda

140 Klaus Völker: Er wusste, was er an Dresden hatte. Der Schauspieler Erich Ponto; in: 100 Jahre Schauspielhaus, Theater der Zeit, 2012, S. 137
141 Ebenda, S. 139
142 Dresdner Kalender 1921 und 1925
143 Hansjörg Schneider in: Geschichte der Stadt Dresden, Band 3, Darmstadt 2006, S. 400
144 Hansjörg Schneider: Erich Ponto. Ein Schauspielerleben, Berlin 2002, S. 132
145 Völker, wie Anm. 140, S. 141
146 Schneider, wie Anm. 144, S. 163
147 Ebenda, S. 145
148 100 Jahre Schauspielhaus, wie Anm. 140 , S. 57
149 Schneider, wie Anm. 144., S. 116
150 Unveröffentlichte Briefe von Maria Reiche aus dem Archiv Dietrich Schulze, zit. nach: Una Giesecke, Jayne-Ann Igel: Von Maria bis Mary, Dresden 1998, S. 64
151 Vgl. Dietrich Schulze, Viola Zetzsche: Bilderbuch der Wüste, Halle 2005, S. 25ff.
152 Giesecke/Igel, wie Anm. 150, S. 60
153 Ebenda
154 Schulze/Zetzsche, wie Anm. 151, S. 30
155 Ebenda, S. 26
156 Britta van Gehlen, in: Frauen in der Wissenschaft – Frauen an der TU Dresden, Leipzig 2010, S. 119
157 Zit. nach: ebenda, S. 120
158 Schulze/Zetzsche, wie Anm. 151, S. 32
159 Ebenda
160 Ebenda, S. 33
161 Ebenda, S. 61
162 Ludwig Renn: Meine Kindheit und Jugend, Berlin und Weimar 1957, S. 221
163 Ebenda, S. 5
164 Stadtlexikon Dresden A–Z, Dresden 1995, S. 329
165 Matthias Stresow: Ludwig Renn in Dresden, Dresden 2004, S. 15
166 Ludwig Renn: Anstöße in meinem Leben, Berlin und Weimar 1980, S. 20
167 Renn, wie Anm. 162, S. 77
168 Ebenda, S. 308
169 Renn, wie Anm. 166, S. 44
170 Ebenda, S. 51
17 Ebenda, S. 301
172 Ebenda, S. 307
173 Ebenda, S. 308
174 Ebenda, S. 346
175 Ebenda, S. 449
176 Willy Pritsche: Dresden, Dresden 1959, S. 8
177 Hans John in: Geschichte der Stadt Dresden, Stuttgart 2006, S. 126
178 Matthias Herrmann in: Die Schuchs. Eine Künstlerfamilie in Dresden, Dresden 2014, S. 99f.
179 Hella Barting: Ernst von Schuch und die Dresdner Hofoper; in: Heinemann/John: Die Dresdner Hofoper

im 19. Jahrhundert, Laaber 1995, S. 374
180 Siehe z. B.: Richard Strauss in Dresden und die Ära Schuch, Dresdner Hefte Nr. 118, Dresden 2014
181 Die Schuchs, wie Anm. 178, S. 17
182 Clementine von Schuch starb 1932. Ihre gleichnamige Enkelin (1921–2014), die Tochter von Hans, wirkte 1945 bis 1947 als Sängerin an der Dresdner Oper.
183 Ebenda, S. 23
184 Ebenda, S. 37
185 Elisabeth von Schuch in: Der Zwinger, Heft 3, März 1918, S. 110
186 Friedrich Schuch: Richard Strauss, Ernst von Schuch und Dresdens Oper, Leipzig 1953, S. 120
187 Die Schuchs, wie Anm. 178, S. 37
188 Ebenda, S. 66
189 Zit. nach: ebenda, S. 74
190 Franz Walter: Zuchtmeister und Stratege der Macht; in: SpiegelOnline. 29. Juni 2006.
191 Anne Dorn: Spener Straße 1; in: Signum. Blätter für Literatur und Kritik, 3. Jg., Heft 2, Sommer 2002.
192 Christoph Meyer: Herbert Wehner. Biographie, München 2006, S. 13
193 Ebenda, S. 19
194 Ebenda, S. 26
195 Ebenda, S. 31
196 Ebenda, S. 32
197 Ebenda, S. 34
198 Hans Grundig: Zwischen Karneval und Aschermittwoch, Berlin 1962, S. 126.
199 Otto Griebel: Ich war ein Mann der Straße, Halle/Leipzig 1986, S. 285.
200 Meyer, wie Anm. 192, S. 48f
201 Signum-Sonderheft, 7, 6. Jg. Sommer 2005, S. 105
202 Lew Hohmann: Friedrich Wolf. Bilder einer deutschen Biographie, Berlin 1988, S. 81
203 Ebenda, S. 57
204 Ebenda
205 Ebenda, S. 58
206 Emmy Wolf/Brigitte Struzyk. Auf wie viel Pferden ich geritten … Der junge Friedrich Wolf. Eine Dokumentation, Berlin und Weimar 1988, S. 104
207 Ebenda, S. 190
208 Henning Müller: Wer war Wolf?, Köln 1988, S. 67
209 Ebenda, S. 67
210 Zit. nach Hohmann, wie Anm. 202, S. 90
211 Wolf/Struzyk, wie Anm. 206, S. 225

Grabstelle der Familie Eschebach auf dem Tolkewitzer Johannisfriedhof.

Gräber berühmter Persönlichkeiten in Dresden

(nach Ortsteilen)

Albertstadt:

Nordfriedhof, Kannenhenkelweg 1, 01099 Dresden

Ehemaliger Militärfriedhof. Die feierliche Einweihung erfolgte 1901.

Name		*Grabstelle*
Olbricht, Friedrich (1888 - 1945)	Offizier	G
Oster, Hans (1871 - 1945)	General	G

Briesnitz:

Äußerer *Briesnitzer Friedhof,* Merbitzer Straße 21, 01157 Dresden

Die erste Beisetzung erfolgte im Jahre 1886.

Name		*Grabstelle*
Fehrmann, Lina Franziska (1900 – 1950)	Modell	B II/Kenotaph

Bühlau:

Bühlauer Friedhof, Quohrener Straße 18, 01324 Dresden

Seit 1898 bestehend, erhielt die Grabstätte 1938 die vom ortsansässigen Architekten Menzel entworfene Kapelle. Früher Lindenfriedhof genannt.

Name		*Grabstelle*
Melkus, Heinz (1928 – 2005)	Autorennfahrer	I1

Dölzschen:

Friedhof Dölzschen, Friedhofsweg 1, 01187 Dresden

Angelegt zwischen 1922 und 1923. Die vom Architekten Reinhardt entworfene und vom Baumeister Max Seiffert ausgeführte Feierhalle wurde 1928 eingeweiht.

Name		*Grabstelle*
Klemperer, Victor (1881 – 1960)	Romanist	B

Friedrichstadt:

Neuer Katholischer Friedhof, Bremer Straße 20, 01067 Dresden

Im Jahre 1875 angelegt. Parentationshalle, Wärterwohnung und Verwaltungsgebäude entstanden im gleichen Jahr nach Plänen des Architekten Carl Adolph Canzler.

Name		*Grabstelle*
Seebach, Nicolaus von (1854 – 1930)	Theaterintendant	A (Mauer)
Two Two, Edward (1851 – 1914)	Zirkusakteur	F

Hosterwitz:

Neuer Hosterwitzer Friedhof, Dresdner Straße 20, 01326 Dresden, unterhalb des Keppschlosses.

Die Anlage stammt aus dem Jahre 1867.

Name		*Grabstelle*
Blaschka, Rudolf (1857 – 1939)	Glaskünstler	rückseitige Mauer

Johannstadt:

Neuer Jüdischer Friedhof, Fiedlerstraße 3, 01307 Dresden

Neben dem Trinitatisfriedhof gelegener, 1867 begründeter zweiter jüdischer Friedhof in Dresden. Die Totenhalle diente nach der Zerstörung der »Semper-Synagoge« 1938 ab 1950 für sechs Jahrzehnte als Interims-Synagoge der jüdischen Gemeinde.

Name		*Grabstelle*
Aris, Helmut (1908 – 1987)	Textilkaufmann	NTL W/36
Arnhold, Georg (1859 – 1930)	Bankier	NTL W/16.2
Conradi, Heinz (1876 – 1843)	Bakteriologe	ATR 19/11
Eschwege, Helmut (1913 – 1992)	Historiker	NTL 33/25
Klemperer, Gustav von (1852 – 1926)	Bankier	NTR W/09.2

Trinitatisfriedhof, Fiedlerstraße 1, 01307 Dresden

Ursprünglich als Seuchenfriedhof angelegt. 1815 fand die erste Bestattung »wahrscheinlich noch auf freiem Feld« statt. Die vom Ratsbaumeister Christian Gottlieb Spieß entworfene Eingangsanlage inspirierte Caspar David Friedrich zu seinem Gemälde »Friedhofseingang« (1825).

Name		*Grabstelle*
Berndt, Georg (1880 – 1972)	Hochschullehrer	3.0.24.38/39
Bouché, Friedrich (1850 – 1933)	Gartenarchitekt	1.E.14.07/08
Fiedler, Carl Ludwig Alfred (1835 – 1921)	Arzt	3.K.15.19/20/21
Findeisen, Kurt Arnold (1883 – 1963)	Schriftsteller	I.C.04.40/41
Gay, Fritz (1907 – 1969)	Puppenspieler	3.J.15.18
Gebrüder Jehmlich	Orgelbauer	I.C.07.41/42
Kettner, Gerhard (1928 – 1993)	Maler	1.F.01.18/19
Malten, Therese (1855 – 1930)	Sängerin	3.0.08.05/06/07
Pfund, Paul (1849 – 1923)	Unternehmer	III M 21.01/02/03/04
Recknagel, Alfred (1910 – 1994)	Physiker	1.F.05.08/09
Scholz, Albrecht (1940 – 2013)	Arzt	3.J.16.23/24

Klotzsche:

Alter Friedhof Klotzsche, Am Hellerrand 2a, 01109 Dresden, Heller-Rand

1883 angelegt und 1886 eröffnet. Die 1901 errichtete Kapelle wurde von Woldemar Kandler entworfen.

Name		*Grabstelle*
Gjellerup, Karl (1857 – 1919)	Schriftsteller	D1/19
Schmidt, Karl (1873 – 1948)	Sozialreformer	D1/13

Neuer Friedhof Klotzsche, Am Friedhof 6, 01109 Dresden
1932 am Trobischberg eröffnet. Der Entwurf der Anlage stammt vom Gartenarchitekten Wilhelm Röhnick. Im Fliegergrab, westlich Weg 19, haben die Verunglückten beim Testflug des Verkehrsflugzeugs 152 am 4. März 1959 ihre Ruhestätte:

Name		*Grabstelle*
Lehmann, Willi (1918 – 1959)	Pilot	
Bemme, Kurt (1915 – 1959)	Pilot	
Heering, Paul (1910 – 1959)	Flugingenieur	
Eismann, Georg (1919 – 1959)	Bordingenieur	

Leipziger Vorstadt:

Innerer Neustädter Friedhof, Friedensstraße 2, 01097 Dresden
Gehört zu Dresdens ältesten Begräbnisstätten. Die erste Beisetzung datiert auf 1732. Zahlreiche barocke Grabanlagen.

Name		*Grabstelle*
Diez, Robert (1844 – 1922)	Bildhauer	P (Mauer)

Sankt-Pauli-Friedhof, Hechtstraße 78, 01127 Dresden
Erste Beisetzungen im Jahre 1862. Die Grabanlage »Zum Gedenken an die Opfer von Krieg und Gewaltherrschaft« wurde 1999 eingeweiht.

Name		*Grabstelle*
Ball, Sabine (1925 – 2009)	Mäzenin	I (II)
Jehmlich, Otto (1903 – 1980)	Orgelbauer	F (II)
Jehmlich, Emil (1854 – 1940)	Orgelbauer	I
Jehmlich, Bruno (1856 – 1940)	Orgelbauer	I

Leubnitz:

Friedhof Leubnitz-Neuostra, Wilhelm-Franke-Straße, 01219 Dresden
Einer der ältesten sächsischen Friedhöfe, dessen Geschichte mehr als 800 Jahre zurückreicht.

Name		*Grabstelle*
Kretzschmar, Bernhard (1889 – 1972)	Maler	L1
Melkus, Ulli (1950 – 1990)	Autorennfahrer	K
Willers, Friedrich Adolf (1883 – 1959)	Mathematiker	M

Löbtau:

Neuer Annenfriedhof, Kesselsdorfer Straße 29, 01159 Dresden
Die von Max Bertram als Parkanlage entworfene Begräbnisstätte galt bei ihrer Weihung im Jahre 1875 als größter Dresdner Friedhof. Beeindruckende monumentale Eingangsanlage im Stil der Neorenaissance (Entwurf von Robert Wimmer).

Name		*Grabstelle*
Büttner, Paul (1870 – 1943)	Komponist	15
Reichelt, Hermann (1879 – 1914)	Flugpionier	26b

Loschwitz:

Loschwitzer Friedhof, Pillnitzer Landstraße 80, 01326 Dresden
Seit Beginn des 19. Jahrhunderts am jetzigen Standort gegenüber dem Künstlerhaus. Bemerkenswerte Anzahl oft wundervoll verzierter Grabstätten berühmter Dresdner Künstler.

Name		*Grabstelle*
Beyer, Kurt (1881 – 1952)	Hochschullehrer	Erb. Nn M-11
Bongartz, Heinz (1894 – 1978)	Dirigent	NTB 10-10
Conert, Herbert (1886 – 1946)	Stadtbaudirektor	NTB 08-01
Engert, Rolf (1889 – 1962)	Wirtschaftsreformer	G10-04
Geipel, Paul (1869 – 1965)	Arzt	H02-04
Glöckner, Hermann (1889 – 1987)	Maler	NTA 04-11/12
Griebel, Otto (1895 – 1972)	Maler	D01/02-9
Hassebrauk, Ernst (1905 – 1974)	Maler	Erb. AöM-10
Hegenbarth, Joseph (1884 – 1964)	Grafiker	Erb. AwM-12
Hörig, Günter (1927 – 2009)	Musiker/Komponist	Erb. NöM-10
Jüchser, Hans (1894 – 1977)	Maler	NTA 03-16/17/18
Kotzsch, August (1836 – 1910)	Fotograf	Q04-01
Lachnit, Max (1900 – 1972)	Bildhauer	D01/02-07
Lachnit, Wilhelm (1899 – 1962)	Maler	D01/02-07
Pietzsch, Martin (1866 – 1962)	Architekt	C09-04/05/06
Press, Friedrich (1904 – 1990)	Bildhauer	Erb. AwM-19
Raschke, Martin (1905 – 1943)	Schriftsteller	NTA-2-3/4
Reinhardt, Gottfried (1935 – 2013)	Puppenspieler	E01-04
Richter, Hans Theo (1902 – 1969)	Maler	H01-04
Schmidt, Werner (1930 – 2010)	Kunstwissenschaftler	H02-02
Schmiedel, Gottfried (1920 – 1987)	Musikkritiker	G09-20
Schneider, Sascha (1870 – 1927)	Maler	NTA 01-13/14
Trefftz, Erich (1888 – 1937)	Mathematiker	P02-03
Weidner, Eugen (1861 – 1926)	Arzt	G14/37

Wolff, Willy (1905 – 1985)	Maler	D01/02-05
Zwintscher, Oskar (1870 – 1916)	Maler	Erb. NöM-09

Neustadt:
Mausoleum am Lingnerschloss, Bautzner Landstraße 132, 01099 Dresden
Die Reliefplatten am von Hans Poelzig errichteten Mausoleum stammen von Georg Kolbe.
1921 wurde hier der Unternehmer Karl August Lingner beigesetzt.

Nördlicher Stadtrand:
Heidefriedhof, Moritzburger Landstraße 299, 01129 Dresden
Friedhofsgebäude und Anlagen wurden nach Entwürfen des Architekten Pohl und des Stadtgartendirektors Heinrich Balke ausgeführt. Erste Urnenbeisetzung im Jahre 1936.

Name		*Grabstelle*
Baier, Lüder (1920 – 2011)	Holzgestalter	UR 30 Q
Bergander, Rudolf (1909 – 1970)	Maler	E8
Buchwitz, Otto (1879 – 1964)	Politiker	Ehrenhain Stadt
Fetscher, Rainer (1895 – 1945)	Arzt	E1
Friedrichs, Rudolf (1892 – 1947)	Politiker	Ehrenhain Stadt
Fritzsch, Walter (1929 – 1997)	Fußballtrainer	UGA-I
Grundig, Hans (1902 – 1958)	Maler	U22
Grundig, Lea (1906 – 1977)	Malerin	U22
Hoffmann, Eugen (1892 – 1955)	Bildhauer	E1
Höhne, Erich (1912 – 1999)	Fotograf	UGA-II
Lazar, Auguste (1887 – 1970)	Schriftstellerin	Ehrenhain-VdN
Peter, Richard (1885 – 1977)	Fotograf	U10
Schiemann, Rudi (1901 – 1970)	Schauspieler	E8
Schulze, Fritz (1903 -1942)	Maler	Ehrenhain-VdN/ Kenotaph
Schulze-Knabe, Eva (1907 – 1976)	Malerin	Ehrenhain-VdN
Thilmann, Johann Paul (1906 – 1973)	Komponist	U4
Ullrich, Wolfgang (1923 – 1973)	Zoodirektor	E5
Weidauer, Walter (1899 – 1986)	Oberbürgermeister	Ehrenhain Stadt
Weidling, Otto Franz (1924 – 1985)	Conférencier	E1
Zimmering, Max (1907 – 1973)	Dichter	Ehrenhain-VdN
Zuchardt, Karl (1887 – 1968)	Schriftsteller	U4

Plauen:

Äußerer *Plauenscher Friedhof*, Bernhardstraße 141, 01187 Dresden
1882 angelegter Begräbnisplatz. Kreuz und Altar der Feierhalle stammen von Friedrich Press.

Name		*Grabstelle*
Görges, Johannes (1859 –1946)	Elektrotechniker	L
Heidebroek, Enno (1876 – 1955)	Maschinenbauer	Q
Löffler, Fritz (1899 – 1988)	Kunsthistoriker	V II/A I

Innerer Plauenscher Friedhof, Reckestraße 6, 01187 Dresden
Das Gelände wurde bereits im 13. Jahrhundert angelegt. Erweiterungen datieren auf die Jahre 1674 und 1848. Die Einfriedung der Fläche erfolgte 1903. Gruft der Familie des Mühlenbesitzers Bienert. Plastiken von Robert Henze. Ein Teil des Grabentwurfs stammt von Walter Gropius.

Name		*Grabstelle*
Bienert, Erwin (1859 – 1930)	Mühlenbesitzer	An der Mauer/ Schleiermacherstraße
Bienert, Friedrich (1891 – 1969)	Mühlenbesitzer	An der Mauer/ Schleiermacherstraße

Südvorstadt:

Alter Annenfriedhof, Chemnitzer Straße 32, 01187 Dresden
Ab 1847 in der Nähe des Hahnebergs angelegt und ein Jahr später geweiht. Im Volksmund »Professorenfriedhof« genannt.

Name		*Grabstelle*
Dülfer, Martin (1859 – 1942)	Architekt	TU-Gedenkplatz
Neugebauer, Alfred (1914 – 2006)	Feuerwehrmann	UadM/2
Ulrich, Pauline (1835 – 1916)	Schauspielerin	L/Gruft 82

Tolkewitz:

Johannisfriedhof, Wehlener Straße 13, 01279 Dresden
Bei seiner Einweihung im Jahre 1881 war er der größte Friedhof der Stadt. Die monumentale Kapelle schuf Paul Wallot. 2011 wurde die Anlage als »schönster Friedhof Deutschlands« ausgezeichnet.

Name		*Grabstelle*
Beutler, Gustav Otto (1853 – 1926)	Bürgermeister	3J
Blüher, Bernhard (1864 – 1938)	Politiker	4F
Dorsch, Ferdinand (1875 – 1938)	Maler	3D
Drude, Oscar (1852 – 1933)	Botaniker	4J

Ermisch, Hubert Georg (1883 – 1951)	Architekt	4H
Eschebach, Carl (1842 – 1905)	Unternehmer	2H
Gurlitt, Cornelius (1850 – 1938)	Kunsthistoriker	3F
Hempel, Walter (1851 – 1916)	Chemiker	4H
Ilgen, Hermann (1856 – 1940)	Apotheker	3J
Jasmatzi, Georg (1846 – 1922)	Zigarettenfabrikant	4E
Knobloch, Heinz (1926 – 2003)	Feuilletonist	1B
Lichtenheldt, Willibald (1901 – 1980)	Maschinenbauingenieur	3J
Luther, Robert (1868 – 1945)	Chemiker	5K
Mohr, Otto (1835 – 1918)	Bauingenieur	2F
Pembaur, Karl Maria (1876 – 1939)	Komponist	4J
Rudolph, Wilhelm (1889 – 1982)	Grafiker/Maler	1C
Schilling, Rudolf (1859 – 1933)	Architekt	3A
Seidlitz, Woldemar von (1850 – 1922)	Kunsthistoriker	3A
Toepler, August (1836 – 1912)	Physiker	4E (Mauer)
Toepler, Maximilian (1870 – 1960)	Physiker	4E (Mauer)
Treu, Georg (1843 – 1921)	Archäologe	2A
Wiecke, Paul (1862 – 1944)	Schauspieler	2F

Urnenhain Tolkewitz, Wehlener Straße 15, 01279 Dresden
Das von Fritz Schumacher entworfene Krematorium (Bauleitung Hans Erlwein, Fassadengestaltung Georg Wrba) wurde 1911 fertig gestellt. Im gleichen Jahr fand die erste Einäscherung statt.

Name		*Grabstelle*
Barkhausen, Heinrich (1881 – 1956)	Wissenschaftler	Neuer Park R
Bruck, Robert David (1863 – 1942)	Arzt	östl. Teil G
Dehler, Wolfgang (1936 – 2001)	Schauspieler	Neuer Park B
Ehlers, Fritz (1935 – 1984)	Kabarettist	Neuer Park K
Foerster, Fritz (1866 – 1931)	Chemiker	E
Frommhold, Eberhard (1928 – 2007)	Kunstwissenschaftler	Urnengemeinschaftsanlage
Gussmann, Otto (1869 – 1926)	Maler	D
Hülfert, Richard (1853 – 1919)	Caféhausbesitzer	A2
Katz, Willy (1878 – 1947)	Arzt	Neuer Park F
Köpcke, Claus (1831 – 1911)	Bauingenieur	D
Kuehl, Gotthard (1850 – 1915)	Maler	D
Kühl, Heinrich (1886 – 1965)	Kunsthändler	D
Liebmann, Kurt (1897 – 1981)	Kunsthistoriker	K
Meyer, Lotte (1909 – 1991)	Schauspielerin	Mittelteil G
Mollier, Richard (1863 – 1935)	Maschinenbauingenieur	Neuer Park R
Ponto, Erich (1884 – 1957)	Schauspieler	Neuer Park T

Salbach, Clara (1861 – 1944)	Schauspielerin	D
Schmitz, Oscar (1861 – 1933)	Unternehmer	C
Seyffert, Oskar (1862 – 1940)	Volkskundler	K
Stosch-Sarrasani, Hans (1873 – 1934)	Zirkusdirektor	Neuer Park U
Woermann, Hans (1844 – 1933)	Kunsthistoriker	Neuer Park Q

Weißer Hirsch:

Waldfriedhof Weiß Hirsch, Am Heiderand 8-10, 01324 Dresden, Heiderand
Die feierliche Einweihung fand 1898 statt. 1933 Zusammenlegung mit dem Oberloschwitzer Friedhof.

Name		*Grabstelle*
Appen, Karl von (1900 – 1981)	Bühnenbildner	SG-05-017
Ardenne, Manfred von (1907 – 1997)	Erfinder	SERB-28
Dietrich, Antonia (1900 – 1975)	Schauspielerin	SF-07-010
Flämig, Martin (1913 – 1998)	Kreuzkantor	NERB-118
Herden, Peter (1918 – 2013)	Schauspieler	SC-04-004
Lahmann, Heinrich (1860 – 1905)	Arzt	Mausoleum
Nadler, Hans (1910 – 2005)	Denkmalpfleger	SERB-43E
Noble, John H. (1923 – 2007)	Unternehmer	NERB-OA.104
Rostowski, Otto (1872 – 1962)	Arzt	SC-04-018
Streubel, Manfred (1932 – 1992)	Dichter	SD-05-002
Teuscher, Heinrich (1864 – 1927)	Arzt	NERB-129
Wehding, Hans-Hendrik (1915 – 1975)	Komponist	SERB-030

Zschachwitz:

Stephanusfriedhof, Neue Straße, 01259 Dresden
1893 eröffnete parkartige Begräbnisstätte.

Name		*Grabstelle*
Jäckel, Günter (1926 – 2011)	Publizist	B1, Reihe 12

Die Grabstellen der Familie Seebach und des Sioux-Häuptlings Edward Two Two auf dem Neuen Katholischen Friedhof, Friedrichstadt.

Grabstelle im Urnenhain Tolkewitz.

Adler, Paul 1878 – 1946

Dichter

Tännichtweg 6, Heideweg 6

Aus dem jüdischen Viertel der Prager Altstadt war Paul Adler, Anwalt, Dichter und Erzähler, 1912 einem Ruf des mit ihm befreundeten Verlegers Jakob Hegner folgend, über Wien und Berlin nach Hellerau im Norden Dresdens gelangt. Bald zählte der »unverständliche Prophet« zu den bekannten und geachteten Autoren der Gartenstadt. Als streitbarer Pazifist soll er dem Hellerauer Gemeindediener bei Ausbruch des Ersten Weltkrieges verkündet haben: »Hören Sie, Bergmann, so lange ihr schießt, zahle ich keine Steuern!«, weshalb ihn das k. u. k.-Konsulat in Dresden als für den Kriegsdienst »aus geistig-nervösen Gründen nicht tauglich« erklärte. 1933 prügelte die SA den »Juden Adler« aus seinem Wohnhaus. Wenige Tage später gelang ihm und seiner Familie die Flucht nach Prag.

Albiker, Karl 1878 – 1961

Bildhauer, Lithograf

Schubertstraße 18, Marschallallee 2 (heute: Händelallee 2)

Der Rodin-Schüler wirkte von 1919 bis 1945 als Professor an der Dresdner Akademie der Bildenden Künste und an der Kunstgewerbeschule. In seinem Atelier, Fürstenstraße 80, schuf er vorwiegend Plastiken für den öffentlichen Raum, so die Bronzestatue der Göttin »Hygieia« für das Deutsche Hygiene-Museum, die segnende Christusfigur aus Sandstein über dem Portal der Heilandskirche im Stadtteil Cotta aber auch Arbeiten in Ton, Medaillen, Medaillons und Lithografien.

Alt, Hermann 1889 – 1954

Hochschullehrer

Klotzsche, Georgstraße12 (heute: Max-Hünig-Straße)

Alt war Inhaber der ersten Professur für Getriebelehre in Deutschland, die 1923 an der TH Dresden eingerichtet wurde. Der in Dresden Geborene hatte das Annengymnasium besucht und an der TH Maschinenbau studiert. Im Ersten Weltkrieg arbeitete er in einer Dresdner Artilleriefabrik. Eine große Anzahl von Veröffentlichungen und die nach ihm benannte »Altsche Totlagenkonstruktion« des Gelenkvierecks, eine Methode zur theoretisch fundierten Konstruktion von Getrieben, brachten ihm internationale Anerkennung. Schon 1932 wurde Alt Mitglied der NSDAP und SA-Scharführer und versuchte seine Arbeit für die Rüstungsindustrie nutzbar zu machen.

Althus, Alfred 1888 – 1943

Radiohändler

Große Meißner Straße 9, Torgauer Straße 25

Althus, der im Stadtteil Pieschen geboren wurde, lernte Fräser. Er organisierte sich früh in der SPD und gehörte zu den Initiatoren des Arbeiter-Radio-Bundes Deutschlands, dessen erster Vorsitzender er wurde. Sein Rundfunkgeschäft entwickelte sich nach 1933 zum Treffpunkt des illegalen Widerstandes gegen die Nationalsozialisten. Mehrfach von der Gestapo inhaftiert und misshandelt, unterstützte er dennoch die Aktivitäten polnischer Zwangsarbeiter in Dresden, die er mit Funktechnik und Informationen versorgte. Im Frühjahr 1943 wiederum verhaftet, verurteilte ihn Freislers Volksgerichtshof zum Tode. Er wurde am 7. September in Berlin-Plötzensee hingerichtet.

Ambros, Emerich 1896 – 1933

Klempner

Rabenauer Straße 7

Der in Budapest geborene Sozialdemokrat, Sohn eines jüdischen Rechtsanwalts, war im Reichsbahnausbesserungswerk Dresden-Friedrichstadt beschäftigt. Hier engagierte er sich im Betriebsrat und in der Gewerkschaft. 1933 wurde er verhaftet, im Schutzhaftlager auf der Burg Hohnstein (Sächsische Schweiz) arretiert und am 10. September 1933 von Wachleuten erschlagen. Wenige Tage darauf nahm sich seine Frau mit den beiden Kindern das Leben.

Andritzki, Alois 1914 – 1943

Geistlicher

Schloßstraße 32

Der 2011 selig gesprochene sorbische katholische Priester aus Radibor, begann am 1. Oktober 1939 den »Dienst an seiner ersten und einzigen Kaplansstelle, der Propsteikirche St. Trinitatis in Dresden«, an der er im Januar 1941 mit Jugendlichen das »Oberuferer Weihnachtsspiel« aufführte. Nachdem er bei der unangemeldeten Personenkontrolle zum Ende der Veranstaltung in eine harsche verbale Auseinandersetzung mit Gestapobeamten geriet, war der Vorwand dafür gefunden, ihn wegen staatsfeindlicher Aussagen zu verhaften. Andritzki, der von den ihm anvertrauten Kapellknaben als »großer Bruder« angesehen wurde, »als einer mit dem man Pferde stehlen konnte und für den sie durchs Feuer gegangen wären«, wurde wegen »staatsfeindlicher Äußerungen nach Paragraph 2 Abs. 2 des Heimtückegesetzes« (so der zuständige Oberstaatsanwalt beim Landgericht Dresden) am 15. Juli 1941 zu sechs Monaten Gefängnishaft verurteilt und nach der Strafverbüßung in das KZ Dachau verbracht. Hier wurde der im Januar 1943 schwer an Hungertypus Erkrankte von einem Pfleger totgespritzt.

Appen, Karl von 1900 – 1981

Bühnenbildner

Martiniweg 3, Bautzner Landstraße 46, Kamelienstraße 1

Ausgebildet als Chemigraf und Theatermaler kam Karl von Appen 1929 nach Dresden, lebte hier als Maler und Grafiker und gehörte der Assoziation revolutionärer Künstler an. Er erhielt 1933 Berufsverbot und arbeitete bis zu seiner Verhaftung 1941 als illegaler Kurier der Kommunistischen Partei zwischen Dresden und Prag. Unter Erich Ponto war er nach dem Kriegsende als Ausstattungsleiter der Dresdner Theater tätig. Später wirkte er als Generalintendant der Sächsischen Staatstheater und begründete die Bühnenbildklasse an der Dresdner Kunsthochschule.

Ardenne, Manfred von 1907 – 1997

Naturwissenschaftler, Erfinder

Zeppelinstraße 7

Manfred Baron von Ardenne erhielt schon mit sechzehn sein erstes Patent für ein »Verfahren zur Erzielung einer Tonselektion, insbesondere für die Zwecke der drahtlosen Telegraphie«. Bis zum Ende seines Lebens sollten etwa 600 Erfindungen und Patente auf den Gebieten Funk- und Fernsehtechnik, Elektronenmikroskopie, Nuklear-, Plasma- und Medizintechnik folgen, so brachten seine Entwicklungen u.a. das Fernsehen und die Radartechnik entscheidend voran. Das Rasterelektronenmikroskop und die erste Fernsehübertragung gehen auf sein Konto. Bis 1945 leitete Ardenne das von ihm gegründete Forschungslabor für Elektronenphysik in Berlin und arbeitete nach dem Krieg bis 1954 an der Entwicklung der sowjetischen Atom- und Wasserstoffbombe mit. Nach seiner Rückkehr aus der Sowjetunion baute er auf dem Weißen Hirsch sein eigenes Forschungsinstitut auf, das größte private Forschungsinstitut im Ostblock, wo er sich in den 1960er-Jahren verstärkt medizinischen Forschungen zuwandte und unter anderem die Sauerstoff-Mehrschritt-Therapie zur Behandlung von Krebs entwickelte. Der über 35 Jahre als Volkskammerabgeordneter fungierende vielseitige Wissenschaftler, vom Volksmund »roter Baron« und »Bastler vom Weißen Hirsch« genannt, ist Ehrenbürger der Stadt.

Arnhold, Georg 1859 – 1926

Bankier, Stifter

Gerhart-Hauptmann-Straße 2, Tiergartenstraße 2

Wenige Monate nach dem der Geheimrat Georg Arnhold im Sommer 1926 der Stadt Dresden das nach ihm benannte und zu großen Teilen finanzierte Freibad im Zentrum der Stadt als Ehrengast in einem Festakt präsentiert hatte, verstarb der Mitinhaber des 1864 gegründeten Bankhauses Gebrüder Arnhold, einer der größten Privatbanken Deutschlands, die 1935 »arisiert« und von der Dresdner

Bank übernommen wurde. Der Sohn eines jüdischen Arztes gilt noch heute als einer der wichtigsten Mäzene der Dresdner Kunst und der Wissenschaft und darüber hinaus als beispielhaft sozial engagiert in zahlreichen Vereinen und Stiftungen. Zu den Gästen der Arnholdschen Villa gehörten Persönlichkeiten wie der Architekt Walter Gropius, der Physiker Albert Einstein und der russische Maler Wassily Kandinsky.

Arnhold, Heinrich 1885 – 1935

Bankier

Tiergartenstraße 2

Nicht einmal zehn Jahre nach dem Tod seines Vaters Georg Arnhold, erlag der Bankier, Sammler und Mäzen Heinrich Arnhold einem Schlaganfall. Nach der Machtergreifung durch die Nationalsozialisten hegte der durchaus konservativ eingestellte Banker, leidenschaftliche Esperantist, Freund und Förderer von Kunst und Wissenschaft zunächst die Illusion, sich gegen die einsetzende Verfolgung der jüdischen Bevölkerung »juristisch und durch Eingaben wehren zu können«. Der »Arisierung« seines Vermögens und der Zerstörung des Lebenswerkes der Familie stand er schließlich machtlos gegenüber. Seine Angehörigen konnten sich durch die Flucht in die Schweiz und Portugal schließlich in die Vereinigten Staaten retten. Auf dem Grundstück der ehemaligen Familienvilla befindet sich eine Gedenkstele.

Aron, Paul 1886 – 1955

Musiker

Güterbahnhofstraße 2, Eliasstraße 24 (heute: Güntzstraße)

Der in Dresden geborene Pianist hatte, gefördert von Max Reger, von Berlin aus unzählige Konzerte als Solist oder Begleiter in ganz Deutschland gegeben, ehe er 1918 in seine Heimatstadt zurückkehrte und Klavierlehrer am Konservatorium wurde. Sein besonderes Interesse galt der Verbreitung der zeitgenössischen Musik, anfangs im eigenen Wohnzimmer, dann mit der Konzertreihe »Neue Musik Paul Aron« wurden in zehn Jahren über 200 zeitgenössische Kompositionen ur- oder erstaufgeführt, in der Galerie Richter, im Logenhaus und im Haus der Kaufmannschaft, im Künstler- oder dem Schauspielhaus. Mit dem Geiger Francis Koene und dem Cellisten Karl Hesse bildete Aron ab 1927 das »Neue Dresdner Trio«. 1930 wurde der »mutige Wegbereiter der neuen Musik« (Fritz Busch) Klavierlehrer an der Orchesterschule der Staatskapelle, drei Jahre später verlor er die Stelle wieder und die Nazis untersagten ihm öffentliche Auftritte. Als Jude, Homosexueller und wegen der Verbreitung »kultur-bolschewistischer Ideen« beschuldigt und kurzzeitig inhaftiert, wurde sein Verbleiben in Deutschland immer gefährlicher. Aron floh zunächst in die Tschechoslowakei, später ging er nach Kuba und in die USA.

Avenarius, Ferdinand 1856 – 1923

Schriftsteller, Herausgeber

Blochmannstraße 20, Wachwitzer Straße 3 (heute: Ferdinand-Avenarius-Straße)

Der Sohn eines Buchhändlers und Neffe Richard Wagners, dessen belletristisches Werk heute vergessen ist, ging in die deutsche Literaturgeschichte ein als Begründer und Herausgeber der konservativen Zeitschrift *Der Kunstwart*, dem »Kampforgan« der Kulturreformbewegung und »Rundschau über alle Gebiete des Schönen«, für deren Erscheinen Avenarius eigens den Kunstwartverlag schuf, der sein Domizil in der Stephanienstraße 1 und auf dem Stephanienplatz 3 hatte. Der Herausgeber und seine Zeitschrift wirkten geschmacksbildend auf weite Kreise des deutschen Bildungsbürgertums. Das Blatt erschien von 1887 bis 1894 in der Elbestadt, später in München, wobei die Redaktionsräume noch längere Zeit in Dresden (Dürerbundhaus Blasewitz) verblieben. Angetreten, den »fortschrittlichen Minderheiten Gehör zu verschaffen« stellte Avenarius im Kunstwart Herder, Goethe, Schiller sowie Hermann Hesse, Emil Ludwig und Wilhelm von Polenz als Vorbilder heraus und attackierte hemmungslos angeblich »abseitige und kranke« Autoren wie Rilke, Thomas Mann, Hasenclever und Sternheim.

Baade, Brunolf 1904 – 1969

Ingenieur und Hochschullehrer

Hermann-Preller-Straße 6

Baade, der in Berlin Maschinenbau studierte, wollte eigentlich Schiffsbauer werden, bekam aber während einer Schiffsreise nach Südamerika und einem längeren Aufenthalt dort Kontakt zum Flugzeugbau. Nach verschiedenen Tätigkeiten, unter anderem bei Willy Messerschmitt, ging er für mehrere Jahre in die USA und wechselte 1936 zu den Junkerswerken nach Dessau. Nach dem Krieg wurde Baade im Zuge der Reparation in der Sowjetunion eingesetzt. Ab 1954 Chefkonstrukteur der DDR-Flugzeugindustrie, war er für die Entwicklung des Strahlenverkehrsflugzeugs 152 in Klotzsche verantwortlich. Dessen Absturz beim zweiten Testflug am 4. März 1959 führte zum baldigen Ende des Flugzeugbaus in Dresden. Baade wurde Direktor des Instituts für Leichtbau und ökonomische Verwendung von Werkstoffen in Klotzsche und Lehrbeauftragter für Luftfahrtwesen an der Technischen Hochschule Dresden.

Baier, Lüder 1920 – 2011

Holzgestalter

Am Steinacker 4, Grundstraße 21

Drehbank, Bandsäge, Hobelbank, Schnitzeisen, Drechselstähle – das waren die Werkzeuge des genialen Holzgestalters Lüder Baier, der sich immer in erster Linie als Handwerker verstanden hat, als einen der sich dem Material, das er bearbeitet, bis in die letzte Faser hinein verpflichtet fühlt: »Da kann man nicht einfach

›loskloppen‹ … da vollzieht sich ein Zwiegespräch mit dem Material«. Fritz Löffler bezeichnete bereits die frühen Arbeiten Baiers – Dosen, Schalen, Bodenleuchter, Bücherstützen – als »vollkommene Meisterwerke«. Später gesellten sich Wandplastiken, Gitter, Grabstelen, Freiplastiken dazu. Seine erste Werkstatt hatte sich der gelernte Modellbauer in einer ehemaligen Mehlstube im Hof der Friedensstraße 12 eingerichtet. Er studierte an der Kunsthochschule bei Theodor Artur Winde und arbeitete später unter anderem bei der Innengestaltung des Kulturpalastes und der Nachtbar »Mazurka« auf der Prager Straße mit den Deutschen Werkstätten in Hellerau zusammen.

Ball, Sabine 1925 – 2009

Mäzenin

Martin-Luther-Straße 12 und 27

Manchem galt sie als Mutter Theresa von Dresden. Doch bevor die in Königsberg als Sabine Koritke geborene Evangelistin mit dem »stoffwechsel e.V.« in Dresden ein Sozialprojekt für Kinder und Jugendliche aufbaute, hatte ihr Leben manchen Wechsel vollzogen. Die Bombardierung der Stadt erlebte sie als Flüchtling, in Amerika stieg sie vom Hausmädchen zur Managerin eines Yachtclubs in Miami Beach auf und heiratete einen Multimillionär. Nach zehn Jahren Jetset-Leben in Santa Barbara, Karatschi, San Francisco und anderswo gründete sie in Kalifornien eine Hippie-Kommune und lernte in Indien den Buddhismus kennen. Dann wurde sie gläubige Christin und aus der Kommune wurde »The Lord's Land«. Nach der Wende spendete sie ihr Vermögen wohltätigen Zwecken und baute 1992 in der Dresdner Neustadt in einem ehemaligen Schnapsladen ihr Projekt für teilweise auf der Straße lebende Kinder und Jugendliche auf. Ein Café, ein Secondhand-Laden und Häuser für betreutes Wohnen entstanden. Das Bundesverdienstkreuz schlug sie aus, weil »allein Gott das Verdienst« zukomme. Ein Verein und die »Sabine-Ball-Stiftung« setzen ihre Arbeit fort.

Bantzer, Carl 1857 – 1941

Maler

Dorotheenstraße 12, Residenzstraße 46, Hermannstraße 4

Der Impressionist Carl Bantzer gehörte zu den prägenden Künstlerpersönlichkeiten der Künstlerkolonie Goppeln vor den Toren Dresdens und Gründern der ersten Dresdner Sezession 1894. Ab 1896 lehrte er als Professor für Freilichtmalerei an der Dresdner Kunstakademie und galt als Reformer der akademischen Kunstausbildung. Zahlreiche Werke des bedeutenden Porträtisten, Malers »vor der Natur« und Schöpfers »stimmungsvoller Bilder aus dem Bauernleben« gehören zum Bestand der Galerie Neue Meister und des Dresdner Stadtmuseums. Bantzer war der Schwiegervater des bekannten Zeichners und Karikaturisten Erich Ohser (e. o. plauen).

Barkhausen, Heinrich 1881 – 1956

Wissenschaftler, Hochschullehrer

Daheimstraße 10 (heute: Friedrich-Hegel-Straße)

Barkhausen war von 1911 bis 1953 Professor für Schwachstromtechnik an der TH Dresden. Mit ihm ist die institutionelle Etablierung des Faches an der Hochschule eng verbunden. Seine 1923 verfasste vierbändige Monografie »Lehrbuch der Elektronenröhren und ihrer technischen Anwendung« erreichte zahlreiche Nachauflagen und wurde in verschiedene Sprachen übersetzt. Einige seiner Entdeckungen wurden nach ihm benannt: »Barkhausen-Röhrengleichung«, »Barkhausen-Effekt« oder »Barkhausen-Kurz-Schwingungen«. Er gilt als Begründer der Dresdner Schule für Akustik und führte 1925 die Lautstärke-Einheit »Phon« ein. In Japan galt er vor dem Zweiten Weltkrieg als »Vater der japanischen Schwachstromtechnik«.

Barthel, Max 1893 – 1975

Schriftsteller

Pillnitzer Landstraße 83, Ermelstraße 28

»Kein Bedarf an Weltgeschichte« nannte Max Barthel, der zu den bekanntesten Arbeiterdichtern des 20. Jahrhunderts zählt, seine Autobiografie, die 1950 erschien. In Loschwitz aufgewachsen, wurde er mit vierzehn Jahren ungelernter Fabrikarbeiter und durchwanderte West- und Süd-Europa. Zunächst Spartakist und Kommunist, bekannte er sich später zu sozialdemokratischen Ideen und schließlich zum Nationalsozialismus, ging aber keinerlei parteipolitische Bindungen ein. 1948 verließ er Dresden und verfasste in der Folgezeit weitgehend unpolitische Kinderbücher und Unterhaltungsliteratur.

Beckers, Paul 1878 – 1965

Komiker

Wiener Straße 65

Als »Fliegentütenheinrich« war er eine Stummfilmgröße, im Orchester spielte er bescheiden Flöte und Oboe, zum Plattenstar der DDR avancierte er am Ende seines Lebens. Der Spross einer Elbeschifferfamilie gastierte an allen renommierten Varietè-Bühnen Deutschlands als Komiker, tingelte durch Amerika und inszenierte selbst volkstümliche Stücke. 1926 trat er die Nachfolge des verstorbenen Volkssängers und Humoristen Emil Winter-Tymian als Direktor des Thalia Theaters auf der Görlitzer Straße 6 an, bevor ein Jahr später »Beckers Bunte Bühne« in der Wettiner Straße eröffnete, die sich immerhin bis 1930 halten konnte. Mit seinen auf der Litera-Schallplatte »Komikerparade« 1964 eingespielten Sketchen »Das Plättbrett« und »Die Sommerfrische« wurde er für Generationen zur Legende.

Beese, Melli 1886 – 1925

Flugpionierin

Österreicher Straße 84, Hochuferstraße 18 (heute: Käthe-Kollwitz-Ufer)

Amelie Hedwig Boutard-Beese, einzige Tochter eines wohlhabenden Architekten aus Laubegast, war auf vielen Gebieten begabt und konnte diese Begabungen ausleben. Zunächst studierte sie Bildhauerei an der Akademie in Stockholm, segelte auf hoher See und war fasziniert von den Flugversuchen der Brüder Wright. Zurückgekehrt nach Dresden hörte sie externe Vorlesungen über Mathematik, Schiffbau und Flugmechanik. Nach mehreren erfolglosen Bemühungen fand sie endlich einen Fluglehrer – einer hatte sie »wegen mangelnder Erfahrung mit weiblichen Schülern« abgelehnt –, stürzte beim zweiten Flug ab und wurde gegen die Schmerzen mit Morphin behandelt, was eine lebenslange Sucht auslöste. Nach mehreren Sabotageversuchen durch ihre männlichen Mitschüler gelang es ihr schließlich doch, als erste deutsche Frau eine Flugzeugführerlizenz zu erlangen. Auch ihr erstes Wettfliegen musste sie, auf dem zweiten Rang liegend, beenden – wegen schlechten Wetters wurde sie als Frau aus dem Rennen genommen. Doch Melli Beese gab nicht auf, stellte einen neuen Dauer- und einen Höhenweltrekord für Frauen auf. 1912 gründete sie mit Charles Boutard, und Hermann Reichelt, finanziell unterstützt durch Karl August Lingner, die Flugschule Melli Beese GmbH und ließ auch selbst Flugzeuge bauen. Nach ihrer Hochzeit mit Charles Boutard nahm sie die französische Staatsbürgerschaft an und zog in die Nähe des Flughafens Johannisthal. Ihr Unternehmen ging in der Folge des Ersten Weltkrieges in den Konkurs. Am 21. Dezember 1925 erschoss sie sich – »Fliegen ist notwendig. Leben nicht«, hatte sie in ihrem Abschiedsbrief geschrieben.

Behnisch, Günter 1922 – 2010

Architekt

Tögelstraße 12

Aufgewachsen in der zum Wohnhaus umgebauten Alten Schule Lockwitz, besuchte der Sohn eines Volksschullehrers und aktiven Sozialdemokraten bis 1935 verschiedene Dresdner Schulen. Nach dem Kriegsdienst als einer der jüngsten U-Boot-Kommandeure gründete er in Stuttgart ein Architekturbüro. Der Olympiapark in München und das Gebäude des Bundestages in Bonn zählen zu den bekanntesten Bauten des Professors und »Architekten des gläsernen Deutschlands«, der in seiner Heimatstadt mit dem Neubau des St. Benno-Gymnasiums eines der viel beachteten Zeugnisse moderner Architektur schuf.

Behrens, Manja 1914 – 2003

Schauspielerin

Martinweg 3, Frankenstraße 10

Die gelernte Zahnarzthelferin und Schauspielschülerin von Erich Ponto debütierte 1935 am Dresdner Staatsschauspiel in Gerhart Hauptmanns Stück »Und Pippa tanzt«. Sie blieb der Dresdner Bühne bis 1953 verbunden und gastierte danach in Berlin, Wien, Bern und Ingolstadt. Nebenher wirkte sie in mehr als 20 Filmproduktionen mit und trat im Fernsehen auf. Sie verwaltete den künstlerischen Nachlass Ihres Ehemannes, Brechts bedeutendstem Bühnenbildner Karl von Appen, und bewahrte das nach der Wende zur Vernichtung vorgesehene Modell des Marketenderwagens aus Brechts Stück »Mutter Courage« auf.

Benndorf, Friedrich Kurt 1871 – 1945

Bibliothekar, Dichter

Deutsche Kaiserallee 1, dann 40 (heute: Mendelssohnallee)

Benndorf wirkte als Musiklehrer, Bibliothekar der Musikabteilung der Königlichen Öffentlichen Bibliothek und ab 1904 als freier Autor in der Elbestadt. Vor allem schrieb er Essays und Lyrik. Sein Hauptwerk, der Gedichtzyklus »Kreise« erschien zwischen 1900 und 1925 in 33 Teilen. Er war der einzige Dresdner Dichter dessen Texte in Herwarth Waldens bedeutsamer expressionistischer Zeitschrift »Der Sturm« gedruckt wurden. Benndorf, der sich selbst als »Dichterphilosoph« verstand, verarmte nach der Inflation fast vollständig und musste große Teile seiner bemerkenswerten Bibliothek verkaufen. Zeit seines Lebens blieb er auf die Unterstützung von Gönnern, Freunden, Verwandten und dem städtischen Wohlfahrtsamt angewiesen.

Bentz, Melitta 1873 – 1950

Erfinderin

Marschallstraße 31, Wilder-Mann-Straße 15

Amalie Auguste Melitta Bentz, geborene Liebscher, Hausfrau und Mutter, die einer Dresdner Buchhändlerfamilie entstammte, hatte ihrem Sohn Willy ein Löschblatt abgeluchst, es zur Tüte gefaltet und über eine löcherige Messingplatte gespannt und so quasi nebenher den Kaffeefilter »mit nach unten gewölbtem, mit einem Abschlussloch versehenen Boden und lose einliegendem Siebe« erfunden und sich am 20. Juni 1908 patentieren lassen. Wenige Monate später gründete sie gemeinsam mit ihrem Ehemann Hugo auf der Marschallstraße ihre erste Firma. Ein Jahr später war der Melitta-Filter die Sensation auf der Leipziger Messe. Nach 15 Jahren konnte das Unternehmen bereits auf erstaunliche 100 000 produzierte und verkaufte Filter verweisen.

Bergander, Götz 1927 – 2013

Journalist

Friedrichstraße 56

Der spätere Rundfunkjournalist und Publizist besuchte in Dresden die Kreuzschule und studierte an der Kunstakademie. 1949 übersiedelte er in den Westteil Berlins. Weithin bekannt wurde er mit seinem 1977 erschienen Buch »Dresden im Luftkrieg«, in dem er dokumentarisch den »Leidensweg der Stadt und ihrer Bewohner verfolgt«.

Bergander, Rudolf 1909 – 1970

Maler

Ulrichstraße 3b

Der gelernte Porzellanmaler aus Meißen studierte an der Dresdner Kunstakademie. Unter den Vorzugsschülern von Otto Dix, allerdings »weniger aggressiv und besinnlicher« als sein Meister, galt er als der »Lyriker«. 1929 wurde er Mitglied der Künstlervereinigung ASSO. Nach 1945 wirkte er, neben seiner künstlerischen Tätigkeit, als Professor und Rektor an der Hochschule für Bildende Künste in Dresden.

Berger, Erna 1900 – 1990

Sängerin

Sedanplatz 4 (heute: Fritz-Foerster-Platz)

Erna Berger wurde in Cossebaude geboren. Da ihr Vater, ein Eisenbahningenieur, an Bauprojekten in Ostpreußen und Afrika beteiligt war, lebte sie zeitweilig bei dessen Schwester. Elisabeth Rethberg empfahl die junge Sängerin für den Opernchor, doch musste sie, der Vater war gegen eine Sängerinnenkarriere, zunächst als Bankangestellte in Zittau arbeiten. Als der Vater nach dem Ersten Weltkrieg nach Südamerika ging, begleitete ihn seine Tochter und arbeitete als Erzieherin. Fritz Busch engagierte Erna Berger nach ihrer Rückkehr 1925 als Koloratursoubrette an die Dresdner Staatsoper. Ihrem Debüt als Knabe in der »Zauberflöte« folgten in Dresden weitere Hosenrollen und Erfolge als Olympia in »Hoffmanns Erzählungen« bzw. als Ännchen im »Freischütz«. 1930 ging Erna Berger nach Berlin und startete eine Karriere, die sie auf alle großen Opernbühnen der Welt führte, wo sie vor allem als »Königin der Nacht« gefeiert wurde.

Berghaus, Ruth 1927 – 1996

Regisseurin, Choreografin

Borngraben 34, Weststraße 1

Die in Briesnitz und Leutewitz aufgewachsene Tochter eines Dresdner Konsumgenossenschaftlers wurde von Gret Palucca in Tanz und Tanzregie ausgebildet. Sie gehörte zu den ersten, die nach Wiedereröffnung der Paluccaschule auf der Karcherallee 42 am 1. Juli 1945 einen Studienplatz erhielten. Als »kunsthungrige Schülerin« verfolgte sie die Vorlesungen Will Grohmanns, begegnete den Malern Otto Dix und Wilhelm Lachnit, in deren Ateliers es, so erinnerte sie sich später, »immer auch zu essen gab«. Ihre große Lehrerin bescheinigte ihr 1950 im Abschlusszeugnis »eine einfallsreiche Tanzregisseurin von großer Eigenwilligkeit« zu sein. Seit 1954 mit dem Komponisten Paul Dessau verheiratet, arbeitete sie in Berlin eng mit Brecht zusammen und wurde zur international gefragten Opernregisseurin. 1985 inszenierte sie in Dresden erfolgreich Siegfried Matthus' Oper »Cornet Christoph Rilke«.

Berndt, Georg 1880 – 1972

Hochschullehrer

Eisenstuckstraße 26

Der Wegbereiter moderner Messverfahren und internationaler Standardisierungen war über 30 Jahre Professor für Messtechnik und Leiter des Materialprüfungslabors der TH. Mit fast 450 Beiträgen in Fachzeitschriften und 16, in viele Sprachen übersetzten Fachbüchern schuf Berndt die Voraussetzungen für die moderne Industrie und die internationale Standardisierung. Er entwickelte verbindliche Toleranzen für verschiedene Maße und stellte die »Goldene Regel der Messtechnik« auf, die die Toleranz einer Messung beschränkt. Das Gebäude des von Berndt gegründeten Instituts für Messtechnik auf dem heutigen TU-Gelände trägt seinen Namen.

Bernstein, Otto 1887 – 1943

Schauspieler

Hübnerstraße 22

Der Schauspieler, Regisseur und Rezitator war ab 1924 an mehreren Dresdner Theatern engagiert und wurde 1933 seiner jüdischen Herkunft wegen entlassen, wirkte aber gemeinsam mit seiner Ehefrau Jenny noch bis 1935 an öffentlichen Veranstaltungen der »Jüdischen Künstlerhilfe« in Dresden mit, bevor die Familie nach Berlin zog.

Bernstein-Schaffer, Jenny 1888 – 1943

Schauspielerin

Hübnerstraße 22

Von Max Reinhardt entdeckt und ausgebildet von Tilla Durieux, spielte Jenny Schaffer ab 1911 am Deutschen Theater in Berlin und ging, nachdem sie den Schauspieler Otto Bernstein geheiratet hatte, 1913 an das Königliche Hoftheater in Dresden. 1919 wechselte sie an das Dresdner Schauspielhaus wo sie an der Seite von Erich Ponto, Adolf Wohlbrück und Martin Hellberg auf der Bühne stand. Nach ihrem Umzug in die Hauptstadt wirkte sie noch bis 1941 für den Jüdischen

Kulturbund. Danach wurde sie zur Arbeit in der Firma »Osram« zwangsverpflichtet, 1943 mit ihrem Ehemann nach Auschwitz deportiert und umgebracht.

Bettenhausen, Jacques 1866 – 1944

Buchhändler

Sidonienstraße 25, Werderstraße 42

Eigentlich Jakob Bettenhausen. Der aus Hessen stammende Unternehmer begann ausgangs des 19. Jahrhunderts als »fliegender Buchverkäufer« die Reisenden auf den Bahnsteigen des Dresdner Hauptbahnhofs mit spannender und zeitvertreibender Lektüre zu versorgen, bis er es sich leisten konnte, mit einem eigenen Kiosk sesshaft zu werden und schließlich die Firma »Jacques Bettenhausen & Sohn – Bahnhofsbuchhandel« zu gründen. Er besaß in Dresden das Parkhotel auf dem Weißen Hirsch, das Filmtheater Parklichtspiele sowie Immobilen in und außerhalb der Stadt.

Beutler, Gustav Otto 1853 – 1926

Jurist, Bürgermeister

Elisenstraße 4, Reichenbachstraße 77, Comeniusstraße 62

Zunächst als Oberfinanzrat im Finanzministerium tätig, wurde Beutler 1895 zum Oberbürgermeister Dresdens gewählt und war in erster Linie darauf bedacht, »die sächsische Metropole in Verwaltung und Flächenmaß den sich wandelnden Bedürfnissen einer modernen Großstadt anzupassen«. Die von ihm veranlassten Eingemeindungen von 17 Vororten ließen Dresden zur viertgrößten Stadt des deutschen Reiches werden. Auf Lebenszeit gewählt, trat er aus gesundheitlichen Gründen 1915 von seinem Amt zurück. Durch ein »hohes Maß an Weitblick, Energie und Durchsetzungsvermögen« gelang es ihm, die Stadt, die ihm das Ehrenbürgerrecht verliehen hatte, »nachhaltig zu prägen«.

Beyer, Kurt 1881 – 1952

Hochschullehrer

Leitmeritzer Straße 1 (Gruna, Straße existiert nicht mehr)

»Beyer-Bibel« nennt sich eines der Standardlehrbücher für Bauingenieure. 1927 verfasste Kurt Beyer, über 30 Jahre Professor für Technische Mechanik, Festigkeitslehre, Statik und Stahlhochbau, Konstruktion großer Brücken und Förderanlagen in Dresden, sein Werk »Die Statik im Eisenbetonbau«. Der Sohn eines Dresdner Kaufmanns hatte vor seiner Lehrtätigkeit am Aufbau des Eisenbahnnetzes im damaligen Königreich Siam mitgewirkt. Seine praktische Tätigkeit umfasste neben Talsperren, Brücken und Großgeräten für den Tagebau auch die Beteiligung an einigen Projekten in Dresden, so am Pumpspeicherwerk Niederwartha oder an der Verbreiterung des Blauen Wunders. Nach dem Krieg erwarb er sich Verdienste bei der Sicherung und Wiederherstellung der zerstörten Elbbrücken.

Ein Gebäude der TU, eine Straße und ein von der TU verliehener Preis für Bauingenieure tragen seinen Namen.

Bienert, Ida 1870 – 1965 (1966?)

Mäzenin

Würzburgerstraße 46

Die Ehefrau des Mühlenbesitzers Erwin Bienert entstammt der Familie des Langenbielauer Textilindustriellen Suckert. Seit 1888 in Dresden beheimatet, unterstützte sie die Lebensreformbewegung. 1905 regte sie die Einrichtung der Volksbibliothek in Dresden-Plauen an, deren Leitung in den Händen Walter Hofmanns lag und unterstützte deren Aufbau großzügig. Berühmtheit erlangte die Schwiegermutter der Tänzerin Gret Palucca, zu deren Freundeskreis u.a. Oskar Kokoschka, Paul Klee, Theodor Däubler, Mary Wigman und Fritz Löffler zählten, als Sammlerin und Unterstützerin zeitgenössischer avantgardistischer Kunst.

Bilz, Friedrich Eduard 1842 – 1922

Naturheilkundler, Lebensreformer

Obergraben 2

Wenig Glück war dem wohl berühmtesten deutschen Naturheilkundler in den Dresdner Jahren 1889/90 beschieden. Seinen späteren Bestseller »Bilz, das neue Heilverfahren« hatte er noch in Meerane geschrieben, der Marktrenner »Bilz-Brause« (später Sinalco) wurde erst in Oberlößnitz entwickelt, wo auch das geplante Sanatorium Gestalt annehmen konnte. Das Dresdner Zeitungsprojekt »Bilz' Haus- und Familienschatz«, das er gemeinsam mit dem böhmischen Schriftsteller Wilhelm Ressel verwirklichen wollte, weswegen man ja aus dem provinziellen Meerane in die Haupt- und Residenzstadt gezogen war, scheiterte hingegen grandios. Auf dem übersättigten Zeitungsmarkt Dresdens fanden sich einfach nicht genügend interessierte und vor allem zahlende Leser für das neue Blatt. Das 1905 eröffnete »Bilz-Licht-Luftbad« im nahen Radebeul, mit der nach wie vor aktiven UNDOSA-Wellenmaschine, gilt heute noch als Attraktion.

Binder, Ludwig 1881 – 1958

Ingenieur, Hochschullehrer, Rektor

Daheimstraße 14 (heute: Friedrich-Hegel-Straße), Kaitzer Straße 12, Bayreuther Straße 16

Über 40 Jahre prägte Ludwig Binder die rasante Entwicklung der Versorgung mit Elektroenergie. Als Ingenieur, Forscher und Hochschullehrer leistete er auf den Gebieten Hochspannungstechnik und Energieübertragung Pionierarbeit. Auf seine Initiative hin entstand im heutigen Binder-Bau 1930 das auf lange Zeit größte und leistungsfähigste Hochspannungslaboratorium Europas. Sein 1928 veröffentlichtes Buch »Die Wanderwellen auf experimenteller Grundlage« ist noch heute aktuell. Ein für die Aufzeichnung von Wanderwellen entwickelter

Oszillograf, die »Binder-Schleife«, trägt seinen Namen. Binder war Leiter des Instituts für Starkstrom- und Hochspannungstechnik, 1931/32 Rektor und 1948/49 Prorektor der TH.

Birnstengel, Richard 1881 – 1969

Maler, Fotograf

Holbeinstraße 5, Mathildenstraße 45, Pillnitzer Straße 15, Prellerstraße 17, Regerstraße 12

Der Sohn einer Hebamme studierte nach dem Abschluss der Realschule an der Dresdner Kunstakademie bei Oskar Zwintscher und Gotthardt Kuehl. Zahlreiche Studienreisen führten ihn in das europäische Ausland. Bekannt wurde er vor allem durch seine Landschafts- und Porträtmalerei. Seine enge Verbindung zur Ostseelandschaft dokumentieren eindrucksvoll die an der Kurischen Nehrung entstandenen Aquarelle: »Zusammen mit den tiefschwarzen Kähnen, den grauen Segeln und rätselhaften Wimpeln ergeben sich Bilder von unheimlichem Ernst, von zeitloser Größe«, so Richard Birnstengel 1931 in einer autobiografischen Notiz. Bei den Bombenangriffen auf Dresden im Februar 1945 verlor Birnstengel, neben dem Wohnhaus und dem Atelier auf der Ostbahnstraße, den größten Teil seiner künstlerischen Arbeiten.

Blaschka, Rudolf 1857 – 1939

Glaskünstler

Kaulbachstraße 11 (überbaut), Dresdner Straße 28 (heute: Dresdner Straße 101)

In der von seinem Vater Leopold Blaschka (1822–1895) gegründeten Glaswerkstatt in Hosterwitz arbeitete auch Rudolf Blaschke. Fußend auf einer intensiven Beschäftigung mit der Flora und Fauna und ausgedehnten Forschungsreisen wurden in der Werkstatt Glasmodelle zunächst vorwiegend von Meerestieren und -pflanzen gefertigt. Begonnen hatte alles mit Glasmodellen von Seeanemonen und Quallen, deren Konservierung und Ausstellung mit herkömmlichen Mitteln schwierig war. Wegen ihrer Detailgenauigkeit wurden tausende der Modelle zu begehrten Anschauungs- und Studienobjekten an Schulen, Universitäten und Museen im In- und Ausland. 1886 wurde ein Vertrag mit der Harvard University abgeschlossen, die Zahl der bis in die Mitte der 30er-Jahre nach Amerika gelieferten botanischen Modelle lag bei 4300 und stellt heute eine der populärsten Attraktionen der Universität dar, die jährlich tausende Besucher anzieht.

Bleyl, Hilmar Friedrich (Fritz), Wilhelm 1880 – 1966

Maler

Berliner Straße 78, Schnorrstraße 16, Gutzkowstraße 6 und 20, Johann- Georgen-Allee 18, Bürgerwiese 18

Bleyl, der vor allem als Zeichner und Grafiker ein bedeutsames Werk hinterließ, gehört zu den vier Gründern der expressionistischen Künstlergruppierung

»Brücke«. Er studierte in Dresden Architektur und lernte hier Ernst Ludwig Kirchner, Erich Heckel und Karl Schmidt-Rottluff kennen, die 1905 gemeinsam die »Brücke« aus der Taufe hoben, nach der Natur malten, Ausstellungen organisierten und ihre nonkonformistischen künstlerischen Ideen propagierten, wobei sich Bleyl als besonders geschickter Gestalter von wirkungsvollen Werbeträgern (Plakaten, Billets) erwies. Nach dem Austritt 1907 aus der Künstlergruppe tauchte er nur noch selten in der Öffentlichkeit auf, arbeitete in Architekturbüros, war kunstgewerblich und im Lehramt tätig.

Blüher, Bernhard 1864 – 1938

Politiker

Henzestraße 10, Berthelstraße 3

Das Dresdner Stadtoberhaupt der Jahre 1915 bis 1931, der ehemalige St. Afra-Fürstenschüler und ausgebildete Jurist Bernhard Blüher, Ehrendoktor der Technischen Hochschule Dresden, Landtagsabgeordneter der Deutschen Volkspartei, ließ das Stadthaus auf der Theaterstraße erbauen und reformierte die Verwaltung der Stadt. Besondere Verdienste erwarb er sich bei der Förderung von aufstrebenden Wohnungsgenossenschaften.

Bockemühl, Alfred 1896 – 1992

Verkehrswissenschaftler und Ingenieur

Wallotstraße 1c, Malerstraße 9

Eine Entwicklung Alfred Bockemühls prägte lange Zeit das Dresdner Straßenbild, der als »Hechtwagen« oder »Großer und Kleiner Hecht« bekannt gewordene Großraum-Straßenbahntriebwagen. Den Namen verdankte er seiner schlanken äußeren Form – mit den Rundungen soll Bockemühl seine Überzeugungen als Anthroposoph umgesetzt haben. 1931 nahmen die ersten Wagen zur Beförderung von 111 Personen ihren fahrplanmäßigen Dienst auf, anfangs vor allem auf der über 30 Kilometer langen Strecke von Weinböhla nach Niedersedlitz. Bis Anfang der 70er-Jahre wurden die »Hechtwagen« eingesetzt, einer ist heute als Traditionsbahn noch immer unterwegs. Alfred Bockemühl wirkte nach dem Krieg noch beim Wiederaufbau der Dresdner Straßenbahn und als Honorarprofessor an der TH, bis er 1950 nach Stuttgart wechselte.

Böckstiegel, Peter August 1889 – 1951

Künstler

Jacobistraße 20 b, Friedrich-Wieck-Straße 45

Als er in die Dresdner Kunstakademie »einfiel wie ein Naturereignis« war der westfälische Bauernsohn, der Maler- und Glasergeselle Böckstiegel, geschult an Millet und van Gogh, kein junger biegsamer Eleve mehr und, wie Conrad Felixmüller konstatierte: »Er war zu stark als Talent, zu frisch und naiv in seiner Stärke, um noch verbogen zu werden.« Bald schon beeinflusste er mit »der farbigen Kraft« seiner Malerei nicht nur die Gefährten, sondern auch die Lehrer. Nach 1933 galt seine Kunst als entartet. Sein bekanntes Gemälde »Bauernkind mit Äpfeln« verschwand aus der Dresdner Galerie, andere Werke wurden beschlagnahmt und verbrannt. Aus seinem am 13. Februar 1945 zerstörten Atelier am Antonsplatz 1 gelang es ihm noch vier Jahre später einen Teil seiner verschütteten plastischen Arbeiten zu bergen. 1949 stellte ihm die Dresdner Akademie ein Ehrenatelier zur Verfügung.

Böhm, Karl 1894 – 1984

Dirigent

Angelikastraße 4

Der bedeutende Grazer Opern- und Konzertdirigent trat 1934 die Nachfolge des von den Nazis vertriebenen Fritz Busch an. Bis Ende 1942 war er musikalischer Leiter der Dresdner Staatskapelle und der Staatsoper, ein Amt, das er trotz seiner Nähe zum Regime in der Tradition seines Vorgängers fortführte. Böhm dirigierte in Dresden an die 700 Vorstellungen, darunter viele Ur- und Erstaufführungen. Hervorzuheben ist sein Einsatz für seinen Freund Richard Strauss, von dem in Böhms Ära »Die schweigsame Frau« und »Daphne« uraufgeführt wurden. Auch nach seinem Weggang an die Wiener Staatsoper blieb Böhm der Staatskapelle als Gastdirigent verbunden und spielte zahlreiche Schallplattenaufnahmen ein.

Böhm, Karlheinz 1928 – 2014

Schauspieler

Angelikastraße 4

Der in ca. 45 Kinofilmen und verschiedenen Theaterrollen erfolgreiche Schauspieler und Gründer der Stiftung »Menschen für Menschen« war der Sohn der Sopranistin Thea Linhard und des Dirigenten Karl Böhm. Nach Dresden kam er, als sein Vater als Leiter der Dresdner Staatskapelle und der Staatsoper engagiert wurde. Ab 1940 besuchte er Internate in Österreich und der Schweiz.

Böll, Heinz (Heinrich) 1917 – 1985

Schriftsteller

Paradiesstraße 26

Im Vorort Zschertnitz, auf dem Gelände des ehemaligen Ausflugsrestaurants »Paradiesgarten« befand sich während des Zweiten Weltkrieges das Reservelazarett des Roten Kreuzes, in dem sich aufzuhalten der Wehrmachtssoldat und spätere Literatur-Nobelpreisträger Heinrich Böll gezwungen war. Am wohlhynischen Fieber laborierend, einer Infektionskrankheit, die durch Kopf- und Kleiderläuse übertragen wird, war er von seinem Standort Ahrweiler zur Genesung nach Dresden abkommandiert worden. »Es ist doch sehr aufregend«, schreibt er seiner Frau Annemarie am 23.9.1944, »noch einmal eine vollkommen unzerstörte Großstadt zu sehen …«.

Böttcher, Ursula 1927 – 2010

Dompteurin

Mittelstraße 28 (überbaut)

Auf der Mittelstraße im Zentrum Dresdens, die es heute nicht mehr gibt, wo »Arbeiter, Arbeitslose, Markthelfer, kleine Angestellte und ein paar Rentner« lebten, wurde Uschi Böttcher, die spätere »Herrin der Eisbären« geboren. Ihre steile Karriere begann sie per Fahrrad als Eilzustellerin der Deutschen Post, stieg danach zur Reinemachfrau beim Zirkus Busch auf und debütierte 1954 als Dompteurin mit einer »Esels-Abwurfnummer«. Schließlich wagte sie sich an Löwen, Braunbären und Leoparden heran. Gemeinsam mit ihrem Partner Manfred Horn, der später vor ihren Augen tödlich in der Manege verunglückte, entwickelte sie eine Eisbärendressurnummer, die Weltruhm erlangte. Gastspielreisen mit dem Staatszirkus der DDR führten sie bis in die Vereinigten Staaten und Japan. Bis zum Ende ihrer Karriere trat sie »in über 30 000 Vorstellungen« auf.

Böttge, Bruno J. 1925 – 1981

Animationsfilmer

Andreas-Hofer-Straße 8, Lutzestraße 4

Bruno Böttge sammelte schon als Kind »Schattenrisse und Silhouettenbilder mit der Absicht, bald eigene Figuren zu gestalten«. Angeregt von seinem Vorbild Lotte Reiniger, deren Silhouettenfilme schon in den 20er-Jahren Furore machten, »startete der ausgebildete Technische Zeichner 1951 erste Animationsversuche unter der Kamera«. Zwei Jahre später entstand sein erster Film »Der Wolf und die sieben Geißlein«. Ab 1955 bis zu seinem Tode war er als Regisseur im DEFA-Studio für Trickfilme in Dresden tätig.

Bongartz, Heinrich 1894 – 1978

Dirigent, Komponist, Pianist

Oeserstraße 5

Der Leiter der Dirigentenklasse der Leipziger Musikhochschule wurde 1947 zum Chefdirigenten der Dresdner Philharmonie berufen, die sich unter seiner Leitung zu einem Klangkörper von Weltgeltung entwickelte. Bis 1963 im Amt, begründete Bongartz wichtige Konzertreihen, unternahm mit der Philharmonie weltweit Tourneen und spielte zahlreiche Schallplattenaufnahmen ein.

Borchert, Christian 1942 – 2000

Fotograf

Rückertstraße 18

Als »gegen das Verschwinden« gerichtet, begriff Christian Borchert, der 48-jährig bei einem Badeunfall ums Leben kam, seine fotografische Kunst. Keine vorschnellen Schnappschüsse sollten ihm unterlaufen. Auf die »handwerklich präzise und atmosphärisch genaue Erfassung des Moments« ging es ihm in erster Linie, in vielem seinem Vorbild August Sander verpflichtet. Szenen aus dem Großstadtalltag, Familienporträts, Landschaften, Brücken waren beständige Motive seines Schaffens, »Zeitreise. Bilder einer Stadt. Dresden 1954–1995« seine wohl am stärksten frequentierte Ausstellung.

Bouché, Johann Karl Friedrich 1850 – 1933

Gartenarchitekt

Pavillon D im Großen Garten, Tzschimmerstraße 9

1873 trat der erst 22-jährige, aus einer Berliner Gärtnerfamilie stammende Johann Karl Friedrich Bouché die Stelle als Direktor des Großen Gartens, Dresdens größtem Park, an. In seiner fast 50-jährigen Amtszeit erweiterte er die vernachlässigte Anlage zu ihrer heutigen Größe und gestaltete sie zu einem Landschaftspark und einer Erholungsstätte um. Die Neugestaltung des Palaisbereichs, der Zukauf neuer Flächen, die Anlage des Carolateiches, der Bau eines eigenen Wasserwerks und der elektrischen Beleuchtung sowie die Einrichtung von Fuß- bzw. Radwegen und Spielplätzen fallen in diese Zeit. Der inzwischen zum »kgl. Gartenbaudirektor« aufgestiegene Bouché war im Landesverein Sächsischer Heimatschutz aktiv und leitete ab 1895 die »Flora«, eine Gesellschaft für Botanik und Gartenbau, die ab 1887 die Internationalen Gartenbauausstellungen im Großen Garten ausrichtete.

Brauer, Fritz 1918 – 1939

Architekt

Reichenbachstraße 52, Lindengasse 9

Brauer wirkte als Baumeister am Synagogenbau. Er gehörte dem Gemeinderat der Israelitischen Religionsgemeinde Dresden an und war geachtetes Mitglied der Fraternitasloge, die 1933 von den Nationalsozialisten aufgelöst wurde. Kurz vor der geplanten Emigration erkrankte er im Sommer 1939 an einer Mittelohrentzündung, wurde aber seiner jüdischen Herkunft wegen nicht zur Operation zugelassen. Er starb »an fehlender Behandlung« am 13. Juli 1939. Seiner Frau Ruth und der Tochter Margot gelang die Flucht aus Deutschland.

Braune, Rudolf 1907 – 1932

Schriftsteller

Nostitz-Wallwitz-Platz 17

Als 14-Jähriger schrieb er Artikel für die Journale der Jugendbewegung. Drei Jahre später gab er mit Gleichgesinnten die legendäre, von Kurt Tucholsky in der *Weltbühne* gefeierte freche Schülerzeitschrift *MOB* heraus, die 1925 verboten wurde. Linke Magazine wie bürgerliche Blätter lobten gleichermaßen seinen ersten Roman »Junge Leute in der Stadt«, dessen Erscheinen der Autor nicht mehr erlebte: Rudolf Braune, Sohn eines Löbtauer Eisenbahners kündigte von sich aus seine Freistelle am Wettiner Gymnasium, arbeitete im Buchhandel und gehörte als jüngstes Mitglied dem Bund proletarisch-revolutionärer Schriftsteller an. 1932 ertrank der 25-Jährige vor den Augen seiner Freundin beim Baden im Rhein.

Breit, James 1872 – 1936

Anwalt, Mäzen

Prellerstraße 14

Der Förderer und Freund von George Grosz arbeitete am Oberlandesgericht und galt deutschlandweit als ausgewiesener Experte für Scheckrecht. 1933 wurden dem »Juden Breit« unter entwürdigenden Bedingungen das Notariat und die Professur an der TH Dresden entzogen. Er starb 1936 an Herzversagen. Seine Familie konnte 1940 in die USA emigrieren.

Bruck, Robert David 1863 – 1942

Kunsthistoriker, Denkmalpfleger

Schnorrstraße 88

Er war Professor für Kunstgeschichte, Rektor der Technischen Hochschule und Denkmalpfleger. 1910 erschien sein Standardwerk »Die Denkmalpflege in Sachsen«. Populär wurde auch sein Buch »Dresden. Eine kunstbetrachtende Wanderung« (1924). Seiner jüdischen Herkunft wegen wurde vom NS-Staat 1941 die Auszahlung seiner Pension eingestellt. Ein Jahr nachdem die Zwangskennzeichnung der jüdischen Bevölkerung im Deutschen Reich eingeführt worden war, nahm sich Bruck 1942 das Leben, »vermutlich, da er mit dem Stern die Straße nicht mehr betreten wollte«.

Bubis, Ignaz 1927 – 1999

Politiker

Hermann-Prell-Straße 6b

Der spätere Vorsitzende des Zentralrats der Juden in Deutschland, dessen Vater, Bruder und Schwester in Vernichtungslagern umgebracht wurden, überlebte im Zwangsarbeitslager in Tschenstochau, das von der Roten Armee befreit wurde. Er kam im November 1945 über Westberlin in das zerstörte Dresden. Von der sowjetischen Militärbehörde erhielt er die Lizenz zur Einrichtung von mehreren »Tauze« genannten Tauschzentralen, »in denen man fast alles, was man noch besaß, zu Eß- und Trinkbarem machen konnte«. Drei Zentralen richtete Bubis in Dresden ein, u.a. in der Kesselsdorfer Straße im Stadtteil Löbtau. 1949 flüchtete er aus Dresden »in den Westen«, nachdem ihm vom sowjetischen Geheimdienst Schwarzhandel mit Kaffee vorgeworfen und eine Zuchthausstrafe in Aussicht gestellt wurden.

Buchwitz, Otto 1879 – 1964

Politiker

Auf dem Meisenberg 8

Nach kurzer illegaler Tätigkeit in Dresden emigrierte der gelernte Eisendreher, Gewerkschafter und SPD-Abgeordnete des Preußischen Landtags 1933 nach Dänemark. 1940 wurde er an Deutschland ausgeliefert und vom Volksgerichtshof zu einer achtjährigen Haftstrafe verurteilt, die er bis 1945 verbüßte. Als Landesvorsitzender der SPD in Sachsen war er maßgeblich an der Vereinigung von SPD und KPD beteiligt. Er wurde Abgeordneter und Präsident des Sächsischen Landtags sowie Abgeordneter der Volkskammer der DDR, Ehrensenator der Technischen Hochschule und Ehrenbürger der Stadt Dresden.

Buck, Wilhelm 1869 – 1945

Politiker, Ministerpräsident

Großenhainer Straße 120 und 80, Barbarossastraße 46, Rückertstraße 14, Schubertstraße 20, Henzestraße 5, Bautzner Landstraße 129

Wilhelm Buck arbeitete als Stuckateurgehilfe, wurde später Vertrauensmann der Stuckateure und Gewerkschaftssekretär. In Dresden vertrat er die SPD in der Stadtverordnetenversammlung und im Stadtrat. Von 1920 bis 1923 amtierte er als Ministerpräsident des Freistaates Sachsen. 1926 verließ Buck die SPD und gründete die »Alte Sozialdemokratische Partei Deutschlands«, die er auch im Sächsischen Landtag als Abgeordneter vertrat.

Büttner, Paul 1870 – 1943

Komponist, Dirigent, Musikkritiker

Bernhardstraße 107, Reitbahnstraße 29

Seine Herkunft als Sohn eines Löbtauer Arbeiters hat der am Dresdner Konservatorium ausgebildete Musiker nie vergessen. Der langjährige Direktor des Konservatoriums setzte sich für die musikalische Volkserziehung ein, gründete und leitete mehrere Laienchöre, gab Sinfoniekonzerte für Jugendvereine der Arbeiterschaft und machte sich als Musikkritiker der *Dresdner Volkszeitung* einen Namen. 1933 wurde der »Arbeiterkomponist« aller Ämter enthoben.

Busch, Fritz 1890 – 1951

Dirigent, Pianist

Wiener Straße 67

Er kam 1922 als Opern- und Generalmusikdirektor nach Dresden. In der »Ära Busch«, einem der wichtigsten Abschnitte der Dresdner Operngeschichte, wurde ein hochkarätiges Sängerensemble aufgebaut, es kam zu Gastspielen ausländischer Ensembles, Auslandsreisen der Staatsoper und zahlreichen Uraufführungen. Busch, der etwa tausendmal selbst am Pult stand und in der Oper wie im Konzert ein breit gefächertes Repertoire vertrat – neben Mozart, Wagner und Strauss auch Neues von Hindemith, Weill, Strawinsky und Schönberg –, setzte zudem auf eine Zusammenarbeit mit der Dresdner Philharmonie. Bereits 1928 warf ihm die NSDAP einen »undeutschen Spielplan« vor, im März 1933 wurde er aus allen Ämtern vertrieben und zwar buchstäblich, als SA-Männer den hoch gelobten und international anerkannten Dirigenten aus der Semperoper jagten. Busch emigrierte nach Argentinien.

Cebotari, Maria 1910 – 1949

Sängerin

Hospitalstraße 13, Wiener Straße 36, Parkstraße 3

Die in Bessarabien geborene Sopranistin, die zunächst als Schauspielerin am Moskauer Künstlertheater engagiert war, debütierte nach einem Gesangsstudium in Berlin 1931 als Mimi in Puccinis »La Bohème« an der Dresdner Staatsoper. Ab 1934 Kammersängerin, sang sie u.a. die Titelrolle in der Uraufführung »Die schweigsame Frau« von Richard Strauss. Sie blieb bis 1943 in Dresden.

Chitz, Arthur Oskar 1882 – 1944

Musiker

Helmholtzstraße 3 b, Lothringer Weg 2

Nach Dresden kam der Sohn einer jüdischen Prager Familie und promovierte Musikwissenschaftler, um Chemie zu studieren. 1911 wurde er Diplomingenieur, doch drei Jahre später war er schon Dozent für Theorie und Musikgeschichte an der Musikschule von Ernst Schuch und gab erfolgreich Konzerte als Pianist, auch als Begleiter für Richard Tauber und Mary Wigman. Später, nun Musikdirektor des Schauspielhauses, komponierte er Musiken für Theateraufführungen, z.B. auf dessen ausdrücklichen Wunsch für Gerhart Hauptmann. 1933 wurde er zur unerwünschten Person erklärt und zwangsweise in den Ruhestand versetzt. 1938 kurzzeitig im KZ Buchenwald inhaftiert, wurde er drei Jahre später ins Altersjudenhaus auf dem Lothringer Weg eingewiesen, weshalb er seine wertvolle Bibliothek und Notensammlung aufgeben musste. 1942 wurde er ins Baltikum deportiert und starb in einem KZ bei Riga.

Cohrs, Eberhard 1921 – 1999

Komiker, Schauspieler

Blumenstraße 61

Eberhard Cohrs, dessen Vater ein Hutmachergewerbe in der Johannstadt betrieb, absolvierte zunächst eine Ausbildung zum Konditor und Pastetenbäcker. Im November 1945 bestätigte ihm die Artistenloge sein komisches Talent und erteilte dem für seine »große Gusche« bereits stadtbekannten, gerade mal 1,56 Meter kleinen Humoristen die Bühnenerlaubnis. Bekannte Conferenciers wie Uli Busch und Heinz Quermann öffneten ihm die Türen der Rundfunk- und Fernsehstudios. Bald folgten Schallplattenaufnahmen und kleinere Rolle in DEFA-Filmen. Auch vor Theaterauftritten (1976 gab er in Rostock den »Frosch« in der »Fledermaus«) scheute er nicht zurück, feierte seine größten Erfolge aber weiterhin als kurios die Worte und ihren Sinn verdrehender Erlkönig-Interpret und – im aggressiven Dialog mit dem Sketchpartner Horst Feuerstein – als widerborstiger Meckerer über Gott und die Welt.

Collum, Herbert 1914 – 1982

Organist und Komponist

Johann-Georgen-Allee 7 und 13 (heute: Lingnerallee), Kaitzer Straße 85

Collum war 21 Jahre, als er 1935 in der Nachfolge von Bernhard Pfannstiehl zum Organisten der Kreuzkirche gewählt wurde, und behielt dieses Amt bis zu seinem Tod. Der virtuose Organist stellte Johann Sebastian Bach in den Mittelpunkt seiner Kammermusikpflege, war aber auch ein hervorragender Interpret zeitgenössischer Orgelmusik. Nach dem Krieg, als die Kreuzkirche fast 20 Jahre keine eigene Orgel besaß, veranstaltete er die »Dresdner Collum-Konzerte«, arbeitete als Chordirigent, Cembalist, Komponist und Lehrer, ab 1960 als Professor an der Musikhochschule.

Conert, Herbert 1886 – 1946

Bauingenieur, Stadtbaudirektor

Stephanienstraße 4, Feldherrenplatz 11 (heute: Thomas-Müntzer-Platz), Metzschstraße 1 (heute: Sierksstraße), Knoopstraße 12

Nach dem Hochbaustudium an der TH wurde Conert zunächst Regierungsbauführer, ab 1922 Stadtbaudirektor und Technischer Leiter des Baupolizeiamtes. Als Mitglied der Deutschen Volkspartei lehnte er die Gefolgschaft zum Naziregime ab, so dass er nach dem Krieg die Leitung der sächsischen Bauverwaltung übernehmen und 1946 für kurze Zeit am Dresdner Aufbauplan entscheidend mitarbeiten konnte, wobei er eine »Wiederherstellung des Stadtbildes unter Wahrung seines barocken Charakters in der Innenstadt« beabsichtigte.

Conradi, Heinrich Wilhelm 1876 – 1943

Hochschullehrer, Bakteriologe

Hübnerstraße 1, Bergstraße 3, Waldparkstraße 9, Judenhaus Kaiserstraße 1 (heute: Robert-Blum-Straße)

»Über Tollwut« hieß die Antrittsrede, die Heinrich Wilhelm Conradi 1913 an der Kgl. Sächsischen Technischen Hochschule hielt und damit seine langjährige, von Kriegsdienst und einer Zwangsversetzung unterbrochene Tätigkeit als Hochschullehrer aufnahm. Ein Jahr zuvor war er bereits zum Leiter der Bakteriologischen Abteilung der Zentralstelle für öffentliche Gesundheitspflege in Dresden bestellt worden. Verdienste erwarb er sich mit seinen bakteriologischen und epidemiologischen Forschungen und der aktiven Seuchenbekämpfung. Conradi, jüdischer Herkunft, aber zum Christentum konvertiert, wurde mit Erlass der Nürnberger Gesetze aus dem Lehramt geworfen. Ehrenamtlich übernahm er die hygienische Betreuung der so genannten Judenhäuser. Zu Zwangsarbeit u. a. in der Rüstungsfabrik Zeiss Ikon verpflichtet, wurde er im Frühjahr 1943 verhaftet, weil er in einer Markthalle Radieschen gekauft und damit gegen geltende Verbote für Juden verstoßen hatte. Wenige Tage später war er tot, die offizielle Todesursache lautete »Vergiftung« – »Toxinbildung bei den Milzbrandbakterien« war das Thema seiner Dissertation.

Crecelius, Wilhelm Christian 1898 – 1979

Arzt

Prager Straße 1, Praxis: Fürstenplatz 1 (heute: Fetscherplatz), Fürstenstraße 22, (heute: Fetscherstraße)

Crecelius kam 1924 als Assistenzarzt nach Johannstadt und hatte von 1933 bis 1945 eine eigene internistische Praxis. Der Spezialist für Magen-, Darm- und Stoffwechselkrankheiten wurde 1946 Chefarzt der Medizinischen Klinik Johannstadt. Nach seiner Habilitation über Ernährungsphysiologie war er 1945 Mitbegründer der Medizinischen Akademie Dresden, deren Vize-Rektor und ab 1957 Ordinarius für Innere Medizin. Besondere Verdienste erwarb er sich um die Neueröffnung der Schwesternschule. Ein Blutzuckermessgerät und eine Schnellmethode zur Blutzuckerbestimmung gehen auf ihn zurück.

Czechowski, Heinz 1935 – 2009

Lyriker, Erzähler

Burgsdorffstraße 5

Nur wenige Dichter dürfte es geben, deren Schaffen so intensiv mit ihrer Geburtsstadt und deren Zerstörung am 13. Februar 1945 verbunden ist, wie das des Lyrikers Heinz Czechowski. Der signifikante Vertreter der ominösen »Sächsischen Dichterschule« wurde zum Technischen Zeichner und Werbegestalter ausgebildet und studierte am Leipziger Literaturinstitut. Er arbeitete als Lektor und Dramaturg, bevor er sich entschloss, freier Autor zu werden. Mit zahlreichen Literaturauszeichnungen geehrt (Goethe-Preis, Heine-Preis, Heinrich-Mann-Preis ...) schuf er ein beeindruckend originelles lyrisches Œuvre und erwies sich zudem als einfühlsamer Nachdichter der Werke von Marina Zwetajewa und Janis Ritsos. Zu seinen am weitesten verbreiteten und bekanntesten Büchern zählt der Lyrik/Prosaband »Auf eine im Feuer versunkene Stadt« aus dem Jahre 1990.

Dankner, Hans 1908 – 1945

Bergsteiger, Widerstandskämpfer

Ziegelstraße 11

Hans Dankner besuchte in Dresden die Volksschule und erlernte den Beruf eines Gärtners. Er engagierte sich im jüdischen Jugendbund »Blau-Weiß«, im Kommunistischen Jugendverband und als Bergsteiger in der »Vereinigten Kletterabteilung«. 1933 verhaftet und zu einer Gefängnisstrafe verurteilt, gelang ihm 1934 die Flucht in die Tschechoslowakei, von wo aus er Widerstandsaktionen im Deutschen Reich und den illegalen Kurierdienst organisierte. 1939, nach seiner erneuten Verhaftung in Prag, wurde er zu zwölf Jahren Zuchthaus verurteilt und wenige Monate vor dem Kriegsende im Konzentrationslager Dachau umgebracht.

Däubler, Theodor 1876 – 1934

Schriftsteller

Heideweg 26

Der Dichter des viel gelobten, jedoch sehr selten gelesenen lyrischen Poems »Nordlicht« war ab 1914 häufiger Gast der Familie Bienert in Dresden, die den Vaganten unter den Dichtern nach Kräften förderte. Später bezog er in Hellerau für längere Zeit Quartier im von Tessenow entworfenen Haus des Bildhauers Peterich. »Als Gast war er nicht bequem«, erinnerte man sich später, »doch kindlich und grundgütig. Ging er mächtigen Schrittes durch die kleinen Zimmer, begann alles zu klirren.« Auch fand er in der Gartenstadt in Jakob Hegner einen geneigten Verleger, der seine Werke, darunter die »Oden und Gesänge«, den Prosaband »Mit silberner Sichel« und den bedeutsamen Essay »Der neue Standpunkt« edierte.

Dehler, Wolfgang 1936 – 2002

Schauspieler, Sänger

Bergbahnstraße 1, Kurparkstraße 8

Seit den 1960er-Jahren auf den Dresdner Bühnen zuhause, brillierte Dehler, bekannt für seine eindrucksvoll »tiefe, sonore und beruhigende Stimme«, vor allem in der Hauptrolle in Lessings »Nathan der Weise«. Er arbeitete als Synchronsprecher, Chanson- und Jazzinterpret und spielte in mehr als 30 Filmen. Im Fernsehen war er in zahlreichen »Polizeiruf 110«-Produktionen zu sehen.

Dember, Harry 1882 – 1943

Physiker, Hochschullehrer

Kaitzer Straße 151

Von 1910 bis 1933 wirkte er als Professor für Experimentalphysik an der TH Dresden. Sein Forschungsschwerpunkt war die Wechselwirkung zwischen natürlicher UV- Strahlung der Sonne und der Atmosphäre. 1922 zum Leiter des Physikalischen Instituts ernannt, forschte er zum lichtelektrischen Effekt in Halbleitern, die von ihm entdeckte photoelektromotorische Kraft wird als Dember-Effekt bezeichnet. 1933 wegen seiner jüdischen Herkunft entlassen, wanderte er in die USA aus.

Derksen, Johannes 1898 – 1973

Priester, Schriftsteller

Borsbergstraße 13

Der aus dem Rheinland stammende Sohn eines Kohlenhändlers wurde 1926 zum Priester geweiht, war während des Zweiten Weltkrieges als Militärseelsorger eingesetzt, wurde kurzzeitig von der Geheimen Staatspolizei in Haft genommen und arbeitete nach dem Krieg an verschiedenen Orten des Bistums Meißen als Seelsorger, zuletzt von 1949 bis 1963. Von Papst Johannes XXIII. 1962 zum Päpstlichen Geheimkämmerer ernannt, erlangte er außerordentliche Popularität in beiden Teilen Deutschlands als renommierter christlicher Belletrist, dessen Bücher eine Gesamtauflage von über einer halben Million Exemplaren erreichten. Besonders bekannt wurde sein historischer Roman »Ein Haus voll Glorie. August der Starke und die Hofkirche«, der in neun Auflagen erschien.

Deutsch, Ernst 1890 – 1969

Schauspieler

Rißweg 68, Pension Felsenburg

Bevor Ernst Deutsch zum gefeierten Star des Deutschen Theaters in Berlin avancierte, spielte der in Prag geborene Mime ab 1916 am Dresdner Albert-Theater vorwiegend unter der Regie von Berthold Viertel. Seine Interpretation des Titelhelden in Walter Hasenclevers die Bühne revolutionierenden Stück »Der Sohn« galt als beispielgebend für die expressionistische Ära des deutschsprachigen Theaters. »Es war ein neuer Jünglingsspieler gefunden, … ein Ekstatiker modernen Schlages, etwas höchst Seltenes und Begehrenswertes für unsere an solchen Kräften besonders arme Bühne«. (Julius Bab) Deutsch musste als Jude Nazi-Deutschland 1933 verlassen. Er emigrierte in die USA, wo er als Bühnen- und Filmschauspieler erfolgreich wirkte und kehrte erst 1947 nach Europa zurück. Zunächst in Wien und Düsseldorf engagiert, spielte er bis zu seinem Tode am Schiller-Theater in Berlin.

Dieckmann, Johannes 1893 – 1969

Politiker, Journalist

Fürstenstraße 7, Henzestraße 11, Anton-Graff-Straße 8

Der Pfarrerssohn aus Fischerhude engagierte sich seit 1919 politisch, nachdem er dem Vorsitzenden der Deutschen Volkspartei Gustav Stresemann »im Hause eines Onkels« persönlich begegnet war. Er gehörte von 1930 bis 1933 dem Sächsischen Landtag an. Nach dem Attentat vom 20. Juli 1944 auf Hitler, an dem sein Cousin Albrecht Mertz von Quirnheim beteiligt war, stand er unter verschärfter Beobachtung der Gestapo. In den Nachkriegsjahren leitete er das »Sächsische Kohlekontor«, schuf den Verlag des *Sächsischen Tageblattes* in Dresden und gehörte zu den Initiatoren der Liberaldemokratischen Partei Deutschlands in der sowjetischen Besatzungszone, als deren Abgeordneter er dem Sächsischen Landtag angehörte. Von 1960 bis 1969 bekleidete er die Funktion des stellvertretenden Vorsitzenden des Staatsrates der DDR und stand seit deren Gründung 1949 als bislang »einziger ›liberaler‹ Präsident eines überregionalen Parlaments seit 1918«, der Volkskammer vor.

Dietrich, Antonia 1900 – 1975

Schauspielerin

Collenbuschstraße 30, Heubnerstraße 9, Zeppelinstraße 4

Die in Dresden außerordentlich verehrte, in Wien geborene Mimin, spielte von 1919 bis 1946 und von 1950 bis 1975 am Staatstheater. Hier debütierte sie unter der Regie von Paul Wiecke als Gretchen in Goethes »Faust« und verkörperte beinahe 200 Rollen. Zum gefeierten Bühnenstar avancierte sie endgültig 1924 in Goethes Tragödie »Iphigenie auf Tauris«. Legendär wurden in den 60er- und 70er-Jahren ihre »grundsätzlich ausverkauften« Soloprogramme. »Immer aber bleibt sie bescheiden und einfach, erfüllt von einer spontanen Begeisterungsfähigkeit und Menschlichkeit. Sie fühlte sich als Dienende am dramatischen Werk …« (Emil Ulischberger).

Diettrich, Fritz 1902 – 1964

Schriftsteller

Malerstraße 22

Der Lyriker, Dramatiker und Essayist war in seiner Jugend als formbewusster, der Welt der Antike verbundener Dichter zu Ansehen gelangt. Er wuchs im Stadtteil Striesen auf und wohnte später auf dem Loschwitzer Weinberg. Wenige Monate nach seiner Heimkehr aus der russischen Kriegsgefangenschaft in das zerbombte Dresden zog er nach Kassel weiter. Als Dichter und Dramatiker scheint Diettrich heute vergessen. Nach wie vor gedruckt, ediert und gelesen aber werden seine Aphorismen und vor allem der Erinnerungsband »Im glücklichen Dresden« – als ein noch immer wichtiges »Zeugnis persönlicher Rückschau, deren Atmosphäre verzauberter Besinnung überlegene Weisheit und dankbare Heiterkeit umschließt«.

Diez, Robert 1844 – 1922

Bildhauer

Calberlastraße 7, Eliasstraße 32, Fürstenstraße 80, Amalienstraße 3, Ferdinandstraße 3, Blumenstraße 31, Striesener Platz 11

Der Sohn des Bürgermeisters von Pößneck studierte an der Dresdner Kunstakademie bei Johannes Schilling. 1879/80 schuf er das wohl beliebteste Wasserspiel der Stadt, den »Gänsediebbrunnen«, der bis 1945 seinen Standort am Ferdinandplatz hatte und 1961 auf der Weißen Gasse neu aufgestellt wurde. Bestehend aus einer Bronzefigur auf Granitunterbau, soll es Thomas Platter, der 1512 »als fahrender Schüler die Kreuzschule in Dresden besucht hatte«, beim Diebstahl zweier Gänse zeigen. Platter wurde später Rektor der Baseler Lateinschule. Weiterhin schuf Diez u. a. die beiden bekannten Monumentalbrunnen »Stille Wasser« und »Stürmische Wogen« (1893) am Albertplatz. Zu seinen Studenten an der Akademie gehörte Ernst Barlach, der 1892 über seinen Professor in einem Brief urteilte: »... er ist pflichteifrig, tolerant in geistiger Beziehung und dabei besonnen genug, ein wirklich gediegenes Können bei seinen Schülern zu erzwingen«.

Dix, Otto 1891 – 1969

Maler

Bayreuther Straße 32, Kesselsdorfer Straße 11

Vom Dekorationsmaler in Gera über den Besuch der Dresdner Kunstgewerbeschule zum Meisterschüler und Professor an der Kunsthochschule ging Otto Dix, der »aus kleinsten Verhältnissen stammte«, in Dresden unaufhaltsam seinen Weg als kritisch realistischer Maler, ohne sich von Gruppen und Richtungen vereinnahmen zu lassen, denn: »Sein gesunder Instinkt durchschaute den gefährlichen Schwindel der anarchistisch aufgeputzten Kunstkomödie, diese Maskerade hilfloser Spießer, und er entwickelte aus sich heraus seinen Stil, den Stil der eiskalten Objektivität.« (Erich Knauf) Aus dem Ersten Weltkrieg zurückgekehrt, gründete er mit Gleichgesinnten die »Gruppe 19« der »Dresdner Sezession«. 1933 von den Nationalsozialisten aus der Akademie gejagt und mit Ausstellungsverbot belegt, zog er sich 1936 an den Bodensee zurück, nutzte aber bis an sein Lebensende das Atelier im Dachgeschoss der Kesselsdorfer Straße 11 in der Vorstadt Löbtau. Sein wohl bekanntestes Werk, das Triptychon »Der Krieg«, gehört zu den bedeutendsten Exponaten der Dresdner Galerie Neue Meister.

Dohrn, Wolf 1878 – 1914

Mäzen

Heideweg 20

Als Sohn des bekannten Meeresbiologen Anton Dohrn in Neapel geboren, wirkte der studierte Nationalökonom von 1908 bis 1910 als erster Sekretär des Deutschen Werkbundes und gilt, neben Karl Schmidt, als Begründer der Gartenstadt Hellerau. Ihm ist die Einrichtung der »Bildungsanstalt Jaques-Dalcroze« im Hellerauer Festspielhaus zu verdanken. Der spätere Bundespräsident Theodor Heuss, Biograf des Meeresbiologen Dohrn, erinnerte sich an dessen Sohn, seinen guten Freund: »ein Hauch der Freude umgab ihn und machte ihn doppelt interessant, der Ruhm des Vaters ... blieb ganz im Hintergrund, aber das Weltmännische, das von der Mutter her in den russisch-polnischen Raum ging, war immer spürbar«. Bei der Grundsteinlegung des Hellerauer Gebäudes am 22.4.1911 verkündete er in seiner Festrede programmatisch: »Unsere Anstalt unterscheidet sich von den meisten Lehr- und Bildungsanstalten dadurch, daß sie einem ganz bestimmten Gedanken dient: der Wiedergewinnung des Rhythmus in der Erziehung, in der Bildung der Persönlichkeit, in der Kunst und im Leben.« Dohrn, der das Gartenstadtprojekt mit seinem Vermögen elementar unterstützt hatte, kam 1914 in den Walliser Alpen bei einem Skiunfall ums Leben.

Dombois, Susanne 1897 – 1969

Tänzerin

Neubertstraße 11, Blasewitzer Straße 39

Die spätere Primaballerina wurde nach dem Abschluss der Ballettschule mit 16 Jahren Mitglied des Ballettkorps der Königlichen Hofoper in Dresden. Sie brillierte als Sulamith in Richard Strauss' »Josephs-Legende«, als Heilige in E.T.A Hoffmanns »Die Elixiere des Teufels« sowie weiteren klassischen und zeitgenössischen Rollen. 1932 beendete sie ihre Karriere.

Dorsch, Ferdinand 1875 – 1938

Maler, Grafiker

Parkstraße 1, Schevenstraße 7

Im ungarischen Fünfkirchen geboren und in Wien aufgewachsen, ermöglichte dem jungen Ferdinand Franz-Engelbert Dorsch ein »fürstliches Stipendium« aus dem Hause Reuß das ersehnte Studium an der Dresdner Akademie. Musste er sich am Beginn seines Wirkens noch »mühselig durch Photoretuschen an Porträtvergrößerungen mit Wischer und Kreide« durchschlagen, gelangte er nach geraumer Zeit an lukrativere Porträtaufträge, u.a. des Prinzen Johann-Georg von Sachsen. Er gründete eine gut frequentierte private Malschule, in der 1912 der junge Conrad Felix Müller »unter den Damen der Dresdner Adelsgesellschaft saß und nach den lebenden Modellen nur zeichnen durfte, nicht malen, Köpfe vormittags, Akte abends«. Dorschs Maxime »Malerei ist Schinderei« bezog Felixmüller durchaus auch auf sein eigenes Schaffen und Agieren in der literarischen Szene. Dorsch gründete den Künstlerbund »Die Elbier«, wirkte als Professor an der Akademie, deren Rektor er später wurde, und stand dem Sächsischen Kunstverein vor, organisierte Ausstellungen und initiierte Ankäufe der Dresdner Sammlungen. Sein Gemälde »Lampionfest« wurde auf der Internationalen Kunstausstellung 1909 in München und der Akademie-Ausstellung in Dresden mit Goldmedaillen ausgezeichnet.

Drude, Oscar 1852 – 1933

Botaniker

Stübelallee 2

Ein Doldenblütler, »Drudeophytum J. M. Coult. & Rose«, trägt seinen Namen. Über 40 Jahre Professor für Botanik, hat sich Oscar Drude auch um die Entwicklung des Botanischen Gartens verdient gemacht. In seiner Amtszeit als Direktor wurde der Garten von der Schießgasse an den Rand des Großen Gartens verlegt und die Pflanzungen nach den Regionen der Erde angelegt. Auch die Errichtung der Außenstelle auf der Bosel bei Meißen geht auf ihn zurück, indem er den Landesverein Sächsischer Heimatschutz zum Kauf des von einem Steinbruch bedrohten Geländes animierte. Über seine Forschungen zur ökologischen Pflanzengeografie hat Drude, der zu den Gründern der Deutschen Botanischen Gesellschaft gehörte, zahlreiche Lehrbücher verfasst. Von 1906 bis 1918 war er Rektor der TH Dresden.

Dülfer, Martin 1859 – 1942

Architekt

Bendemannstraße 8

Sein Entwurf für das Schauspielhaus an der Ostra-Allee war preisgekrönt worden, dennoch verzichtete Martin Dülfer zugunsten des Architekturbüros Lossow & Kühne auf dessen Ausführung. Er gilt als wichtiger Vertreter des Historismus und Jugendstils, der vor allem wegen mehrerer großer Theaterbauten bekannt wurde. In Dresden legte er einen Gesamtplan für das Hochschulviertel vor und entwarf dort den Fritz-Förster- und den Beyer-Bau, das Wahrzeichen der Technischen Universität, sowie den Neubau des Hotels Bellevue. Über 20 Jahre war er Professor für das Entwerfen von Hochbauten an der TH, zu seinen Assistenten zählte u. a. Heinrich Tessenow.

Dunsch, Lothar 1948 – 2013

Chemiker, Sachbuchautor, Verleger

Königstraße 12, Voglerstraße 2

Der international anerkannte Chemiker und Honorarprofessor an der Technischen Universität Dresden, Stadtverordnete und profilierte Verfasser mehrerer, vor allem wissenschaftsgeschichtlicher Sachbücher, gründete nach 1989 einen der ersten privaten Verlage Dresdens, den Hellerau Verlag, der sich am verlegerischen Vorbild des Hellerauers Jakob Hegner orientierte und dessen Programm, neben Saxonia und Dresdensia, bemerkenswerte belletristische Veröffentlichungen, z. B. Werke von Gustav Nieritz, Erhart und Erich Kästner, Peter de Mendelssohn sowie die viel beachtete Reihe YESS für junge Literatur, umfasste.

Dziuba, Helmut 1933 – 2012

Filmregisseur

Weinbergstraße 57, Abbe-Straße 6

Der spätere DEFA-Filmregisseur wuchs in Dresden auf. Hier erlernte er den Beruf des Starkstrommonteurs und arbeitete als Redakteur und Kabarettist für den *Mitteldeutschen Rundfunk*. Er legte an der Abendschule das Abitur ab und wurde 1953 an die Moskauer Filmhochschule delegiert. Neben dem Studium arbeitete er in Moskau auch als Journalist, Hörspielregisseur und Filmemacher. Ab 1962 war er für die DEFA erst als Regieassistent, später als Regisseur und Drehbuchautor tätig. Zu den wichtigsten Filmen des vor und nach der Wende mit zahlreichen Preisen dekorierten Künstlers gehören »Sabine Kleist, 7 Jahre« (1982), »Verbotene Liebe« (1989) und »Jan und Jana« (1992).

Ebenhorst, Robert Eberan von 1902 – 1982

Rennfahrer, Hochschullehrer, Konstrukteur

George-Bähr-Straße 12

Alles in seinem Leben hatte mit Motoren zu tun. Der in Wien geborene Rennwagenfanatiker gewann 1925 das 24-Stunden-Rennen von Wien nach Augsburg und zurück, da war er noch mit dem Motorrad unterwegs. Assistenz am Institut für Kraftfahrwesen an der TH und Chef der Rennabteilung der Auto Union Zwickau waren weitere Stationen seiner Karriere, die ihn 1941 für vier Jahre als Professor für Kraftfahrwesen und Leichmotorenkunde wieder an die TH Dresden führte. Hier entwickelte er für renommierte Autofirmen Renn- und Serienwagen. Nach dem Krieg blieb er dem Auto eher unfreiwillig treu – als Kraftfahrer für einen sowjetischen Oberst. Der drohenden Verbringung als Spezialist für die Kraftfahrzeugindustrie in die Sowjetunion entzog er sich und ging nach Süddeutschland, wo er maßgeblich an der Entwicklung des ersten Serienmodells von Porsche, dem Typ 356, beteiligt war.

Ehlert, Fritz 1935 – 1984

Kabarettist, Hörspielsprecher

Fetscherplatz 1, Hochschulstraße 32

Neben Hans Glauche zählte Fritz Ehlert bis in die 80er-Jahre hinein zu den beliebtesten und durch zahlreiche Fernseh- und Hörfunkauftritte auch bekanntesten

Kabarettisten der Elbestadt. Unvergesslich bleiben seine mit Glauche dargebotenen »Gustav-Erich-Dialoge«, die es mehrfach bis in den »Kessel Buntes« des DDR-Fernsehens schafften.

Ehrhardt, Roland 1924 – 1999

Grafikdrucker, Steindrucker

Wolfsberg 1, Pillnitzer Landstraße 59

1949 trat Roland Ehrhardt in die Fußstapfen seines Vaters, übernahm dessen Druckwerkstatt in der Nähe der Dresdner Kunstakademie und wurde hier zum »Anlaufpunkt« des mittlerweile am Bodensee lebenden Malers Otto Dix, der auf der Kesselsdorfer Straße noch immer über ein Atelier verfügte und für den Roland Ehrhardt »mehr als 200 Lithographien« druckte. Von 1986 bis 1990 lehrte er als Dozent für grafische Drucktechniken an der Dresdner Kunsthochschule. Seinen Lebensabend verbrachte Ehrhardt, den Dix in einer persönlichen Widmung als den »besten Drucker Deutschlands« gefeiert hatte, im Künstlerhaus Loschwitz auf der Pillnitzer Landstraße.

Eich, Günter 1907 – 1972

Schriftsteller

Waldparkstraße 3, Schillerstraße 9, Veilchenweg 20

Der Lyriker und Hörspielautor, Sohn eines Lebuser Guts- und Ziegeleipächters, gehörte zu den bedeutendsten Mitarbeitern der Dresdner Zeitschrift *Kolonne*, die sein Freund und Kollege Martin Raschke gegründet hatte. Mit seinen frühen Gedichten etablierte er sich als Autor des hier ansässigen Wolfgang Jess-Verlages. Eich und Raschke wurden mit ihrem gemeinsam verfassten Hörstück »Leben und Sterben des Sängers Caruso« (1929) zu Pionieren der deutschen Funkdichtung. Eich lebte zwischen 1932 und 1939 abwechselnd in Berlin und Dresden.

Engels, Hubert 1854 – 1945

Hochschullehrer, Wasserbauer

Bürgerwiese 6, Schnorrstraße 50, Schweizer Straße 12, Kaitzer Straße 16, Hübnerstraße 1b

Im Keller des Hochschulgebäudes am Bismarckplatz entstand 1898 die weltweit erste »Ständige Flussbau-Versuchsanstalt«. Initiator des Projekts war Hubert Engels, von 1890 bis 1925 Professor für Wasserbau an der TH Dresden. In seinem Laboratorium, dessen Nachfolger im Beyer-Bau der TU untergebracht ist und seinen Namen trägt, wurde alles, was sich im Wasserbau nicht berechnen ließ, durch Versuche erforscht. Engels war Autor eines zweibändigen »Handbuchs des Wasserbaus«, 1923 erschien sein Buch »Die Bändigung des Gelben Flusses«. Die Regulierung des Flusses Hwang Ho interessierte ihn auch nach seiner Emeritierung, so dass er Berater der chinesischen Regierung wurde und für seine Arbeit einen chinesischen Verdienstorden erhielt.

Engert, Rolf 1889 – 1962

Schriftsteller, Philosoph, Wirtschaftsreformer

Wachwitzer Weinberg 9

Der Philosoph Max Stirner, der Freiwirtschaftler Silvio Gesell, der Dramatiker Henrik Ibsen, sie waren die Leitsterne des Doktors der Philosophie vom Wachwitzer Weinberg – über sie hat er immer wieder geschrieben. »Radikaler Individualismus auf allen Gebieten und mit all seinen Konsequenzen« lautete das Credo des von ihm gegründeten »Verlages des Dritten Reiches«, dessen Name auf ein Ibsen-Zitat zurückging. Konsequenzen seiner unkonventionellen dichterischen und wissenschaftlichen Arbeiten waren finanzielle Unsicherheit und sein Verstummen in der Zeit des Nationalsozialismus. Nach dem Krieg war Engert Lehrer an der Rudolf-Steiner-Schule.

Erfurth, Hugo 1874 – 1948

Fotograf

Palais Lüttichau, Zinzendorfstraße 1

Bereits mit 22 Jahren gründete der in Halle geborene Fotograf sein eigenes Atelier in der Dresdner Johannstadt und entwickelte sich rasch vom »Kabinett- und Visitenkartenportraitisten zum Berufsfotografen mit künstlerischem Anspruch«. Einen geachteten Namen machte er sich als Theaterfotograf und vor allem als gefragter Porträtist bekannter Künstler und Geistesschaffender, dem die Nachwelt eine »abgerundete Serie von repräsentativen deutschen Antlitzen der ersten dreißig Jahre« des 20. Jahrhunderts verdankt, darunter Bildnisse von Käthe Kollwitz, Gerhart Hauptmann und Oskar Kokoschka.

Erlwein, Hans 1872 – 1914

Architekt, Stadtbaurat

Sedanstraße 22 (heute: Hochschulstraße), Sedlitzer Straße 13

Wie viele seiner Zeitgenossen meldete sich auch der Architekt Hans Erlwein 1914 als Kriegsfreiwilliger. Er befand sich unter den Begleitern des ersten Eisenbahntransports, der Pakete aus der Heimat an die Front brachte. An einem Bahnübergang in einem kleinen Ardennenort kam er bei einem Autounfall ums Leben. Beendet wurde damit das Wirken eines Mannes, der das Dresdner Stadtbild prägte wie kaum ein anderer. In den zehn Jahren, die Erlwein als Stadtbaurat und Leiter des Hochbauamtes wirkte, entstanden ca. 50 Gebäude. Neben dem Städtischen Vieh- und Schlachthof im Ostragehege, dem später nach ihm benannten Städtischen Speicher, dem Wasserwerk Hosterwitz oder dem Gasbehälter in Reick, entwarf Erlwein mehrere Schulen, das Sparkassengebäude am Güntzplatz, Feuerwachen in Striesen und in der Louisenstraße sowie die Gaststätte »Italienisches Dörfchen«. Auch kleinere Bauten wie der Wolfshügelturm in der Heide, der Artesische Brunnen am Albertplatz und einige Bedürfnisanstalten gehen auf ihn zurück. Erlwein gehörte auch zu den Gründern der Künstlervereinigungen »Die Zunft« und »Dresdner Künstlervereinigung«.

Ermisch, Hubert Georg 1883 – 1951

Architekt

Loschwitzer Straße 8 (heute: Reinhold-Becker-Straße)

1925 wurde der Architekt Hubert Georg Ermisch zum Leiter der Zwingerbauhütte berufen. Die Restaurierung des barocken Bauwerks in den folgenden Jahren leitete er ebenso wie den Umbau des Japanischen Palais zur Sächsischen Landesbibliothek. Große Verdienste erwarb er sich 1945 bei der Rettung von Zwinger und Hofkirche und bei deren beginnendem Wiederaufbau.

Ernemann, Alexander 1878 – 1956

Unternehmer, Techniker

Krenkelstraße 10, Hainstraße 11, Justinenstraße 8, Werk: Schandauer Straße 48

Ernemann, Heinrich 1850 – 1928

Unternehmer, Techniker

Grunaer Straße 18, Niederwaldstraße 30, Haydnstraße 27, Comeniusstraße 67, Müller-Berset- Straße 26, Werk: Güterbahnhofstraße 10, Pirnaische Straße 50, Schandauer Straße 48

1904 trat Alexander Ernemann, der vorher Erfahrungen bei der AEG und in den USA gesammelt hatte, in das von seinem Vater Heinrich 1889 gegründete und seit 1898 in der Schandauer Straße beheimatete Kamerawerk ein und gestaltete es nach seinen Vorstellungen neu. So wurde, neben verschiedenen Kameratypen, ab 1909 mit dem »Imperator« ein weltweit gefragter Kinoprojektor gebaut, dem 1938 mit der »Ernemann VIIB« ein weiterer Projektor folgte. 1923 entstand ein neues Firmengebäude, dessen Turmsilhouette später das Logo des VEB Pentacon bildete. 1926 fusionierte die Ernemann AG mit anderen Betrieben zur Zeiss Ikon AG, deren Direktor Alexander Ernemann wurde. Nach dem Krieg floh er aus Dresden und setzte seine Arbeit in Stuttgart und Kiel fort.

Heinrich Ernemann, seit 1924 Ehrendoktor, gehörte ebenso wie sein Sohn Alexander zu den Gründungsmitgliedern der »Gesellschaft der Förderer und Freunde der TH«.

Eschebach, Carl 1842 – 1905

Unternehmer

Hospitalstraße 2, Bautzner Straße 82, Villa Eschebach/Albertplatz, Fabrik: Riesaer Straße 7

Mit einem Prunkbau wollte der Fabrikant Carl Eschebach ein sichtbares Zeichen für sein Ankommen in der Oberklasse setzen. 1903 konnte die Villa mit großem Wintergarten und einer Bildergalerie vom Geheimen Kommerzienrat und Träger des Ritterkreuzes des Albertordens und seiner Familie bezogen werden. Viel Freude hatte er daran allerdings nicht, zwei Jahre später starb Carl Eschebach in Monte Carlo an einer Grippe. Sein Aufstieg hatte 1872 mit der Eröffnung einer kleinen Klempnerei mit angeschlossener Manufaktur für hauswirtschaftliche Geräte begonnen. Um die Jahrhundertwende beschäftigte Eschebach in einer modernen Fabrikanlage an der Riesaer Straße 1 200 Arbeiter. In seinem riesigen Mustersaal wurde dem staunenden Publikum alles präsentiert, was der moderne Haushalt brauchte, von der Badewanne bis zum Dampfkastenbad, vom Eisschrank bis zum Eschebach-Heißwasser-Automaten. Eschebach-Küchen waren auch international ein Begriff und wurden von Vertretungen in den wichtigsten europäischen Metropolen angeboten.

Eschwege, Helmut 1913 – 1992

Historiker

Hospitalstraße 9, Comeniusstraße 68

Der jüdische Historiker und Schriftsteller kehrte 1946 mit Unterstützung des bekannten tschechischen Literaturwissenschaftlers Eduard Goldstücker und des »rasenden Reporters« Egon Erwin Kisch aus der Emigration in Palästina über Prag nach Deutschland zurück und ließ sich wenige Monate darauf in Dresden »auf der Hospitalstraße, in einem mehrstöckigen Mietshaus, das beruhigenderweise direkt neben der sowjetischen Kommandantur stand«, nieder. Er baute »antifaschistische Bibliotheken« in Dresden auf und leitete die Abteilung Literaturvertrieb. 1953 »wegen ideologischer Unklarheiten« aus der SED ausgeschlossen und seines Amtes als Abteilungsleiter enthoben, arbeitete er als Bibliothekar an der Technischen Hochschule und widmete sich weiterhin historischen Studien zur Geschichte der Juden in Deutschland. 1981 konnte nach langer Verzögerung sein Werk »Die Synagoge in der deutschen Geschichte« erscheinen. Nach der Wende veröffentlichte er seine Erinnerungen unter dem Titel »Fremd unter meinesgleichen – Erinnerungen eines Dresdner Juden«.

Fechter, Paul 1880 – 1958

Literaturhistoriker

Schnorrstraße, Nürnberger Straße 20

Mit 19 kam der Handwerkersohn aus Ostpreußen nach Dresden, um an der TH Architektur zu studieren, besuchte Vorlesungen von Cornelius Gurlitt und war Stammgast der Galerien und Museen. 1906 begann Fechter im Feuilleton der *Dresdener Neuesten Nachrichten* zu arbeiten, bis er 1911 zur *Vossischen Zeitung* nach Berlin ging. In seinen nach 1945 veröffentlichten Erinnerungsbüchern »Zwischen Haff und Weichsel« und »Menschen und Zeiten« hat Paul Fechter auch über seine Dresdner Jahre geschrieben und über seine Begegnungen mit Künstlern und Schriftstellern. Er traf Frank Wedekind, lernte Max Liebermann, Henri van de Velde und Käthe Kollwitz kennen. Und natürlich Ernst Ludwig Kirchner. 1907 saßen zwei nackte Männer im Saal der Feldschlösschen-Brauerei nebeneinander und warteten darauf, gemustert zu werden. Wenig später sahen sich der Künstler und der Kritiker wieder, wohlgekleidet diesmal – der Kunstsalon Richter zeigte an diesem Tag erstmals Arbeiten der Künstlergruppe Brücke. Bereits 1914 legte Fechter mit dem Band »Der Expressionismus« eine der ersten Darstellungen über diese neue »Ausdruckskunst« vor. Er schrieb über Gerhart Hauptmann und Frank Wedekind, humorvolle Berlin- und Ostpreußenromane, außerdem machte er sich als Feuilletonist und Kritiker der führenden Berliner Zeitungen und als Literaturhistoriker einen Namen.

Fedin, Konstantin 1892 – 1977

Schriftsteller, Schauspieler

Uhlandstraße 37

Im Mai 1914 kam Fedin als Student des Moskauer Kommerzinstituts nach Deutschland, um seine Sprachkenntnisse zu erweitern. Zunächst in Bayern ansässig, gelangte er bei Ausbruch des Ersten Weltkrieges am 1. August 1914 auf der Flucht in die Heimat nach Dresden, wo er zivilinterniert wurde und Unterkunft bei der Familie des Postbeamten Mehnert auf der Uhlandstraße fand. In Dresden nahm der angehende Schriftsteller Zeichenunterricht bei dem litauischen Maler Lasar Segall, besuchte mehrfach die Gemäldegalerie und arbeitete an seinem Romanerstling »Die Einöde«, den er später vernichtete. Nachdem er im November 1914 aus der sächsischen Residenz ausgewiesen worden war, reiste er nach Zittau und Görlitz weiter, wo er bis 1918 interniert blieb, aber dennoch als »Chorist und Schauspieler am Theater« wirken und russischen Sprachunterricht erteilen konnte. 1920 schrieb Fedin auf Anregung von Maxim Gorki die Szenenfolge »Bakunin in Dresden«.

Fehrmann, Lina Franziska 1900 – 1950

Modell

Am See 36, Zwickauer Straße 40, Polierstraße 18 und 23, Falkenstraße 20, Kleine Plauensche Gasse 60, Martin-Opitz-Straße 19

Auf dem Äußeren Briesnitzer Friedhof hat Fränzi, mit bürgerlichem Namen Lina Franziska Fehrmann, »eines der bekanntesten Künstlermodelle der Kunstgeschichte«, ihre letzte Ruhestätte gefunden. Geboren und aufgewachsen in der Dresdner Seevorstadt als Tochter des Schlossers Oskar und der Putzmacherin Alma Fehrmann, kam Franziska bereits als Achtjährige in Kontakt mit den Malern der »Brücke«, die unweit der Seevorstadt auf der Berliner Straße ihr Domizil hatten. Zwischen 1909 und 1911 stand sie dort im Atelier und an den Moritzburger Teichen vor allem Ernst Ludwig Kirchner, Erich Heckel und Max Pechstein Modell. Nachweislich ist sie u. a. auf Heckels Zeichnung »Kirchner und Fränzi«

(1909), dessen Holzschnitt »Fränzi liegend« (1910) sowie Kirchners Aquarell »Kauerndes Mädchen« (1909) und dessen Ölgemälde »Fränzi« (1911) zu sehen. Nachdem die »Brücke«-Maler Dresden via Berlin verlassen hatten, ist eine weitere Tätigkeit Franziskas als Künstler-Muse nicht nachzuweisen. Später gebar sie zwei uneheliche Töchter und verdiente ihren Lebensunterhalt in einer Buchbinderei. Nachdem ihre 1931 geschlossene Ehe mit dem Drucker Alfred Fleischer gescheitert war, zog sie 1948 nach Dresden-Omsewitz. Zwei Jahre später erlag sie einem Herzleiden.

Felixmüller, Conrad 1897 – 1977

Maler, Grafiker

Rietschelstraße 7, Königsbrücker Straße 61

Bereits mit 18 Jahren erhielt Felix Müller, so der eigentliche Name des bedeutenden Expressionisten, die Chance, seine frühen Werke in Dresdens renommiertem Kunstsalon von Emil Richter zu präsentieren. Künstlerisch wie politisch außerordentlich aktiv, gehörte er gleichzeitig mehreren linksorientierten Malergruppierungen Dresdens an und wurde zum Vorsitzenden der »Dresdner Sezession Gruppe 1919« gewählt. Er schuf zahlreiche Porträts Dresdner Expressionisten (Walter Rheiner u. a.) und, so sah es der Dramatiker Carl Sternheim, er »lüpfte von des Zeitgenossen Antlitz die Larve, und auf seinen Bildern kam zum ersten Mal zum Vorschein: der vom Bourgeois bisher totgeschwiegene Proletarier«.

In seinen jungen Jahren trat Felixmüller außerdem als Literat in Erscheinung. So fanden sich in der bekannten Zeitschrift *Menschen*, neben grafischen Arbeiten, auch autobiografische Texte von ihm, in denen er seinen Einsatz als »Krankenwärter in der Irrenanstalt Arnsdorf« thematisierte. Von den Nationalsozialisten als »entartet« eingestuft, verließ er 1934 das »zu übersichtliche« Dresden und tauchte in Berlin unter.

Fetscher, Rainer 1895 – 1945

Arzt, Eugeniker

Wormser Straße 8, Viktoriastraße 7, Rugestraße 45, Praxis: Christianstraße 9

Auf der Prager Straße, Ecke Ferdinandstraße, erinnert eine Gehwegplatte mit einem eingemeißelten »F« an Rainer Fetscher und mit ihm an jene Antifaschisten, die am 8. Mai 1945 der Roten Armee entgegengingen und dabei erschossen wurden. Überhaupt fehlt es nicht an Ehrungen für den bei den Dresdnern sehr beliebten, in Wien geborenen Arzt, obwohl seine erbbiologischen Forschungen in letzter Zeit zunehmend kritisch beurteilt werden. Umstritten ist auch die Gründung einer »Erbbiologischen Kartei«, die die These einer kriminellen Veranlagung erhärten sollte und die von den Nazis – ohne Fetschers Zutun – für Zwangssterilisierungen und das Euthanasie-Programm herangezogen worden sein soll, was allerdings von anderen Forschern bestritten wird. Nachweisbar dagegen ist seine anfängliche Befürwortung der von den Nazis erlassenen Sterilisierungsgesetze, wobei Fetscher rassische Ideologien stets ablehnte. 1922 kam Fetscher an die Technische Hochschule nach Dresden, war Dozent für Hygiene und leitete von 1926 bis 1932 die Eheberatungsstelle, die 1911 als erste Einrichtung dieser Art in Deutschland gegründet worden war. Inzwischen Professor an der TH, genoss er durch seine sozialhygienischen und erbbiologischen Forschungen auch international hohes Ansehen. Nachdem ihm 1936 die Lehrbefugnis entzogen worden war, gründete er eine Privatpraxis, die sich großen Zulaufs erfreute, da Fetscher Verfolgte des Regimes, auch Juden, unterstützte.

Feurich, Walter 1922 – 1981

Pfarrer

Fürstenstraße 33 (heute: Fetscherstraße), Bundschuhstraße 5, Plauenscher Ring 55

Der Sohn eines Dresdner Rechtsanwaltes besuchte die Kreuzschule und wurde 1936 Mitglied der Bekennenden Kirche. Bereits als Schüler verhörte ihn die Gestapo, wegen »negativem politischen Einfluss auf Jugendliche«. Ab 1946 wirkte er zunächst als Pfarrer der Trinitatisgemeinde, später an der Lukaskirche. Er gab die Schriften des Schweizer Theologen Karl Barth heraus, mit dem er korrespondiert hatte und war mit dem Quohrener Maler Curt Querner befreundet, der ihn porträtierte. »Der Mitwelt galt er als ein schwieriger, weil eigenwilliger Mann [und], dass er kompromisslos seinen Weg ging, brachte ihm viel Übelwollen ein.« Noch heute gilt seine Persönlichkeit als umstritten. Einerseits setzte er sich »für Wehrdienstverweigerer und für einen Wehrersatzdienst in der DDR ein«, andererseits galt er in Kirchenkreisen als »staatsnah«. 1981 erschienen postum in Buchform seine Erinnerungen unter dem Titel »Lebensbericht eines Dresdner Gemeindepfarrers«.

Fiedler, Franz 1885 – 1956

Fotograf

Sedanstraße 7, Godeffroystraße 45 (heute: Leonhard-Frank-Straße)

Im mährischen Proßnitz aufgewachsen, erlernte Franz Fiedler im Pilsener Atelier eines »k. u. k. Hofphotographen« die Lichtbildnerei und hospitierte später bei so bekannten Fotografen wie Rudolf Dührkoop (Hamburg) und Hugo Erfurth (Dresden), bei dem er volle drei Jahre als Ateliermitarbeiter tätig war, bevor er 1916 hinter dem Dresdner Hauptbahnhof sein eigenes Atelier in der Sedanstraße eröffnete. Fiedler, der in aller Bescheidenheit von sich zu sagen wusste: »Ich bin kein Künstler, aber ich bin kein schlechter Fotograf«, setzte ab 1924 als einer der ersten neusachlichen Lichtbildner Oskar Baracks Kleinbildkamera »Leica« ein, deren Beweglichkeit ihn faszinierte, und zwar »nicht nur bei publizistischen Aufgaben draußen im Freien, sondern auch im Atelier beim Porträtieren«. 1930 erschien in Wien sein bemerkenswerter topographischer Bildband »Dresden in

Bildern«, dessen fotografische Vorlagen ausnahmslos »mit dem großen Archiv des Meisters im Februar 1945 ein Raub der Flammen wurden«.

Fiedler, Carl Ludwig Alfred 1835 – 1921

Arzt

Stallstraße 1 (heute: Am Zwingerteich), im Sommer: Pavillon H im Großen Garten

Der Pathologe und Internist, ein Absolvent der Kreuzschule, war über 30 Jahre ärztlicher Direktor des Stadtkrankenhauses Dresden-Friedrichstadt. Maßgeblich beteiligt war er am Aufbau der Lungenheilanstalten Albertsberg und Carolagrün und entwickelte für die Behandlung von Lungenkrankheiten einen Hohlnadeltroikar. Auch die Einrichtung der Epileptikeranstalt Kleinwachau geht auf den Dresdner Ehrenbürger zurück.

Filzinger, Wolfgang 1885 – 1956

Ingenieur und Filmemacher

Grunaer Straße 43, Pillnitzer Straße 57, Klotzsche: Richard-Wagner-Straße 2 (heute: Darwinstraße)

Der in Dresden als Sohn eines Chemikers geborene Wolfgang Filzinger hatte schon in jungen Jahren in Paris im Auftrag der Deutschen Film AEG das erste »Pathé-Atelier« mit aufgebaut und war im Ersten Weltkrieg Frontkameramann mit der in Dresden entwickelten Kurbelkamera »Ernemann-A«. Ab 1919 arbeitete er zunächst für die Dresdner Saxonia-Film-Gesellschaft, unternahm dann mit dem Tonfilmpionier Berglund erste Versuche in diesem neuen Medium und produzierte Lehr-, Werbe- und Kulturfilme. 1927 gründete er in Klotzsche sein eigenes Atelier in dem über 50 Trick- und Farbfilme entstanden, u. a. der Heimatfilm »Vom Heidedorf zur Fliegerstadt« über die Geschichte von Klotzsche. Nach dem Krieg wurde er mit der Wiederinbetriebnahme der Stadtwerke Klotzsche beauftragt.

Findeisen, Kurt Arnold 1883 – 1963

Schriftsteller

Bautzner Straße 11, Nordstraße 8

Findeisen, der als freier Schriftsteller auch unter dem launigen Pseudonym Wendelin Dudelsack arbeitete, kam 1918 als Volksschullehrer nach Dresden, versuchte sich jedoch wenige Jahre später als Redakteur beim *Mitteldeutschen Rundfunk/Nebensender Dresden* und Herausgeber von Zeitschriften und Anthologien. Verkaufserfolge wurden vor allem seine Karl-Stülpner-Legende »Der Sohn der Wälder« (1922) und das von ihm edierte »Hausbuch der sächsischen Dichtung« (1928). Breiten Raum in Findeisens Schaffen nahm die Beschäftigung mit der Historie Dresdens ein, der er mehrere Romane widmete, darunter »Der goldene Reiter und sein Verhängnis« (1954) und »Flügel der Morgenröte« (1956).

Flämig, Martin 1913 – 1998

Kirchenmusiker, Kreuzkantor

Vogesenweg 2

Ab 1971 war Martin Flämig fast 20 Jahre Kreuzkantor. Der aus dem Erzgebirge stammende Kirchenmusiker hatte zuvor als Kantor in Leisnig, Döbeln und ab 1948 an der Dresdner Versöhnungskirche gewirkt. Flämig leitete das Fach Chordirigieren an der Akademie für Musik und Theater Dresden, gründete 1949 die Landeskirchenmusikschule und leitete deren Chor. Ab 1953 war er Professor an der Hochschule für Musik, lehrte später, nachdem Auseinandersetzungen um seine Amtsführung zum Rücktritt geführt hatten, auch in Bern und arbeitete in der Schweiz als Chorleiter und Organist. Flämig, ab 1973 auch Generalmusikdirektor, gastierte mit den Kruzianern und den Philharmonikern im In- und Ausland, spielte Schallplatten- und Rundfunkaufnahmen ein und setzte sich neben der Pflege der Werke von Schütz und Bach für neue kirchenmusikalische Werke ein. 1988 wurde er Ehrenbürger der Stadt.

Foerster, Fritz 1866 – 1931

Chemiker, Hochschullehrer

Hohe Straße 56

Fast 35 Jahre war Fritz Foerster Professor an der TH, erst für Elektrochemie, physikalische Chemie und Elektrometallurgie, dann für anorganische und anorganisch-technische Chemie. Im heutigen Fritz-Foerster-Bau der TU leitete er das chemische Institut. Besondere Verdienste erwarb er sich durch die enge Verknüpfung von theoretischem Wissen und praktischen Erkenntnissen aus der Metallurgie und Chemieindustrie. Er war Autor von Lehrbüchern und Mitglied im Aufsichtsrat der Chemischen Fabrik von Hayden AG in Radebeul, Sachsens bedeutendstem Chemieunternehmen jener Zeit.

Forßmann, Werner 1904 – 1979

Arzt

Friedrichstraße 41

Als der Berliner Urologe und Chirurg Werner Forßmann 1935 für drei Jahre Oberarzt in Dresden Friedrichstadt wurde, kam er mit der Empfehlung, eine Pionierleistung vollbracht zu haben. 1929 hatte er am heutigen Werner-Forßmann-Krankenhaus Eberswalde im Selbstversuch die erste, mit einem Röntgenbild dokumentierte Herzkatheterisierung durchgeführt. Später konnte er nachweisen, dass die Verwendung von Kontrastmitteln im Herzen für den Patienten gefahrlos ist. Die Veröffentlichung stieß damals auf wenig Interesse, weshalb sich Forßmann der Urologie zuwandte. Ferdinand Sauerbruch wird das Bonmot nachgesagt, mit solchen Kunststücken habilitiere man sich in einem Zirkus, nicht an einer anständigen deutschen Klinik. Erst 1956 bekam Forßmann gemeinsam mit André

Frédéric Cournand und Dickinson Wooddruff Richards für seine Entdeckung den Nobelpreis für Medizin.

Fraaß, Erich 1893 – 1974

Maler, Grafiker

Gostritzer Straße 84 und 118, Ammonstraße 9

Der gelernte Lithograf kam 1910 aus Glauchau an die Dresdner Kunstgewerbeschule und wechselte 1913 an die Kunstakademie, wo er in den Malklassen von Oskar Zwintscher und Robert Sterl sein Studium fortsetzte. 1921 gehörte er zu den Gründungsmitgliedern des Künstlerbundes »Die Schaffenden«. Bekannt wurde er in den 20er-Jahren als Maler, »dem die sächsischen Bauerndörfer um Dresden die idyllische Schlichtheit geben, die er in seinen Bildern mit warmer Farbe festhält«. Nach der Zerstörung seines Ateliers auf der Ammonstraße und dem Verlust des gesamten Werkes am 13. Februar 1945 zog sich Fraaß in das Umland zurück. »Die Umgebung vor den Toren Dresdens, ganz besonders Gostritz, der Gebergrund und das Dorf Goppeln wurden sein Schaffens- und Lebensraum.« (Monika Marten) In den 50er-Jahren lehrte er als Professor an der Hochschule für bildende Künste.

Fraenkel, Marta 1896 – 1976

Ärztin

Holbeinstraße 24

Bekannt geworden war Marta Fraenkel durch die wissenschaftliche Leitung der »Ausstellung für Gesundheit – Soziale Fürsorge – Leibesübungen« 1926 in Düsseldorf. Der Erfolg führte zu ihrer Berufung als wissenschaftliche Geschäftsführerin der »II. Internationalen Hygiene-Ausstellung« 1930 in Dresden. Drei Jahre leitete sie danach das Frauenreferat und den Nachrichtendienst des Deutschen Hygiene-Museums und wirkte an der Konzeption verschiedener Ausstellungen mit. Sie war kurzzeitig mit Theodor Schulze, dem Chefredakteur der *Dresdner Neuesten Nachrichten*, verheiratet. Im Frühjahr 1933 wurde die jüdische Ärztin entlassen. Marta Fraenkel, an die heute der Name eines Vortragssaals des Deutschen Hygiene-Museums erinnert, emigrierte in die USA.

Frick, Kurt 1884 – 1963

Architekt

Ruscheweg 15

Der aus Ostpreußen stammende Muthesius-Schüler war Mitglied des Deutschen Werkbunds, baute in der Gartenstadt Hellerau zahlreiche Reihenhäuser Am Schützenfelde und an der Hendrichstraße sowie die Volksschule am heutigen Heinrich-Tessenow-Weg und zwei Villen Auf dem Sand bzw. am Tännichtweg. Von 1912 bis zum Ausbruch des Ersten Weltkrieges wohnte Frick in Hellerau, 1927 entwarf er in Dresden-Seidnitz einen Komplex von 400 Wohnungen. Schon zeitig Mitglied der NSDAP nahm Hitler ihn in die »Gottbegnadeten-Liste« der wichtigsten Architekten auf.

Friedrichs, Rudolf 1892 – 1947

Politiker

Schnorrstraße 15

Bereits in den 20er-Jahren war der Jurist und Volkswirtschaftler als Regierungsrat im sächsischen Verwaltungsdienst und als ehrenamtlicher Stadtrat in Dresden tätig, wurde jedoch 1933 wegen seiner Mitgliedschaft in der SPD von den Nationalsozialisten als »politisch unzuverlässig« suspendiert. Nach dem Ende des Zweiten Weltkrieges wurde er wegen seiner »einwandfreien demokratischen Vergangenheit« von der sowjetischen Militäradministration in Sachsen zur politischen Mitarbeit und zum Wiederaufbau der Verwaltung aufgefordert und noch im Mai 1945 zum Dresdner Oberbürgermeister ernannt. Einen Monat später wurde er zum Präsidenten der Landesverwaltung Sachsen gewählt. Ab Dezember 1946 bis zu seinem frühen Tod wirkte er als erster sächsischer Ministerpräsident.

Fritzsch, Walter 1920 – 1997

Trainer

Grunaer Straße 12

Walter Fritzsch, der seine Fußballerlaufbahn verletzungsbedingt frühzeitig beenden musste, feierte seine größten sportlichen Erfolge als Trainer bei Wismut Aue, Empor Rostock und vor allem bei der Sportgemeinschaft Dynamo Dresden, mit der er zwischen 1969 und 1977/78 fünfmal DDR-Meister und zweimal FDGB-Pokalsieger wurde, obwohl er kein Trainerdiplom besaß. Das von ihm entwickelte offensive und attraktive Spielkonzept wurde als »Dresdner Kreisel« zur Legende. Kauzig beharrte der »kleine General« (so der Titel eines Dokumentarfilms über ihn) darauf, dass seine Spieler ebenso wie er exakt »Spielbücher« (Selbsteinschätzung, Gewichtskontrolle ...) führten, die wöchentlich vom Trainer streng kontrolliert wurden. Eine Gedenkstele aus Sandstein erinnert nahe der Stätte seines Wirkens an Dresdens erfolgreichsten Trainer.

Fritzsche, Justus 1941 – 2003

Schauspieler

Forststraße 17, Lene-Glatzer-Straße 22

Nach dem Studium an der Dresdner Theaterhochschule arbeitete Fritzsche zunächst als Schauspieler in Eisleben und Weimar und gehörte danach, ab 1967, als einer der in der Elbestadt beliebtesten Darsteller dem Ensemble des Staatstheaters Dresden an. Daneben agierte er in zahlreichen DEFA-Filmen und im »Polizeiruf 110« des DDR-Fernsehens. Unvergessen bleiben die von ihm verkörperten Hauptrollen in den Filmen »Eine Pyramide für mich« (1975) und »Ein großes Talent« (1986). Weiterhin war er als gefragter Synchronsprecher und Hörspielakteur tätig.

Frommhold, Erhard 1928 – 2007

Kunstwissenschaftler, Publizist

Robert-Diez-Straße 10, Prohliser Allee 33

Der Cheflektor des Dresdner Kunstverlages, Initiator und Begründer der »Fundus«-Reihe, Verfasser von tiefschürfenden Monografien, u.a. zu Otto Nagel und Lasar Segall, bestimmte fast vier Jahrzehnte lang Programm und Profil des Editionshauses auf der Spenerstraße, dem er, mit inkommensurablen Wissen ausgestattet und als ausgewiesener Kenner der Moderne, durch zahlreiche deutschsprachige Erstveröffentlichungen (El Lissitzky, Diego Rivera u.a.) internationale Anerkennung verschaffte. Als sein editorisches Meisterstück gilt der Sammelband »Kunst im Widerstand« (1968).

Gay, Fritz 1907 – 1969

Puppenspieler und Schriftsteller

Franz-Curti-Straße

Inspiriert von der Tradition des asiatischen Figurenspiels, besonders des Wajangtheaters aus Java, schuf der in Gera geborene Fritz Gay eine ganz spezifische Kunstform des farbigen Schattentheaters. »Die Schatten« hieß die von ihm 1957 gegründete Bühne, mit der der »Vater des europäischen Schemenspiels« auch internationales Ansehen genoss. Gay arbeitete als Gastregisseur am Staatlichen Puppentheater, schrieb Hörspiele, war als Übersetzer und Herausgeber tätig und legte Bücher über van Gogh und Barlach sowie das Dresden-Buch »Unsterbliche Stadt. Requiem und Ruf« vor.

Gehler, Willy 1876 – 1953

Hochschullehrer, Bauingenieur

Bayreuther Straße 17, Geinitzstraße 16

Die statischen Berechnungen der modernen Stahlbetonkonstruktion der »Jahrhunderthalle« in Breslau gehören zu den herausragenden Leistungen des Dresdner Professors für Festigkeitslehre, Baustofflehre, Statik und Stahlbrückenbau. In Dresden zeichnete Willy Gehler, ein europaweit gefragter Gutachter und Autor grundlegender Beiträge zur Materialprüfung und Werkstoffforschung, für die Berechnungen des Gasbehälters Reick verantwortlich. Gehler trat früh in die NSDAP ein, war förderndes Mitglied der SS und richtete 1933 eine Versuchsanlage ein, in der er die Wirkung von Geschossen und Brandbomben auf Baukonstruktionen untersuchte. Nach dem Krieg im Zuge der Entnazifizierung entlassen, ließ er sich als freischaffender Zivilingenieur nieder und arbeitete an Forschungsaufträgen für die Sowjetunion.

Geipel, Paul 1869 – 1965

Arzt

Neubertstraße 11, Kügelgenstraße 10

Geipel war einer der führenden Pathologen und drei Jahrzehnte Prorektor des Stadtkrankenhauses Johannstadt, danach leitete er über viele Jahre das Pathologische Institut in Dresden-Friedrichstadt. 1947 übernahm er im Alter von 78 Jahren die histologische Abteilung des Sächsischen Serumwerkes. Neben seiner wissenschaftlichen Arbeit – eine Knötchenbildung im Herzmuskel wird bis heute als »Aschoff-Geipelsches Knötchen« bezeichnet – galt er als vollendeter Klavierspieler, vor allem aber als bedeutender Kunstsammler und Mäzen. Die in seinem Haus Kügelgenstraße 10 untergebrachte Privatsammlung soll am Ende seines Lebens 6 500 Grafiken, 150 Gemälde sowie 350 Plastiken und Kleinreliefs umfasst haben. In seinem Vermächtnis übergab der gebürtige Zwickauer die Sammlung Museen in Leipzig und Glauchau.

Gielen, Josef 1890 – 1968

Schauspieler, Regisseur

Robert-Koch-Straße 9, Gerhart-Hauptmann-Straße 21

Ursprünglich als Schauspieler in Königsberg und Darmstadt engagiert, begann Josef Gielen Anfang der 20er-Jahre als Regisseur zu arbeiten. Von 1924 bis 1934 war er Oberregisseur am Schauspielhaus, danach an der Oper, wo er u. a. Regie bei der Uraufführung zweier Opern von Richard Strauss führte. Gielen war mit der Jüdin Rosa Steuermann, der Schwester von Salka Viertel, verheiratet. In Dresden wurde 1927 ihr Sohn, der spätere Dirigent und Komponist Michael Gielen, geboren. Bereits im März 1933 stürmte bewaffnete SA eine Operettenaufführung und zwang den Oberspielleiter, die Besetzung des Schauspielhauses zu verkünden. Nach einer Denunziation ging Gielen 1936 zunächst nach Berlin, dann nach Wien und emigrierte schließlich nach Südamerika. Nach dem Krieg war er Direktor des Wiener Burgtheaters, dann Oberspielleiter der Wiener Staatsoper.

Gjellerup, Karl 1857 – 1919

Schriftsteller

Beilstraße 24, Schumannstraße, Goethestraße 11

Dresdens bislang einziger Nobelpreisträger für Literatur, der Pastorensohn aus dem süddänischen Roholte Carl Gjellerup, besuchte, finanziert durch ein Stipendium seines Königs, die sächsische Hauptstadt bereits mehrfach zwischen 1884 und 1887 und blieb, nachdem er die in Dresden geborene Lehrertochter Eugenia Bendix, geborene Heusinger geheiratet hatte, ab 1892 für immer in der Stadt.

Fortan schrieb er einige seiner Werke in deutscher Sprache. So entstand »Der Pilger Kamanita«, sein Legendenroman, für den er 1917 überraschend den hoch angesehenen Preis der schwedischen Akademie in Empfang nehmen konnte. Die Handlung des Romans »Minna« und der Komödie »Die Hochzeitsgabe« ist in Dresden und in der Sächsischen Schweiz angesiedelt. Heute sind seine erzählenden Werke vergessen, »Seine Reisebeschreibungen dagegen fesseln noch immer unsere Aufmerksamkeit.« (A. Jolivet) Karl Gjellerup starb am 11. Oktober 1919 in der Klotzscher »Villa Baldur«.

Glauche, Hans 1928 – 1981

Kabarettist

Wigardstraße 17 (Freital)

Es bedarf einer unerhörten Fantasie sich den Urkomödianten Hans Glauche als »Beamten des gehobenen Dienstes« vorzustellen. Dennoch, seiner Ausbildung nach soll er Rechtspfleger gewesen sein, allerdings schon in jenen Jahren ausgestattet mit dem Hang zum Theatralisch-Komischen, der sich nebenberuflich in Amateurkabaretts engagierte. Erste Lorbeeren erntete er bei der Berliner »Spottgemeinschaft«. Von der Gründung der »Herkuleskeule« 1961 bis zu seinem Tode gehörte er dem Dresdner Kabarett an und prägte als Texter und Spieler nachdrücklich das Profil des Ensembles. Unvergesslich bleiben seine, gemeinsam mit Fritz Ehlert, auf die Bühne gebrachten »Gustav und Erich«-Sketche, für die er die pointierten Dialoge verfasst hatte: »Bei uns kann jeder werden, was er will. Ob er will oder nicht!« Hans Glauche verfasste außerdem das erste Kabarettstück der DDR »Ein kleines bisschen Stück«, das 1977 in Dresden seine umjubelte Premiere hatte.

Glöckner, Hermann 1889 – 1987

Maler

Flensburger Straße 14, Uferstraße 19, Strehlener Straße 21, Künstlerhaus Pillnitzer Landstraße 59

»Patriarch der künstlerischen Moderne« wurde er in Frankreich genannt, der konstruktivistische Maler und Bildhauer Hermann Glöckner. Zunächst absolvierte er eine Ausbildung als Musterzeichner und besuchte Abendkurse an der Dresdner Kunstgewerbeschule. Mit dem Skizzenbuch auf Jagd nach Motiven in der Dresdner Heide, die »unbewusst« eine Suche nach der »offensichtlichen Geometrie in der Natur« war, glaubte er später bereits die Richtung sei »fixiert, in die im Laufe seines Lebens immer wieder eingeschwenkt wurde«. Von den Nationalsozialisten als entartet diffamiert, entzog er sich notgedrungen dem Kunstbetrieb und widmete sich der als Brotberuf verstandenen baubezogenen Kunst. Eine öffentliche Anerkennung seines Schaffens erfolgte auch nach 1945 zögerlich, aufzuhalten war sie nicht.

Gode, Götz 1905 – 1969

Schriftsteller

Cunewalder Straße 11

Im Oberschlesischen Wienskowitz/Landsberg geboren und im Rheinland aufgewachsen, arbeitete Götz Gode, der mit der Schriftstellerin Annemarie Reinhard verheiratet war, von 1949 bis 1953 als Lektor im Dresdner Sachsenverlag. Danach widmete er sich freischaffend seiner literarischen Tätigkeit. Besonderes Interesse fand seine Jugendbuchhistorie »Nik«, deren drei Teile zwischen 1962 und 1968 in hohen Auflagen erschien. Außerdem verfasste er Reisebücher, Essays, Texte für Orchesterlieder und das Poem »Der Schäfer vom Hohen Venn«, das dem Komponisten Wolfgang Hohensee, einem Schüler Hanns Eislers, als Textgrundlage für seine gleichnamige Kantate diente.

Görges, Johannes 1859 – 1946

Elektrotechniker, Hochschullehrer

Bernhardstraße 96

1901 gab Görges seine langjährige Industrietätigkeit zugunsten einer Hochschulkarriere an der TH Dresden auf. Fast 30 Jahre war er Professor für Elektrotechnik und im heutigen »Görgesbau« richtete er ein Labor für die starkstromtechnische Experimentalausbildung ein. Er ist Autor eines Lehrbuchs über die »Grundzüge der Elektrotechnik«. Das »Astatische Spannungsdynamometer nach Görges« und das »Görges-Phänomen« tragen den Namen des Mannes, der eng mit der Verwissenschaftlichung der Elektrotechnik verbunden ist.

Göring, Helga 1922 – 2010

Schauspielerin

Karl-Peters-Straße 19 (heute: Heinrich-Greif-Straße 19)

Als 16-Jährige bestand sie die Aufnahmeprüfung am Konservatorium für Musik und Theater, mit 18 Jahren debütierte sie am Dresdner Schauspielhaus als Gretchen. Von 1947 bis 1955 spielte sie an drei verschiedenen Dresdner Bühnen mehr als 30 Rollen von Goethes Gretchen über Lessings Franziska bis zu Shaws heiliger Johanna. Martin Hellberg, den die Göring aus der gemeinsamen Theaterarbeit in Dresden kannte, verpflichtete sie 1952 für den DEFA-Film »Das verurteilte Dorf« und eröffnete ihr so eine beispiellose Film- und Fernsehkarriere. 1998 kehrte Helga Göring noch einmal an eine Dresdener Bühne zurück und spielte hinreißend an der restlos ausverkauften Komödie gemeinsam mit Ingeborg Krabbe und Marianne Kiefer im Schwank »Drei reizende Schwestern«.

Goldberg, Emanuel 1881 – 1970

Physiker, Fotochemiker

Ludwig-Richter-Straße 35 (überbaut, heute: Wallotstraße)

Etwa dreißig Patente und zahllose Fachartikel im Bereich der Fototechnik gehen auf den russisch-jüdischen Techniker und Erfinder zurück. 1917 wurde er als Direktor der Internationalen Camera Actiengesellschaft (ICA) nach Dresden berufen und war später Generaldirektor bei Zeiss Ikon. Goldberg entwickelte verschiedene Filmkameras wie die »Kinamo«, mit der er selbst den ersten Werbefilm herstellte, der seine Familie beim Skifahren zeigte, und die »Contax«. Bahnbrechende Leistungen gelangen ihm mit den Forschungen zur Mikropunkttechnik und zur Sensitometrie. An der TH wirkte er als Honorarprofessor, bis ihm die Nazis 1933 die Lehrbefugnis entzogen. Er floh zunächst in eine Zeiss-Niederlassung nach Frankreich und emigrierte schließlich 1937 nach Palästina.

Greif, Heinrich 1907 – 1946

Schauspieler

Gambrinusstraße 16, Burgsdorffstraße 7

Als Mitherausgeber der aufmüpfigen Schülerzeitschrift *MOB* (1925) wurde Greif vom Wettiner Gymnasium relegiert und an das Gymnasium in Döbeln strafversetzt. An Erwin Piscators Schauspielstudio der Volksbühne in Berlin nahm er Schauspielunterricht. 1934 verließ er Deutschland und arbeitete zunächst an Schweizer Bühnen und später in der Sowjetunion als Filmschauspieler und Radiosprecher. Nach seiner Rückkehr nach Dresden war er 1945 kurze Zeit Stadtrat für Kultur, spielte am Deutschen Theater in Berlin und starb nach einem schwerwiegenden ärztlichen Fehler 1946 bei einer Leistenoperation. Seine Gedichte und Nachdichtungen aus dem Russischen erschienen 1947 unter dem Titel »Ein Deutscher dreißig Jahre alt«.

Griebel, Otto 1895 – 1972

Maler

Malerweg 10, Nicolaistraße 30, Pillnitzer Landstraße 11

Ganz unten begann der Sohn eines Meeraner Tapezierers seine künstlerische Laufbahn, lernte Dekorationsmaler, besuchte die Königliche Zeichenschule in Dresden und studierte dann an der Kunstgewerbeschule Glasmalerei. Nach dem Ersten Weltkrieg wechselte er zu Robert Sterl an die Akademie, verstand sich kurzzeitig als »Präzisionsdada von Deutschland« und gründete in Dresden einen Ableger der 1924 in Berlin von George Grosz initiierten »Roten Gruppe«, später die bekanntere Assoziation revolutionärer bildender Künstler (ASSO). Zu seinen bekanntesten Bildern zählt das Aquarell »Nachtgang« (1919) und vor allem das große Gemälde »Die Internationale« (1930). Auf ganz eigene Art widmete er sich seit den beginnenden 20er-Jahren nebenher mit großer Intensität dem Handpuppenspiel, entwarf und bemalte Puppen, schuf Bühnenbilder und Kostüme für »Otto Kunzes Puppentheater« und improvisierte selbst als Spieler. Zur Legende wurde die Wagner-Persiflage »Lohntütengrien«. 1986 erschien aus dem Nachlass seine Autobiografie »Ich war ein Mann der Straße«.

Grohmann, Will 1887 – 1968

Kunsthistoriker, Kunstkritiker

Regerstraße 36, Reicker Straße 33

Mit seinen Eltern kam der junge Will Grohmann aus Bautzen nach Dresden und machte hier sein Abitur. Nach Studium und Promotion war er ab 1914 Lehrer am König-Georg-Gymnasium. Er beteiligte sich an der Gründung der »Dresdner Sezession« Gruppe 1919, wurde Mitarbeiter der Gemäldegalerie und hielt kulturhistorische Vorlesungen an der TH. Er war einer der ersten, der Ausstellungen der Künstlergruppe »Brücke« besprach und über deren Mitglieder schrieb, förderte das Bauhaus und holte die Tänzerin Mary Wigman nach Dresden. 1933 wurde er seiner Ämter enthoben. Unter dem Pseudonym Olaf Rydberg schrieb er ein Buch über Gret Palucca, mit der er auch einige Zeit zusammenlebte. Nach dem Krieg wurde Grohmann Stadtrat für Kultur und Rektor der Hochschule für Werkkunst, ging aber wegen politischer Differenzen bald nach Berlin, wo er Professor für Kunstgeschichte an der HfBK Berlin-Charlottenburg wurde. Als »Papst und Doyen der deutschen Kunstkritik« verehrt, förderte er junge Talente, wie Gerhard Richter, war Mitglied des Documenta-Rates, Berater zahlreicher Ausstellungen und Ehrenmitglied des Museum of Modern Art in New York.

Groß, Karl 1869 – 1934

Bildhauer, Kunstschmied

Wintergartenstraße 27, Gerokstraße 2 und 4

Einer Steinmetzfamilie aus Fürstenfeldbruck entstammend, wurde Karl Groß zunächst Goldschmied in München. Auf der dortigen Internationalen Kunstausstellung zeigte er 1897 Kunstobjekte mit vegetabilen Elementen und wurde so zu einem der frühesten Vertreter des Jugendstils. 1898 wurde Groß Dozent für Metalltechnik und Ornamentmodellieren an der Dresdner Kunstgewerbeschule, die er von 1914 bis 1934 als Direktor leitete. Viele seiner Arbeiten wurden 1945 zerstört, so das Ratssilber der Stadt, die Figur der Schutzgöttin »Dresdensia« oder die ornamentalen Ausgestaltungen einiger Kirchen und des Ständehauses. Erhalten sind zum Beispiel seine plastischen Arbeiten in der Strehlener Christuskirche.

Grosz, George 1893 – 1959

Maler, Grafiker, Karikaturist

Dornblüthstraße 24, Cranachstraße (überbaut)

Georg Ehrenfried Groß, der sich später George Grosz nannte, zog 1909 nach Dresden, um sich an der Kunstakademie zu bewerben. Zunächst kam er beim Ingenieur Kühling unter, in einer »jener typischen, behaglichen Vorstadtvillen mit Erker und Balkon« in Striesen. Nach der bestandenen Aufnahmeprüfung bei Robert Sterl nahm er sich ein möbliertes Zimmer bei einer Arbeiterfamilie in der Dornblüthstraße, später in der Cranachstraße. In seiner Autobiografie »Ein kleines Ja und ein großes Nein« beschreibt er die Zeit an der Akademie, wo die »Hauptaufgabe« in der »Wiedergabe von Gipsabgüssen in Originalgröße« bestand und noch nichts vom Geist der aufkeimenden Moderne zu spüren war. Humorvoll und pointiert berichtet er über einen Besuch beim greisen Karl May in Radebeul – »ein kleiner, feiner, hochzugeknöpfter Herr mit weißem Schnurbart, mit einer napoleonischen Fliege unter dem Kinn und dem etwas gewellten langen Haupthaar«, der mit seiner »kleinen, zierlichen, greisen Schriftstellerhand aus rosa Glacéleder ... in seinen Wunschträumen« einen »Zimmermannsnagel mit einem Hieb durch ein vierzölliges Eichenbrett« trieb – und über seine Begegnung mit dem Nervenarzt Heinrich Stadelmann, der Grosz und andere Autoren der Zeitschrift *Neue Jugend*, wie Ehrenstein, Becher und Herzfelde, im November 1916 zu einem Abend nach Dresden geholt hatte und sie an einer seiner legendären spirituellen Nachtsitzungen teilnehmen ließ.

Grundig, Hans 1902 – 1958

Maler

Grüne Straße 2, Melanchthonstraße 14, Ostbahnstraße 4

Als »allzuroh in der Mache« empfanden die Kritiker Hans Grundigs realistische, ausdrucksstarke und klassenkämpferische Malerei, die er 1926 auf der Großen Internationalen Kunstausstellung in Dresden gemeinsam mit Werken von Otto Griebel und Wilhelm Lachnit präsentieren konnte – und er verkaufte eines der Bilder! Der Sohn eines Dekorationsmalers gehörte zu den Gründungsmitglieder der Dresdner ASSO, kämpfte aktiv gegen den Hitlerstaat, wurde mehrfach inhaftiert, desertierte aus den Reihen des Strafbataillons Dirlewanger zur Roten Armee und kehrte lungenkrank aus russischer Kriegsgefangenschaft nach Dresden zurück. Da blieb ihm nur noch ein knappes Jahrzehnt an Lebenszeit. Er baute den Lehrbetrieb an der Kunsthochschule mit auf und wurde deren erster Rektor nach dem Zweiten Weltkrieg. 1957 erschien seine lesenswerte Autobiografie »Zwischen Karneval und Aschermittwoch«.

Grundig, Lea 1906 – 1977

Malerin, Grafikerin

Melanchthonstraße 14, Frauenstraße 12, Grüne Straße 2, Ostbahnstraße 4

Hans Grundig war seit 1928 mit der Malerin und Grafikerin Lea Grundig, geborene Langer, verheiratet, deren wohlhabende jüdisch orthodoxe Familie die Verbindung mit dem »Proleten« rigoros zu verhindern suchte. Nach einjähriger Gefängnishaft konnte sie 1939 »in letzter Minute« nach Palästina exilieren. Erst 1949 sah sie ihren Mann in Dresden wieder. Sie wirkte als Professorin für Grafik an der Kunsthochschule. Ihre Erinnerungen »Gesichte und Geschichte« erschienen 1958. Lea Grundig starb während einer Mittelmeerreise im Oktober 1977.

Guhr, Richard 1873 – 1956

Maler, Dichter, Bildhauer

Feldherrenstraße 10 (heute: Florian-Geyer-Straße), Tatzberg 25, Eliasstraße 4

Eines seiner Hauptwerke steht noch heute hoch über der Stadt: der Goldene Rathausmann. 1908 schuf der Bildhauer Richard Guhr den über fünf Meter großen, vergoldeten Herkules, der sein Füllhorn ausschüttet und mit erhobener Hand auf die Schönheit der Stadt weist. Manchen erinnerte das nach dem Krieg an den Hitlergruß, doch der Rathausmann überstand auch diese Diskussion. Sein Schöpfer hatte an der Kunstgewerbeschule studiert und kehrte 1905 als Lehrer an die Schule zurück, wo Otto Dix zu seinen prominentesten Schülern zählte. Figuren am Neuen Rathaus und Richard-Wagner-Denkmale im Liebethaler Grund und in Graupa zählen zu Guhrs Werken für Dresden und seine Umgebung.

Günther, Alfred 1885 – 1969

Journalist, Schriftsteller

Bürgerwiese 4

Nach seiner Arbeit für die *Dresdner Volkszeitung* und einem mehrmonatigen Zwischenspiel in Hellerau, wo Wolf Dohrn ihn in seinem Büro beschäftigte, wurde Alfred Günther von 1914 bis 1929 Feuilleton-Redakteur der *Dresdener Neuesten Nachrichten*, in einer Redaktion, die sich unter der Leitung des Prager Schriftstellers Camill Hoffmann zu einem wichtigen Sprachrohr und kritischen Wegbegleiter moderner Kunst entwickelt hatte und Gedichte an »exponierter Stelle platzierte«. Günther, der auch selbst mit Lyrikpublikationen hervortrat, war ein Kenner und Akteur der expressionistischen Bewegung, seine literarischen und journalistischen Beiträge erschienen in den Dresdner Zeitschriften *Menschen, Neue Blätter für Kunst und Dichtung* und *Die neue Schaubühne*, zudem in Pfemferts *Aktion.* Er schrieb über Hellerau, Dichtung und Malerei. 1933 wechselte er als Chefredakteur der illustrierten Wochenschrift *Reclams Universum* nach Leipzig, wurde 1935 aus der Reichsschrifttumskammer ausgeschlossen und kehrte als Mitarbeiter des

Photo-Ateliers Jonas nach Dresden zurück. 1939 ging Günther nach Stuttgart, wurde Lektor des Rowohlt-Verlages und dann Cheflektor der Deutschen Verlags-Anstalt.

Günther, Georg W. Egbert

Unternehmer

Wägnerstraße 8, Fabrik: Holbeinstraße 74, Stephanienstraße 48, Reißigerstraße 51 u. 53, Augsburger Straße 1a

Der Name »Eg-Gü« verbreitet bis heute Glanz, denn »Bewunderung ein Schuh erregt, der ständig mit Eg-Gü gepflegt!«. Egbert Günther hatte 1890 in Meerane eine Firma für Bohnerwachs gegründet und siedelte um die Jahrhundertwende mit der Parkett-, Linoleum- und Treibriemenwachsfabrik nach Dresden um. Nach seinem Tod übernahm seine Witwe Hedwig, dann sein Sohn Georg W. Egbert die Firma, in der nun auch Schuhcreme hergestellt und ab 1919 in Metalltuben abgefüllt wurde – ein weltweites Novum. »Eg-Gü« eroberte in den folgenden Jahren die Markführerschaft in Deutschland und die Produkte wurden in alle Kontinente exportiert. Nach 1945 nahm das im Krieg schwer beschädigte Unternehmen seine Produktion bald wieder auf, wurde 1972 zum VEB Schuhpflegemittel Dresden und 1990 neu gegründet.

Gurlitt, Cornelius sen. 1850 – 1938

Architekt, Kunsthistoriker

Franklinstraße 4, Kaitzer Straße 26

Cirka 100 Bücher und mehr als 400 Abhandlungen, vor allem zur Baukunst des Barock und zum Kirchen- und Städtebau, umfasst das wissenschaftliche Werk von Cornelius Gurlitt, das er 1924 mit dem Buch »August der Starke, ein Fürstenleben aus der Zeit des deutschen Barock« krönte. Er hatte zunächst Architektur studiert und in verschiedenen Büros in Wien, Kassel und Dresden gearbeitet, bevor er 1878 Assistent im Kunstgewerbemuseum wurde. Ab 1893 lehrte er als Professor an der TH, deren Rektor er zeitweilig war. Gurlitt gilt als Begründer der kulturgeschichtlichen Barockforschung und war, seit 1893 mit der Inventarisierung der sächsischen Bau- und Kunstdenkmäler beauftragt, ein wesentlicher Impulsgeber für die Idee der Denkmalpflege in Dresden, die 1920 zur Bestellung des ersten Landeskonservators führte.

Gurlitt, Cornelius jun. 1932 – 2014

Kunstsammler

Kaitzer Straße 26

Cornelius Gurlitt jun. hatte in Dresden das Gymnasium besucht. Nach dem Tod seines Vaters Hildebrand Gurlitt ging die 1 500 Werke avantgardistischer Kunst in den Besitz von Cornelius Gurlitt über. 2012 wurden sämtliche aus dem Nachlass seines Vaters stammenden Kunstwerke von der Staatsanwaltschaft beschlagnahmt. Danach ging die Sammlung an das Berner Kunstmuseum.

Gurlitt, Hildebrand 1895 – 1956

Kunsthändler, Kunsthistoriker und Kunstsammler

Kaitzer Straße 26

Hildebrand, der in Dresden geborene Sohn von Cornelius Gurlitt sen., ehemals als Leiter eines Museums in Zwickau und des Hamburger Kunstvereins ein Förderer avantgardistischer Kunst und deshalb aus seinen Ämtern entlassen, wurde Kunsthändler und in der Zeit des Nationalsozialismus damit beauftragt, die in deutschen Museen beschlagnahmte, nun als »entartet« geltende moderne Kunst in einer so genannten »Verwertungsaktion« ins Ausland oder an deutsche Sammlungen zu verkaufen. Er war einer der Haupteinkäufer für das Hitlermuseum in Linz und damit maßgeblich am Kunstraub, vorwiegend in Frankreich, beteiligt. Seit 1943 wohnte er im Haus seines Vaters. Seine private, vor der Zerstörung im Krieg gerettete und danach zeitweise beschlagnahmte Kunstsammlung umfasste über 1500 Werke.

Gussmann, Otto 1869 – 1926

Maler

Elisenstraße 62, Naumannstraße 9, Große Klostergasse 12, Atelier: Brühlscher Garten 2b

Mit seinen Arbeiten am Neubau des Berliner Reichtages hatte sich Otto Gussmann als Ornamentmaler einen Namen gemacht. Der Architekt Paul Wallot holte ihn 1897 nach Dresden, wo er an der Akademie dekorative Malerei lehrte. Der »Brücke«-Künstler Max Pechstein zählte zu seinen Schülern, und auch der von Jugendstil und Art Deco geprägte Gussmann gehörte der expressionistischen Künstlergruppe als passives Mitglied an. Als sein Hauptwerk gilt die Wand- und Kuppelmalerei im Treppenhaus des Neuen Rathauses, außerdem schuf er Wandgemälde und baugebundene Arbeiten für einige Dresdner Kirchen, Schulen und öffentliche Gebäude. Für die Dritte Deutsche Kunst-Gewerbe-Ausstellung 1906 in Dresden entwarf er das Plakat.

Gutbier, Ludwig 1873 – 1951

Kunsthändler

Sporergasse 1, Weintraubenstraße 2, Wasserstraße 14 (heute: Carusufer), Bautzner Straße 110, Kunsthandlung: Schloßstraße Ecke Sporergasse, Wilsdruffer Straße 1, Galerie: Schlossstraße 34

1890 trat Ludwig Gutbier in das väterliche Unternehmen ein, die renommierte Kunsthandlung Ernst Arnold. Nach einem Studium an der TH sowie Kunst- und Sprachreisen veranstaltete er dort Ausstellungen, vor allem mit Grafiken deutscher Künstler. Er richtete in der Galerie ein Grafisches Kabinett ein und gründete den Verlag Ernst Arnold, der vor allem Bildbände verlegte. Seit 1901 Teilhaber, erweiterte er das Geschäft 1906 mit der Eröffnung der Galerie Ernst Arnold in der Schloßstraße, später auch um eine Zweigstelle in Breslau. In der Galerie zeigte er zahlreiche Ausstellungen moderner Kunst, u.a. Lehmbruck, Nolde, Munch und die Maler der »Brücke«. Die Galerie bestand bis 1927. Ab 1930 weitete er seine Aktivitäten auf Amerika aus, bis die Nazis ihn 1936 zur Aufgabe seines Geschäftes zwangen. 1958 übergab seine Witwe über 600 Blätter aus Gutbiers Besitz an die Grafischen Sammlungen in München.

Haenel, Erich 1875 – 1940

Kunsthistoriker, Museologe, Hochschullehrer

Stephanienstraße 1, Striesener Platz 1, Ludwig-Richter-Straße 35, Christianstraße 39 (überbaut), Lipsiusstraße 5, Henzestraße 8

Nach dem Studium der Kunstgeschichte begann Haenel zunächst als Assistent von Cornelius Gurlitt an der TH und startete nach der Jahrhundertwende seine museologische Laufbahn, die ihn als Direktor an viele Dresdner Museen führte: Historisches Museum, Grünes Gewölbe, Münzkabinett, Mathematisch-Physikalischer Salon. Nebenher lehrte er als Professor an der Akademie für Bildende Künste und leitete die dortige Bibliothek. Er verfasste zahlreiche Publikationen, etwa zu den Waffen der Rüstkammer und dem Stallhof, er organisierte Ausstellungen, unter denen die über »August den Starken und seine Zeit« (1933) zu den bedeutendsten zählt. 1936 und 1937 fanden unter seiner Leitung im Stallhof »Turnierspiele« statt, bei denen der Umgang mit historischen Waffen demonstriert und höfische Feste nachempfunden wurden.

Hänsch, Wolfgang 1929 – 2013

Architekt

Marschnerstraße 27

Der Kulturpalast ist zweifellos sein bekanntestes Bauwerk. Es brachte ihn kurz vor seinem Tod noch einmal in die Schlagzeilen, als er im geplanten Umbau eine Verletzung seines Urheberrechtes sah, vor Gericht aber unterlag. Hänsch leitete als Chefarchitekt den Wiederaufbau der Semperoper, die Ausführungsplanung für das Haus der Presse und entwarf in seinem Architekturbüro u.a. Wohnbauten in Striesen und auf der Blochmannstraße sowie das Einkaufszentrum Webergasse. Zu seinen letzten Projekten gehörten die Rekonstruktion und der Umbau des Zuschauerraumes und des Foyers des Schauspielhauses.

Hahn, Walter 1889 – 1969

Fotograf, Verleger

Kamenzer Straße, Wallgäßchen 7, Godeffroystraße 26 (heute: Leonhard-Frank-Straße), Wiener Straße 105

Bilder aus der Luft waren Walter Hahn zum Lebensinhalt geworden. Er kam 1898 von Berlin nach Dresden und absolvierte hier eine Lithographenlehre. Selten versäumte es der begeisterte Bergsteiger, seine überdimensionierte und gewichtige Plattenkamera auf Klettertour mitzunehmen, was ihm bei seinen Sportkameraden den Spitznamen »Ziegelträger« einbrachte. Geschäftstüchtig bot er schon in jungen Jahren seine »Kletterserien« als Ansichtskarten an, die er in einem eigenen Postkartenverlag herausgab. In den 20er-Jahren begann er damit, sächsische Städte und Landschaften aus dem Flugzeug heraus zu fotografieren. Zu seinen am weitesten verbreiteten Lichtbildern, gehören sein zwölf Tage nach den alliierten Luftangriffen aufgenommenes Foto »Leichenverbrennungen auf dem Dresdner Altmarkt« sowie die Serie »Der Goldene Mann auf dem Rathausturm«, welche Walter Hahn 1963 nach Abschluss der Restaurierungsarbeiten »auf einer Leiter stehend, in schwindelnder Höhe angefertigt hat«.

Hahnewald, Edgar 1884 – 1961

Journalist

Bergstraße 63

Der spätere Publizist und Heimatschriftsteller Edgar Hahnewald arbeitete ab 1912 als Lokalredakteur der sozialdemokratischen *Dresdner Volkszeitung*. Sein Antikriegsbuch »Der Mahlstrom« (1918) blieb noch weithin unbeachtet. Mit realistischen unsentimentalen Wander- und Naturbüchern, wie »Der grüne Film«, erreichte er später ein breiteres Publikum. 1933 floh er vor der Gestapo zunächst nach Prag, später nach Riga und ins schwedische Solna, wo er bis zu seinem Tod als Buchgestalter und Illustrator lebte.

Hahnewald, Konrad 1888 – 1962

Lehrer, Autor

Carolastraße 18

Der jüngere Bruder von Edgar Hahnewald, Konrad, ab 1925 der erste Herbergsleiter der Jugendburg Hohnstein in der Sächsischen Schweiz, wurde 1933 der erste Häftling des dort eingerichteten Schutzhaftlagers, weil er sich geweigert hatte, die Hakenkreuzfahne zu hissen. Nach 1945 wirkte er als Verwaltungsleiter, Lehrer und Schuldirektor. Im Ruhestand verfasste er den Erinnerungsband »Heinrich Zeuner. Aus dem Leben eines Proletarierjungen« (1960).

Hallwachs, Wilhelm 1859 – 1922

Physiker, Hochschullehrer

Münchner Straße 2

1922 erhielt Albert Einstein den Nobelpreis für Physik, als er mit Hilfe quantentheoretischer Methoden begründete, was bis dahin unter dem Begriff »Hallwachs-Effekt« bekannt war – die Herauslösung von Elektronen aus Metalloberflächen durch Bestrahlung mit kurzwelligem Licht. Der an der TH Dresden lehrende Professor für Elektrotechnik und Experimentalphysik Wilhelm Hallwachs zählt mit seinen im Werk »Die Lichtelektrizität« veröffentlichten Untersuchungen zu den Wegbereitern der Entwicklung von Fotozellen. Er, der ein passionierter Ballonfahrer und Vorsitzender des Dresdner Luftfahrervereins war, organisierte 1912 auch die erste Zeppelin-Landung in Dresden.

Harbig, Rudolf 1913 – 1944

Sportler

Bünaustraße 36, Marienhofstraße 16, Großenhainer Straße 219, Fürstenstraße 40 (heute: Fetscherstraße)

Der »Dresdner Wunderläufer« wuchs als Sohn eines Heizers am Wilden Mann auf. Er absolvierte eine Stellmacherlehre und nahm nach längerer Arbeitslosigkeit eine Stellung als Gasmann bei der DREWAG an. Noch bei den Olympischen Spielen von 1936 in Berlin enttäuschte der Mittelstreckler des DSC sein Publikum, das er drei Jahre später, am 15. Juli 1939 mit seinem sensationellen 800-Meter-Weltrekord von Mailand, der 16 Jahre Bestand haben sollte, versöhnen konnte. Mit dem Beginn des Zweiten Weltkrieges wurde Harbig zu einer Fallschirmeinheit der deutschen Wehrmacht eingezogen und an der Ostfront eingesetzt. Er wurde mehrfach verwundet und fiel am 5. März 1944 in der Ukraine.

Hasenclever, Walter 1890 – 1940

Dramatiker

Chopinstraße, Pension Felsenburg, Rißweg 68, Robert-Koch-Straße 9

Der bedeutende expressionistische Lyriker (»Die Mörder sitzen in der Oper«) und Dramatiker weilte 1916 ein Jahr lang im Sanatorium von Dr. Teuscher auf dem Weißen Hirsch, wo sich seine Hinwendung zum Pazifismus vollzog. Er blieb, mit Unterbrechungen bis 1924 in Dresden, eine Zeit, die er später als »seine schöpferischsten Jahre« bezeichnete. Im Oktober 1916 fand am Albert-Theater, ausschließlich vor geladenen Gästen, die spektakuläre Aufführung seines Stückes »Der Sohn«, mit Ernst Deutsch in der Hauptrolle, statt. Oskar Kokoschka, ebenfalls Rekonvaleszent bei Dr. Teuscher, schuf mehrere Bildnisse des Dichters. Hasenclever war 1920/21 Mitherausgeber der bekannten expressionistischen Zeitschrift *Menschen*, deren Redaktionssitz sich in Dresden-Strehlen befand. Sein Bruder Paul (1897–1988), den er 1920 als Musikredakteur nach Dresden holte

(Pension Felsenburg, Rißweg 68, Robert-Koch-Straße 9), war Komponist, Redakteur und Chorleiter und betreute die Sondernummer der Zeitschrift »Junge Tonkunst«.

Hassebrauk, Ernst 1905 – 1974

Maler, Zeichner

Wolfshügelstraße, Schevenstraße 10 b und 29

Während die einen Kritiker seinen »französischen Malstil« als undeutsch verdammten und die anderen in ihm einen »Anhänger des Alten, der die Historie in beschönigender Perspektive sähe«, bezeichneten, ging Hassebrauk unbeirrt seinen künstlerischen Weg. Im architektonischen Ensemble und der malerischen Umgebung seiner Heimatstadt wie auch in den berühmten Ausstellungsobjekten der Staatlichen Kunstsammlungen fand er die Motive für seine »in kräftigen Farben und mit zeichnerischer Deutlichkeit gestalteten leuchtenden Hymnen auf seine Stadt« (Stadtlexikon Dresden), so, wie in seinem gemeinsam mit Fritz Löffler geschaffenen »Dresdner Bilderbuch« (1968).

Hauptmann, Gerhart 1862 – 1946

Dichter, Dramatiker

Hochufer 12 (heute: Käthe-Kollwitz-Ufer 84), Malerstraße 31/32

Mit dem Plan, Bildhauer zu werden, studierte Gerhart Hauptmann im Sommer 1884 an der Dresdner Kunstakademie, bevor er sich für eine Schriftstellerlaufbahn entschied. Er lebte 1906 und 1925 für längere Zeit in Dresden, besuchte die Gartenstadt Hellerau und ließ für seine inzwischen vom ihm geschiedene erste Ehefrau Maria (1862–1939), geborene Thienemann, die Tochter eines begüterten Radebeuler Kaufmanns, und seine drei Söhne am Blasewitzer Elbufer die Villa Rautendelein (so genannt nach einer Gestalt aus Hauptmanns Märchendrama »Die versunkene Glocke«) erbauen. Letztmalig hielt sich Hauptmann Anfang 1945 in Dresden-Loschwitz auf und erlebte die Bombardierung der Stadt vom 13. und 14. Februar, der er nach ihrem Untergang den berühmt geworden Nachruf »Wer das Weinen verlernt hat …« im *Völkischen Beobachter* widmete.

Heckel, Erich 1883 – 1970

Maler, Grafiker

Berliner Straße 65, Falkenbrücke 2a (abgerissen), Berliner Straße 78

Noch während seines 1904 begonnenen Architekturstudiums an der TH Dresden, das er bereits nach drei Semestern abbrach, bildete sich Heckel, der Sohn eines Döbelner Eisenbahnbauinspektors, autodidaktisch auf künstlerischem Gebiet, vor allem der Malerei und Grafik, aus. Mit Fritz Bleyl, Ernst Ludwig Kirchner und Karl Schmidt-Rottluff gründete er 1905 die Künstlergemeinschaft »Brücke«. Als erster der Gruppe richtete er sich 1906 auf der Berliner Straße in einem leer stehenden

Ladenlokal sein Atelier ein und verbrachte die Sommermonate der Jahre 1909 bis 1911 mit den Malerfreunden und wechselnden Modellen (Fränzi, Marcella u. a.) in der Moritzburger Teichlandschaft.

Hegenbarth, Josef 1884 – 1964

Grafiker, Illustrator, Maler

Pillnitzer Landstraße 59, Calberlastraße 2

Hegenbarth, einer der herausragenden und außerordentlich produktiven Buchillustratoren seiner Zeit, hatte an der Dresdner Kunstakademie zunächst bei Oskar Zwintscher und danach als Meisterschüler von Gotthardt Kuehl studiert. Ab Mitte der 20er-Jahre arbeitete er für die in München erscheinenden Wochenzeitschriften *Simplicissimus* und *Jugend*, bis ihn die Nationalsozialisten ein Veröffentlichungsverbot erteilten. 1946 wurde er zum Professor an der Dresdner Kunsthochschule berufen. Besonderer Beliebtheit erfreuten sich seine Illustrationen zu Goethes »Reineke Fuchs«, Bürgers »Münchhausen« und Balzacs »Chagrinleder« sowie seine Tier- und Zirkusdarstellungen.

Hegner, Jakob 1882 – 1962

Verleger

Pensionshaus am Festspielhaus Hellerau, Auf dem Sand 11

Der einer jüdischen Familie aus Wien entstammende Hegner hatte bereits in Leipzig und Berlin Erfahrungen als Verlagsmitarbeiter gesammelt, bevor er sich Anfang 1912 in Hellerau niederließ. In der Gartenstadt baute er mit dem Hellerauer Verlag ein Unternehmen auf, das zum literarischen Zentrum avancierte und Maßstäbe in der Buchgestaltung setzte. Der Verlag, der über eine eigene Druckerei verfügte und mit namhaften Kunsthandwerkern und Buchbindern zusammenarbeitete, war anfangs in einem Pensionshaus der Bildungsanstalt, später im Haus Auf dem Sand 11 untergebracht, in das Hegner nach der Hochzeit mit Elisabeth Droese, der Tochter eines Dresdner Pfarrers, gezogen war. Hegner, der auch als Übersetzer aus dem Französischen arbeitete, verlegte neben einigen Zeitschriften Autoren wie Paul Adler, Theodor Däubler, Friedrich Schnack, Reinhold Schneider oder Berthold Viertel. Schwerpunkt war zudem Literatur aus Frankreich mit Autoren wie Georges Bernanos, Francis Jammes und Marcel Schwob, vor allem aber Paul Claudel – mit der Uraufführung von dessen Stück »Verkündigung« im Oktober 1913 rückte Hellerau in den Focus der europäischen Kultur. Unterbrochen nur durch seinen Dienst im Wiener Kriegspressequartier, blieb Hegner bis 1931 in der Gartenstadt und setzte seine verlegerische Tätigkeit danach in Leipzig, Wien, Olten und Köln fort.

Heidebroek, Enno 1876 – 1955

Maschinenbauer, Hochschullehrer

Josefstraße 6 (heute: Caspar-David-Friedrich-Straße), Bayreuther Straße 32

Der Professor für Maschinenkunde und Fördertechnik war einer der wenigen Hochschullehrer, die nicht in die NSDAP eintraten, obwohl er als Betriebsleiter der Heeresversuchsanstalt in die Entwicklung der A4-Rakete in Peenemünde eingebunden war. 1945 widersetzte sich Heidebroek der Anordnung von Gauleiter Mutschmann, Hitlers Befehl zur Zerstörung der Hochschulgebäude umzusetzen. Er war aktiv am Wiederaufbau der Hochschule beteiligt und dessen erster Nachkriegsrektor. Auf wissenschaftlichem Gebiet liegen seine Verdienste in der Grundlagenarbeit zur Lager- und Schmierungstechnik.

Hellberg, Martin 1905 – 1999

Schauspieler, Regisseur, Autor

Fröbelstraße 12, Wölfnitzstraße 17, Hebbelplatz 1, Wasastraße 14

Er war als Schauspieler Goethe an der Seite von Lilli Palmer und spielte als Max Reinhardt neben Klaus Maria Brandauer im Oscar-gekrönten Film »Mephisto«, drehte als Regisseur 16 DEFA-Filme, unter denen schon der erste, »Das verurteilte Dorf«, den Friedenspreis beim Filmfestival Karlovy Vary und den Weltfriedenspreis bekam. Als Autor schrieb er mehrere Erinnerungsbücher. Seine künstlerische Karriere begann in Dresden, wo er als Sohn eines katholisch-apostolischen Kirchendieners und späteren Pfarrers unter dem Namen Martin Heinrich geboren wurde. Als Maschinenschlosser hatte er zunächst in den Ernemann-Werken gearbeitet, nach einem Streik entlassen, nahm er Schauspielunterricht und stand ab Mitte der 20er-Jahre in Dresden auf der Bühne. Hellberg war Mitglied von Agitprop-Gruppen und Arbeitertheatern und gab mit Friedrich Wolfs »Die Matrosen von Cattaro« sein Regiedebüt. 1933 wurde er als KPD-Mitglied entlassen und erhielt 1943 Berufsverbot. Nach dem Krieg wirkte Hellberg von 1950 bis 1951 als Generalintendant der Staatstheater Dresden.

Hempel, Walther 1851 – 1916

Chemiker, Hochschullehrer

Zellesche Straße 44 (heute: Altenzeller Straße)

Hempel, von 1879 bis 1912 Professor für Technische Chemie an der TH, machte sich vor allem mit der Entwicklung von Laborgeräten für die Gasanalyse einen Namen. Die »Hempel-Bürette« und die »Hempel-Pipette« sind Zeugnisse seiner Arbeit. Sein Lehrbuch »Gasanalytische Methoden«, 1889 erschienen, galt noch hundert Jahre später als Standardwerk. Er war einer der wenigen Professoren, die um die Jahrhundertwende zu Gastvorträgen in die USA eingeladen wurden.

Herden, Peter 1918 – 2013

Schauspieler

Oskar-Pletsch-Straße, Waldparkstraße 25

Das Ehrenmitglied des Dresdner Staatsschauspiels wurde bereits 1949 von Martin Hellberg aus Plauen in die Elbestadt geholt und war bis 1995 fest am Großen Haus engagiert. Außerdem spielte er an der Staatsoperette. Bekannt wurde er aber vor allem durch seine Fernsehrollen, u.a. in der kurzweiligen Trilogie »Papas neue Freundin – Vielgeliebtes Sternchen – Oh, diese Jugend« (ab 1960) sowie den DEFA-Filmen »Die besten Jahre« (1965) und »Sabine Wulff« (1978).

Höhne, Erich 1912 – 1999

Fotograf

Hechtstraße 38 und 42b, Knappestraße 23

Bis heute gilt der Bildjournalist Erich Höhne (gemeinsam mit Erich Pohl) als einer der wichtigsten fotografischen Begleiter des Wiederaufbaus und des alltäglichen Lebens in Dresden nach den Zerstörungen des Zweiten Weltkrieges bis in die 70er-Jahre hinein. Der ehemalige Zeiss-Ikon-Mechaniker und leidenschaftliche Amateurfotograf wurde 1931 Mitglied der »Arbeiterphotogilde« und qualifizierte sich nach 1946 zum Meister des Fotografenhandwerks. Das Bildarchiv des Fotografengespanns Höhne/Pohl, beide arbeiteten gemeinsam vorwiegend für die *Sächsische Zeitung*, befindet sich im Bestand der Deutschen Fotothek. Es besteht aus ca. 260000 Kleinbild- und 100000 Mittelformatnegativen, über 3000 Farbdias und zahlreichen Positiven.

Hörig, Günter 1927 – 2009

Jazz-Pianist, Hochschullehrer, Komponist

Knoopstraße 6

Der in Dresden geborene Günter Hörig gehörte zu den bekanntesten und profiliertesten Jazz-Musikern der DDR. Bereits 1947 hatte er sein eigenes Sextett und wurde dann Pianist der von Joe Dixie (Hans Drechsler) gegründeten Dresdner Tanzsinfoniker, deren Leitung er später übernahm. Hörig war maßgeblich an der Herausbildung der Dresdner Jazz-Szene beteiligt und gab ungezählte Konzerte, auf denen er mit einem »swingenden Modern-Bop-Feuerwerk« begeisterte. Als Komponist schuf er auch Bühnen- und Filmmusiken. Von 1962 bis 2006 war Hörig Lehrer an der Dresdner Musikhochschule, wo er die Fachrichtung Tanz- und Unterhaltungsmusik mitbegründete und Günter »Baby« Sommer sowie Conny Bauer zu seinen Schülern gehörten.

Hoffmann, Camill 1878 – 1944

Redakteur, Diplomat

Müller-Berset-Straße 54, Heideweg 6, Auf dem Sand 11

Der Sohn eines jüdischen Gastwirts aus dem böhmischen Kolin hatte schon zwei Gedichtbände veröffentlicht, im Wiener Kreis um Hugo von Hofmannsthal, verkehrt und mit Stefan Zweig Texte Baudelairs übersetzt, bevor er 1911 Feuilletonredakteur bei den *Dresdner Neuesten Nachrichten* wurde. In dieser Position wurde er zu einem wichtigen Kritiker und Wegbegleiter moderner Kunst in Dresden. Seit 1914 in Hellerau wohnend und während des Kriegs in der Redaktion unabkömmlich, schrieb er über viele wichtige kulturelle Ereignisse, holte Berthold Viertel ans Schauspielhaus und war als Herausgeber tätig. Nach der Proklamation der Tschechischen Republik baute Hoffmann die *Prager Presse* mit auf und wurde von Masaryk zum Presse- und Kulturattaché in Berlin ernannt. Sein »Politisches Tagebuch« legt Zeugnis über jene Jahre ab, die 1939 mit der Abberufung der tschechischen Regierung endeten. Am 28. Oktober 1944, dem Nationalfeiertag der Tschechischen Republik, wurde Camill Hoffmann aus dem Ghetto Theresienstadt nach Auschwitz deportiert.

Hoffmann, Eugen 1892 – 1955

Bildhauer, Maler, Grafiker

Auerstraße 12, Neubauerstraße 4 (beide heute: Professor-Ricker-Straße)

Hoffmann begann als Musterzeichner für Tapeten, bildete sich an der Dresdner Kunstgewerbeschule weiter und setzte seine Studien an der Kunstakademie fort. Er gehörte zu den Mitbegründern der Dresdner ASSO. Dem Kunstschriftsteller Paul Westheim galt er als herausragender neusachlicher Plastiker, »der mit eigenen Augen sieht und Erlebtes zu formen vermag«. Hoffmann emigrierte 1938 nach Prag und ein Jahr später nach England. Nach seiner Rückkehr in die Heimatstadt wirkte er als Professor für Bildhauerei. Seine bekannte Bronzeskulptur »Stehende« von 1930 gehört zum Bestand der Städtischen Galerie Dresden.

Hofmann, Richard 1906 – 1983

Fußballer

Untere Dresdner Straße 67 (Freital)

Der schussgewaltige Halblinke mit der markanten Kopfbinde (er hatte bei einem Autounfall im Winter 1930 das rechte Ohr eingebüßt) gilt noch immer als Dresdens berühmtester Fußballspieler des vergangenen Jahrhunderts, über den sein Trainer Jimmy Hogan respektvoll bemerkte: »Wenn er schießt, möchte ich nicht Tormann sein.« Hofmann hatte in Meerane das Weberhandwerk erlernt, in einer Großgarage gearbeitet und beim Verein »Meerane 07« seine ersten Bilderbuchtore geschossen, bis Hogan ihn 1928 nach Dresden holte. Mit dem DSC wurde er 1940 und 1941 Pokalsieger, 1943 und 1944 deutscher Meister. Von 1927 bis 1933 kam er 25-mal in der Nationalmannschaft zum Einsatz und erzielte 24 Tore. Seine internationale Karriere endete, nachdem der passionierte Nichtraucher einen Werbevertrag mit der Zigarettenfirma »Bulgaria« abgeschlossen und damit gegen die Amateurregeln verstoßen hatte. Hofmann beendete seine sportliche Karriere als 43-Jähriger 1949 mit dem Spiel der SC Dresden Friedrichstadt gegen eine DDR-Auswahlmannschaft. Danach arbeitete er als Trainer.

Hofmann, Walter 1879 – 1952

Bibliothekar

Schössergasse 10, Wilsdrufferstraße 17, Breite Straße 15

Der gelernte Graveur versuchte sich zunächst, ermuntert von Ferdinand Avenarius und Karl Söhle, als Dichter und Kunstschriftsteller. Er arbeitete für das *Dresdner Journal* und mehrere Tageszeitungen. Von Ida Bienert vermittelt, nahm er eine Tätigkeit als Volksbibliothekar in Dresden- Plauen auf. Seine Autobiografie »Mit Grabstichel und Feder. Geschichte einer Jugend« (1948) gibt er interessante Einblicke in die literarische und künstlerische Szene Dresdens um die Jahrhundertwende.

Hogan, Jimmy 1882 – 1974

Trainer

Blumenstraße 77

1928 gelang es dem Dresdner Sport-Club 1898, den englischen Fußballtrainer Jimmy Hogan für ein sensationelles Monatssalär von 1 500 Reichsmark zu verpflichten, eine Summe, die sich auszahlen sollte. Immerhin entdeckte »Meister Jimmy«, international bekannt als exzellenter Stratege und Psychologe, den Meeraner Stürmer Richard Hofmann, der es in Dresden zum legendären »König Richard« und zum Nationalspieler brachte. Den DSC katapultierte er bei der deutschen Meisterschaft 1930 in das Halbfinale und führte den Club zu mehreren mitteldeutschen Meisterschaften und Pokalsiegen. Seinen Spielern soll er empfohlen haben, »am Abend vor dem Spieltag ein großes dunkles Bier zu trinken, dann schläft es sich besser«.

Holst, Hermann 1863 – 1937

Kunsthändler, Handelsrichter

Prager Straße 15, Großer Garten Pavillon J, Antonstraße 16, Galerie: Prager Straße 13

Holst war nach der Jahrhundertwende Mitinhaber der renommierten, 1848 gegründeten Galerie Emil Richter auf der Prager Straße. Anders als seine Titel »Königlich Sächsischer Hofrat« und »Königlicher Hofkunsthändler« es vermuten lassen, wurde die Galerie, der auch ein Verlag angeschlossen war, in jenen Jahren zu einem wichtigen Ausstellungsort für moderne Kunst. 1907 und 1908 zeigte die Künstlergruppe »Brücke« im gediegenen Ambiente der Galerie ihre Arbeiten –

eine Provokation für viele biedere Bürger. Werke der Fauves, von Kollwitz, Munch, Gaugin, van Gogh und Picasso wurden ausgestellt. Holst, der eigentlich Handelsrichter war und sich politisch für die Nationalliberalen engagierte, zog sich wahrscheinlich um 1919 aus der Galerie zurück.

Hoyer, Dore 1911 – 1967

Tänzerin, Tanzpädagogin

Oschatzer Straße 53, Riesaer Straße 30 und 28

Die in Dresden geborene Dore Hoyer erhielt eine Rhythmik-Ausbildung bei Ilse Homilius in Blasewitz und ging dann als Schülerin zu Palucca. Nach einem Engagement in Plauen und einigen Soloprogrammen holte Mary Wigman sie 1935 in ihre Gruppe. In deren ehemaliger Schule eröffnete Dore Hoyer nach dem Krieg ihre eigene Ausbildungsstätte und gründete mit ihren Schülerinnen das Tanz-Studio Dresden. Die Zyklen »Tänze für Käthe Kollwitz« und »Der große Gesang« entstanden, bis sie 1948 in den Westen ging, wo sie in vielen Städten Tanzgruppen leitete und Tanzvorstellungen inszenierte.

Hübner, Hans 1877 – 1962

Arzt

Clausen-Dahl-Straße 3

Der in Königsberg geborene Internist und Dermatologe war wegen seiner jüdischen Großmutter von den Nazis ins KZ Theresienstadt verschleppt worden. 1945 kam er nach Dresden, wo er Stadtrat für Gesundheitswesen und Leiter des Gesundheitsamtes wurde. Am Wiederaufbau der Dresdner Krankenhäuser und des Hygiene-Museums war er maßgeblich beteiligt. Bekannt wurde Hübner auch als Literat, so übertrug er 1949 Shakespeares Sonette und später Horazische Oden ins Deutsche.

Hülfert, Richard 1853 – 1919

Caféhausbesitzer

Dippoldiswalder Gasse 19

An der Ecke Prager Straße/Sidonienstraße, also mitten im Herzen der sächsischen Residenz, eröffnete im Winter 1881 der Bäcker und Konditor Hülfert sein Café, dem sich später ein Billardsaal und ein bestens florierender Versandhandel für Stollen und Baumkuchen anschloss. Ab 1919 erweiterte sein Sohn Paul das Geschäft durch Lesesalons, Spiel- und Rundfunkzimmer. Zu den bekanntesten Gästen des Cafés gehörte in den 20er-Jahren der Romanist und Tagebuchautor Victor Klemperer.

Hugershoff, Reinhard 1882 – 1941

Geodät, Hochschullehrer

Weinbergstraße 34, Neidenburger Straße 20 und 30 (heute: Großschönauer Straße)

Eine Bucht der Arctowski-Halbinsel in der Antarktis trägt den Namen »Hugershoff-Cove«, benannt nach Reinhard Hugershoff, der von 1911 bis 1941 als Professor für Vermessungswesen und Photogrammetrie an der Forstakademie Freiberg und nach deren Angliederung an der TH Dresden lehrte. Sein Name ist eng mit der Entwicklung der frühen Luftbildmessung und -auswertung verbunden. Ein mit der Dresdner Firma Gustav Heyde entwickeltes Gerät, der »Hugershoff-Aerokartograph«, trägt seinen Namen. Unrühmlich war dagegen das politische Engagement des überzeugten Nationalsozialisten, der in der SA bis zum Hauptsturmführer aufrückte, sich in der Rassenforschung hervortat und ein Übungsgerät für den zielsicheren Bombenabwurf entwickelte.

Ilgen, Friedrich Hermann 1856 – 1940

Apotheker, Mäzen

Residenzstraße 44 (heute: Loschwitzer Straße 37)

Der aus Wurzen stammende Apotheker hatte die »Löwen-Apotheke« in Kötzschenbroda geführt, die dortige Sparkasse mitbegründet und ein neuartiges Ratten- und Mäusegift auf den Markt gebracht, bevor er Anfang der 1890er-Jahre nach Blasewitz in die heute nach ihm benannte Villa zog. Hier widmete er sich, durch Heirat zu weiterem Geld gekommen, vor allem Immobiliengeschäften in Dresden und Leipzig, z. B. ließ er am Pirnaischen Platz das Geschäftshaus »Kaiserpalast« erbauen. Ilgen förderte mit seiner Frau kulturelle, soziale und sportliche Einrichtungen und rief mehrere Stiftungen ins Leben, darunter die noch heute existierende »Hermann-Ilgen-Stiftung«. Zu den bekanntesten Projekten des kinderlosen Paares gehört eine 1923 eingeweihte Sportanlage, die 1937 den Namen »Ilgen- Kampfbahn« erhielt – das spätere Rudolf-Harbig-Stadion.

Jäckel, Günter 1926 – 2011

Publizist

Seidelbaststraße 2

Ein halbes Leben lang hat sich Günter Jäckel, der als Oberassistent und Professor an der TU Dresden lehrte, vor allem essayistisch, stilsicher und akribisch mit der Kultur- und Literaturgeschichte der Stadt beschäftigt, in der er, mit wenigen Unterbrechungen, seit seiner Kindheit wohnte. Drei umfängliche Bände, für die er als Herausgeber verantwortlich zeichnet, wurden dem Zeitraum von 1760 bis 1815 (»Dresden zur Goethezeit«), 1815 bis 1850 (»Dresden zwischen Wiener Kongress und Maiaufstand«) und 1848/49 (»Dresden. Vom Biedermeier bis zur Revolution«) gewidmet. Zuletzt erschien zwei Jahre vor seinem Tode sein Kompendium »Der Parnass einer Residenz«, das sich mit den »Poeten an der Elbe« befasst.

Jante, Alfred 1908 – 1985

Kraftfahrzeugtechniker, Hochschullehrer

George-Bähr-Straße 1

Ein Studium wurde dem gelernten Kraftfahrzeugschlosser wegen seiner jüdischen Abstammung zunächst verwehrt, also arbeitete er im Maschinenbau-Laboratorium der RWTH Aachen und danach bei der Firma Klöckner-Humboldt-Deutz. An zahlreichen Deutz-Patenten hat Jante entscheidend mitgearbeitet. Nach einem kurzen Zwischenspiel in Leipzig wurde er 1948 Professor und Direktor des Instituts für Kraftfahrtwesen an der TH Dresden, an der er bis zu seiner Emeritierung 1973 wirkte. Neben zahlreichen Fachaufsätzen und Patenten wurde er durch das bis in die Gegenwart verwendete »Jante-Normalfahrdiagramm« bekannt, das den Verlauf von Fahrwiderständen und Antriebskraft in Abhängigkeit von der Geschwindigkeit darstellt.

Jaques-Dalcroze, Émile 1865 – 1950

Tanzpädagoge, Komponist

Auf dem Sand 10

Der Schweizer Tanzpädagoge und Komponist Emile Jaques-Dalcroze wirkte ab 1910 nur wenige Jahre in Hellerau, doch diese Zeit wurde zum Meilenstein für die Reformierung des Theaters, der Tanzbühne und des Musikstudiums, vor allem aber für die Vervollkommnung einer von ihm entwickelten neuen Kunstform, die Raum, Körper, Licht und Musik zur Rhythmik vereinte. In der eigens für ihn errichteten Bildungsanstalt, dem heutigen Festspielhaus, erhielten hunderte Schülerinnen und Schüler aus Europa und Amerika eine Ausbildung in Gymnastik und Rhythmik – zu ihnen gehörten u. a. Mary Wigman, Valerie Kratin, Jarmila Kröschlova und Dore Hoyer. Mit den Sommerfesten der Bildungsanstalt avancierte Hellerau zum »Bayreuth des Nordens«. Als Jaques-Dalcroze 1914 in Genf weilend gegen die Zerstörung der Kathedrale von Reims durch deutsche Truppen protestierte, wurde ihm die Wiedereinreise nach Deutschland verweigert. Seine Schule, dann nach Laxenburg bei Wien verlegt, existierte bis 1925 weiter.

Jasmatzi, Georg Anton 1846 – 1922

Zigarettenfabrikant

Amalienstraße 8, Lindengasse 8, Blasewitzer Straße 42, Sachsenplatz 5, Comeniusstraße 36

Ende des 19. Jahrhunderts entwickelte sich Dresden zum Hauptsitz der Zigarettenproduktion und des Rohtabakhandels in Deutschland. Unter den 70 zur Jahrhundertwende existierenden Zigarettenfabriken war die Jasmatzi AG in der Schandauer Straße die größte. Der aus Konstantinopel stammende Unternehmer – eigentlich hieß er Georgios Antoniou Iasmatzis – war 1868 als Werkmeister der Compagnie Laferne nach Dresden gekommen und hatte sich dann als Händler selbstständig gemacht. Das Unternehmen verfügte über eine eigene Kartonagenfabrik zur Herstellung der immer aufwendiger werdenden Verpackung der Zigaretten mit so klangvollen Namen wie »Cheops«, »Sphinx« und »Ramses«, später, unter seinen Söhnen, gab es dann ganz lokalpatriotische Bezeichnungen wie »August der Starke«. Auch Zigarettenmaschinen und -hülsen wurden hergestellt. Jasmatzi, der auch griechischer Konsul in Sachsen war, führte das Couponsystem ein, für zehn Coupons gab es sechs Kragenknöpfe, für 30 000 eine Schreibmaschine. Später wurde in der Fabrik die »f6«-Zigarette hergestellt.

Jehmlich (seit 1808)

Orgelbauer-Dynastie

Großenhainer Straße 32

Drei Brüder Jehmlich gründeten 1808 im erzgebirgischen Cämmerswalde einen Orgelbaubetrieb, der 1826 nach Dresden verlegt wurde. Im 20. Jahrhundert wurde der Betrieb in dritter Generation von den Brüdern Emil und Bruno (bis 1938), danach in vierter Generation von den Brüdern Otto und Rudolf (bis 1972) geleitet. In die Zeit der dritten Generation fällt der Umzug in die Großenhainer Straße, cirka 450 Orgeln wurden gebaut und auch ins Ausland exportiert, Höhepunkte dieser Zeit waren die erste sächsische Orgel mit pneumatischer Traktur und die viermanualige Orgel für die Dresdner Kreuzkirche. Unter Otto und Rudolf Jehmlich entstanden weitere 400 Instrumente, wobei nun auch neue Ideen des Orgelbaus Einzug hielten. In Dresden stehen Jehmlich-Orgeln auch in Plauen, in der Pillnitzer Weinbergskirche, der Herz-Jesu- und der St.-Petri-Kirche, außerdem wurden historische Orgeln restauriert. Nach der Verstaatlichung 1972 übernahm Horst Jehmlich die Leitung, 1990 wurde das Familienunternehmen reprivatisiert.

Jesenská, Milena 1896 – 1944

Journalistin

Untersuchungsgefängnis I: George-Bähr-Straße 5

Die Tochter eines Prager Zahnarztes wurde durch ihren Briefwechsel mit Franz Kafka berühmt, doch sie war nicht nur »Kafkas Milena«, sondern eine anerkannte, erfolgreiche Journalistin, weitaus bekannter als der später so berühmte Autor. 1925 verbrachte Milena Jesenská zehn Monate in Friedewald-Buchholz bei Moritzburg, wo ihre Jugendfreundin Alice Rühle-Gerstel lebte. 1939 wurde sie wegen ihrer Mitarbeit an der illegalen Zeitung *V boj* in Prag verhaftet und im Februar 1940 ins Dresdner Untersuchungsgefängnis I überstellt. Die Gerichtsverhandlung, in der sie sich selbst verteidigte, endete mit einem Freispruch »aus Mangel an Beweisen«. Milena Jesenská konnte noch einmal nach Prag zurückkehren, wurde aber kurz darauf in »Schutzhaft« genommen und schließlich ins Konzentrationslager Ravensbrück gebracht, wo sie am 17. Mai 1944 starb.

Jess, Wolfgang 1885 – 1945

Verleger

Lüttichaustraße 18 (heute: Hans-Dankner-Straße), Sommerstraße 15 (heute: Sebastian-Bach-Straße), Comeniusstraße 87, Schillerstraße 11, Verlag: Pillnitzer Straße 44

Nach einer Buchhändlerlehre in Leipzig, Arbeit in einer Berliner Verlagsbuchhandlung und einem Volontariat bei der *Times* in London kaufte Wolfgang Jess 1920 die Dresdner Verlagsbuchhandlung Gerhard Kühtmann und eröffnete den Wolfgang Jess Verlag. Der »Mann mit feiner Witterung und bibliomaner Verliebtheit« (Fritz Diettrich) verlegte hochwertige, aufwendig gestaltete Kunst- und Architekturbücher, Werke zur sächsischen Topographie und Geschichte, zur Kunstgeschichte und Reisebeschreibungen, z.B. von Gregorovius und Carus. Anfang der 30er-Jahre erschienen Bücher jüngerer Autoren, so u.a. der erste Gedichtband von Günter Eich, und die Zeitschrift *Kolonne*, eine »Zeitung der jungen Gruppe Dresden«. 1940 wurde Jess eingezogen, seit den Kämpfen um Berlin gilt er als vermisst. 1947 erhielt seine Frau Marianne Jess die Lizenz, den Verlag weiterzuführen, nachdem der Geschäftsführer Hans Krey die DDR 1958 verlassen hatte, wurde dem Verlag die Lizenz entzogen.

Jonas, Genia 1895 – 1938

Fotografin

Bankstraße 13, Bürgerwiese 4

Jenny Jonas, Tochter eines jüdischen Zigarrenhändlers, nannte sich als Künstlerin Genia und brachte es im Dresden der 20er-Jahre zu einigem Ruhm. Die Ehefrau des Schriftstellers Alfred Günther betrieb an der Bürgerwiese ein eigenes Atelier und brillierte vor allem mit »ungeschminkten« Familienbildern, Tanz-, Kinder- und Porträtfotografien aber auch mit Serien ungewöhnlicher Landschaftsaufnahmen von herber Schönheit. Der Kunstkenner Erich Haenel attestierte ihr: »Auf dem schwer findbaren Wege von der Photographie zum absoluten ästhetischen Werte des Kunstwerks sind ihre Arbeiten deutliche Meilensteine.«

Jüchser, Hans 1894 – 1977

Maler, Grafiker

Wachwitzgrund 56

Hans Jüchser, der als ein »bedeutender Vertreter Dresdner Malkultur« gilt, wurde zunächst in Stollberg/Erzgebirge zum Lehrer ausgebildet, bevor er nach dem Ersten Weltkrieg in Dresden an der Akademie für Kunstgewerbe und der Kunstakademie studierte. Er gehörte der Dresdner ASSO und der Künstlervereinigung Dresden an. Sein Werk, »das Werk eines Künstlers, der in jedem Bild etwas berichtet« (Lothar Lang), umfasst vor allem Landschaften, Porträts, Still-Leben. Er schuf aber auch Entwürfe zur bunten Verglasung des Lutherhauses am Anger (»Der Auferstandene«, 1952) in Kötzschenbroda.

Kaden, August 1850 – 1913

Unternehmer, Verleger, Politiker

Windmühlenweg 4, Rothenburger Straße 25, Wettiner Platz 10

Der aus Großenhain stammende gelernte Zigarrenmacher gründete in Gohlis, später in Kötzschenbroda und Dresden Zigarrenhandlungen. Der aktive Sozialdemokrat war Mitglied der Sächsischen Abgeordneten-Kammer und wurde 1898 als Nachfolger Wilhelm Liebknechts Abgeordneter des Reichstages. Im gleichen Jahr gründete er den Verlag Kaden & Co. mit angeschlossener Druckerei und Verlagsbuchhandlung. Anfangs druckte der Verlag vorwiegend Propagandamaterial für die Sozialdemokraten, dann wurde das Spektrum um vor allem sozialistische Literatur erweitert, so erschien z. B. eine erweiterte Auflage der berühmten Lyrik-Anthologie »Von unten auf« bei Kaden, der auch die *Sächsische Arbeiterzeitung* (1908 in *Dresdner Volkszeitung* umbenannt) und das *Jüdische Gemeindeblatt* herausgab. Das Verlagsgebäude am Wettiner Platz, wo ab 1912 auch die Dresdner SPD ihren Sitz hatte, wurde am 8. März 1933 von Nazis gestürmt, auf dem Platz fand an diesem Tag die erste Dresdner Bücherverbrennung statt.

Kästner, Erhart 1904 – 1974

Bibliothekar, Reiseschriftsteller

Plattleite 14, Wolfshügelstraße 7

»Wenn ich zurückblicke auf die Dresdener Jahre, so liegt ein Glanz auf der Welt, der verscherzt ist. Gewiß, es ist der Glanz der verlorenen Stadt, es ist Freundschaft, Liebe, es ist aber auch der sonntägliche Werktag, der Blick auf diese Bibliothek im Japanischen Palais, die Reichtum und Fülle ausstrahlten.« So resümierte Erhart Kästner seine Tätigkeit als Bibliothekar an der »traumhaft schönen, unglaublich reichen, so alten wie modernen« Sächsischen Landesbibliothek, wo er nach der Vorbereitung einer großen Ausstellung zum 200. Geburtstag von Lessing im Rathaus 1929 angestellt wurde. »Na, die Eröffnung ... war ja auch eine Haupt- und Staatsaktion!! ... 500 Spitzen der Behörden und sonstige Größen der Stadt waren eingeladen ... Eine Riesensache! Dazwischen, bleich, aber glücklich, ich.« In der Bibliothek lernte er Gerhart Hauptmann kennen, dessen Sekretär er 1936 wurde. Nach dem Krieg machte sich Kästner, nun Leiter der Herzog-August-Bibliothek in Wolfenbüttel, mit seinen sehr persönlichen Büchern über Griechenland einen Namen als Reiseschriftsteller.

Kästner, Erich 1899 – 1974

Schriftsteller

Königsbrücker Straße 66, 48, 38

Der weltbekannte Verfasser des Kinderbuches »Emil und die Detektive« (1928) und des Romans »Fabian« verlebte Kindheit und frühe Jugend in Dresden, jener Stadt, der er Jahrzehnte später in dem Erinnerungsband »Als ich ein kleiner

Junge war« (1957) ein Denkmal setzte. Er besuchte die 4. Bürgerschule auf der Tieckstraße, das Fletschersche Lehrerseminar auf der Marienallee und legte sein Abitur am König-Georg-Gymnasium ab. Mit dem »Goldenen Stipendium der Stadt Dresden« in der Tasche ging er zum Studium nach Leipzig und wirkte später in Berlin und München.

Kästner, Hans 1904 – 1985

Drogist

Görlitzer Straße 30, Louisenstraße 13

»Diskretion« und »unauffälligen Versand« versprachen die Zeitungsanzeigen, die der Drogist Hans Kästner schaltete. Trotzdem waren der Name Kästner und das Postschließfach 266 nicht nur in Dresden, sondern in ganz Deutschland bekannt, hatte die Drogerie doch auf das, was sie unauffällig und diskret verschickte, ein Versandmonopol: Kondome der Marke Mondos. Schon 1899 hatte der Vater Hugo Kästner seine erste Drogerie eröffnet und sich in den 30er-Jahren auf den Verkauf von Gummischutzartikeln spezialisiert. Ab 1965 wurde der Versandhandel alleiniges Standbein von Hans Kästner, der in Spitzenzeiten 150 bis 200 Sendungen täglich verschickte, stets mit weißem Kittel bekleidet war und von seiner Kundschaft schon mal Dankschreiben mit den Worten »Wir denken jedes Mal an Sie« erhielt. Nach der Wende schloss das Familienunternehmen, danach wagte einer der sieben Angestellten einen Neustart, aus dem Kondomversand wurde ein Erotikshop.

Kalenter, Ossip 1900 – 1976

Schriftsteller

Conradstraße 18, Circusstraße 29, Wettinerstraße 3, Manteuffelstraße 6 (ab 1946 Karsthansstraße), Bayreuther Straße 3

Johannes Burkhardt, so Kalenters bürgerlicher Name, verbrachte Kindheit und Jugend in Dresden und lebte ab 1924 als Mitarbeiter mehrerer deutscher Zeitungen und Zeitschriften zunächst in Italien, dann in der Tschechoslowakei und zuletzt in der Schweiz. Seine ersten Bücher erschienen im Dresdner Verlag von 1917. 1922 veröffentlichte er den Band »Das goldene Dresden«, eine Arabeske über seine Vaterstadt, die er »Unsren lieben Frauen von Dresden« widmete.

Katz, Willy 1878 – 1947

Arzt

Borsbergstraße 3 und 14

»Er hat die quälendste Stellung, in ständigem Kontakt mit der Gestapo, von ihr sklavisch abhängig, immer gefährdet, von den Juden kaum weniger gehasst ..., da sie ihn für alle verweigerten Erleichterungen (Atteste und desgleichen) allein verantwortlich machen.« So beschrieb Victor Klemperer in seinen Tagebüchern die schwierige Rolle von Willy Katz. Seit 1909 praktischer Arzt in Dresden, war Katz Stabsarzt im Ersten Weltkrieg und der einzige jüdische Arzt, der während des Zweiten Weltkrieges in Dresden zugelassen war. In seiner Handlungsfreiheit stark eingeschränkt und an strenge Auflagen gebunden, oblag ihm die medizinische Betreuung der so genannten Judenhäuser, des jüdischen Altersheimes »Henriettenstift« und des Haftlagers auf den Hellerbergen, auch für die Begleitung der Transporte nach Theresienstadt war er zuständig. Klemperer beschrieb seine anfängliche Skepsis gegenüber dem »durchweg schlechtest beleumundeten ... Krankenbehandler« zu dem allmählich eine Art Vertrauensverhältnis entstand. Klemperer war es auch, der 1947 die Grabrede auf den jüdischen Arzt hielt.

Kempen, Paul van 1893 – 1955

Dirigent

Comeniusstraße 80

Im Mai 1934 wurde der aus dem holländischen Zoeterwoude stammende Dirigent nach einer mitreißenden Interpretation von Beethovens »Neunter Sinfonie« spontan zum künstlerischen Leiter der Philharmonie berufen, die sich in seiner Amtszeit zu einem Spitzenorchester entwickelte. Er gründete eine »Stiftung zur Förderung der Dresdner Philharmonie«, veranstaltete zeitgenössische Musiktage, die sich ausschließlich Ur- und Erstaufführungen widmeten und spielte für die »Grammophon« zahlreiche Platten ein. Selbst die während des Krieges als »Wehrmachtsbetreuung« organisierten Konzertreisen ins Ausland wurden zu »Kundgebungen humanistischer Kunst«. Nach Schikanen der örtlichen Nazibehörden ging Paul van Kempen 1942 als Nachfolger von Herbert von Karajan nach Aachen.

Kesting, Edmund 1892 – 1970

Maler, Fotograf, Grafiker

Semperstraße 11, Münchner Straße 6, Mommsenstraße 5

Der vielseitig begabte Kesting zählt zu den Ikonen der informellen Malerei in Dresden. Hier gründete er 1919 die private Schule für Gestaltung »Der Weg«. Ab Mitte der 20er-Jahre befasste er sich vorrangig mit fotografischen Experimenten, von denen besonders seine Mehrfachbelichtungen Beachtung fanden. 1945 gehörte er zu den Mitbegründern der Künstlergruppe »Der Ruf – befreite Kunst« in Dresden. Als Buchautor war er mit dem Band »Ein Maler sieht durchs Objektiv« (1958) erfolgreich.

Kettner, Gerhard 1928 – 1993

Grafiker, Lithograf

Schubertstraße 26

Kettner wurde in der Altenburger Spielkartenfabrik zum Lithographen ausgebildet. Ab 1953 studierte er in Dresden u.a. bei Hans Grundig und Max Schwimmer und wirkte später als »Zeichner von hohen Graden« in der Elbestadt, aber auch als gefragter Hochschullehrer von Rang und Rektor, der »mit der Erfahrung des Gleichmaßes« vielen seiner Kollegen und Schülern helfend zur Seite stand. Neben dem Porträt, dem Selbstbildnis und Landschaften, der Buchillustration, zählen tiefgründige Texte zur Kunst und Kunstbetrachtung zu seinem Werk.

Kiefer, Marianne 1928 – 2008

Schauspielerin

Konkordienstraße 53

Die Tochter eines Künstlerehepaares wuchs in der Dresdner Neustadt auf. Von Kindesbeinen an ging sie mit den Eltern, die auf fast allen Revue- und Varietebühnen des deutschen Sprachraumes gastierten, auf Tournee, weshalb sie mehr als 50-mal die Schule wechseln musste. Bei Auslandseinsätzen der Eltern geriet sie schließlich in die fürsorglichen Hände der Nonnen des Josephinenstifts auf der Großen Plauenschen Straße. Von Rudi Schiemann, dem Komiker und Schauspieler, entdeckt, debütierte sie 1945 neben Manja Behrens als Tanzsoubrette in einem Lustspiel am Boulevardtheater Leipziger Straße und spielte später in Watzkes Ballhaus. Erst nach dem erfolgreichen Einstand nahm sie Ballettunterricht und Gesangsstunden bei Liesel von Schuch am Wasaplatz. Nach Engagements an Provinzbühnen, gehörte sie ab 1968 zum Ensemble des Berliner Friedrichstadtpalastes und des DDR-Fernsehens. Besonderen Erfolg erlangte sie neben Ingeborg Krabbe und Helga Göring in zahlreichen TV-Schwänken um die »Drei reizenden Schwestern«.

Kirchner, Ernst Ludwig 1880 – 1938

Maler, Grafiker

Berliner Straße 60, 78 und 80, Schnorrstraße 56, Lindenaustraße 23 und 25, Ostbahnstraße 15

Bereits während des Architekturstudiums an der Technischen Hochschule in Dresden absolvierte Kirchner nebenher eine private Kunstschule. Im hiesigen Völkerkundemuseum entdeckte er für sich die Kunst der Naturvölker. Nachdem er erstmal mit den Schnitzereien und Verzierungen der »Palau-Balken« in Berührung kam, wirkte sich das elementare Erlebnis der so genannten »primitiven Kunst«, das ihn fortan lebenslang faszinieren würde, stilbildenden auf sein weiteres Schaffen, besonders die Holzschnitttechnik, aus. In Dresden lernte er Erich Heckel, Karl Schmidt-Rottluff und Franz Bleyl kennen, mit denen er 1905 die Künstlervereinigung »Brücke« gründete, deren Programm er formulierte. Die oft gemeinsam genutzten Ateliers befanden sich auf der Berliner Straße. 1911 verließen die »Brücke«-Maler Dresden via Berlin. Kirchner, gilt mit seinem malerischen, grafischen, lichtbildnerischen und bildhauerischen Werk als einer der bedeutendsten Vertreter des Expressionismus und erlangte damit Weltgeltung.

Klemperer, Victor 1881 – 1960

Romanist

Bendemannstraße 3 (Pension Blancke), Daheimstraße 10 (heute: Friedrich-Hegel-Straße), Holbeinstraße 131, Hohe Straße 8, Am Kirschberg 19, Caspar-David-Friedrich-Straße 15b

Das Buch »LTI«, eine Studie über die Sprache des Dritten Reiches, und seine Tagebücher aus den Jahren 1933 bis 1935, unter dem Titel »Ich will Zeugnis ablegen bis zum letzten« erschienen, machten den Romanisten Victor Klemperer weit über die Fachkreise hinaus bekannt und zu einem wichtigen Chronisten des Lebens und der Ausgrenzung der Juden in der Zeit des Nationalsozialismus. Der in Landsberg an der Warthe geborene Sohn eines Rabbiners kam 1920 als Professor für Romanistik an die Technische Hochschule, wo er bis zu seiner Entlassung durch die Nazis 1935 lehrte. Nach der Vertreibung aus seinem Haus Am Kirschberg lebte er ab 1940 in verschiedenen Judenhäusern der Stadt. Die Bombenangriffe retteten ihn vor der Deportierung. Nach einer mehrmonatigen Flucht kehrte er nach Dresden zurück, wurde u.a. erster Direktor der Volkshochschule und lehrte dann in Greifswald, Halle und Berlin. Seine Autobiografie »Curriculum Vitae« und weitere Tagebücher aus der Zeit des Kaiserreiches und den Nachkriegsjahren zählen neben zahlreichen Arbeiten zur französischen Literatur zu seinen Hauptwerken.

Klemperer, Victor Edler von Klemenau 1876 – 1943

Bankier, Sammler

Tiergartenstraße 64

1914 übernahm der in Dresden geborene Rechtswissenschaftler Victor von Klemperer als Nachfolger seines Vaters Gustav Klemperer (1852–1926) das Stammhaus der Dresdner Bank. Die jüdischen Bankiers, Mitglieder in den Aufsichträten mehrerer sächsischer Unternehmen, machten sich vor allem als Sammler einen Namen. Schon der Vater hatte die bedeutendste Privatsammlung Meißner Porzellans besessen und Miniaturen gesammelt, der Sohn baute eine umfangreiche Inkunabelsammlung auf. Unterstützt vom Verleger Jakob Hegner und dem Buchbinder Peter A. Demeter aus Hellerau trug Victor von Klemperer Inkunabeln von mehr als 350 Druckern aus Deutschland und Europa zusammen. Als er 1938 aus Deutschland flüchten musste – von Klemperer starb 1943 in Rhodesien –, blieben die Sammlungen – u. a. 836 Porzellane, 549 Frühdrucke, 510 wertvolle Buchausgaben, dazu Gemälde, Zeichnungen, Möbel und eine umfangreiche Bibliothek – in Dresden zurück, wurden von den Nazis beschlagnahmt und dann dem Land Sachsen unentgeltlich übertragen. Hitler soll sie für das geplante »Führermuseum« in Linz reklamiert haben. Die Inkunabelsammlung ging nach dem Krieg nach Moskau. Erst 1990 erhielten die Erben große Teile der beiden Sammlungen zurück.

Klotz, Siegfried 1939 – 2004

Maler

Altmarkt 23

Der gelernte Dekorationsmaler aus dem Erzgebirge kam 1965 an die Kunsthochschule in Dresden und studierte bei Rudolf Bergander und Jutta Damme. Nach dem Studium arbeitete er freischaffend in Dresden und als Dozent, bevor er zum Professor im Grundstudium der Malerei berufen wurde. Weithin bekannt wurden seine Stadtlandschaften Dresdens, »zumeist schweift der Blick vom Atelierfenster der Hochschule oder vom Geländer der Brühlschen Terrasse über die Elbe mit ihren Brücken hinweg, um sich in den dunstumwobenen Lößnitzbergen in Radebeul oder stromaufwärts in den Hängen um Loschwitz zu verlieren«. (Rolf Günther), aber auch seine Akte und die suggestiven Porträts von Fritz Löffler, Rolf Hoppe, A. R. Penck, Wulf Kirsten oder Erhard Frommhold.

Kluge, Ewald 1909 – 1964

Rennfahrer

Königsbrücker Straße 127

Der Sohn eines Fuhrgeschäftsinhabers verlebte in der Gemarkung Lausa-Weixdorf, am Nordrand Dresdens eine harte und entbehrungsreiche Kindheit. Als er zwölf Jahre alt war, starb seine Mutter. Nach der Konfirmation bekam er die Stelle als Wagenwäscher und Beifahrer eines Margarinevertreters, der ihn einer Autowerkstatt im nahen Höckendorf empfahl, die ihn als Schlosserlehrling einstellte. Mit 19 Jahren war er der jüngste Dresdner Taxifahrer und als 20-Jähriger fuhr er am Himmelfahrtstag 1929 in Freiberg sein erstes Motorradrennen, das er als Drittplatzierter beendete. Der erste Sieg gelang dem späteren mehrfachen deutschen Meister und Doppel-Europameister wenig später beim Lückendorfer Bergrennen. Als Kluges bedeutendster Erfolg gilt sein Sieg bei der »Tourist Trophy« auf der Isle of Man, dem »schwersten Motorradrennen der Welt« im Jahre 1938. Seinen letzten Sieg im Raum Dresden feierte er 1952 auf der Autobahnspinne.

Knobloch, Heinz 1926 – 2003

Feuilletonist

Haydnstraße 61

Aufgewachsen im Geviert um den Schillerplatz, lernte Heinz Knobloch, der spätere Feuilletonist mehrerer DDR-Zeitungen und Zeitschriften, in der 63. Volksschule, »dass es vier Fälle gibt und zu jedem Fall mindestens eine Frage«. Nebenher betrieb er Leibesertüchtigung im Blasewitzer Turnverein. Als Neunjähriger musste er, weil der Vater in Dresden keine Arbeit mehr fand, nach Berlin, kehrte aber bis zum Beginn des Zweiten Weltkrieges regelmäßig für einen Ferienmonat pro Jahr zu seiner Großmutter zurück, um, wie er sich dankbar in seinen Büchern erinnerte, Eierschecke zu essen, Ausstellungen zu besuchen, mindestens sechs Elbdampfer-Ausflugsfahrten zu unternehmen und glücklich zu sein. Nachzulesen u.a. im vergnüglich-ernsten Buch »Eierschecke. Dresdner Kindheit«.

Koch, Franz Josef 1872 – 1941

Erfinder, Unternehmer

Zwickauer Straße 42, Liebigstraße 20, Kaitzer Straße 35, Am Steinberg 5, Fabrik: Zwickauer Straße 42, Overbeckstraße 48

Bevor Franz Josef Koch mit seinem Freund Kurt Sterzel 1904 in Dresden die Firma Koch & Sterzel gründete, war der Autodidakt mit der Erfindung eines mechanischen Gleichrichters für Niederspannung und einem Synchron-Hochspannungsgleichrichter bekannt geworden. Die Firma, die sich zu einem Großbetrieb mit fast 2 000 Mitarbeitern entwickelte und deren Verwaltung sich im Schloss Übigau befand, stellte vor allem Röntgen-Apparate, Transformatoren und medizinische Geräte her. Aus ihr ging das VEB Transformatoren- und Röntgenwerk »Hermann Matern« hervor. Der musisch interessierte Unternehmer beschäftigte sich zudem mit Geigenbau. Nach langjährigen Versuchen, bei denen er dem Geheimnis alter italienischer Meistergeigen auf die Spur kommen wollte, gelang ihm ein Verfahren zur Holzveredlung, mit dem er in den 20er-Jahren mehrere tausend »Koch-Geigen« herstellte.

Köpcke, Claus 1831 – 1911

Bauingenieur

Strehlener Straße 25

Auch bei Wundern kann es zuweilen sehr prosaisch zugehen. »Durch versteifende Maßnahmen aus der klassischen Form der Hängebrücke entstandene Strebenfachwerkbrücke mit kopfstehendem Dreigelenkbogen in der Hauptöffnung und seitlich angehängten Fachwerkscheiben« – so beschreiben Fachleute das Prinzip der Loschwitzer Elbbrücke. Die Dresdner sagen einfach »Blaues Wunder«. Als der aus Borstel bei Hannover stammende Bauingenieur Claus Köpcke den Zuschlag für den Bau erhielt, war er Beamter des Sächsischen Finanzministeriums, jener Behörde, die für die Ausschreibung und letztlich auch Finanzierung zuständig war. Wahrscheinlich kam Köpcke mit seiner teureren Lösung nur deshalb zum Zug, was seine Verdienste freilich nicht schmälert. In seinem letzten Lebensjahr wurde der ehemalige Professor für Entwurf und Ausführung von Eisenbahn-, Straßen- und Wasserbauten an der Polytechnischen Schule, dem Dresden auch die Eisenbahnbrücke neben der Marienbrücke und die Umgestaltung seiner Bahnhöfe verdankt, zum »Wirklichen Geheimen Rat« ernannt und durfte sich »Exzellenz« nennen lassen.

König, Walter 1878 – 1964

Chemiker

Bismarckplatz 18 (heute: Franz-List-Platz), Bayreuther Straße 31

Er war der König der Farben! Bereits als er 1913 die Professur für Farben- und Textilchemie in Dresden antrat, zählte Walter König zu den bedeutendsten Farbchemikern der Welt. 1922 entdeckte er das Astraphloxin FF, die Stammsubstanz einer Farbklasse mit hoher Leuchtkraft, die auch für die Entwicklung der Farbfotografie von Bedeutung war. An der Technischen Hochschule erweiterte und systematisierte er die Farbstoffsammlung, die heute mit über 9000 Mustern industriell gefertigter Farbstoffe und -pigmente zu den weltweit bedeutendsten Sammlungen ihrer Art gehört. Wegen seiner NSDAP-Mitgliedschaft nach 1945 vorübergehend vom Lehrbetrieb ausgeschlossen, kehrte der anerkannte Wissenschaftler bald auf seinen Lehrstuhl zurück. 1953 erhielt das Gebäude des Instituts für Farben- und Textilchemie, dessen Direktor König gewesen war, seinen Namen. Postum wurde er für seine bahnbrechenden Leistungen auf dem Gebiet der Fotografie in die Ruhmeshalle des American Museum of Photography in Philadelphia aufgenommen.

Körner, Hermine 1878 – 1960

Schauspielerin, Regisseurin, Intendantin

Hospitalstraße 18, Johannstädter Ufer 13, Comeniusstraße 69, Pillnitzer Straße 47 (heute: Pillnitzer Landstraße 141)

1909 kam Hermine Körner, die ursprünglich Musik studiert und am Wiener Burgtheater ihr Debüt als Schauspielerin gegeben hatte, ans Dresdner Hoftheater, wo sie u. a. als Hedda Gabler und Lady Milford auf der Bühne Erfolge feierte, bis sie Max Reinhardt 1915 ans Deutsche Theater nach Berlin holte. Von 1925 bis 1929 war sie Intendantin des Albert-Theaters und der Komödie in Dresden, aber auch wieder als Schauspielerin tätig. Ein Ehrenring, den sie für eine Rolle erhielt und für Schauspielerinnen »mit ernsthaftem Streben« stiftete, wird bis heute von der Akademie der Künste als Hermine-Körner-Ring verliehen.

Kokoschka, Oskar 1886 – 1986

Maler, Dramatiker

Großer Garten, (Pavillon A, Haus J), Rißweg 68, Pension Felsenburg

Der Maler, Dramatiker und Autobiograf, er gilt als einer der wichtigsten Vertreter des Expressionismus, stellte 1912 erstmals in einer Dresdner Galerie aus. Im Ersten Weltkrieg verwundet, wohnte er ab Ende 1916 in Dr. Teuschers Sanatorium auf dem Weißen Hirsch, dann in der Künstlerpension »Felsenburg«, in der u. a. auch der Schriftsteller Walter Hasenclever untergekommen war. Von 1919 bis 1924 lehrte er als Professor an der Dresdner Kunstakademie und wurde zum Ehrenmitglied der »Dresdner Sezession – Gruppe 1919« ernannt. Seit 1921 wohnte er in einem der Kavalierhäuschen im Großen Garten. »Ich ersticke in der Dresdner Atmosphäre«, schrieb er 1924 und verließ die Stadt.

Kotzsch, August 1836 – 1910

Fotograf

Kotzschweg 22

Bevor er sich mit der Fotografie beschäftigte, begann der Winzersohn aus Loschwitz zu zeichnen. Eine künstlerische Ausbildung konnten ihm die Eltern allerdings nicht ermöglichen. Erste lichtbildnerische Kenntnisse und praktische Fähigkeiten erwarb er sich bei dem Fotografen August Niemann, einem Nachbarn, dessen fototechnische Apparatur er später erwarb. Neben seiner Erwerbstätigkeit als Weinbauer, betrieb er fortan die professionelle Fotografie und machte sich, auch international, einen geachteten Namen als »Landschafter« der Loschwitzer Umgebung und als Porträtist.

Kraft, Robert 1869 – 1916

Unterhaltungsschriftsteller

Ostbahnstraße 18

Der Sohn eines Weinhändlers, dessen Eltern sich früh scheiden ließen, wurde wegen zu vieler Fehlstunden vom Gymnasium relegiert und später inhaftiert, weil er seinen Vater bestohlen hatte. Als Seefahrer kenterte er vor Grönland, lebte dann als Gelegenheitsarbeiter in der ägyptischen Wüste. Als blinder Passagier erkrankte er vor Konstantinopel an Cholera. Dienst in der kaiserlichen Marine, Wüstenjäger in der libyschen Wüste, London und Monte Carlo hießen die nächsten Stationen. Ausreichend Rüstzeug also, um für den Dresdner Verleger Münchmeyer Kolportageromane auf einer Schreibmaschine mit Endlos-Papier zu schreiben und als »deutscher Jules Verne« vermarktet zu werden. Besonders die Reihe »Detektiv Nobody's Erlebnisse und Reise-Abenteuer« erzielte Massenauflagen.

Kreis, Wilhelm 1873 – 1955

Architekt

Villa Thorwald Schillerstraße 12, Villa Kreis Sonnenleite 9

Wilhelm Kreis war einer der bedeutendsten und vielseitigsten Architekten der ersten Hälfte des 20. Jahrhunderts. Viele Jahre als Professor an der Kunstakademie tätig, prägte er mit seinen Bauten das Stadtbild bis heute, allen voran mit dem Deutsche Hygiene-Museum. Kreis baute die neue Augustusbrücke, wirkte neben Paul Wallot am Bau des Ständehauses mit und zeichnete für den Bau mehrerer Villen und außer für den Dresdner, für ca. 50 weitere Bismarcktürme in Deutschland verantwortlich. Seine Karriere schien 1933 wegen seiner Arbeit für »jüdische Bauherren« einen Knick zu bekommen, er verlor zunächst die Präsidentschaft des

Bundes Deutscher Architekten, doch ließ er sich von den Nationalsozialisten vereinnahmen und entwarf neben Bauten in Berlin das geplante gigantische Gauforum Dresden, das Luftgaukommando und Erweiterungsbauten der Dresdner Oper. 1941 ernannte Hitler ihn zum »Generalbaurat für die deutschen Kriegerfriedhöfe«, drei Jahre später nahm ihn der Diktator in die Sonderliste der zwölf »Gottbegnadeten« Künstler auf.

Kretzschmar, Bernhard 1889 – 1972

Maler

Gostritzer Straße 21, Friebelstraße 62

Der mit Peter August Böckstiegel und Conrad Felixmüller eng befreundete Maler und Grafiker galt als »nahezu legendäre Gestalt der Dresdener Malerei« (Lothar Lang): spöttisch, streitbar bis zur Aggressivität, geradewegs anekdotisch. Seit 1918 im später eingemeindeten Dorf Gostritz zu Hause, studierte der gelernte Dekorationsmaler aus Döbeln an der Dresdner Akademie u. a. bei Robert Sterl. 1920 vernichtete er sein Frühwerk. Sein heiter grundiertes Bild »Schweineschlachten im Winter« beeindruckte die zahlreichen Besucher der Sommerausstellung der Dresdner Künstlervereinigung 1923.Von den Nationalsozialisten wurden 47 seiner Arbeiten in deutschen Museen als »entartet« beschlagnahmt. Der größte Teil seines Werkes wurde mit seinem Atelier am Antonsplatz in der Nacht vom 13. zum 14. Februar 1945 vernichtet. Häufig fand Kretzschmar seine Motive in der unmittelbaren dörflichen Umgebung der Gostritzer Wohnung. Mehrere Gemälde widmete er der im Zentrum der Dresdner Altstadt gelegenen Marienstraße (»Marienstraße im Winter«, »Die Marienstraße im Tauwetter« u. a.).

Kreutzberg, Harald 1902 – 1968

Tänzer, Choreograf

Striesener Straße 26, Strehlener Straße 38, Tittmannstraße 38

»Wer mich in meinem Leben und in meiner Arbeit am meisten beeindruckt hat? Das ist klipp und klar beantwortet: die Wigman.« Doch zunächst begann der aus Böhmen stammende Kreutzberg eine Ausbildung zum Modegrafiker an der Dresdner Kunstgewerbeschule, ehe er 1921 Schüler bei Mary Wigman wurde und noch im gleichen Jahr den Tanz »Trommelspuk« entwarf und mit »Bizarrerie« im Albert-Theater debütierte. Yvonne Georgi, die er bei Mary Wigman kennen lernte, wurde seine künstlerische Partnerin. 1923 wechselte er zunächst nach Hannover. Als »Tänzer vor Gott« wurde Kreutzberg bezeichnet, der sich 1926 für eine Rolle den Kopf rasierte und damit eines seiner markanten Markenzeichen schuf. Ausgedehnte Tourneen führten ihn durch viele Länder, wo er schon mal als »der größte Tänzer der Welt« angekündigt wurde.

Krone, Hermann 1827 – 1916

Fotograf

Marienstraße 30, Waisenhausstraße 15, Feldstraße 1d, Josephstraße 2

1849 kam der Breslauer Lithograph zu Studium nach Dresden und eröffnete hier drei Jahre später auf der Marienstraße eine »Photographische Portrait- und Lehranstalt«. Mit seinen Aufnahmen des Elbsandsteingebirges aus dem Jahre 1853 gilt der Fotopionier auch als erster Landschaftsfotograf Sachsens. 1869 gründete er die »Photographische Gesellschaft zu Dresden« und seinen eigenen Photographischen Kunstverlag«, in dem er seine Fotografien als Einzelbilder oder Leporellos herausgab. Er »photographierte« die Sächsische und die angrenzende Böhmische Schweiz ein halbes Jahrhundert lang. Außerdem hinterließ er Ablichtungen von 142 Städten in Sachsen und 60 Städten in Sachsen-Altenburg, sowie Landschaftsaufnahmen von Schlesien, der Schweiz, dem Harz und anderen Gegenden. Als sensationell galt sein zur »fahrbaren Dunkelkammer« umfunktionierter Reisewagen. Sein Lebenswerk, das »Historische Lehrmuseum für Photographie«, vermachte er 1907 der Technischen Hochschule Dresden.

Kuehl, Gotthard 1850 – 1915

Maler

Residenzstraße 29 (heute: Loschwitzer Straße), Wasaplatz 1

Der in Lübeck geborene Gotthard Kuehl gilt als Begründer der Dresdner Malschule des 20. Jahrhunderts. Ausgebildet in Dresden und München, prägte ihn vor allem ein langjähriger Paris-Aufenthalt, neben den französischen Impressionisten beeinflusste auch Max Liebermann das Werk Kuehls. 1893 kam der Maler nach Dresden und wurde kurz darauf an die Kunstakademie berufen, deren Entwicklung er, obwohl anfangs von den konservativ-akademischen Kollegen angefeindet, in den nächsten Jahren maßgeblich beeinflusste. Die Ähnlichkeit in der künstlerischen Handschrift seiner weit über hundert Schüler führte zur Bezeichnung »Kuehl-Schule«. Kuehl, der auch große internationale Ausstellungen konzipierte und mit einigen seiner Schüler die Künstlergruppe »Die Elbier« gründete, schuf zahlreiche Dresden-Ansichten, so von der Augustusbrücke und einen Zyklus Dresdner Plätze und Bauten für den Sitzungssaal der Neuen Rathauses, weshalb man ihn »Bellotto des 20. Jahrhunderts« nannte.

Kühl, Heinrich 1886 – 1965

Kunsthändler

Holzhofgasse 19, Zittauer Straße 15, Galerie: Neustädter Markt 12, Kleine Brüdergasse 21 (beide zerstört), Zittauer Straße 12

1924 gründete der aus Hannover stammende Heinrich Kühl, der zuvor bei Ludwig Gutbier in der Galerie Arnold gearbeitet hatte seine, erste private Galerie im Hotel Kaiserhof am Neustädter Markt mit Gemälden von Christian Rohlfs. Es folgte die erste Personalausstellung von El Lissitzky, dann Ausstellungen mit Werken von Barlach, Dix, Nolde und Käthe Kollwitz, vor allem aber immer wieder Dresdner Künstler. 1934 zog die Galerie in die Kleine Brüdergasse, nach deren Zerstörung im Krieg begann Kühl in der Nähe seiner Wohnung in der Zittauer Straße neu.

Kühl, Johannes 1922 – 1994

Maler, Kunsthändler

Tolkewitzer Straße 47

1965 übernahm der Sohn von Heinrich Kühl, der Maler Johannes Kühl, die Leitung einer der wenigen privaten Galerien in der DDR und gab dafür sein eigenes künstlerisches Schaffen weitgehend auf.

Kühne, Max Hans 1874 – 1942

Architekt

Strehlener Platz 4, Beuststraße 7, Waisenhausstraße 8

Der in Dresden geborene Architekt, ein Meisterschüler von Paul Wallot, ließ sich 1901 als freier Architekt nieder und arbeitete ab 1906 mit seinem Schwiegervater William Lossow im gemeinsamen Büro Lossow & Kühne. Zu seinen wichtigsten Bauten zählt das Dresdner Schauspielhaus, bei dessen Einweihung er 1913 den Ehrentitel »Professor« verliehen bekam. Die Hauptbauten der Internationalen Hygiene-Ausstellung, das Palasthotel Weber am Postplatz, die Bienert'sche Hafenmühle, die Kirche der Diakonissenanstalt, das Schloss Wachwitz und die Villa von Ardenne sind weitere Bauten des Büros in Dresden.

Külz, Wilhelm 1875 – 1948

Politiker

Henzestraße 12

Der ehemalige Stadtschreiber und Bürgermeister von Zittau, lebte ab 1923 in Dresden. Hier wurde er zunächst zum 2. Bürgermeister und im Februar 1931 zum Oberbürgermeister gewählt. Da er sich im März 1933 weigerte, die Hakenkreuzfahne auf dem Neuen Rathaus zu hissen, wurde er von den Nationalsozialisten seines Amtes enthoben. Nach 1945 gehörte Külz in Berlin zu den Gründern der Liberal-Demokratischen Partei Deutschlands und wurde deren Vorsitzender.

Kurella, Alfred 1895 – 1975

Politiker

Heideweg 10

Der spätere Kulturpolitiker und Schriftsteller Alfred Kurella, der vor 1914 der Wandervogelbewegung angehört hatte; kam 1917 nach Dresden und wirkte hier als Hauslehrer des völkischen Nacktkulturverfechters Heinrich Pudor. Ab Oktober 1917 wohnte er auf dem Heideweg in Hellerau, wo er im literarischen Salon »Am Schänkenberg« verkehrte. Als »linker Revoluzzer« ins Visier der Polizei geraten, wurde er von Spitzeln überwacht. Pudor hingegen stellte seinem Hausangestellten auf Befragung als Zeugnis aus, er sei »ein idealisch veranlagter, sehr gebildeter junger Mann ..., der oft Artikel schreibe«.

Kutzbach, Karl 1875 – 1942

Maschinenbauer, Hochschullehrer

Liebigstraße 22

Über 30 Jahre war Karl Kutzbach, einer der letzten universellen Maschinenbauer, Professor für Maschinenelemente an der TH. Der Leiter des Versuchs- und Materialprüfamtes erwarb sich besondere Verdienste mit seinen Untersuchungen an Zahnradgetrieben. Das von ihm entwickelte grafische Verfahren, mit vorgegebenen Drehzahlverhältnissen die Durchmesserverhältnisse zu bestimmen, wird als »Kutzbachplan« bezeichnet. Weitere Fachtermini in der Getriebelehre gehen auf ihn zurück, seit 1961 trägt ein Gebäude der TU seinen Namen.

Lachnit, Wilhelm 1899 – 1962

Maler, Grafiker

Zirkusstraße 43, Ostbahnstraße 4

Wilhelm Lachnit absolvierte eine Malerlehre in Dresden und studierte an der Akademie für Bildende Künste. Er gehörte zu den Gründern der ASSO und wurde 1933 kurzzeitig von der Gestapo inhaftiert. Wie sein Bruder Max verlor er bei den alliierten Bombenangriffen vom 13. und 14. Februar 1945 Wohnung, Atelier und sein künstlerisches Werk. Nach dem Krieg lehrte er von 1947 bis 1950 als Professor in Dresden und arbeitete anschließend als freischaffender Künstler.

Lachnit, Max 1900 – 1972

Bildhauer, Maler, Grafiker

Künstlerhaus Pillnitzer Landstraße

Max Lachnit, gelernter Tischler, studierte an der Kunstgewerbeschule Innenraumgestaltung. Auch seine künstlerischen Arbeiten fielen den Bombenangriffen auf Dresden zum Opfer. Nach dem Zweiten Weltkrieg entstanden zahlreiche baugebundene Arbeiten im Rahmen des Wiederaufbaus der Stadt.

Lahmann, Heinrich 1860 – 1905

Arzt und Unternehmer

Hermann-Prell-Straße 14

Als der Naturheilarzt und Diätetiker Heinrich Lahmann, bereits mit 26 leitender Arzt einer Heilanstalt in Chemnitz, im Alter von nur 45 Jahren an einer Influenza starb, hinterließ er ein kleines Imperium, dessen Blütezeit in den Jahren vor dem

Ersten Weltkrieg er nicht mehr miterleben sollte. 1887 hatte er das Fridabad und das Lehnertsche Sanatorium auf dem Weißen Hirsch gekauft und ein Jahr darauf als »Physikalisches Sanatorium« mit zunächst zehn Angestellten eröffnet. Der Erfolg der Unternehmung machte eine ständige Erweiterung notwendig, zuletzt gehörten 15 Villen des Kurortes Weißer Hirsch zum Lahmann-Sanatorium. Bewegung an frischer Luft, gesunde Kost mit viel Gemüse, Massagen, Wechselduschen, Licht- und Luftbäder gehörten ebenso zum Kurprogramm wie ein geradezu »preußisch« anmutendes Reglement, dem sich auch Ufa-Stars wie Heinz Rühmann, Zarah Leander oder Marika Rökk, Dichter wie Franz Kafka und Rainer Maria Rilke und eine wohlhabende Schicht von Gästen aus Europa und Übersee unterzogen. Lahmann kämpfte gegen das Korsett und entwarf Frauen-Reformkleidung aus Baumwolle, er galt als »erster wissenschaftlicher Diätetiker«, der u.a. eine Brotsorte und »vegetabile Milch« entwickelte – Franz Kafka etwa ließ sich nach seiner Rückkehr jede Woche einen Gugelhupf nach dem Rezept von Doktor Lahmann backen.

Lazar, Auguste 1887 – 1970

Schriftstellerin

Stephanienstraße 1, Schrammsteinstraße 1, Collenbuschstraße 9, Donndorfstraße 41

Die in Wien geborene promovierte Germanistin, Ehefrau eines Dresdner Mathematikprofessors, gehörte zum Freundeskreis von Hans und Lea Grundig und der Familie des Romanisten Victor Klemperer. Sie schrieb von 1929 bis 1932 an dem später berühmt gewordenen Kinderbuch »Sally Bleistift in Amerika«, dessen Manuskript sie 1933 nach Dänemark zu schmuggeln versuchte, wo ihre Schwester, die Schriftstellerin Maria Lazar (1895–1948), bei der prominenten Publizistin Karin Michaelis Zuflucht gefunden hatte. Erst 1935 konnte das Buch in einem deutsprachigen Verlag in der Sowjetunion erscheinen und wurde ein Welterfolg, während die Verfasserin unbekannt ab 1939 in England als Köchin und Haushaltshilfe ihren Unterhalt verdiente. Ab 1949 bis zu ihrem Tode war sie wieder in Dresden ansässig als Autorin weit verbreiteter Kinderbücher (»Jan auf der Zille«). Die 1957 erschienenen »Arabesken« schildern plastisch ihre Lebensjahre in Wien, Dresden und im englischen Exil.

Lehmann, Nikolaus Joachim 1921 – 1998

Mathematiker, Hochschullehrer

Wilsdruffer Straße 17, Ernst-Thälmann-Straße 9 (heute wieder: Wilsdruffer Straße)

Mit der Entwicklung des Kleinstrechenautomaten D4a – das D steht für Dresden – schuf Nikolaus Joachim Lehmann Anfang der 60er-Jahre eine Urform des Personalcomputers. Ab 1953 wirkte der »Nestor der Rechentechnik und Informatik« in der DDR als Professor für Angewandte Mathematik über 30 Jahre an der TH bzw. TU. Anders als bei den damals entwickelten amerikanischen Großrechnern ging es Lehmann um kleine, handliche Rechner, die auch am Arbeitsplatz eingesetzt werden konnten. So hatte der »volltransistorisierte Auftischrechner mit Magnettrommelspeicher, Lochstreifenausgabe und zugehöriger Programmierungstechnik« die Größe eines damaligen Fernsehers und wurde ab 1966 im VEB Büromaschinenwerke Zella-Mehlis an die 3 000 Mal hergestellt. Ein Verfahren zur Berechnung von Eigenwertschranken wurde nach dem Computerpionier »Lehmann-Maehly-Verfahren« benannt.

Leopold, Christian Gerhard 1846 – 1911

Arzt

Seminarstraße 12 und 25, Pfotenhauer Straße 90

Als »Leopoldsche Handgriffe« bezeichnet man eine Methode des äußeren Abtastens des Unterleibs von Schwangeren und Gebärenden, mit deren Vermittlung Leopold einen wichtigen Beitrag zur Verhütung des Kindbettfiebers leistete. Von 1883 bis 1911 war er Direktor der Landesfrauenklinik und machte sich mit der Einführung und Verbreitung neuer Methoden der Geburtshilfe sowie als Autor zahlreicher wissenschaftlicher Publikationen einen Namen. Seine vier Handgriffe werden bis heute in Lehrbüchern beschrieben und in der Praxis angewandt, auch wenn sich bildgebende Verfahren wie die Ultraschall-Sonographie inzwischen durchgesetzt haben.

Lessing, Theodor 1872 – 1933

Publizist, Schriftsteller, Kulturphilosoph

Uferstraße 2 (heute: Laubegaster Ufer)

Der Sohn eines jüdischen Arztes hatte zunächst Medizin studiert, wechselte dann aber das Fach, weil seine Neigungen auf dem Gebiet der Literatur, Philosophie und Psychologie lagen. 1904 kam er nach Dresden, wo bereits 1899 sein Gedichtband »Einsame Gesänge« erschienen war, und wurde an einem Landerziehungsheim in Laubegast als Lehrer angestellt, fristete danach als Hauslehrer und mit Vorträgen sein Dasein. Im Wartesaal des Hauptbahnhofes hielt er philosophische Vorträge, aus denen das Buch »Schopenhauer, Wagner, Nietzsche« entstand. Eine an der TH geplante Habilitation scheiterte wegen seines Bekenntnisses zum Feminismus und weil Lessing Jude und Sozialist war. 1908 ging er an die TH Hannover. 1925 sorgte sein Bericht über den Prozess gegen den Serienmörder Fritz Haarmann für Aufsehen, in dem er die dubiose Rolle der hannoverschen Polizei aufdeckte. Als im gleichen Jahr seine Studie über den Kandidaten für das Amt des Reichspräsidenten Paul von Hindenburg erschien, gründeten deutschnationale Studenten einen »Kampfausschuss gegen Lessing«, boykottierten dessen Vorlesungen und erzwangen seine Beurlaubung. Lessing schrieb Dramen, Romane und Gedichte, wichtig wurde seine Studie »Der jüdische Selbsthass«. 1933 ging er ins Exil und wurde von den Nazis in Marienbad ermordet.

Lichtenheldt, Willibald 1901 – 1980

Maschinenbauingenieur, Hochschullehrer

Einsteinstraße 1a

Der Professor für Getriebelehre, seit 1942 an der TH tätig, war einer der wenigen Professoren, die nach Kriegsende in Dresden weilten und sich sofort für den Wiederaufbau zur Verfügung stellten. Wegen seiner NSDAP-Mitgliedschaft zwischenzeitlich als Hochschullehrer entlassen, kehrte er 1950 an die TH zurück und hielt nach seiner Emeritierung noch über zwanzig Jahre Vorlesungen im Fach Getriebetechnik.

Liebmann, Kurt 1897 – 1981

Kunsthistoriker, Schriftsteller

Stöckelstraße 100, Jacobistraße 3, Lewickistraße 35

Der Lyriker, Redakteur und Dozent wohnte von1929 bis 1935 und von 1945 bis zu seinem Tod in Dresden. Im Dresdner Jess-Verlag erschien 1932 sein Buch »Kleist. Eine dramatische Vision«. Später legte er Künstlermonografien (z. B. über Oskar Nerlinger) und Essays vor. Beinahe in jedem Dresdner Bücherschrank zu finden: sein Essay-Bildband »Dresden – Stadt der Künste« (1970).

Lingner, Karl August 1861 – 1916

Unternehmer, Sozialhygieniker

Wölfnitzstraße 14, Leubnitzer Straße 30, Villa Stockhausen (Lingnerschloss) Bautzner Straße 132, Ferdinandstraße 3, Reichenbachstraße 7

Das Mundwasser »Odol« machte ihn reich und berühmt. Alles begann in einer Gartenlaube unweit seiner Wohnung in der Wölfnitzstraße, wo er sein erstes Labor eröffnete und praktische Gegenstände wie Rückenkratzer und nicht klecksende Zeichenlineale herstellte. Das »Odol« in den markanten Seitenhalsfläschchen, mit einem gigantischen Werbefeldzug vertrieben, brachten das große Geld. Die Fabriken wurden größer, die Villen prachtvoller, Lingner wurde zum »Odol-König«. So groß sein wirtschaftlicher Erfolg, so vielfältig war das soziale Engagement des späteren Ehrenbürgers. Lingner war beteiligt an der Gründung einer Säuglingsstation, der Zentralstelle für Zahnhygiene, der Desinfektionsanstalt und der ersten öffentlichen Lesehalle. Er unterstützte den Neubau des Schauspielhauses, bereitete die Internationale Hygieneausstellung 1911 vor und legte eine Denkschrift zur Errichtung eines Hygiene-Museums vor. 1916 erlag Lingner einem Krebsleiden, sein Leichnam wurde später in ein Mausoleum im Park der Villa Stockhausen überführt.

Löffler, Fritz 1899 – 1988

Kunsthistoriker

Liebigstraße 29

Sohn eines Apothekers. Er besuchte die Volksschule in Dresden-Striesen und das König-Georg-Gymnasium. Er war eng mit dem Dichter Theodor Däubler und dem Maler Otto Dix befreundet und wirkte als Kunsthistoriker und Förderer der Künste mehrere Jahrzehnte an den Kunstsammlungen der Stadt und am Institut für Denkmalpflege. Neben zahlreichen Künstlermonografien legte er 1955 den Text-Bildband »Das alte Dresden« vor.

Lohse-Wächtler, Elfriede 1899 – 1940

Malerin, Grafikerin

Voglerstraße 15, Rietzschelstraße 7

Die von ihren Malerfreunden Griebel, Felixmüller, Dix »Laus« genannte Künstlerin wurde im Dresdner Arbeiterviertel Löbtau geboren. Sie verließ bereits mit 16 Jahren ihr Elternhaus und betätigte sich als Postkartenmalerin, Illustratorin und fertigte Batikarbeiten an. Nebenher belegte sie Mal- und Zeichenkurse an der Kunstakademie. In der Dresdner Szene galt sie als außerordentlich talentiert, avantgardistisch und extrem exzentrisch, wenn sie, wie sich Otto Griebel erinnerte, »mit eingedrücktem schwarzem Künstlerhut, kurzem Rock und Russenbluse« durch die Straßen wandelte und dabei auch noch »Tabak aus der Pfeife rauchte«. Aber ihre Bilder brachten wenig ein. 1925 verließ sie die Stadt via Hamburg und kehrte erst 1931 unterernährt, vereinsamt und depressiv zu ihren Eltern zurück. Ein Jahr später wurde sie wegen beginnender Schizophrenie in die Heil- und Pflegeanstalt Arnsdorf eingewiesen und arbeitete dennoch kreativ weiter. Es entstanden beachtliche »Kopf- und Körperstudien psychisch Kranker« und kunstgewerbliche Arbeiten. 1935 zwangssterilisiert, wurde sie 1940 in die Anstalt Pirna-Sonnenstein verlegt, wo sie der »Euthanasie-Aktion T 4« zum Opfer fiel.

Lossow, William 1852 – 1914

Architekt

Tiergartenstraße 52

Bevor der Architekt und Direktor der Kunstgewebeschule William Lossow 1906 mit seinem Schwiegersohn Max Hans Kühne das gemeinsame Büro Lossow & Kühne gründete, hatte er sich als Schöpfer des Dresdner Neubarock bereits einen Namen gemacht. Mit seinem Partner Hermann Viehweger (1846–1922) waren Bauten wie das Viktoriahaus, das Rathaus Plauen, die Garnison- und Auferstehungskirche, das Central-Theater, die Staatliche Akademie für Kunstgewerbe oder die eigene Villa in der Tiergartenstraße entstanden. Projekte wie das Elektrizitäts- und Fernheizwerk an der Semperoper oder der Müllerbrunnen in Dresden-Plauen zeugen von seiner Vielseitigkeit. Die bekanntesten Bauwerke des auch nach dem Tod Lossows weiterarbeitende Büros Lossow & Kühn sind das Dresdner Schauspielhaus und der Leipziger Hauptbahnhof.

Lotz, Ernst Wilhelm 1890 – 1914

Dichter

Bautzner Straße 4

Der frühexpressionistische Lyriker kam im April 1914 mit seinem Freund, dem Maler Ludwig Meidner nach Dresden, um eine Grafik-Literaturzeitschrift, die *Dresdner Blätter für neue Kunst*, herauszugeben, für die der »durch eine Großdestillation reich gewordene Bourgeois« Franz Kochmann finanzielle Mittel in Aussicht gestellt hatte. Meidner erinnerte sich später an den Dresdner Aufenthalt und den früh im Ersten Weltkrieg gefallenen Dichter: »Wir schlugen uns wie Berserker durch den Tag … Lotz dichtete jetzt seine besten Gedichte … sein nervöser Poetenleib schoß … jäh wie eine Brandfackel herum.«

Ludwig, Rolf 1925 – 1999

Schauspieler

Lilienthalstraße 17

Der Sohn eines Steindruckers und dessen schwedischer Frau wurde in Stockholm geboren, wo die Eltern einen Gasthof betrieben. 1930 kam er mit der Familie nach Dresden-Leuben und begann nach dem Besuch der Volksschule eine Druckerlehre. Im Krieg geriet er in englische Gefangenschaft und spielte in der Theatergruppe des Lagers. Zurück in Dresden agierte er in einer Laiengruppe der FDJ in Radebeul und rezitierte Borchert-Texte auf den Trümmern der Frauenkirche. Als Ludwig an der Volksbühne, dem späteren Schauspielhaus, für eine Theaterrolle vorsprach, sprang er, um seine Sportlichkeit zu beweisen, aus dem Fenster und hatte dabei übersehen, dass das Vorspielen in der zweiten Etage stattfand. Der Intendant Erich Ponto soll sich aus dem Fenster gebeugt und gerufen haben: »Junger Mann, sie sind engagiert!« Nach seiner Dresdner Zeit wechselte Ludwig an die Berliner Volksbühne, ging später zum Deutschen Theater, wo er u.a. über 600 Mal als »Drache« im gleichnamigen Stück von Jewgeni Schwarz zu sehen war. Ludwig wurde zum »Tausendsassa« der Berliner Bühnen und zu einem gefragten und populären Filmschauspieler der DDR.

Luther, Robert 1868 – 1945

Chemiker

Bernhardstraße 3, Herderstraße 4, Nürnbergerstraße 59, Paradiesstraße 6b

Der in Moskau geborene und aufgewachsene spätere Chemiker wurde 1908 zum Professor an der Technischen Hochschule in Dresden berufen. Er war der erste Leiter des Wissenschaftlichen Photographischen Instituts der TH und Mitbegründer der Deutschen Gesellschaft für Photographische Forschung. Gemeinsam mit

Wilhelm Ostwald verfasste er das »Hand- und Hülfsbuch zur Ausführung Physiko-Chemischer Messungen« (1902). Seit 1966 wird der Robert-Luther-Preis an jüngere Wissenschaftler als »Anregung zur wissenschaftlichen Bearbeitung photographischer Probleme« verliehen.

Malten, Therese 1855 – 1930

Sängerin

Victoriastraße 2 (zerstört), Villa Malten Carolastraße 3 (heute: Wilhelm-Weitling-Straße)

Im ostpreußischen Insterburg wurde sie als Therese Müller geboren, doch ihre Karriere als Sängerin trat sie als Therese Malten an. 1873 stand sie als Pamina in der »Zauberflöte« erstmals in Dresden auf der Bühne und war bis 1903 Königlich Sächsische Kammersängerin. Sie galt vor allem als Wagner-Interpretin, der Komponist holte sie zu Gastspielen nach Bayreuth, wo sie 1882 die Kundry im »Parsifal« sang. 1893 ließ sie in Kleinzschachwitz-Zschieren gegenüber Schloss Pillnitz die heute nach ihr benannte Villa bauen, in der sie nach ihrem Abschied von der Bühne Gesangsunterricht erteilte und karitativ tätig war.

Martens, Kurt 1870 – 1945

Schriftsteller

Schillerstraße 24

Der mit Thomas Mann und Frank Wedekind befreundete Essayist und Kritiker kam 1876 aus Leipzig nach Dresden und verlebte hier seine Kindheit und Jugend. Später wirkte er in Leipzig und München. Nach dem Ende des Ersten Weltkrieges kehrte er zurück auf den Familienbesitz neben dem Körnerschen Weinberg in Dresden-Loschwitz und schrieb hier seine »Schonungslose Lebenschronik« und »Die deutsche Literatur unserer Zeit«. Er starb kurz nach den Bombardierungen Dresdens vom 13. und 14. Februar 1945.

Mauersberger, Rudolf 1889 – 1971

Kreuzkantor, Komponist

Johann-Georgen-Allee (heute: Lingnerallee), Sierksstraße 6

1930 wurde er aus über 80 Bewerbern zum Kreuzkantor gewählt, ein Amt, das Rudolf Mauersberger bis zu seinem Tod ausfüllte. Schon in der Anfangszeit seines Wirkens feierte er mit dem Kreuzchor große Erfolge, bedeutsam aber war vor allem sein Einsatz für dessen Wiederaufbau nach dem Krieg, als mit Aufführungen der Werke von Bach und Schütz der Weltruhm des Kreuzchores begründet wurde. Unter Mauersbergers eigenen zahlreichen Kompositionen zeugen vor allem die in der Nachkriegszeit entstandenen »Dresdner Tedeum«, die Trauermotette »Wie liegt die Stadt so wüst …«, »Dresden« und das jährlich zum Gedenken an die Zerstörung aufgeführte »Dresdner Requiem« von seiner engen Beziehung zur Elbestadt. Mit dem Kreuzchor spielte er zahlreiche Platten ein. In der Kreuzkirche stiftete Mauersberger die Heinrich-Schütz-Kapelle mit Orgel, Schütz-Relief und -Fenster.

Mayenburg, Ottomar Heinsius von 1865 – 1932

Apotheker, Unternehmer

Stübelallee 21, Bautzner Straße 134, Werk: Katharinenstraße 4

1907 entwickelte der Apotheker, Botaniker und Doktor der Philosophie auf dem Dachboden der von ihm einige Jahre zuvor übernommenen Löwenapotheke am Altmarkt aus Zahnpulver, Mundwasser und ätherischen Ölen eine Zahnpasta, die er »Chlorodont« nannte und in Tuben abfüllte. Unterstützt von einer massiven Werbekampagne trat die »Chlorodont«-Zahnpasta ihren Siegeszug an. Von Mayenburg erweiterte in den von ihm gegründeten Leo-Werken die Produktpalette außerdem um die Leo-Pillen, stellte aber auch die Tuben und Verpackungen selbst her. Er besaß einen eigenen Kalkabbau und Plantagen für die benötigte Pfefferminze. In den 1920er-Jahren hatte das Werk über 20 Filialen im In- und Ausland, wobei der Unternehmer mit Kantine, Werkarzt, Sportmannschaften und einem Erholungsheim auch neue soziale Standards für seine Mitarbeiter setzte. Für sich selbst kaufte er 1925 das Schloss Eckberg, es war nur eines von vier Schlössern, die der Unternehmer besaß. Im Park, den er mehrmals im Jahr für die Bevölkerung öffnete, konnte er seinen botanischen Neigungen nachgehen.

Meiche, Alfred 1870 – 1947

Historiker, Volkskundler, Sprachforscher

Circusstraße 31 (überbaut), Haydnstraße 5, Ludwig-Richter-Straße 10, Wallotstraße 5

Das von Alfred Meiche 1903 herausgegebene »Sagenbuch des Königreichs Sachsen« gilt bis heute als Standardwerk. Der in Sebnitz geborene Meiche, der schon die Dresdner Annenschule besucht hatte, kam nach dem Studium wieder in die Stadt und wirkte von 1899 bis 1933 als Privatgelehrter. Er war Mitglied zahlreicher Vereine und Gesellschaften, so des Vereins für Sächsische Volkskunde und des Dresdner Geschichtsvereins, Schriftleiter der vom Gebirgsverein der Sächsischen Schweiz herausgegebenen Zeitschrift *Über Berg und Thal*, und der Oberlausitzer Gesellschaft der Wissenschaften. Viele Jahre leitete er die Arbeit am Historischen Ortsverzeichnis für das Königreich Sachsen. In seiner Heimatstadt Sebnitz machte er sich um die Gründung der Blumenfachschule verdient und legte eine historisch-topografische Beschreibung der Amtshauptmannschaft Pirna vor.

Meidner, Ludwig 1884 – 1966

Maler, Grafiker

Kaitzer Straße 4, Bautzner Straße 4, Residenzstraße 21 (heute: Loschwitzer Straße 10)

Als Modezeichner eines Berliner Pelzsalons hatte Meidner 1905 seine Künstlerlaufbahn begonnen. Im Oktober 1913 besuchte er erstmals Dresden, trat in Verbindung mit dem Destillationsfabrikanten und Mäzen Franz Kochmann und wohnte zwei Wochen in dessen Blasewitzer Haus. Hier entstanden das Gemälde »Villa Kochmann« und mehrere Bleistiftzeichnungen. Am 1. April 1914 kam er wiederum in die Elbestadt, um ein Zeitschriftenprojekt, die *Dresdner Blätter für neue Kunst* zu verwirklichen, und wohnte zusammen mit dem Dichter Ernst Wilhelm Lotz in der Dresdner Neustadt. Meidner hat zahlreiche Porträts expressionistischer Literaten geschaffen, unter ihnen Jakob van Hoddis, Franz Werfel, Johannes R. Becher. Sein autobiografischer Text »Erinnerung an Dresden« bildet ein eigenständiges Kapitel in dem 1920 bei Paul Cassirer erschienenen Band »Septemberschrei. Hymnen, Gebete, Lästerungen«.

Meier-Graefe, Julius 1867 – 1935

Kunsthistoriker, Schriftsteller

Sedanstraße 39 (zerstört und überbaut), Kaitzer Straße 4

Im Banat geboren, in Paris zum Kenner französischer Malerei gereift, kam der wichtige Vorkämpfer des Impressionismus 1917 aus russischer Kriegsgefangenschaft nach Dresden und lebte hier bis 1921. Im November 1918 engagierte er sich im »Revolutionären Rat der Geistesarbeiter«. Seine Wohnung wurde zur Redaktion der Marées-Gesellschaft, die Bücher und Mappenwerke herausgab. Eines seiner Stücke wurde in dieser Zeit unter der Leitung von Berthold Viertel am Schauspielhaus uraufgeführt. Meier-Gräfe verfasste etwa 35 Bücher, darunter Monografien über bedeutende Künstler des Impressionismus, aber auch zahlreiche literarische Werke. 1930 zog er nach Saint-Cyr-sur-Mer und gab damit den Impuls zur Entstehung der deutschen Flüchtlingskolonie im benachbarten Sanary-sur-Mer.

Melkus, Heinz 1928 – 2005

Rennfahrer, Unternehmer

Ackermannstraße 14, Reitzendorfer Straße 74

Geboren im Dresdner Süden, besuchte Melkus die 8. Volksschule am Konkordienplatz und ab 1938 das Realgymnasium Dreikönigsschule. In seiner Jugend begeisterte er sich vor allem für die Segelfliegerei. Nach dem Krieg arbeitete er als Kfz-Schlosser, LKW-Fahrer und Fuhrparkleiter der Grenzquell-Brauerei. Ab 1950 wurde er im Autorennsport und Motorbootsport der DDR aktiv und zu einer festen Größe. Mit 80 Siegen bei 200 Rennen, sechs DDR-Meister-Titeln und dem mehrfachen Gewinn des Pokals »Für Frieden und Freundschaft«, einem internationalen Wettbewerb, gehörte er zu den erfolgreichsten und populärsten Motorsportlern des Landes. Ebenso erfolgreich führte er von 1955 bis 1990 sein Unternehmen, die Heinz Melkus KG auf der Leipziger Straße, die sich der Fahrschulausbildung und dem Sportwagenbau widmete. 1969 präsentierte er mit dem Melkus RS 1000 den einzigen Sportwagen der DDR, von dem ca. 100 Exemplare gebaut wurden.

Mendelssohn, Georg 1886 – 1955

Kunsthandwerker

Pillnitz-Moritzburger Weg 3

In Italien lernte der im heutigen Estland geborene Geschichtsstudent, der als Autodidakt mit der Fertigung von Schmuck begonnen hatte, den Schriftsteller Theodor Däubler und den Verleger Jakob Hegner kennen. In München beschäftigte er sich mit Messingtreibarbeiten und gewann 1910 einen Grand Prix auf der Brüsseler Weltausstellung. Im gleichen Jahr siedelte sich der »riesig lange nordländisch aussehende Mensch mit einem kleinen, entsetzlich energischen Vogelgesicht« (Franz Kafka) mit seiner Familie in Hellerau an, wo sich auch Hegner mit seinem Verlag niederließ. In Mendelssohns Werkstatt entstanden Metallkunst- und Goldschmiedearbeiten. Nach dem Krieg leitete er mit Heinrich Tessenow und Jakob Hegner die Handwerkergemeinde der Gartenstadt. Für den Verleger schuf Mendelssohn eine nach ihm benannte expressionistische Schrifttype. 1933 ging er ins Exil und lebte auch nach dem Krieg in Frankreich. Den Adelstitel hatte er bereits 1918 demonstrativ abgelegt. Sein erstgeborener Sohn Peter de Mendelssohn (1908–1982) war mit der Schriftstellerin Hilde Spiel verheiratet, wurde als Biograf von Churchill und Thomas Mann bekannt, schrieb Romane, Novellen und Essays, gab die Tagebücher von Thomas Mann heraus und hinterließ Erinnerungen an seine Hellerauer Kinderjahre.

Meyer, Lotte 1909 – 1991

Schauspielerin

Grunaer Straße 5

»Punkt sieben Uhr, gerade zu Beginn der Vorstellung, erblickte ich in Bremen das Licht der Welt, als Kind eines Schauspielerehepaars. Mein Vater, Alfred Meyer, wurde nach Dresden engagiert. Dresden wurde meine Heimat – das Theater meine Welt.« Von 1930 bis 1991 spielte Lotte Meyer auf den Bühnen dieser Stadt, zunächst am Staatstheater, nach 1945, als sie unter Erich Ponto am Wiederaufbau der Theater beteiligt war, an der Komödie, im Theater der Jungen Generation und schließlich erneut am Schauspielhaus, unterbrochen von Engagements in Berlin und am Nationaltheater Weimar sowie jenen zehn Jahren, in denen sie wegen ihrer Kinder die Schauspielerei aufgab. Die Söhne Peter und Christoph Schroth wurden erfolgreiche Theaterregisseure.

Mickel, Karl 1935 – 2000

Dichter

Leßkestraße 12, Fliederberg 5

Der Lyriker Karl Mickel, dem zahlreiche Verse zu verdanken sind, in denen er auf seine Geburtsstadt Bezug nimmt, gehörte neben Volker Braun, Heinz Czechowski u.a. zur so genannten »Sächsischen Dichterschule«, die in den 60er- und 70er-

Jahren maßgeblich den »Sound« der DDR-Lyrik bestimmten. Er verbrachte Kindheit und Jugend in Gorbitz am westlichen Stadtrand von Dresden. 1953 ging er zum Studium nach Berlin. In seinem Gedicht »Dresdner Häuser« (1965) heißt es ironisch: »Das Neue Leben blüht nicht aus Ruinen / Da blüht Unkraut, Unkraut / Muß weg …«.

Mischnik, Wolfgang 1921 – 2002

Politiker

Bischofsweg 78, Schimpffstraße 1 (heute: Hans-Oster-Straße)

Der spätere Bundesminister und FDP-Fraktionsvorsitzende, dessen Großeltern ein Lebensmittelgeschäft auf der Bautzner Straße betrieben, besuchte die 49. Volkschule auf der Tieckstraße. Er absolvierte das Staatsgymnasium auf der Holzhofgasse und verließ 1942 die Kriegsschule im Range eines Leutnants. Nach dem Ende des Zweiten Weltkrieges kehrte er in seine Heimatstadt zurück und ging in die Politik. Seine erste öffentliche Rede hielt er am 24. September 1945 im Strehlener Hof am Wasaplatz. Ab 1946 gehörte er als Stadtverordneter der LDP dem Kulturausschuss an und lernte den späteren Volkskammerpräsidenten der DDR, Johannes Dieckmann, kennen. Im April 1948 wechselte er nach Westberlin.

Mises, Richard Edler von 1883 – 1953

Techniker, Hochschullehrer

Liebigstraße 22

Wien, Brünn, Straßburg hießen die Stationen des im galizischen Lemberg geborenen Technikers und Theoretikers, der im Ersten Weltkrieg ein nach ihm benanntes Flugzeug entwickelt hatte und als Rilke-Verehrer eine der größten Privatsammlungen über den Dichter besaß, ehe er 1919 Professor für Festigkeitslehre, Hydrodynamik und Aerodynamik wurde. Obwohl Richard Edler von Mises nur ein Jahr an der TH lehrte, hat der herausragende Theoretiker bei seinen Schülern und Kollegen Spuren hinterlassen. 1933 musste er Deutschland verlassen, ging zunächst in die Türkei und später an die Harvard University.

Mohr, Otto 1835 – 1918

Bauingenieur, Hochschullehrer

Reichsstraße 22 und 17

An der TU erinnert seit 1985 der Mohr-Bau an einen der herausragenden Bauingenieure der Hochschule. Der »Altmeister der technischen Mechanik« war zunächst über viele Jahre Professor für Straßen-, Wasser- und Eisenbahnbau, dann für technische Mechanik, Festigkeitslehre und Graphostatik. Verfahren wie der »Mohrsche Spannungskreis« oder der »Mohrsche Trägheitskreis« erinnern ebenso an ihn wie seine Grabstätte auf dem Johannisfriedhof, die heute als Bauingenieur-Gedenkstätte der TU gilt.

Mollier, Richard 1863 – 1935

Maschinenbauingenieur, Hochschullehrer

Gutzkowstraße 29, George-Bähr-Straße 4, Würzburger Straße 58

Ende des 19. Jahrhunderts erschienen in der Münchner Wochenzeitung *Jugend* unter dem Pseudonym »Amo« satirische Gedichte und Aphorismen. Hinter dem Kürzel verbarg sich der Dozent für Theoretische Maschinenlehre Richard Mollier. Der in Triest geborene Techniker folgte 1897 dem Ruf nach Dresden, wurde an der TH Professor für Theoretische Maschinenlehre und Kinematik und Leiter des Maschinenlaboratoriums, dessen Haus heute seinen Namen trägt. Die von ihm entwickelten »Mollier-Diagramme« gelten als bahnbrechendes Hilfsmittel zur Darstellung thermischer Zustandsgrößen für die theoretische Behandlung von Wärmekraftmaschinen.

Mutschmann, Martin 1879 – 1947

Unternehmer, NS-Politiker

Comeniusstraße 32

Mutschmann, zunächst Gründer einer Spitzenfabrik in Plauen, wurde bereits 1922 NSDAP-Mitglied und machte in der Partei rasch Karriere. 1925 wurde er zum Gauleiter von Sachsen ernannt. Neben dieser Position, die er bis 1945 innehatte, war er Mitglied des Reichstages, Reichsstatthalter, Ehrenführer der SA und ab 1935 sächsischer Ministerpräsident und einer der mächtigsten Gauleiter im »Dritten Reich«. Er galt als gewalttätiger Antisemit, extrem skrupellos und entschlossen. Wegen seines selbstherrlichen und egozentrischen Auftretens wurde er auch »König Mu« genannt. 1947 wurde Mutschmann in Moskau zum Tode verurteilt und erschossen.

Nadler, Hans 1910 – 2005

Denkmalpfleger

Bodenbacher Straße 129, Schevenstraße 59

Ausgebildet zum Architekten, beteiligte sich Nadler als Assistent des Bauforschers Heinrich Sulze an Ausgrabungen in Pompej und war ab 1949 als Landeskonservator und Leiter des Instituts für Denkmalpflege in Dresden tätig. Ihm vor allem ist der Erhalt vieler beschädigter Baudenkmäler in Dresden (Schloss, Semperoper) zu danken. Er gehörte zu den Begründern der Initiative »Ruf aus Dresden«, die sich für den Wiederaufbau der Frauenkirche einsetzte.

Neill, Alexander S. 1883 – 1973

Erzieher, Lehrer

Pensionshäuser Hellerau, Karl-Liebknecht-Straße 56

Der spätere Reformpädagoge und international bekannte »Erfinder« der legendären »Demokratischen Schule Summerhill« besuchte 1921 Dresden und die

Gartenstadt Hellerau, in der er, gemeinsam mit der amerikanischen Pädagogin Christine Beer die »Internationale Schule Hellerau« gründete und bis 1923 leitete. Später wurde die Schule nach Tirol und danach in die englische Grafschaft Dorset verlegt und kann somit als direkte Vorgängerin der »Problemkinderschule Summerhill« gelten. In seiner Autobiografie »Neill, Neill, Birnenstiel« erinnerte er sich später: »Mein Aufenthalt in Hellerau war die aufregendste Zeit meines Lebens. ... Da saß ich mit meinem akademischen Grad in Anglistik und konnte mich nur still verhalten, wenn von Kunst, Musik oder Philosophie die Rede war.«

Nestler, Arthur 1896 – 1997

Buchhändler

Louisenstraße 48, Alaunstraße 7, Marschallstraße 25, Carlowitzstraße 39, Kamenzer Straße 38, Bautzner Straße 27, Rothenburger Straße

1928 übernahm Arthur Nestler mit seiner Frau Elfriede die von seinem Vater Wilhelm Nestler gegründete Buchhandlung in der Bautzner Straße 27. Getarnt als »Buchhandlung für Wehrmacht und Luftfahrt« wurde das Geschäft zu einem Treffpunkt von Antifaschisten, darunter auch der Künstler Lea und Hans Grundig, Eva Schulze-Knabe und Fritz Schulze. Nach dem Krieg organisierte Nestler den Wiederaufbau des Buchhandels und baute die Dresdner Volkshochschule mit auf. In den 50er-Jahren wurde die Buchhandlung vom Dresdner Antiquariat übernommen. Arthur Nestler führte das Geschäft bis zu seinem 75. Lebensjahr.

Neugebauer, Alfred 1914 – 2006

Feuerwehrmann, Bergsteiger

Prießnitzstraße 22

Neugebauer verbrachte fast sein gesamtes Leben in Dresden. Zunächst Steindrucker, gehörte seine Leidenschaft dem Bergsteigen in der Sächsischen Schweiz und der Erforschung der Heimatgeschichte. Sein Interesse galt vor allem der Felsenburg Neurathen, wo er systematische Grabungen anstellte und die Ergebnisse später auch publizierte. 1930 wurde Neugebauer Feuerwehrmann. Im November 1938 barg er in dieser Funktion den von Gottfried Semper gestalteten Davidstern von der brennenden Synagoge und versteckte ihn in seiner Wohnung. Der Stern ist heute ins Portal der Neuen Synagoge integriert. Nach dem Krieg setzte Neugebauer seine heimatkundlichen Forschungen in der Sächsischen Schweiz fort und fungierte als ehrenamtlicher Bodendenkmalpfleger. 2001 wurde dem Ehrenmitglied des Landesverbandes Sächsischer Heimatschutz und des Sächsischen Bergsteigerbundes der Sächsische Verdienstorden für die Rettung des Davidsterns verliehen.

Neuhaus, Rudolf 1914 – 1990

Dirigent

Borsbergstraße 7, Schillerstraße 19

Der in Köln geborene Schüler von Hermann Abendroth wurde nach Engagements in Neustrelitz und Schwerin 1953 Dirigent an der Staatsoper Dresden und Leiter der Dirigentenklasse an der Musikhochschule. Neuhaus machte sich um die Aufführung neuerer Werke verdient, zu seinen Schülern gehörte Udo Zimmermann.

Nexö, Martin Andersen 1869 – 1954

Schriftsteller

Collenbuschstraße 4

Der mit den Romanen »Ditte Menschenkind« und »Pelle, der Eroberer« weltberühmt gewordene dänische Schriftsteller hatte bereits in seiner Jugendzeit Dresden mehrfach besucht und hier 1902 im Verlag von Moewig & Höffner die erste deutsche Übersetzung seines Buches »Sühne« herausgebracht. Die letzten Jahre seines Lebens wohnte er in Radebeul und auf dem Weißen Hirsch. Sein Haus auf der Collenbuschstraße entwickelte sich rasch zum literarischen Treffpunkt bekannter und weniger bekannter DDR-Autoren. Der Dichter und DDR-Kulturminister Johannes R. Becher war ebenso zu Gast wie die Erzähler Arnold Zweig und Ludwig Renn. Seinem Nachbarn, dem Lyriker und Kinderbuchautor Max Zimmering, versicherte er, obwohl er trotz seines hohen Alters noch literarisch tätig war, er kenne keine schöneren Tätigkeiten, als eine seiner zehn Pfeifen zu rauchen oder im Garten zu pflanzen.

Niekisch, Ernst 1889 – 1967

Politiker, Widerständler

Struvestraße 7

1926 trat der ehemalige Volksschullehrer und Vorsitzende der Arbeiter- und Soldatenräte in Augsburg und München enttäuscht von den rechten Führern der Sozialdemokratie und vom Weimarer Parlamentarismus aus der SPD aus und zog nach Dresden. Hier gründete der »zornige Opponent des Versailler Diktatfriedens« die Monatsschrift *Widerstand* und scharte eine Gruppe Gleichgesinnter um sich. Niekisch schrieb gegen die »geistig-seelische Überfremdung« aus dem Westen und sah in der Sowjetunion mit ihrer Diktatur des Proletariats eine neue Form der von ihm verehrten preußischen Herrschaftsverhältnisse. Im Frühjahr 1928 verließ er die Stadt, setzte in Berlin seinen Kampf fort, der sich in den folgenden Jahren auch gegen das faschistische Regime richtete. Bereits ab März 1933 Repressalien durch die SA ausgesetzt, wurde er 1937 verhaftet und später wegen Vorbereitung zum Hochverrat zu lebenslangem Zuchthaus verurteilt. Nach dem Krieg war Niekisch Mitglied der SED und Abgeordneter der Volkskammer, wurde jedoch kalt gestellt und ging in den Westen. »Gegen den Strom« ist der Titel seiner Lebenserinnerungen.

Noble, Charles Adolph 1892 – 1983

Unternehmer

Bergbahnstraße 12

Noble, 1892 als Karl Adolf Spanknöbel geboren und 1922 in die USA ausgewandet, hatte 1938 die Dresdner Kamera-Werkstätten Guthe & Thorsch von ihren jüdischen Besitzern übernommen, der im Gegenzug dessen Detroiter Fotogeschäft erwarb. Er war überzeugt, dass die in Dresden gebaute Spiegelreflexkamera die Zukunft der Fotografie bedeutete und produzierte die im Werk entwickelte »Praktiflex«, einen Vorläufer der »Praktica«. Das nach dem Krieg konfiszierte, später enteignete Unternehmen ging im Kombinat Pentacon auf.

Noble, John H. 1923 – 2007

Unternehmer

Bergbahnstraße 12

Um die prächtige Villa San Remo am Dresdner Elbhang rankten sich verschiedenste Legenden. Eine wurde 1955 vom ehemaligen sächsischen Ministerpräsidenten Max Seydewitz in Umlauf gebracht, der behauptete, die Bewohner der Villa hätten im Februar 1945 die Luftangriffe auf Dresden gelenkt. Da freilich hatte das Schicksal längst den Stab über sie gebrochen. Schon im Juni 1945 wurden der amerikanische Staatsbürger Charles A. Noble und sein Sohn John von der sowjetischen Geheimpolizei verhaftet. Der Vater wurde zunächst am Münchner Platz, später in den Speziallagern Mühlberg und Buchenwald sowie im Zuchthaus Waldheim inhaftiert, er kehrte 1952 als gebrochener Mann in die USA zurück. Der Sohn wurde zur Zwangsarbeit nach Sibirien deportiert und kam erst 1955 nach persönlicher Intervention von Präsident Eisenhower frei. John H. Noble kehrte 1990 nach Dresden zurück, bekam die Villa zurück, entwickelte die Panoramakamera »Noblex«, musste seine Firma aber wegen finanzieller Schwierigkeiten bald verkaufen.

Nostitz-Wallwitz, Helene von 1878 – 1944

Mäzenin, Autorin

Wiener Straße 1

Bekannt wurde die Nichte des Reichspräsidenten Paul von Hindenburg und seit 1904 Ehefrau des sächsischen Diplomaten Alfred von Nostitz, weil sie mit den Großen ihrer Zeit bekannt war. Hugo von Hofmannsthal nannte sie die »anmutigste und schönste junge Frau«, die er in Deutschland kenne und schrieb über sie, Rilke wurde von ihr zu Gedichten inspiriert, Rodin schuf eine Büste. Sie selbst schrieb über Rodin und das »Festliche Dresden. Die Stadt August des Starken« und hinterließ mit dem Buch »Aus dem alten Europa« Erinnerungen, in denen sie von ihren Begegnungen mit bekannten Künstlern berichtete.

Nüchterlein, Karl 1904 – 1945

Konstrukteur

Fürstenstraße 11 (heute: Fetscherstraße), Poppitz 13 (überbaut, Nähe Annenkirche), Warthaer Straße 48

Karl Nüchterlein, Sohn eines Dresdner Bierausgebers, absolvierte nach der Volksschule eine Mechanikerlehre im Schreibmaschinenwerk Seidel & Naumann und arbeite ab 1923 im Ihagee-Kamerawerk Steenhagen & Co auf der Blasewitzer Straße, wo er schon drei Jahre später Werkleiter wurde. Er entwickelte mit der »Kine Exakta« die erste einäugige Kleinbild-Spiegelreflexkamera für Filmpatronen mit perforiertem Kleinbildfilm, die 1936 vorgestellt wurde. Bis Ende 1943 wurden 38 000 dieser Kameras hergestellt, auch nach dem Krieg lief die Produktion bis 1970 weiter. Der Autodidakt hielt mehr als 20 Patente im Kamerabau, so für eine Spiegelreflexkamera mit Belichtungsmesser. Obwohl zunächst für unabkömmlich erklärt, wurde Nüchterlein 1942 zur Wehrmacht eingezogen, diente zuletzt in Jugoslawien und gilt seit 1945 als vermisst.

Olbricht, Friedrich 1888 – 1944

Offizier, Hitler-Attentäter

Königsplatz 3 (heute: Olbrichtplatz)

Der spätere General der Infanterie wurde in Leisnig als Sohn eines Lehrers geboren. Von 1921 bis 1926 diente er in der Reichswehr als Stabsoffizier der 4. Division in Dresden und später als Kommandeur des 1. Jägerbataillons. 1933 wurde er zum Stabschef der in Dresden stationierten 4. Division ernannt.1938 übernahm er die Führung der 24. Infanterie-Division. Während des Zweiten Weltkrieges nahm er Verbindung zu Widerstandskreisen um Carl Friedrich Goerdeler, Ludwig Beck und Henning von Tresckow auf und trat damit einer Verschwörung bei, die die Beseitigung des NS-Regimes anstrebte und vorbereitete. Nach dem Attentat auf Hitler löste er den Walküre-Plan zur Mobilmachung des Ersatzheeres aus. In der Nacht vom 20. zum 21. Juli 1944 wurde er standrechtlich erschossen.

Oster, Hans 1887 – 1945

Offizier, Widerstandskämpfer

Antonstraße 8

Oster, der aus einer Dresdner Pfarrerfamilie stammte, wurde ab 1907 im 4. Königlich-Sächsischen Feldartillerie-Regiment Nr. 48 zum Berufsoffizier ausgebildet und nahm am Ersten Weltkrieg als Hauptmann teil. Nach Ende des Krieges in die Reichswehr übernommen, wurde er Generalstabsoffizier in Dresden, wo er Friedrich Olbricht und Erwin von Witzleben kennen lernte. Bereits ab 1935, unter der

Leitung des Abwehrchefs Canaris tätig und zum Oberstleutnant avanciert, versuchte er sofort, verdeckte Kontakte zu Gegnern des Hitlerregimes zu knüpfen. 1943 unter Hausarrest gestellt, wurde er von seiner Funktion in der »Abwehr« entbunden. Im KZ Flossenbürg verurteilte ihn ein Scheingericht kurz nach dem Scheitern des Attentats auf Hitler, gemeinsam mit Dietrich Bonhoeffer und Wilhelm Canaris zum Tode durch den Strang.

Otto, Hans 1900 – 1933

Schauspieler

Frühlingstraße 12

Klaus Mann hat ihm in seinem Roman »Mephisto« mit der Figur Otto Ulrichs ein literarisches Denkmal gesetzt, dem in Dresden geborenen Schauspieler Hans Otto, den die SA im November 1933 in Berlin zu Tode prügelte. Otto, ein Klassenkamerad Erich Kästners, hatte in Frankfurt am Main debütiert, war in Gera, Hamburg und Berlin engagiert und wurde vorwiegend als jugendlicher Held und Liebhaber besetzt. Seit 1924 in der KPD, lehnte er eine Mitarbeit im Film »Fridericus Rex« aus politischen Gründen ab. 1930 wurde er Vorsitzender der Berliner Sektion des Arbeiter-Theater-Bundes. Ende Januar stand er an der Seite von Gustaf Gründgens im »Faust II« auf der Bühne, kurz darauf wurde ihm gekündigt. Max Reinhardts Angebot, nach Wien zu wechseln, schlug er aus und ging in den politischen Untergrund bis ihn die Nazis verhafteten. Nach schweren Misshandlungen warf man ihn nach einem Verhör aus dem dritten Stock eines Hauses um einen Selbstmord vorzutäuschen, Im Berliner Polizeikrankenhaus erlag er seinen Verletzungen. Das Potsdamer Theater trägt noch heute seinen Namen.

Palucca, Gret 1902 – 1993

Tänzerin, Choreografin, Tanzpädagogin

Wiener Straße 110, Caspar-David-Friedrich-Straße 13c, Bürgerwiese 25

Margarete Paluka hatte als Kind in San Francisco gelebt, bevor sie mit ihrer Mutter nach Dresden kam und Ballettunterricht erhielt. Zum Schlüsselerlebnis geriet die Begegnung mit Mary Wigman, deren Schülerin sie wurde. Als Gret Palucca tanzte sie zunächst in Wigmans Gruppe und startete am 1. Februar 1924 mit einem Tanzabend im Dresdner Vereinshaus eine beispiellose Karriere als Solotänzerin. »Sie ist ein erfrischender Wind, wie ein reinigendes Feuer. Sie ist eine Lebensmutspenderin. Sie ist eine Kraftgläubige, sie ist eine große Heitere«, schwärmte die Presse. Palucca, inzwischen mit Fritz Bienert, dem Sohn der Kunstsammlerin Ida Bienert verheiratet, war mit vielen Künstlern, vor allem des Bauhauses bekannt und wurde mit ihrem avantgardistischen Tanzstil ein Teil der Moderne. 1925 gründete Gret Palucca am Basteiplatz ihre eigene Schule, in der nicht körperlicher Drill, sondern geistig-künstlerische Erziehung im Vordergrund stand. 1939 musste sie die Leitung der Schule aufgeben, konnte aber trotz ihres Status als »Halbjüdin« unter erschwerten Bedingungen weiter auftreten. 1945 eröffnete sie ihre Schule in der Karcherallee 43 erneut und etablierte den Neuen Künstlerischen Tanz als Lehrfach.

Pattiera, Tino 1890 – 1966

Sänger

Bismarckplatz 12 (heute: Friedrich-List-Platz), Villa Souchay (Schloss Eckberg), Robert-Diez-Straße 9

Der in der Nähe von Dubrovnik geborene Tino Pattiera war in den 20er- und 30er-Jahren des 20. Jahrhunderts der Liebling des Dresdner Opernpublikums. Von 1915 bis 1941 an der Oper engagiert, wurde der Tenor nach seinem sensationellen Debüt als Manrico in Verdis »Troubadour« vor allem als Mozart- und Verdi-Interpret in der Ära Schuch geschätzt. Durch die Heirat mit der Nichte seiner Wiener Gönnerin, der Gräfin Schaffgotsch, zwischenzeitlich zum Herrn auf Schloss Eckberg geworden, verblasste sein Ruhm ab Mitte der 30er-Jahre. Nach seiner Scheidung, einer sich verschlimmernden Diabetes und wegen des schlechten Verhältnisses zu seinem neuen Chef Karl Böhm verließ er Dresden Richtung Prag. 1952 gab er in Dresden sein letztes Konzert.

Paulus, Friedrich 1890 – 1957

Militär

Preußstraße 10

Paulus, der als Generalfeldmarschall der Wehrmacht in sowjetische Kriegsgefangenschaft geraten war, unterschrieb im Oktober 1944 den »Appell an das deutsche Volk«, sich von Hitler loszusagen, was dazu führte, dass seine Familie in Sippenhaft genommen wurde. 1946 trat er beim Nürnberger Kriegsverbrecher-Prozess als Zeuge der Anklage auf. Im Oktober 1953 kehrte er nach Deutschland, in die DDR, zurück. Er bezog eine Villa in Dresden-Oberloschwitz, nahe dem Weißen Adler, arbeitete an Studien zur Schlacht bei Stalingrad und fungierte als Leiter des kriegsgeschichtlichen Forschungsrates an der Hochschule der kasernierten Volkspolizei. Er hielt Vorträge und setzte sich gegen die Wiederbewaffnung und Westintegration der Bundesrepublik ein.

Pechstein, Max 1811 – 1955

Maler

Sachsenallee 5

1900 begann Max Pechstein sein Studium an der Kunstgewerbeschule, wechselte an die Kunstakademie, wurde Meisterschüler von Otto Gussmann und trat 1906 als einziger akademisch ausgebildeter Maler und Träger des »Sächsischen Staatspreises für Malerei« der Künstlergruppe »Brücke« bei. Obwohl er schon früh Glas- und Wandmalereien für verschiedene Architekten entwarf und ausführte, war das Leben in Dresden anfangs vor allem von Armut geprägt. »Ich war allein, ohne meine Freunde, hatte keinerlei Beziehungen. So war oft das Dreierbrötchen, das die Quartierwirtin lieferte, meine ganze Tagesration. In drei Teile musste ich es einteilen: Frühstück, Mittag und Abendbrot. Eine Tasse Tee oder dünnen Kaffees ersetzte die warme Nahrung«, schreibt er in seinen Erinnerungen. »Die Brücke in Loschwitz, das Blaue Wunder genannt, konnte ich nicht benutzen, denn das kostete 2 Pfennig Brückengeld, und die hatte ich nicht.«

Pembaur, Karl Maria 1876 – 1939

Komponist, Chorleiter

Könneritzstraße 7, Hafenstraße 2, Nürnberger Straße 110, Liebigstraße 22

Der in Innsbruck geborene Pembaur wurde 1901 als Solorepetitor und Chordirigent an die Dresdner Hofoper verpflichtet, an der Hofkirche war er Organist. 1913 übernahm er die Leitung der Dresdner Kapellknaben und war Chormeister der Dresdner Liedertafel. Pembaur schuf Lied- und Chorkompositionen und arbeitete auch theoretisch an Problemen der modernen Kirchenmusik.

Peter, Richard 1885 – 1977

Fotograf

Ostbahnstraße 18 und 28

Sein Vater hatte ihn zum Schmied bestimmt, obgleich er Linkshänder war. Dennoch bestand Sohn Richard die Gesellenprüfung, ging danach auf die Walz, zog in den Krieg, wurde Ehemann, Vater und an seinem 23. Geburtstag Witwer. Nach Dresden, die Stadt, die für ihn »Bestimmung und Berufung« werden sollte, kam er 1920. Im gleichen Jahr wurde er Mitglied der Kommunistischen Partei. Er betätigte sich als Arbeiterfotograf, erste Bildberichte und Serien entstanden für den *Roten Stern* und die in Berlin erscheinende *Arbeiter-Illustrierte-Zeitung*. Von 1927 bis 1930 bereiste er Südamerika und durchwanderte anschließend bis zum Frühjahr 1931 Lappland. Während der Nazizeit erhielt er Arbeitsverbot, erfand für sich die »Bauchnabelkamera« – eine unter die Strickjacke geschnallte »Leica«, mit der er »Judenpogrom und Kristallnacht« für die nach Prag exilierte *AIZ* fotografisch dokumentierte. Nach 1945 gehörte er zu den Begründern der im Sachsenverlag erscheinenden Illustrierten *Zeit im Bild*. 1949 erschien sein wichtigster und auch international erfolgreichster Bildband »Dresden – eine Kamera klagt an«. Im gleichen Jahr wurde er aus der SED ausgeschlossen. Bis zu seinem Tod arbeitete er als freiberuflicher Fotograf in Dresden. Sein bedeutsamer bildnerischer Nachlass (6 500 Negative, 2 500 Positive sowie mehrere hundert Kleinbilddias aus den Jahren 1945–1977) wurden 1983 von der Deutschen Fotothek erworben.

Pietzsch, Martin 1866 – 1962

Architekt

Künstlerhaus: Pillnitzer Straße 59 (heute: Pillnitzer Landstraße) und 57

Gleich mit einem seiner ersten Entwürfe gelang dem in Blasewitz geborenen Meisterschüler von Constantin Lipsius ein großer Wurf, und das im Wortsinn, denn das Künstlerhaus an der Pillnitzer Straße in Loschwitz, ein bis heute genutztes Atelierhaus, wirkt im Gegensatz zur Nachbarbebauung überaus mächtig. Martin Pietzsch baute in Blasewitz und Loschwitz über 50 Villen und galt als Spezialist für Filmtheater. Von ihm stammen unter anderem das »UT« in der Waisenhausstraße, das »Capitol«, mit 2 250 Plätzen das damals größte Kino in Dresden, der »Faunpalast« und die inzwischen mehrfach umgebaute »Schauburg«. Auch das »Schiller-Körner-Denkmal« an der Schillerstraße und die Grabanlage für die Bankiersfamilie Arnhold sind ein Werk des Architekten.

Pfleumer, Fritz 1881 – 1945

Ingenieur, Erfinder

Marienstraße 48, Bodenbacher Straße 44

Der in Salzburg geborene Sohn eines österreichischen Druckereibesitzers absolvierte ab 1897 ein Ingenieurstudium in Dresden. Seine ersten Patente meldete Pfleumer mit seinen Geschwistern an, so zum Beispiel eine Kraftfahrzeugreifenfüllung aus Schaumstoff. Der gemeinsam mit Bruder Hermann bei der Suche nach Kunstgummi 1915 aus verdichtetem Holz entwickelte Werkstoff Lignostone konnte in Deutschland nicht produziert werden. Gemäß des Versailler Vertrages ging das Patent nach Holland, wo 1919 eine Lignostone-Fabrik entstand. 1927 erhielt Pfleumer von der Zigarettenmaschinenfabrik »Universelle« den Auftrag, einen Überzug für Mundstücke zu entwickeln. Aus den dabei gemachten Erfahrungen mit Bronzelack entstand ein Papierstreifen, auf dem Metallstaub mit einem Lack fixiert wurde – das erste Tonband. Ein Jahr später baute Pfleumer auch das erste Abspielgerät. Die Nutzungsrechte an seinen Erfindungen übertrug er 1932 der AEG, die drei Jahre später das erste serienmäßige »Magnetophon« vorstellte.

Pfund, Paul Gustav 1849 – 1923

Landwirt, Unternehmer

Bautzner Straße 44, Prießnitzstraße 14, Bautzner Straße 79

1879 kam der Landwirt von Reinholdshain nach Dresden, um seine Produkte besser vermarkten zu können. Er stellte sechs Kühe hinter die Schaufenster seines Ladens und ließ die erstaunten Kunden wählen, von welcher sie Milch zu kaufen wünschten. Die »Sanitätsmilch«, nach neusten hygienischen Vorschriften aufbereitet, war ein erster Beitrag zur Senkung der Säuglingssterblichkeit. In den folgenden Jahren baute Pfund auf dem Areal zwischen Prießnitz- und Bautzner

Straße sein Milchimperium auf, er führte die »Dauerpasteurisierung« ein, stellte als erster Molkereibesitzer Deutschlands Kondensmilch her und neben den üblichen Molkereiprodukten auch Milchseife, Milchlotion und eine »künstliche Muttermilch«. Alles, von der Verpackung bis zu den Etiketten und dem zur Kühlung nötigen Eis, wurde selbst hergestellt. Vom eigenen Fuhrpark transportiert und von einer riesigen Werbemaschine begleitet, gelangten die Produkte zu den verschiedenen Filialen im Stadtgebiet oder wurden in zahlreiche Länder exportiert. Für die Mitarbeiter gab es eine eigene Betriebskrankenkasse, einen Kinderhort und weitere soziale Vergünstigungen. Sichtbares Zeichen des Aufstiegs war schließlich der von Villeroy & Boch ausgestaltete Milchladen auf der Bautzner Straße – der »schönste Milchladen der Welt«. Paul Pfund, Königlich Sächsischer Kommerzienrat, Ritter vom Albertorden und Mitglied der Freimaurer, starb 1923, das Unternehmen wurde von seinen Söhnen weitergeführt.

Poelzig, Hans 1869 – 1936

Architekt

Kaitzer Straße 9

Der Berliner Architekt Hans Poelzig wurde 1916 Nachfolger von Hans Erlwein als Stadtbaurat und gleichzeitig Professor an der TH. Der Mosaikbrunnen und das Lingner-Mausoleum gehören zu den wenigen Dresdner Bauten Poelzigs, denn in seiner Amtszeit wurde bedingt durch Krieg und Nachkrieg, wenig gebaut. »Ich erwarte, wie der auf eine einsame Insel verschlagene Engländer, dass die Eingeborenen meine Sprache lernen; ich lerne nicht um, und mache mein Zeug«, bekannte er in einem Brief. Poelzig, der auch Maler und Bühnenbildner war, entwarf »barock-expressive, phantasievolle« Bauwerke, die allerdings in Dresden nicht realisiert wurden. 1920 verließ er nach vier Jahren wieder die »Stadt des süßen Gallerts, friedvollen Philistertums und dann der törichten Reformen«.

Pohl, Alfred, Erich 1904 – 1968

Bildberichter

Breite Straße 7, Prießnitzstraße 7

Um 1930 lernte Erich Pohl in der Dresdner »Arbeiterphotogilde« Richard Peter und Erich Höhne kennen. Sein Wirken in der Elbestadt lässt sich ab 1934 nachweisen. Bis 1942 gehörte er der Redaktion des *Dresdner Anzeigers* (Breite Straße) an, der kriegsbedingt 1943 auf Weisung der Nationalsozialisten mit den *Dresdner Neusten Nachrichten* fusionieren musste. Mit Erich Höhne gründete er nach 1945 den »Dresdner Bilderdienst«, der seine Geschäftsstelle auf der Bautzner Straße hatte. Wie sein Agenturpartner Höhne gilt auch Pohl, obwohl prononciert für das Geschäftliche des Bilderdienstes verantwortlich, als »Dokumentarist der ersten Stunde«, der den Wiederaufbau und das Wiederaufleben Dresdens nach den

Zerstörungen des Krieges im Bild festhielt und zwar »in einer Themenvielfalt, die alle Lebensbereiche durchdringt«.

Ponto, Erich 1884 – 1957

Schauspieler

Elisenstraße 1, Wiener Straße 31

Von 1914 bis 1947 lebte Erich Ponto in Dresden. Er spielte am Theater wichtige Charakterrollen und feierte später auch als Filmschauspieler Erfolge, besonders als Professor Crey in »Die Feuerzangenbowle«. Nach dem Krieg eröffnete er als Nathan das Interimstheater Dresdner Bühnen in der Tonhalle, dem heutigen Kleinen Haus, und wurde dessen Generalintendant, verließ die Stadt aber bald, da er hier »nicht frei spielen könne, wenn er nicht einer bestimmten politischen Haltung angehöre«. 1990 zum Ehrenmitglied der Staatsschauspiels ernannt, wurde 2007 seine Urne auf den Tolkewitzer Friedhof umgebettet.

Posse, Hans 1879 – 1942

Kunsthistoriker

Pavillon Großer Garten, Haus 3

Hitler berief den Dresdner Kunsthistoriker 1939 zum Sonderbeauftragten für den Aufbau des geplanten »Führermuseums« in Linz. Etwas überraschend war das insofern, da lokale Parteigrößen Posse, seit 1910 Direktor der Dresdner Gemäldegalerie und zweimal Kurator des deutschen Beitrags für die Biennale in Venedig, kurz zuvor wegen seiner Ankäufe von nun als »entartet« geltender expressionistischer Kunstwerke und seines Eintretens für die Avantgarde die Pensionierung nahe gelegt hatten. Posse war es, der die Sammlung durch Werke der Romantik und des Impressionismus erweiterte, was 1931 zur Gründung der Galerie Neue Meister als eigenständige Abteilung geführt hatte. Mit seiner Berufung zum Sonderbeauftragten wurde Dresden zur »Drehscheibe im Kunstverschiebesystem der Nationalsozialisten«.

Press, Friedrich 1904 – 1990

Bildhauer

Robert-Diez-Straße 1, Atelier: Pfotenhauer Straße, Schweizer Straße 19, Robert-Diez-Straße 1

Seit Otto Dix als Professor an der Kunstakademie lehrte, übte die Schule eine starke Anziehungskraft aus, ihr erlag auch Friedrich Press, bisher Kunststudent in Dortmund und Berlin. 1927 bestand er die Aufnahmeprüfung und wurde Schüler von Georg Wrba. Nach dem Studium bezog er von 1931 bis 1935 ein Atelier im Turm der Burg Davenberg, um sich danach endgültig in Dresden niederzulassen, obwohl seine expressiven Werke auch hier auf den Widerstand der Nazis stießen. Schon 1933 war das von ihm geschaffene Grabmal für den Vater seiner Verlobten Elfriede Kiefer vom Matthäuskirchhof entfernt worden. Press schuf nach seiner Rückkehr aus dem Krieg vor allem Sakralkunst und gestaltete Kirchenräume in ganz Deutschland aus. Neben Grabmalen für Privatpersonen, u. a. sein eigenes Grab auf dem Loschwitzer Friedhof, entstand Dresdens erstes Denkmal für gefallene russische Soldaten auf dem Nordfriedhof. Zu seinen Hauptwerken zählen die Pietà und der Altar in der Nepomukkapelle der Hofkirche und der Innenraum der katholischen Kirche St. Joseph in Dresden-Pieschen.

Querner, Curt 1904 – 1976

Maler

Annenstraße 54

Lange blieb ihm die Anerkennung verwehrt, dem 1904 in Börnchen bei Freital geborenen Maler, den man später den »Bauern-Querner« nannte. 1926 begann der Fabrikschlosser sein Studium an der Kunstakademie, wurde Mitglied der ASSO und der KPD, er wanderte mehrmals durch Süddeutschland, kam bis Prag, nach Kärnten und ins Elsass, handelte im Erzgebirge mit Kälberstricken oder lebte von Arbeitslosenfürsorge. 1933 hatte Querner eine Ausstellung bei Kühl, dann wurde es lange still um ihn. Ein Großteil des Werkes ging beim Bombenangriff auf Dresden verloren, das Atelier in der Annenstraße wurde zerstört. Auf dem Dachboden seines Elternhauses malte und zeichnete er nach dem Krieg weiter, dörfliche Landschaften, »dralle Weiber«, »Bauernköppe«, Kinder – ein einfühlsamer Porträtist und Darsteller des bäuerlichen und proletarischen Lebens. Den späten Ruhm quittierte er auf seine Weise: »Querner-Geschrei«.

Rachmaninow, Sergei 1873 – 1943

Pianist, Komponist

Sidonienstraße 6, Emser Allee 5 (zerstört, heute: Goetheallee 26)

Nicht nur die russische Aristokratie, sondern auch Künstler liebten Dresden. Zu den damals fast 2 000 Mitgliedern der russischen Kolonie zählte Sergei Rachmaninow, der mit seiner Familie die Wintermonate der Jahre 1906 bis 1909 in der Elbestadt verbrachte. Die 2. Sinfonie, die 1. Klaviersonate und die sinfonische Dichtung »Die Toteninsel« (op. 27–29) entstanden während dieser Zeit in der Sidonienstraße. Zwar nahm er am Dresdner Konzert- und Opernleben teil, lebte alles in allem aber sehr zurückgezogen. »Wir sehen keinen und kennen keinen. Und auch selbst lassen wir uns nirgends sehen und wollen auch niemanden kennenlernen.« Er war von der Stadt begeistert, kehrte aber nach Moskau zurück, weil er seiner Frau versprochen hatte, nicht länger als drei Jahre im Ausland zu bleiben. Bei seinen späteren häufigen Gastspielen wohnte er meist in der »Villa Fliederhof« in der Emser Allee. 1924 heiratete seine Tochter Irina in der russisch-orthodoxen Kirche den Großfürsten Pjotr Wolkonski. Rachmaninow kaufte in Dresden außerdem die Häuser Trachenberger Straße 2 und Fürstenstraße 28 (heute: Fetscherstraße), die noch lange im Besitz der Familie blieben.

Raschke, Martin 1905 – 1943

Schriftsteller

Schillerstraße 9, Veilchenweg 4

Bereits als Schüler des Wettiner Gymnasiums wirkte der Sohn eines städtischen Beamten aktiv in der Jugendbewegung und gab gemeinsam mit Rudolf Braune und Heinrich Greif die Schülerzeitschrift *MOB* heraus, die deutschlandweit für Aufsehen sorgte und verboten wurde. Während des Studiums in Berlin befreundete er sich mit Klaus Mann und lernte Günter Eich kennen, mit dem er ab 1929/30 in Dresden die Zeitschrift *Kolonne* im Jess-Verlag herausgab und für den Rundfunk arbeitete. Raschkes erster Roman »Fieber der Zeit« erschien 1930. Sein »Haus am Veilchenweg« wurde in den 30er-Jahren zum Treffpunkt Dresdner Literaten. Martin Raschke fiel 38-jährig als Kriegsberichterstatter an der Ostfront bei Newel.

Recknagel, Alfred 1910 – 1994

Physiker, Hochschullehrer

Zeunerstraße 89, Waldparkstraße 11

Alfred Recknagel, 1948 bis 1975 Professor für Physik und Direktor des Instituts für Experimentalphysik, prägte wie kein anderer die wissenschaftliche und institutionelle Erneuerung im Fachgebiet Physik nach dem Zweiten Weltkrieg. Er war ein anerkannter Forscher auf den Gebieten der Elektronenoptik und Elektronenmikroskopie und verfasste ein vierbändiges Standardwerk zur Physikausbildung.

Redam, Ewald 1884 – 1947

Schwerathlet

Hainsberger Straße 1, Reichsstraße 3 (heute: Fritz-Löffler-Straße)

Mag auch sein Name heute vergessen sein, seine imposante Statur hat die Zeiten überdauert, denn als der Bildhauer Richard Guhr das Dresdner Rathaus mit einem goldenen Herkules krönte, stand der Steinmetzsohn Ewald Redam aus der Oberlausitz ebenso Modell wie für die Brunnenfiguren am Albertplatz und den »Ballwerfer« vor dem Deutschen Hygiene-Museum. Im Kraftsportverein Dresden-Plauen begann seine Karriere, er gewann Sächsische Meisterschaften im Schwergewicht und Achtkampf der Kraftathleten, belegte vordere Plätze im Ringen und Kugelstoßen und besserte sein Einkommen als Heizer mit Modellstehen an der Kunstakademie auf. Mit seiner Frau, einer Lettin, baute er während des Ersten Weltkrieges in Riga eine Kraftakrobatengruppe auf, die später als die »Vier-Redams-Kraftathleten« um die ganze Welt tourte. Ab 1932 war Redam Lehrer für Kraftakrobatik an der Artistenschule in Moskau. Nach dem Krieg, inzwischen nach Deutschland zurückgekehrt, arbeitete er als Dolmetscher der sowjetischen Kommandantur in Meißen. Nachdem der Versuch einer erneuten Gründung eines Varietés gescheitert war, nahm sich der hoch verschuldete Artist das Leben.

Reiche, Maria 1903 – 1998

Mathematikerin, Geografin

Zittauer Straße 22

In Peru gehört die in Dresden geborene Maria Reiche zu den bekanntesten und am höchsten geehrten Persönlichkeiten, leistete sie doch über 40 Jahre in der Wüste des Landes einen wesentlichen Beitrag zur Erforschung, zur Dokumentation und zum Schutz der über 2 000 Jahre alten Bodenzeichnungen von Nasca und Palpa, die 1995 in die Liste des UNESCO-Welterbes aufgenommen wurden. Nach dem Besuch der Städtischen Studienanstalt für Mädchen und einem Studium an der TH hatte Maria Reiche 1932 eine Stelle als Hauslehrerin beim Deutschen Konsul in Peru angenommen und sich dann mit Gelegenheitsjobs über Wasser gehalten. 1946 begann sie allein die rätselhaften Zeichnungen im Wüstenboden zu untersuchen. Sie hatte ihre Lebensaufgabe gefunden, die sie bis zu ihrem Tode mit großem Einsatz verfolgte, egal ob sie in einer kleinen Hütte in der Pampa lebte, sich für Luftaufnahmen auf den Kufen eines Helikopters festbinden ließ oder zum Schluss ihre Studien im Rollstuhl fortsetzte.

Reichelt, Hermann 1879 – 1914

Flugpionier

Moritzburger Straße 59

Als der in Dresden geborene Fotograf und Kunstmaler Hermann Reichelt 1909 in Frankfurt am Main zum ersten Mal eine richtige Flugmaschine sah, baute er mit Hilfe von August Euler in wenigen Tagen ein Gleitflugzeug, mit dem er den Preis der ersten Luftfahrtausstellung gewann. Auf dem Dresdner Heller setzte er seine Versuche fort, erwarb die Flugzeugführerlizenz und gründete mit Melli Beese und Charles Boutard in Berlin-Johannisthal eine Flugschule. Er gewann mehrere Flugwettbewerbe und absolvierte als erster Pilot einen Langstreckenflug bei Nacht, auch wenn der auf dem Dach eines Bauernhauses an der französischen Grenze endete. 1913 eröffnete Reichelt auf dem neuen Flugplatz in Kaditz die AERO Flugzeugbau- und Fliegerschule, die auch Rundflüge für zahlende Passagiere anbot. Bei einem Absturz kam er am 10. April 1914 in der Nähe des Flugplatzes ums Leben.

Reinhard, Annemarie 1921 – 1976

Schriftstellerin

Cunewalder Straße 11

Die gelernte Damenschneiderin debütierte 1949 mit dem Umsiedlerroman »Treibgut«. Weitere Romane und mehrere Kinderbücher folgten, so »Tag im

Nebel« (1958) und »Flucht aus Hohenwaldau« (1970). Die Berliner Akademie der Künste ehrte sie 1960 mit dem Heinrich-Mann-Preis. Annemarie Reinhard war mit dem Schriftsteller und Verleger Götz Gode verheiratet. Eine enge Freundschaft verband sie mit dem dänischen Romancier Martin Andersen Nexö, der seine letzten Lebensjahre in Dresden verbrachte.

Reinhardt, Gottfried 1935 – 2013

Puppenspieler

Gasteiner Straße 32, Bayreuther Straße 24, Sierksstraße 12, Krügerstraße 17, Wiener Straße 58, Friedrichstraße 58

Eigentlich war Gottfried Reinhardt Architekt, doch seine Liebe gehörte dem Puppenspiel und den Katzen. Gestalter im DEFA Trickfilmstudio, Bühnenbildner an verschiedenen Theatern, Assistenz an der TU, das waren seine Stationen, sein Ziel war ein eigenes Puppentheater. Ab 1972 spielte Reinhardt mit selbst gebauten Puppen seine selbst geschriebenen Stücke auf einer winzigen Bühne in Wohnzimmern, Kirchen und allen möglichen Spielstätten. Lange ein Geheimtipp, waren seine scharfzüngigen, wortwitzigen und philosophischen Bearbeitungen antiker Stoffe, Opernadaptionen und Kasperiaden, Nadelstiche gegen Eitelkeit, Dummheit und Überheblichkeit, ein stetes Aufbegehren gegen die Mächtigen und Engstirnigen. Reinhardt war zudem Diakon der Russisch-Orthodoxen Kirche.

Reißner, Carl 1849 – 1906

Verleger

Barbarossastraße 9 (heute: Lene-Glatzer-Straße), Pohlandstraße 1, Verlag u. a.: Königstraße 13

Als der ehemalige Buchhändler Carl Reißner 1894 mit seinem in Leipzig gegründeten Verlag nach Dresden kam, stand dieser ganz im Zeichen des Naturalismus. Arno Holz und Johannes Schlaf waren Vertreter dieser modernen Richtung. Ihr gemeinsam unter dem Pseudonym Bjarne P. Holmsen verfasster Erzählband »Papa Hamlet« erschien 1889 noch in Leipzig bei Reißner. Das unter dem Eindruck dieser »literarischen Revolution« von Gerhart Hauptmann verfasste Drama »Vor Sonnenaufgang« lehnte Carl Reißner allerdings ab. Neben Belletristik wurden Werke aus Naturwissenschaft und Völkerkunde verlegt, u. a. von Ernst Haeckel, Wilhelm Bölsche oder Raoul Francé. Nach Reißners Tod wurde der Verlag von dessen Schwiegersohn Erwin Kurtz und später von Harry Schumann geleitet, zu den Autoren gehörten nun Lou Andreas-Salomé, Alfred Kubin und der sächsische Humorist Hans Reimann. Außerdem wurden Mappenwerke von Käthe Kollwitz, Frans Masareel, Heinrich Vogler-Worpswede oder Heinrich Zille verlegt.

Renn, Ludwig 1889 – 1979

Schriftsteller

Glacisstraße 15 f (später: 2), Löbauer Straße 14 (später: 22), Arndtstraße 6 und 9, Neidenburger Straße 30 (heute: Großschönauer Straße), Plattleite 38

Arnold Vieth von Golßenau, der sich nach der Hauptgestalt seines international erfolgreichen Romans »Krieg« Ludwig Renn nannte, wurde als Sohn eines Lehrers und Prinzenerziehers auf der Glacisstraße in der Dresdner Neustadt geboren. Er besuchte die 4. Bürgerschule (Tieckstraße) und das Königliche Gymnasium auf der Holzhofgasse. Zunächst schlug er die militärische Laufbahn ein, nahm am Ersten Weltkrieg teil und wurde danach in Dresden als Bataillonskommandeur der Sicherheitstruppe eingesetzt. Nach dem Erfolg seines ersten Romans (1928) wurde er Redakteur und freier Autor in Berlin. Von den Nazis zunächst umworben, dann ins Gefängnis gesteckt, ging er 1935 ins Exil und kehrte erst 1947 nach Dresden zurück, wo er zum Professor für Anthropologie an der Technischen Hochschule ernannt wurde. 1952 verließ er die Stadt für immer. Neben seinem Weltkriegsroman und den Erinnerungsbänden »Adel im Untergang« (1944), »Meine Kindheit und Jugend« (1957) sowie »Anstöße in meinem Leben« (1980) wurde er vor allem als Jugendbuchautor bekannt.

Renner, Gustav Adolph

Unternehmer

Radeberger Straße 19

Mit seinen 60 Schaufenstern beherrschte das Kaufhaus Renner in der Vorkriegszeit die Südseite des Altmarktes und wurde vor allem wegen der ersten Rolltreppen Dresdens ein fester Bestandteil der Kindheitserinnerungen vieler Bewohner. Johann Traugott Adolph Renner hatte bereits Mitte des 19. Jahrhunderts in der Badergasse ein Tuch- und Manufakturgeschäft eröffnet. Nach dem Umzug auf den Altmarkt wurden nach und nach alle Bürgerhäuser aufgekauft und die Innenräume unter Beibehaltung der Fassaden miteinander verbunden.

Renner, Martin 1864 – 1939

Unternehmer

Gustav-Adolf-Straße 9, Tiergartenstraße 36

1896 wurden Martin Renner und sein Bruder Gustav Adolph Mitinhaber des Kaufhauses auf dem Altmarkt, das in Spitzenzeiten über 1000 Angestellte beschäftigte und ab 1925 durch drei eigene Omnibuslinien erreichbar war. Nach der völligen Zerstörung 1945 eröffnete Martin Renners Sohn Herbert in der Königsbrücker Straße erneut ein Kaufhaus.

Rethberg, Elisabeth 1894 – 1976

Sängerin

Franklinstraße 32

Ab 1922 war die aus dem Erzgebirge stammende Sängerin, die zu den bedeutendsten Sopranistinnen des 20. Jahrhunderts zählt, an der New Yorker Metropolitan Opera engagiert. Ihre Weltkarriere hatte sie in Dresden begonnen, wo sie am Konservatorium studierte und 1915 an die Hofoper verpflichtet wurde. Hier spielte sie mehr als 100 Rollen, wobei sie vor allem als »Aida« Triumphe feierte. Bei einem Gastspiel 1928 sang Elisabeth Rethberg – für Arturo Toscanini die »größte lebende Sopranistin« mit einer »Stimme aus dem Paradies« – in Dresden noch einmal die Titelpartie in der Uraufführung von Richard Strauss' »Ägyptische Helena«.

Rheiner, Walter 1895 – 1925

Schriftsteller

Rochwitzer Straße 5 (heute: Lahmannring)

Der Kölner Walter Schnorrenberger, so der bürgerliche Name Rheiners, hatte eine Kaufmannslehre in Lüttich, Paris und London durchlaufen, war Soldat im Weltkrieg gewesen und lebte danach in Berlin. Die Jahre 1918 bis 1920 verbrachte er in Dresden als nahezu mittel- und beschäftigungsloser expressionistischer Dichter, dessen Rang erst nach seinem frühen Freitod (1925) und kaum von seinen Zeitgenossen erfasst wurde. Seine sämtlichen Bücher – Gedichte, kurze Prosa, Szenen, Novellen – erschienen zwischen 1918 und 1921 in Dresdner Verlagen. Er war mit Conrad Felixmüller (der ihn mehrfach porträtierte), Felix Stiemer und Raoul Hausmann befreundet, schrieb Beiträge für die Zeitschrift *Menschen* und beteiligte sich an den Autorenabenden der Galerie Arnold. 1919 erhielt er hier die einzige Würdigung seines literarischen Schaffens, den Preis der Dresdner Stiftung.

Richter, Hans Theo 1902 – 1969

Maler, Zeichner, Grafiker

Chemnitzer Straße 2 (Arbeitsraum), Lüttichaustraße 26 (Arbeitsraum, heute: Hans-Dankner-Straße), Schwenkstraße 6, Sierksstraße 1

»Wenigstens für Momente möchte ich den Betrachter beglücken«, sagte Hans Theo Richter, der vor allem mit Zeichnungen und Lithographien bekannt wurde. Nach dem Studium an der Kunstakademie bekam der in Rochlitz Geborene 1932 den Jubiläumspreis der Stadt Dresden, doch schon ein Jahr später, als er für den Rompreis des Deutschen Künstlerbundes vorgeschlagen wurde, verwehrten ihm die Nazis den Aufenthalt in Italien. 1938 erhielt Richter den 1. Preis für Graphik auf der Internationalen Graphik-Ausstellung in Chicago, 1941 den Dürer-Preis. Am 13. Februar 1945 fanden seine Frau und seine Mutter den Tod, auch der größte Teil des Werkes ging verloren. Nachdem er schon an der Akademie in Leipzig gelehrt hatte, wurde er 1947 Professor an der Hochschule für Bildende Künste. Heute verleiht die Sächsische Akademie der Künste den von seiner zweiten Frau gestifteten Hans Theo Richter-Preis.

Richter, Otto 1852 – 1922

Archivar, Bibliothekar, Historiker, Museumsleiter

Bernhardstraße 13

Der aus Meißen stammende Historiker, der an der Kreuzschule sein Abitur abgelegt hatte, wurde 1879 im Ratsarchiv und der Ratsbibliothek angestellt. Letztere wurde 1881 durch seine Initiative als Stadtbibliothek der Öffentlichkeit zugänglich gemacht. Richter leitete beide Einrichtungen bis 1912, ebenso das Stadtmuseum, dessen Bestand er durch Ankäufe erweiterte. Der Vorsitzende des Vereins für Geschichte und Topografie Dresdens war Herausgeber der *Dresdner Geschichtsblätter* und lieferte wichtige Grundlagenwerke zur Dresdner Stadtgeschichte, u.a. Bücher zur Verfassungs- und Verwaltungsgeschichte, Geschichtsatlanten und Bildchroniken. Durch seine Arbeit wurde die Stadtgeschichtsforschung auf eine wissenschaftliche Grundlage gestellt. In seinen Jugenderinnerungen schilderte er seinen Aufstieg aus armen Verhältnissen zum Historiker und Professor.

Richter, Traute 1924 – 1986

Schauspielerin

Altmarkt 14, Hospitalstraße 13

Als Gretchen stand sie in Dresden auf der Bühne, doch in ihren Rentenunterlagen stand als Berufsbezeichnung Schlosser, denn 1944 waren alle Schauspieler in der Rüstungsindustrie zwangsverpflichtet worden. Leicht war der Weg zur Schauspielerei nicht gewesen, gegen den Willen ihrer Eltern war Traute Richter aus ihrer böhmischen Heimat ans Wiener Max-Reinhardt-Seminar geflohen und auch nach dem Krieg gab es zunächst Schwierigkeiten. Als ihr erster Mann als Spion verhaftet und in einem sibirischen Arbeitslager interniert wurde, bekam sie vom Theater die Kündigung. Ende der 50er-Jahre, ein Antrag zur Aufnahme ins Kloster war abgelehnt worden, begann ihre eigentliche Karriere, in zahlreichen Rollen stand sie über 44 Jahre auf den Dresdner Bühnen, wobei sie vor allem als Charlotte von Stein in einem Stück von Peter Hacks glänzte. 1986 nahm sich Traute Richter das Leben.

Roeder, Wolfgang 1926 – 1993

Humorist, Sänger, Schauspieler

Grenzallee 35

Von der Pike auf hat Wolfgang Roeder das Theaterhandwerk erlernt. Er begann 1949 als Bühnenarbeiter an der Operette in Dresden-Leuben und gründete ein

Jahr später mit dem Sänger Erich Weber, dem Tänzer und Instrumentalisten Eberhard Keyn und dem Sänger Johannes Frenzel ein Gesangs- und Komödiantenquartett, das DDR-Unterhaltungskunstgeschichte schrieb. Von 1952 bis 1977 waren die »Vier Brummers« beständig zu Gast bei Rundfunk und Fernsehen und gefragte Tourneekünstler. Die komisch-spritzigen Texte der Couplets und Parodien stammten vorrangig aus Roeders Feder, der nach Auflösung der Gruppe solistisch als Conferencier, Humorist und Schauspieler auftrat und nichts von seiner Popularität einbüßte.

Römmler, Emil 1842 – 1941

Fotograf, Lichtdrucker, Unternehmer

Blasewitzer Straße 17 und 27, Calberlastraße 12

Der Sohn des Mittweidaer Porträtmalers Carl Römmler kam 19-jährig über Berlin, München, Köln und Paris 1861 nach Dresden, um ein »photographisches Atelier für Wissenschaft, Kunst und Industrie an hiesigem Orte zu errichten«. Ein Jahrzehnt darauf war er, mit Hilfe eines Teilhabers, in der Lage, die Kunstdruckanstalt Römmler & Jonas auf der Pillnitzer Straße zu begründen, die sich später zum renommierten grafischen Großbetrieb – 20 Großpressen, Buchbinderei, Fabrikantenvilla auf dem Firmengelände – auf der Blasewitzer Straße entwickelte, und deren Produktion sich ab 1911 auf Licht- und Kunstdrucke, Bildmappen, Kalender, Postkarte und Reproduktionen von Gemälden erstreckte. 95-jährig verfasste der Künstler und Unternehmer seine »Lebenserinnerungen eines Königlich-Sächsischen Hofphotographen«.

Rosenhauer, Theodor 1901 – 1966

Maler

Pillnitzer Straße 22, Teichstraße 5

Bevor Rosenhauer sich 1924 als freiberuflicher Maler in Dresden und Radebeul etablierte, hatte er an der Kunstgewerbeschule bei Ferdinand Dorsch studiert. Eine Berufung an die Dresdner Kunstakademie wurde 1934 von den Nationalsozialisten verhindert. Sein Atelier am Antonsplatz wurde 1945 bei Luftangriffen auf die Stadt vernichtet. Zu den bekannten Ölbildern und Aquarellen Rosenhauers, den der Schriftsteller Horst Drescher als »Stillebenmaler mit Leib und Seele« bezeichnete, zählen außerdem Dorfansichten von Alt-Trachau (»Alt-Trachau im Winter vor Abriß«, 1977) und der Lößnitz.

Rostoski, Otto 1872 – 1962

Arzt

Lüttichaustraße 32, Friedrichstraße 41

Otto Rostoski hat in der ersten Hälfte des 20. Jahrhunderts die Innere Medizin in Dresden wesentlich geprägt. Er war in verschiedenen Dresdner Krankenhäusern tätig, besonders wirkte er auf die Entwicklung des Johannstädter Krankenhauses ein, wo er u. a. die Bäderabteilung zur Hydrotherapeutischen Station ausbaute. 1924 richtete er die europaweit erste Diabetikerambulanz ein und entdeckte 1927 die Ursache für den bei Bergleuten häufigen »Schneeberger Lungenkrebs« im Einatmen von Radiumfreisetzungen, so dass diese Krebsform als Berufskrankheit anerkannt wurde. Nach seinem politisch motivierten Abschied aus Johannstadt ließ er sich ins Friedrichstädter Krankenhaus versetzten, während des Krieges leitete er ein Hilfslazarett in Lahmanns Sanatorium. Nach dem Krieg war er Direktor der Inneren Medizin in Friedrichstadt und übernahm, bereits hochbetagt, 1954 für vier Jahre die Professur für Innere Medizin an der neu gegründeten Medizinischen Akademie. Da seine Villa im Krieg zerstört worden war, wohnte Rostoski in einem Zimmer des Friedrichstädter Klinikums, für seine wenigen Urlaubstage zog er ins Hotel »Exzelsior« am Hauptbahnhof.

Rothermundt, Adolf Wasilieff Ernst 1846 – 1930

Zuckerfabrikant, Sammler

Deutsche Kaiserallee 34 (heute: Mendelssohn-Allee)

Schon Ende der 60er-Jahre des 19. Jahrhunderts hatte sich der St. Petersburger Kaufmann Julius Ludwig Rothermundt in Blasewitz niedergelassen. Sein Sohn Adolf, in Sankt Petersburg Besitzer einer Zuckerfabrik, übernahm 1859 die Meierei des Marcolinischen Vorwerks in Dresden und ließ sich kurz vor der Jahrhundertwende eine Villa in der heutigen Mendelssohn-Allee bauen. Inspiriert durch den Kunstsammler Johann Meyer und durch Oskar Schmitz, mit dem er verschwägert war, wurde Rothermundt zu einem der wichtigsten Sammler der französischen Moderne. Seine in der Villa präsentierte Sammlung enthielt Werke von Manet, Cézanne, Monet, Renoir und van Gogh, aber auch deutsche Impressionisten wie Liebermann, Slevogt und Corinth. Durch die politischen Umbrüche in Russland nach 1917 verlor Rothermund sein Vermögen und musste sein Leben durch den Verkauf der Kunstwerke finanzieren. »Jedes einzelne Stück haben wir ihm … nur mit viel Mühe und teilweise viel Geld aus den Zähnen ziehen müssen«, schrieb der Dresdner Galeriedirektor Hans Posse.

Rudolph, Wilhelm 1889 – 1982

Maler, Zeichner, Grafiker

Pohlandstraße 9, Körnerstraße 7 (zerstört, überbaut), Kirschauer Straße 8

Beim Bombenangriff am 13. Februar 1945 verlor Wilhelm Rudolph die Wohnung in der Körnerstraße und mit ihr einen Großteil seines Werkes. Unmittelbar danach begann er die zerstörte Stadt und deren Bewohner zu zeichnen. Die Serie »Das zerstörte Dresden« umfasst 150 Rohrfederzeichnungen von erschütternder Realistik und gehört zu den wichtigsten Dokumenten der Zerstörung. In den folgenden Jahren entstanden weitere Zyklen mit Zeichnungen, Aquarellen und Holzschnitten. Rudolph, in Chemnitz geboren, hatte ab 1908 an der Kunstakademie studiert und war 1932 zum Professor berufen worden. 1938 aus dem Lehramt entlassen und mit Ausstellungsverbot belegt, nahm er seine Lehrtätigkeit nach dem Krieg für kurze Zeit wieder auf. 1979 wurde der »Altmeister« der Dresdner Kunst, neben den Zeichnungen und Holzschnitten zählen vor allem Landschaften und Porträts zu seinem Werk, zum Ehrenbürger der Stadt ernannt.

Rühle, Otto 1874 – 1943

Politiker, Autor

Ruscheweg 4, Ludwig-Hartmann-Straße 17

Der eigenwillige Politiker, Anarchosozialist und Volkstribun, 1915 hatte er gemeinsam mit Karl Liebknecht im Reichstag gegen die Bewilligung der Kriegskredite gestimmt, wurde im November 1919 Vorsitzender des Dresdner Arbeiter- und Soldaten-Rates, der den sächsischen König absetzte. Er wohnte seit 1914 im Vorort Hellerau, in Dresden und dem nahen Buchholz-Friedewald, wo er mit seiner Frau Alice Rühle-Gerstel ab 1924 den Verlag »Am anderen Ufer« betrieb. Rühle verfasste eine profunde Karl-Marx-Biografie sowie kultur- und erziehungstheoretische Schriften.

Rühle-Gerstel, Alice 1884 – 1943

Frauenrechtlerin, Schriftstellerin

Ruscheweg 4, Ludwig-Hartmann-Straße 17

Alice Gerstel, die Tochter eines Prager Möbelfabrikanten, die in Dresden ein Pensionat besucht hatte, heiratete Otto Rühle 1921. Mehrere ihrer Publikationen erschienen im Dresdner Verlag Kaden & Co. Beide emigrierten 1933 nach Prag und flüchteten 1936 nach Mexiko. Einen Tag nach dem Tod Otto Rühles am 24. Juni 1943, nahm sich seine Frau Alice das Leben.

Sachsenberg, Ewald 1877 – 1946

Betriebswirtschaftler, Hochschullehrer

Hohe Straße 41, Westendstraße 23, Daheimstraße 21 (heute: Friedrich-Hegel-Straße)

Als man 1920 auf Drängen der Industrie an der Mechanischen Abteilung der TH einen Lehrstuhl für Betriebswirtschaft einrichtete, wurde die Professur mit dem in der Praxis erfahrenen Wissenschaftler Ewald Sachsenberg besetzt. Bis 1940 blieb Sachsenberg an der TH, gründete mehrere Institute und war Direktor der Mechanisch-Technologischen Sammlung. Das von ihm 1928 aufgebaute Verpackungs-Prüffeld war das einzige seiner Art in Deutschland. 1940 wurde der bekennende Freimaurer wegen »Nichterfüllung der Bedingungen des Berufsbeamtengesetzes« abberufen.

Sahl, Hans 1902 – 1993

Schriftsteller

Waisenhausstraße

Der Sohn eines jüdischen Dresdner Kaufmanns und Bankiers verbrachte die ersten fünf Jahre seines Lebens in der Elbestadt, zog dann mit der Familie nach Berlin und musste 1933 nach Prag emigrieren, floh später nach Zürich und Paris und lebte danach in den Vereinigten Staaten als Korrespondent deutscher Zeitungen. Von besonderem Interesse sind seine Erinnerungen »Memoiren eines Moralisten« (1983) und »Das Exil im Exil« (1990) sowie seine Gedichte.

Salbach, Clara 1861 – 1944

Schauspielerin

Arnstaedter Straße 11 (heute: Mansfelder Straße)

Clara Salbach, die ihr Debüt am Weimarer Hoftheater gegeben hatte, gehörte von 1889 bis 1932 zum Ensemble des Dresdner Hoftheaters. Obwohl sie mit ihrem Mann Jean Hofmann in der Villa Salbach in Radebeul wohnte, besaß sie nach dem Ersten Weltkrieg eine Stadtwohnung in der Nähe des Großen Gartens. Sie verkörperte zahlreiche Theaterrollen, u. a. das Gretchen und die Jungfrau von Orleans und wurde vor allem wegen ihrer Hauptrollen in Stücken von Schiller gefeiert. 1920 spielte sie im Film »Der galante König – August der Starke« die Mutter des Kurfürsten.

Scheven, Katharina 1861 – 1922

Frauenrechtlerin

Tieckstraße 17, Bautzner Straße 52, Angelikastraße 23, Sedlitzer Straße 3

Die Frau des Sozialwissenschaftlers Paul Scheven, Katharina Scheven, eine Aktivistin der Frauenbewegung, gründete einen Verein zur Abschaffung der staatlich reglementierten Prostitution und die Zeitschrift *Der Abolitionist.* Sie setzte sich für die höhere Schulbildung von Mädchen ein, war eine der ersten Studentinnen in Dresden und eine der ersten weiblichen Stadtverordneten. Die Schevenstraße wurde nach ihr benannt.

Scheven, Paul 1852 – 1929

Volkswirt, Armenpfleger

Tieckstraße 17, Bautzner Straße 52, Angelikastraße 23, Sedlitzer Straße 3

»Dresdner Bettelmönch« wurde Paul Scheven wegen seiner Bittgänge und Spendensammlungen genannt. Der promovierte Sozialwissenschaftler vertrat nach der Jahrhundertwende im Dresdner Stadtverordnetenkollegium die Mieterinteressen und setzte sich in verschiedenen Vereinen für die Belange der Armen ein. 1914 gelang ihm die systematische Einführung einer Altenfürsorge.

Schiemann, Rudi 1901 – 1970

Kabarettist, Schauspieler

Industriestraße 28

Mit seinem Sketch »Musst mal in die Oper geh'n« gehörte Schiemann zu den Akteuren, die auf einer der bekanntesten und in der DDR am weitesten verbreiteten 1964 erschienenen AMIGA-Schallplatten, der »Komikerparade– Reise mit Komikern«, vertreten war. Bereits in den 50er-Jahren hatte der in Königstein geborene und in Dresden aufgewachsene Kabarettist, durch sein komisch-skurriles Spiel die DEFA-Kurzfilmreihe »Das Stacheltier« geprägt.

Schilling, Johannes 1828 – 1910

Bildhauer

Striesener Platz 15, Ammonstraße 9, Goethestraße 9

Der bekannte, in Mittweida geborene Bildhauer, hat beinahe sein ganzes Leben in der sächsischen Residenz verbracht und ausgangs des 19. Jahrhunderts deren äußere Erscheinung durch zahlreiche im öffentlichen Raum noch heute präsente Kunstwerke mit geprägt. So gestaltete er die Treppe der Brühlschen Terrasse für die er die (später in Bronze gegossene) Sandsteingruppe »Vier Tageszeiten« schuf, das Reiterstandbild »König Johann von Sachsen« auf dem Theaterplatz und die »Panther-Quadriga« der Semperoper, das Semperdenkmal und das Rietschel-Denkmal auf der Brühlschen Terrasse. Johannes Schilling ist der Vater des expressionistischen Dichters Heinar Schilling (1894–1955).

Schilling, Rudolf 1859 – 1933

Architekt

Goethestraße 8

Das Architekturbüro »Schilling und Gräber« war eines der einflussreichsten in der Zeit um die Jahrhundertwende. Der in Dresden geborene Rudolf Schilling war dabei vor allem für den bautechnischen Teil der Projektierungen verantwortlich, während der aus Baden stammende Julius Gräber (1858–1917) die künstlerische Gestaltung der Gebäude prägte. Schilling und Gräber waren bedeutende Kirchenbauer, auf sie gehen die Christus-, Luther- und Zionskirche sowie der Ausbau der Kreuzkirche zurück. Das Büro entwarf außerdem die Rathäuser in Löbtau und Pieschen, die Kriegersiedlung Trachau und verschiedene Villen an der Goetheallee. Außerdem war das Büro am Bau des Lahmann-Sanatoriums und der Siedlung Reick beteiligt.

Schlosser, Kurt 1900 – 1944

Tischler, Bergsteiger, Antifaschist

Hechtstraße 74, Leipziger Straße 72

Obwohl Kurt Schlosser bei seiner Ausbildung zum Möbeltischler den rechten

Unterarm verloren hatte, arbeitete er ab 1919 in den Deutschen Werkstätten Hellerau und gründete, als Mitglied der Streikleitung 1931 von den DWH entlassen, seine eigene Tischlerwerkstatt. Schlosser war Mitglied der KPD, bildete in seiner Freizeit junge Bergsteiger aus und leitete die Gesangsabteilung der Vereinigten Kletterabteilungen. Nach 1933 machte er seine Werkstatt zu einem antifaschistischen Treffpunkt und war aktiv am Schmuggel verbotener Schriften an der deutsch-tschechischen Grenze beteiligt. Ende 1943 wurde Schlosser verhaftet, vom Volksgerichtshof mit anderen Mitgliedern seiner Gruppe wegen »Hochverrats und Feindbegünstigung« zum Tode verurteilt und im August 1944 im Richthof des Dresdner Landgerichts am Münchner Platz enthauptet. Der Sächsische Bergsteigerchor trägt seit 1949 seinen Namen.

Schmidt, Karl 1873 – 1948

Tischler, Unternehmer, Sozialreformer

Dobritzer Straße 4, Moritzburger Weg 69

»Am Anfang war ein Mann namens Schmidt. ... Schmidt war ein Schöpfer. Ohne ihn hätte es nichts, rein gar nichts von dem gegeben, was hier erzählt werden wird«, schrieb Peter de Mendelssohn in »Hellerau, mein unverlierbares Europa«. Schmidt hatte nach seiner Tischlerlehre als Geselle in deutschen und nordeuropäischen Städten gearbeitet und 1898 in Laubegast eine »Bau-Möbelfabrik und Fabrik kunstgewerblicher Gegenstände« gegründet, die schon bald »Dresdner Werkstätten für Handwerkskunst« hießen. Von Freunden als »Holz-Goethe« verehrt, hatte der Anhänger der Reformbewegung mit der serienmäßigen Fertigung von Möbeln begonnen, die den modernen ästhetischen Ansprüchen genügten und dennoch preiswert waren. Für die Entwürfe wurden Künstler und Kunsthandwerker angestellt, unter anderem Richard Riemerschmid, der so genannte Maschinenmöbel entwarf und 1910 Schmidts Schwester Frieda heiratete. Schon 1900 wurde Schmidts Firma als einziges Dresdner Unternehmen zur Weltausstellung in Paris eingeladen, wo die Reformmöbel drei Bronzemedaillen erhielten, doch sein eigentlicher Aufstieg begann erst, als er seine Firma mit den »Münchner Werkstätten für Wohneinrichtungen« zu den »Deutschen Werkstätten für Handwerkskunst« vereinte. Am Nordrand von Dresden ließ der Mitinitiator des Deutschen Werkbundes ab 1909 ein neues Werk errichten, schuf für seine Arbeiter Wohnanlagen und legte damit den Grundstein für die Gartenstadt Hellerau.

Schmidt, Otto Eduard 1855 – 1945

Pädagoge, Historiker

Wölfnitzstraße 9, Holzhofgasse 5, Blochmannstraße 7

Seine ab 1902 erschienenen »Kursächsischen Streifzüge« brachten dem aus Reichenbach stammenden Lehrer den Titel »sächsischer Fontane« ein. Das mehrbändige, nach ausgedehnten Wanderungen durch Sachsen entstandene Werk, eine bis heute beliebte Darstellung sächsischer Landeskunde und Kulturgeschichte, ist aber nur eines von fast 200 Büchern und längeren Aufsätzen, die Schmidt zur deutschen, überwiegend aber zur sächsischen Geschichte, Kultur und Geografie vorlegte. Nach dem Besuch der Kreuzschule, die er ein Jahr früher als üblich abschloss, hatte er als Lehrer in Meißen und ein gutes Jahrzehnt in Dresden gearbeitet, war Professor der Fürstenschule St. Afra sowie Rektor in Wurzen und Freiberg, bevor er sich nach dem Ruhestand 1919 endgültig in Dresden niederließ. Hier engagierte er sich im Landesverein Sächsischer Heimatschutz und in der Denkmalpflege. Otto Eduard Schmidt starb in der Nacht zum 14. Februar 1945 während des Bombenangriffes auf Dresden.

Schmidt, Werner 1930 – 2010

Kunstwissenschaftler

Königsberger Straße 47

Der in Pirna geborene Kunstwissenschaftler und Germanist wurde 1959 zum Direktor des Dresdner Kupferstichkabinetts berufen. Von 1990 bis 1997 bekleidete er den Posten des Generaldirektors der Staatlichen Kunstsammlungen Dresden. Er war Mitglied der Bayerischen Akademie der Künste und Präsident der Sächsischen Akademie der Künste. Schmidt galt als ideenreicher Inszenator spektakulärer Ausstellungen (»Barock in Dresden« 1986, »Kokoschka und Dresden«, 1996) und profunder Kenner des Werkes von Adolph Menzel, Hans Theo Richter, Pablo Picasso u.a.

Schmidt-Kirstein, Helmut 1909 – 1985

Maler

Pillnitzer Landstraße 59 (Künstlerhaus)

1929 kam Helmut Schmidt-Kirstein aus dem Erzgebirge zum Studium an die TH und die Kunstgewerbeakademie und erlernte während der Ferien das Dekorationsmalerhandwerk. Einige Jahre wirkte er als Fachlehrer für dekorative Berufe in verschiedenen sächsischen Städten, bevor er nach dem Kriegsdienst wieder nach Dresden kam und 1955 mit seiner zweiten Frau ins Künstlerhaus Loschwitz zog. Fritz Löffler sah in dem Mitglied der Künstlergruppe »Der Ruf« einen »Malbesessenen am Werk, dem das rein malerische Temperament das Entscheidende an seinen Schöpfungen« war.

Schmidt-Rottluff, Karl 1884 – 1976

Maler, Grafiker

Berliner Straße 60, 65, 78 und 80, Seminarstraße 8, Löbtauer Straße 9

Karl Schmidt, Sohn eines Müllers, der sich nach seinem Geburtsort Schmidt-Rottluff nannte, studierte ab 1905 an der Technischen Hochschule in Dresden Architektur und gehörte zu den Gründungsmitgliedern der Künstlervereinigung

»Brücke«, die am 7. Juni 1905 in der Residenzstadt an die Öffentlichkeit trat. 1906 ließ er sich in der Friedrichsstadt nieder, wo er sich ein Atelier in der Seminarstraße, später in der Berliner Straße einrichtete. Mehrere Bilder des Straßenzuges und Lithografien nach Dresdner Motiven (Hofkirche) sind von ihm überliefert. 1911 verließ er die Stadt und siedelte, wie seine »Brücke«-Mitstreiter, nach Berlin über, wo er Mitglied der von Georg Tappert und Max Pechstein geleiteten expressionistischen »Neuen Secession« wurde.

Schmiedel, Gottfried 1920 – 1987

Musikkritiker

Krügerstraße 45 und 2, Steinweg 1

Schmiedel kam 1927 aus Schmiedeberg nach Pillnitz, studierte später erst in der Kapellmeisterklasse des Dresdner Konservatoriums und ließ sich dann zum Musiklehrer ausbilden. Zehn Jahre lehrte er an der Kreuzschule, der Musikakademie und am Konservatorium, bevor er freiberuflicher Musikkritiker und Publizist wurde. Seine Schallplattenvorträge, in denen er die Grenzen zwischen E- und U-Musik zu überwinden suchte, wurden legendär. Schmiedel moderierte Konzerte, gestaltete Rundfunksendungen, war an der Volkshochschule aktiv, schrieb für Tageszeitungen Musikkritiken auf hohem Niveau, veröffentlichte Bücher über den Kreuzchor und die Beatles und initiierte Kammermusikreihen. Martin Walser porträtierte ihn als Herbert Priebe in seinem Roman »Verteidigung der Kindheit«, wobei sich der Besucher im Steinweg vor allem über den »Kinnbart« wundert, hing doch »dem Staatsratsvorsitzenden ... genau diese Art Bart übers Kinn«.

Schmitz, Oscar 1861 – 1933

Unternehmer, Mäzen

Emser Allee 9 und 18 (heute: Goetheallee)

Neben Ida Bienert und Adolf Rothermund besaß Oscar Schmitz eine der größten und bedeutendsten privaten Kunstsammlungen in Dresden. Als Textilfabrikant finanziell abgesichert, kam er mit 42 Jahren als Privatier an die Elbe und ließ sich in der für ihn erbauten Villa nieder. Wie sein Schwager Rothermund sammelte auch er französische Malerei von Delacroix bis zu den Impressionisten, kaufte in Dresden vor allem Werke deutscher Künstler wie Slevogt, Corinth und Liebermann. »Man kam nach Dresden, um die alte Galerie und um die Sammlung Schmitz in der Emser Allee zu sehen, die bei weitem qualitätsreichste Sammlung französischer Meister in Deutschland«, hieß es in der *Frankfurter Zeitung.* Schmitz war Gründungmitglied des Dresdner Museumsvereins, Mitglied der Galeriekommission und Vorsitzender des Vereins der Dresdner Galeriefreunde. 1931 ging er in die Schweiz, offiziell wegen »steuerlicher Schikanen«. Einige Bilder hatte er der Galerie geschenkt oder als Leihgaben überlassen. Die jüdischen

Nachkommen von Schmitz wurden nach 1933 enteignet und mussten die Kunstwerke verkaufen.

Schnack, Friedrich 1888 – 1977

Schriftsteller

Pensionshaus Hellerau

Willy Haas nannte ihn einen »Jüngling vom Stamme Eichendorffs«. Der aus dem unterfränkischen Rieneck stammende Schriftsteller Friedrich Schnack hatte sich neben seiner kaufmännischen Lehre auch intensiv mit Botanik, Entomologie, Geologie und Kunstgeschichte befasst. Der Verleger Jakob Hegner, dem er ein Manuskript zu einem Gedichtband geschickt hatte, holte ihn 1919 nach Hellerau, wo er ihm in einem Pensionshaus am Festspielhaus eine »Arbeitszelle« einrichtete. Immer wieder kam Schnack in dieses Zimmer, das er 1926 ganz bezog. Hegner verlegte 13 Bücher Schnacks, der 1929 den Lessingpreis des Sächsischen Ministeriums für Volksbildung erhielt. Der Autor heiratete Edmée Denso, die Tochter eines Entomologen, mit dem er 1930 zu einer sechsmonatigen Forschungsreise nach Madagaskar aufbrach. Nach seiner Rückkehr erlebte Schnack, wie er in der Zeitschrift *Merian* schrieb, »den raschen Zerfall des geistigen und künstlerischen Lebens« in der Gartenstadt, die er 1932 verließ.

Schneider, Reinhold 1903 – 1958

Schriftsteller

Calberlastraße 1, Mosenstraße

Ab 1921 war der aus dem Badischen stammende spätere Schriftsteller und führende Akteur des katholischen Widerstands gegen die Nazidiktatur in der Dresdner Kunstanstalt Stengel & Co. auf der Bärensteiner Straße als Lehrling und danach als Kaufmann tätig. Hier entstanden seine ersten Gedichte und das Buch »Das Leiden des Camões oder Untergang und Vollendung der portugiesischen Macht«, es erschien 1930 im Verlag von Jakob Hegner in Hellerau.

Schneider, Sascha 1870 – 1927

Maler, Grafiker

Künstlerhaus: Pillnitzer Straße 59

Als Vierzehnjähriger kam Sascha Schneider aus St. Petersburg nach Dresden, um an der Kunstakademie zu studieren. Er beteiligte sich 1895 an der Dresdner Sezession und wohnte später zeitweilig in Hellerau. 1919 gründete der durch seine Illustrationen zu Karl Mays Werken bekannt gewordene Künstler in Dresden ein »Kraft-Kunst-Institut«. Seine Plastik »Sonnenanbeter« befindet sich im Park des an den Elbhängen gelegenen Schlosses Eckberg.

Schön, Helmut 1915 – 1996

Fußballspieler, Trainer

Lindengasse 18, Struvestraße 38, Münchnerstraße 16

Der spätere erfolgreiche Trainer der BRD-Fußball-Nationalmannschaft begann seine sportliche Laufbahn als Zehnjähriger in der Knabenmannschaft des SV Dresdensia, an dessen Heimstätte, der Illgen-Kampfbahn, wo heute die SG Dynamo Dresden spielt. Später wechselte Schön zum Dresdner SC. Er besuchte das St. Benno Gymnasium auf der Wiener Straße und absolvierte an der Sächsischen Staatsbank Dresden eine Bankkaufmannslehre, nach deren Abschluss er bei Madaus & Co, einer Pharmazeutischen Fabrik, in der kaufmännischen Abteilung tätig wurde. 1937 debütierte er in der Nationalmannschaft und wurde mit dem DSC 1943 und 1944 Deutscher Meister. Nach 1945 spielte er für den Nachfolgeverein des DSC, die SG Dresden-Friedrichstadt, als deren Spielertrainer er schließlich bis zur Auflösung der Sportgemeinschaft eingesetzt war. 1950/51 verließ Helmut Schön Dresden und wechselte zu Hertha BSC nach Westberlin.

Schönfelder, Max Gerd 1936 – 2000

Intendant, Musikwissenschaftler

Pfotenhauer Straße 18

Schönfelder, der am Konservatorium der Elbestadt studiert hatte, war der erste Intendant der 1985 wiedereröffneten Dresdner Semperoper. Er wurde in Köttewitz bei Dohna geboren und lehrte als Professor und Prorektor an der Dresdner Musikhochschule. 1984 wurde er zum ordentlichen Mitglied der Schwedischen Akademie für Musik ernannt. 1999 erschienen seine pointiert anekdotischen Erinnerungen unter dem Titel »Der Kanzler kommt«.

Scholz, Albrecht 1940 – 2013

Arzt, Medizinhistoriker

Mendelssohnallee 30

Der Sohn eines Görlitzer Arztes kam 1961 nach Dresden und wurde Facharzt für Dermatologie. Nach seiner langjährigen Arbeit als Leiter der Hautabteilung der Medizinischen Akademie wurde er 1996 Direktor des Instituts für Geschichte der Medizin, das er schon vorher kommissarisch geleitet hatte. Einer der Schwerpunkte des kunstinteressierten Professors war die Aufarbeitung des Schicksals jüdischer Ärzte in der NS-Zeit, so begründete er die Schriftenreihe »Medizin und Judentum« und trat auch im *Ärzteblatt*, den *Dresdner Heften* oder der Schriftenreihe der Medizinischen Fakultät immer wieder als Autor zur Geschichte der Medizin hervor. Weitere Themen waren das Verhältnis zu Polen und die Verbindung zwischen Medizin und Kunst. Scholz baute eine Sammlung zum Thema »Arzt, Patient und Krankheit in der Kunst« auf, die ca. 700 Gemälde, Grafiken und Zeichnungen vereinte.

Scholz, Elfriede 1903 – 1943

Schneiderin

Langemarckstraße 42 (heute: Bergstraße)

Die Schneiderin Elfriede Scholz, die jüngere Schwester des Schriftstellers Erich Maria Remarque und seit 1941 mit dem Musiker Heinz Scholz verheiratet, führte in der Langemarckstraße ein Geschäft für Damenschneiderei. Als überzeugte Gegnerin des Naziregimes wurde sie von einer Kundin wegen Äußerungen über die Aussichtslosigkeit des Krieges denunziert. Der Volksgerichtshof in Berlin verurteilte sie wegen Wehrkraftzersetzung zum Tode. »Ihr Bruder ist uns leider entwischt. Sie werden uns nicht entwischen«, soll der Präsident des Gerichtshofs Roland Freisler geäußert haben. Das Urteil wurde am 16. Dezember 1943 in Plötzensee vollstreckt. Remarque, der erst 1946 von ihrem Tod erfuhr, widmete seiner Schwester den KZ-Roman »Der Funke Leben«.

Schreyer, Lothar 1886 – 1966

Dramatiker, Maler

Frankenallee 6

Aufgewachsen in Blasewitz, besuchte Schreyer in Dresden das Gymnasium und gründete 1917 die expressionistische »Sturm-Bühne«, 1924 bis 1927 war er Lehrer an der Weg-Schule in Dresden und Berlin, später am Bauhaus in Weimar. Er gilt als profilierter Vertreter eines »kultisch-religiösen Expressionismus«. Seine »Erinnerungen an Sturm und Bauhaus« erschienen 1956.

Schröder, Hans 1928 – 2014

Maler, Puppenspieler, Regisseur, Grafiker

Schröder, der Schöpfer des Märchenwaldes im Fernsehen der DDR und Erfinder der Kultfiguren Herr Fuchs und Frau Elster, arbeitete nach seinem Kunststudium in Berlin und kurzer Tätigkeit für die Puppenbühne »Die Nußknacker« bis 1956 am gerade gegründeten DEFA-Studio für Trickfilme in Dresden-Gorbitz, bevor er ganz zum Fernsehen nach Berlin wechselte. Ab 1980 betreute er zehn Jahre lang als Regisseur die TV-Ratgebersendung »Du und Dein Haustier«.

Schuch, Ernst Edler von 1846 – 1914

Dirigent

Georgenplatz 6c, Ostra-Allee 17, Königstraße 2

Als »Ära Schuch« ist das über 40-jährige Wirken des in Graz geborenen Dirigenten in die Dresdner Musikgeschichte eingegangen. 1872 wurde Ernst Schuch als Musikdirektor der Dresdner Oper verpflichtet, die er später als Generalmusikdirektor übernahm. Unter seiner Leitung gelangten Oper und Kapelle zu höchstem Ansehen, er verpflichtete hervorragende Musiker und Sänger, über 50 Ur- und cirka 120 Erstaufführungen fallen in die Amtszeit eines der berühmtesten

Dirigenten um die Jahrhundertwende. Besonders die Uraufführungen von vier Opern des Komponisten Richard Strauss, mit dem ihn eine tiefe Künstlerfreundschaft verband, wurden legendär. Kurz vor seinem Tod krönte er sein Wirken mit der Erstaufführung von Wagners »Parsifal«. Schuch wohnte überwiegend in Kötzschenbroda, von wo aus er mit dem Zug zur Arbeit fuhr, hatte aber auch Wohnungen in Dresden.

Schuch-Ganzel, Elisabeth von 1891 – 1990

Sängerin

Mockritzer Straße 6, Palaisplatz

Die Tochter des Dirigenten Ernst Schuch und der Sopranistin Clementine Schuch-Proska war eine bedeutende Sopranistin der Dresdner Oper – »eine Stimme voll Herzlichkeit … voll Frische im Vortrag, voll Ehrlichkeit in der Musik. Eine liebenswürdige Stimme, ohne die Allüren der großen Welt.« (Oskar Brie) Zunächst von ihrer Mutter ausgebildet, erhielt sie nach ihrem Debüt als Violetta in »La Traviata« in Wiesbaden einen Gastvertrag an der Wirkungsstätte ihrer Eltern und wurde nach dem Tod Ernst Schuchs von 1914 bis 1935 fest angestellt. Danach wirkte die mit dem Korvettenkapitän Wilhelm Ganzel verheiratete Liesel von Schuch, so ihr Bühnenname, bis 1967 als Gesangslehrerin an der Musikhochschule und trat als Solistin in der Kreuz-, Frauen- und Hofkirche auf. 1988 zur Ehrenbürgerin ernannt, starb sie 1990 in ihrer Heimatstadt.

Schulhoff, Erwin 1894 – 1942

Komponist, Pianist

Ostbahnstraße 28 (heute: Teil der Strehlener Straße)

Der in Prag geborene Komponist und Pianist lebte 1919/20 mit seiner Schwester Viola in Dresden, eine kurze Zeit, die jedoch von vielen Aktivitäten geprägt war. So initiierte er, der den Zusammenhang zwischen Expressionismus und Revolution beschwor, eine Konzertreihe um den Schönberg-Kreis und andere Vertreter der Neuen Musik. Schulhoff arbeitete immer wieder mit Künstlern anderer Genres zusammen, hatte Kontakte zu expressionistischen Malern und Dichtern, trat im Künstlerhaus mit der Tänzerin Suse Elser in einem »Tanz-Farben-Töne-Programm« auf und gab mit Otto Griebel im Kaemmerer-Verlag eine Mappe handkolorierter Lithographien und Notenautographen heraus. 1942 starb der experimentierfreudige Musiker, der 1932 das Manifest der Kommunistischen Partei als Kantate vertont hatte und den Nazis als »entartet« galt, in einem bayerischen Internierungslager an den Folgen von Unterernährung und Entkräftung.

Schulze, Fritz 1903 – 1942

Maler

Am Hohen Stein (heute: Coschützer Straße 34)

Gemeinsam mit seiner späteren Ehefrau, der Malerin Eva Knabe (1907–1976), gehörte Fritz Schulze zu den Gründungsmitgliedern der ASSO Dresden. Sein Atelier befand sich »in einem kleinen Steinbruchsrest« auf dem Hohen Stein in Dresden-Plauen. Bekannt wurden vor allem seine Holz- und Linolschnitte. Für eine Wahlkampfbroschüre zur Reichstagswahl 1932 entstand der Zyklus »Verfassung des deutschen Reiches«. Zahlreiche Ölbilder und Holzschnitte mit spanischen Motiven entstanden nach seiner »Iberischen Reise« (1928). Seit 1930 Mitglied der KPD, leistete er ab 1936 organisierten Widerstand gegen die Nationalsozialisten. 1941 wurde er von der Gestapo verhaftet und vom Volksgerichtshof zum Tode verurteilt. 1942 wurde das Urteil in Berlin-Plötzensee vollstreckt. Seine Frau erhielt eine lebenslange Haftstrafe. Der erhalten gebliebene künstlerische Nachlass des ehemaligen Meisterschülers von Robert Sterl umfasst ca. 750 bildnerische Werke.

Schwarze, Paul 1888 – 1943

Stadtrat, Antifaschist

Bachstraße 12, Kamenzer Straße 39

Der gelernte Tischler Paul Schwarze kam 1909 nach Dresden und arbeitete ab 1913 in einer Artillerie-Werkstatt in der Albertstadt, später als Tischler bei Zeiss-Ikon, bis er wegen seiner politischen Betätigung 1921 entlassen wurde. 1927 wurde er als Vertreter der KPD zum Stadtverordneten gewählt. Nach Hitlers Machtergreifung 1933 ging er in die Illegalität, wurde mehrfach von der Geheimen Staatspolizei verhaftet, im Gefängnis misshandelt und wegen Hochverrats verurteilt. 1943 kam er im Konzentrationslager Sachsenhausen ums Leben.

Schumacher, Fritz 1869 – 1947

Architekt

Bergstraße 9 und 22

Der Vertreter der Reformbewegung und Mitbegründer des Deutschen Werkbundes hat seine Spuren vor allem in Bremen und Hamburg hinterlassen, wo er als Förderer der neuzeitlichen Backstein-Bauweise zahlreiche Gebäude schuf. Nach Dresden kam er 1901 auf Initiative von Cornelius Gurlitt und übernahm hier die Professur für Raumkunst und Dekoration sowie die Leitung des Stadtbauamtes. Zu seinen Schülern zählten die späteren »Brücke«-Künstler Heckel, Kirchner und Bleyl. Neben der Villa Grübler in der Bernhardstraße, baute Schumacher mit dem Krematorium Tolkewitz ein Hauptwerk der Reformarchitektur, verließ allerdings schon vor dessen Fertigstellung Dresden, um in Hamburg das Hochbauamt zu übernehmen. Schumacher war künstlerisch vielseitig interessiert, er beteiligte sich an der Organisation der 3. Deutschen Kunst-Gewerbe-Ausstellung 1906 in Dresden und entwarf dafür eine evangelische Kirche. Selbst Autor eines Theaterstückes, inszenierte er 1908 den »Hamlet« am Dresdner Schauspielhaus.

Schumann, Theo 1928 – 1990

Musiker, Bandleader

Zirkelsteinstraße 8, Hutbergstraße 31

Nach Abschluss der 8. Klasse bewarb sich der Sohn eines Altenberger Schneidermeisters am Dresdner Konservatorium in den Fächern Klarinette und Klavier. Er spielte als Student der Musikhochschule in verschiedenen Tanzmusikorchestern und gründete 1956 sein erstes Jazzquintett. Aus der ein Jahr später gegründeten »Theo-Schumann-Jazz-Formation«, die jede Woche im Dresdner Parkhotel Jazzkonzerte gab, entwickelte sich die »Theo Schumann Combo«, die sich der kommerziellen Popmusik zuwandte und neben eigener, meist instrumentaler Tanzmusik auch deutschsprachige Coverversionen westlicher Hits im Programm hatte und die als erste Beatgruppe der DDR große Popularität errang. Der Debüt-Single »Hully Gully Party/Radebeul West« von 1964 folgten ca. 20 weitere sowie vier Langspielplatten. Theo Schumann, der sich in den letzten Jahren wieder dem Jazz zuwandte, gab im September 1989 im Hygiene-Museum sein letztes Konzert.

Schumann, Wolfgang 1887 – 1964

Publizist

Wachwitzer Straße 3 (heute: Ferdinand-Avenarius-Straße), Bahnhofsstraße 24 (heute: Heinrich-Schütz-Straße 2), Trinitatisstraße 33

Als Sohn des Kunsthistorikers Paul Schumann und Stiefsohn des *Kunstwart*-Herausgebers Ferdinand Avenarius, die beide gemeinsam den Dürerbund gegründet hatten, war die berufliche Laufbahn Wolfgang Schumanns früh festgelegt. Nach dem Besuch einer Privatschule in Blasewitz, dem Königlichen Gymnasium Neustadt, einem Studium der Kunstgeschichte bei Cornelius Gurlitt und einer Anstellung bei der *Dresdner Volkszeitung*, übernahm er die Leitung der Zeitschrift *Der Kunstwart* und wurde 1. Schriftführer des Dürerbundes. Schumann, verheiratet mit der Übersetzerin Eva Feine, beteiligte sich am Aufbau der Gartenstadt Hellerau und war Mitbegründer und Dozent der Volkshochschule. 1933 ging der Sozialdemokrat, der auch eine Sammlung mit Texten des ermordeten Reichsministers Walther Rathenau herausgab, mit seiner Frau ins Exil. Nach dem Krieg lebte das Paar in Freital, wo Wolfgang Schumann historische Romane schrieb und seine Frau sämtliche Briefe Vincent van Goghs übersetzte.

Schwabe, Kurt 1905 – 1983

Chemiker, Hochschullehrer

George-Bähr-Straße 1

In Meinsberg bei Waldheim stellte der im Voigtland geborene Kurt Schwabe Bohnerwachs, Schuhcreme und Kartoffelschnaps her. Aber das war nur ein der Nachkriegszeit geschuldetes Zwischenspiel, denn von 1940 bis 1944 und dann von 1949 bis 1970 lehrte er als Professor für Elektrochemie und Physikalische Chemie in Dresden, war u.a. vier Jahre Rektor der TU und 15 Jahre Präsident der Sächsischen Akademie der Wissenschaften. Nach seiner Emeritierung zog sich der anerkannte Chemiker und Hochschullehrer wieder nach Meinsberg zurück, wo das von ihm gegründete Institut für Mess- und Sensortechnik heute seinen Namen trägt.

Seebach, Nikolaus von 1854 – 1930

Theaterintendant

Bankstraße 11 (überbaut), Palaisstraße 7 (heute: Franz-Liszt-Straße)

Als Sohn eines sächsischen Gesandten in Paris geboren, war Nikolaus von Seebach zunächst im militärischen und diplomatischen Dienst tätig. 1894 wurde er Generaldirektor der Hofoper und des Hoftheaters und blieb bis 1919 im Amt. Seebach, dessen Amtszeit eng mit der »Ära Schuch« verknüpft ist, entwickelte das Dresdner Theater zu einem der führenden in Deutschland, wobei er sich vor allem um die Förderung des modernen Schauspiels verdient machte und am Ende seiner Amtszeit auch expressionistische Stücke von Carl Sternheim, Reinhard Goering, Friedrich Wolf und Walter Hasenclever auf die Bühne brachte.

Segall, Lasar 1891 – 1957

Künstler, Grafiker, Bildhauer

Breite Straße 17, Hübnerstraße 19

Aus dem baltischen Wilna, wo er im jüdischen Viertel geboren wurde und eine Zeichenschule besuchte, kam Segall 1910 über Berlin nach Dresden, wurde Meisterschüler an der Kunstakademie und beendete hier sein Studium. Der mit »intensiver religiöser Kraft« malende und zeichnende Litauer, dem, so der Dichter Theodor Däubler, »mit wenigen Strichen kosmische Kunst« gelang, gründete 1919 gemeinsam mit Dix, Felixmüller, Böckstiegel und anderen die »Dresdner Sezession«. Seine bevorzugten Motive fand er unter Bettlern, Verhungernden, Auswanderern, verfolgten Juden, Erschöpften … Nach der Trennung von seiner Ehefrau Margarete Ouak verließ Segall 1924 Dresden und übersiedelte nach Brasilien, wo sich die Geschwister des Künstlers bereits vor dem Ersten Weltkrieg niedergelassen hatten.

Seidlitz, Woldemar von 1850 – 1922

Kunsthistoriker

Villa Seidlitz, Loschwitzer Straße 33

Der in Sankt Petersburg geborene Kunsthistoriker hatte zunächst Nationalökonomie studiert, nach fünf Jahren Direktionsassistenz am Kupferstichkabinett der Königlichen Museen in Berlin kam er 1884 nach Dresden, wo er bis 1919 als »Vortragender Rat im Generaldirektorium der Königlichen Sammlungen für Wissenschaft und Kunst« tätig war. Der höchste Museumsbeamte Sachsens gründete zahlreiche Stiftungen, schenkte den Dresdner Museen Kunstschätze und schrieb mehrere kunsthistorische Bücher.

Seyfert, Richard 1862 – 1940

Pädagoge, Politiker

Sedanstraße 31 (zerstört, heute: Hochschulstraße), Teplitzer Straße 16, Silberweg 1

Nach seiner Arbeit an verschiedenen sächsischen Schulen wurde der in Dresden geborene Pädagoge 1923 an der TH erster ordentlicher Professor der Praktischen Pädagogik in Deutschland und Direktor des neu gegründeten Pädagogischen Instituts. Seyfert trat für eine »volkstümliche Bildung« ein und konzipierte das Fach »Arbeitskunde«, das die Gliederung der naturwissenschaftlichen und technischen Fächer aufheben sollte. Er prägte den Begriff des »schaffenden Lernens«. Er war Mitbegründer der linksliberalen Deutschen Demokratischen Partei und 1919 für kurze Zeit sächsischer Kultusminister. 1933 wurde ihm die Lehrerlaubnis entzogen, weil er gegen die eugenisch-sozialdarwinistische Begabungstheorie des von der NSDAP eingesetzten Volksbildungsministers protestieret hatte. Seyfert ist Autor zahlreicher pädagogischer Fachbücher und Erziehungspläne.

Seyffert, Oskar 1862 – 1940

Volkskundler, Maler, Museumsgründer

Eliasstraße 4, Klostergasse 12

Der Kaufmannssohn aus der Inneren Neustadt besuchte die 4. Dresdner Bürgerschule, die Dreikönigschule und die Kunstgewerbeschule, an der er später selbst als Professor lehrte. Bekannt wurde er aber weniger als Maler, denn als Erforscher der sächsischen Heimat und Sammler von Volksgut. 1897 gründete er mit Karl Schmidt den »Verein für Sächsische Volkskunde«, 1908 den »Landesverein Sächsischer Heimatschutz« und erhielt den Auftrag zum Aufbau eines Museum, das 1913 mit damals etwa 8000 Exponaten im Jägerhof seinen ständigen Sitz fand, von 1927 bis 1949 seinen Namen trug und bis heute als Museum für Sächsische Volkskunst besteht. In Vorträgen, Führungen und Büchern machte er seine Forschungen zur sächsischen Volkskunst populär.

Sierks, Hans Ludwig 1877 – 1945

Bauingenieur, Stadtbaurat

Bayreuther Straße 40, Weinbergstraße 10, Voglerstraße 10, Bayreuther Straße 16

Hans Ludwig Sierks, der in der Kommunalverwaltung mehrerer Städte und als Ingenieur am Bau der Anatolischen Eisenbahn mitgearbeitet hatte, war leitender Ingenieur im Dresdner Hochbauamt und Stadtbaurat, bevor er 1924 vorzeitig pensioniert wurde. Der Sozialdemokrat hatte kurz zuvor mit Rudolf Renner die Leitung der Proletarischen Hundertschaften in Sachsen übernommen, einer linken paramilitärischen Einheit, die zur Abwehr der rechten Gefahr gegründet worden war. Fortan arbeitete er als freiberuflicher Städtebau- und Verkehrsingenieur und genoss auch international hohes Ansehen. Im Dresdner Verlag Kaden & Co. erschienen mehrere Fachbücher, von denen eins im Mai 1933 verboten wurde. Nach seinem Protest dagegen kurzzeitig verhaftet, schloss er sich dem Widerstand und der Bewegung Freies Deutschland an. Als er nach dem misslungenen Attentat auf Hitler Verfolgten zur Flucht verhalf, wurde er denunziert, im September 1944 verhaftet und vom Volksgerichtshof zum Tode verurteilt. Das Urteil wurde in der Nacht vom 22. auf den 23. April 1945 in Berlin durch Erschießen vollstreckt.

Simon, Arthur 1893 – 1962

Chemiker, Hochschullehrer

Eisenstuckstraße 42

Simon gehörte zu den bedeutendsten und kreativsten Chemikern der Technischen Hochschule. Von 1932 bis 1960 war er Professor für Anorganische Chemie und zahlreiche Entwicklungen tragen seinen Namen. Mit dem schon 1925 von ihm mitentwickelten »Simon-Müller-Ofen« zur Porzellanherstellung konnten erstmals Sonderhartporzellane bei Temperaturen von bis zu 1 900 Grad hergestellt werden. Außerdem erfand er einen nach ihm benannten Kryostat zur automatischen Einstellung tiefer Temperaturen bei Kältemaschinen.

Sindermann, Horst 1915 – 1990

Politiker

Nordstraße 8

Der spätere Präsident der Volkskammer und Vorsitzende des Ministerrats der DDR, Sohn eines sozialdemokratischen Journalisten, wurde als 17-jähriger Gymnasiast wegen propagandistischer Tätigkeit für den Kommunistischen Jugendverband von der renommierten Dresdner Dürer-Schule (Silbermannstraße) verwiesen. Bis 1933 angestellt bei einer Dresdner Vertriebsfirma für russische Ölprodukte, wurde er nach der Machtübernahme durch die Nationalsozialisten mehrfach von der Geheimen Staatspolizei verhört, verhaftet und in Gefängnisse, Zuchthäuser und Konzentrationslager gesteckt. Nach seiner Befreiung durch die

Amerikaner übernahm er 1945 den Posten des Chefredakteurs der in Dresden erscheinenden *Sächsischen Volkszeitung*, aus der 1946 die *Sächsische Zeitung* hervorging. 1946 wechselte er nach Chemnitz, später als Parteiarbeiter nach Halle und Berlin.

Siodmak, Curt 1902 – 2000

Filmregisseur, Schriftsteller

Pirnaische Straße 42, Seidnitzer Platz 3, Blochmannstraße 21

Curt Siodmak studierte u.a. Mathematik in Dresden, arbeitete als Journalist und veröffentlichte unter Pseudonym fantastische Geschichten. Er musste wie sein Bruder Robert 1933 Deutschland verlassen, fand in der Schweiz keine Bleibe, ging nach Frankreich, England, Belgien und wanderte 1937 in die USA aus. In der Filmbranche galt er als Horrorspezialist. Viele seiner Romane wurden verfilmt. Während des Zweiten Weltkrieges ließ er sich zum Geheimagenten ausbilden. Seine Autobiografie »Unter Wolfsmenschen« in der er sich, nicht immer vollständig den Tatsachen entsprechend, an seine Kinder- und Jugendjahre in Dresden erinnerte, erschien 1997.

Siodmak, Robert 1900 – 1973

Filmregisseur, Schriftsteller

Pirnaische Straße 42, Seidnitzer Platz 3, Blochmannstraße 21

Robert, der ältere der beiden berühmten Siodmak-Brüder, hatte in Dresden die Schule besucht und danach Schauspielunterricht bei Erich Ponto genommen, arbeitete aber weiterhin in seinem bürgerlichen Beruf als Buchhalter bei Dresdner Banken. Er gründete einen Verlag, gab Zeitschriften heraus und wechselte dann ins Filmmetier. Seine erste Regiearbeit, der neusachliche Streifen »Menschen am Sonntag« (mit E.G. Ulmer, 1930) wurde ein Achtungserfolg. 1933 verließ er seiner jüdischen Herkunft wegen Deutschland, ging zunächst nach Frankreich, dann in die USA und avancierte dort zu einem der erfolgreichsten, mehrfach für den Oscar nominierten Hollywood-Regisseure. Seine Autobiografie »Zwischen Berlin und Hollywood« erschien postum 1980.

Sonnenschein, Siegfried 1909 – 1980

Schlagerkomponist

Flemmingstraße 33 (zerstört, Nähe Schweriner Straße), Pöppelmannstraße 11, Bankstraße 11 (zerstört, Nähe Ferdinandplatz)

»Auf der Terrasse des Romanischen Cafés« hieß sein erster Hit, da war er 23 und man schrieb das Jahr 1932. Schon ein Jahr später war die öffentliche Karriere des in Dresden als Sohn eines jüdischen Südfruchthändlers geborenen Siegfried Sonnenschein, der am Musikkonservatorium studiert hatte, vorübergehend beendet. Zwar gründete er noch 1936 die »Jüdische Tanzkapelle Dresden«, auftreten aber konnte er nur noch innerhalb der Gemeinde. »Mensch, sei nicht verzagt« hieß das Programm, das für ihn nur insofern galt, als dass ihm 1939 die Flucht nach Shanghai gelang. Dort komponierte er weiter Schlager und Operetten und feierte später mit seiner Frau Rebecca Radcliffe in Amerika Erfolge.

Spies, Daisy 1905 – 2000

Tänzerin, Choreografin

Pensionshäuser Hellerau

Die jüngere Schwester von Walter Spiess Daisy, eine Wigman-Schülerin, die nach der Ausbildung als Choreografin an der Wigman-Schule arbeitete, startete 1924 an der Berliner Staatsoper eine bemerkenswerte Karriere als Primaballerina. Sie gilt noch heute als eine Gret Palucca und Mary Wigman ebenbürtige Tänzerin.

Spies, Walter 1895 – 1942

Musiker, Maler

Pensionshäuser Hellerau

Walter Spies wurde in Moskau als Sohn einer deutschen Kaufmannsfamilie geboren. Er lebte nach dem Ersten Weltkrieg in Deutschland u.a. in Hellerau bei seiner Schwester, der Tänzerin Daisy Spies. Er war mit dem Regisseur Berthold Viertel und dem Dichter Camill Hoffmann befreundet, der sich später erinnerte: »Jung und blond, den Rucksack aufgeschnallt, kommt Walter Spies nach dem Zusammenbruch des Krieges vom Ural, wo er die furchtbaren Mordjahre unter Baschkiren verbracht hat ... und schlägt sich nach Deutschland durch ...«, das er nach 1923 wieder verlässt, um sich auf Java anzusiedeln.

Spies, Leo 1899 – 1965

Komponist

Dirigent

Pensionshäuser Hellerau

Der Bruder von Daisy und Walter Spiess Leo lebte 1915/16 in Dresden und nahm hier Kompositionsunterricht bei Johannes Schreyer.

Stadelmann, Heinrich 1865 – 1948

Psychiater und Schriftsteller

Bismarckplatz 9 (heute: Friedrich-List-Platz), Nürnberger Straße 45 und 55, Landsberger Straße 4, Praxis: Hübnerstraße 2, Leubnitzer Straße 16

»Mein Vogelhäuschen« nannte er seine 1906 in Dresden eröffnete Praxis, in der er seinen Patienten eine Vogelart zuwies und nächtliche Sitzungen in mystischem Ambiente abhielt. Er hatte eines der ersten Bücher über Psychotherapie und zahlreiche weitere medizinische Arbeiten und Ratgeber veröffentlicht, machte sich aber vor allem als Literat im Kreise der Dresdner Expressionisten einen

Namen. Stadelmann, der Romane, Erzählungen und Stücke veröffentlichte, war Mitarbeiter der Zeitschrift *Aktion* und er holte die Dadaisten in die Stadt. Seine Bücher erschienen hauptsächlich in kleinen Dresdner Verlagen. Otto Dix porträtierte ihn 1920 und George Grosz setzte ihm in seinem autobiografischen Roman »Ein kleines Ja und ein großes Nein« ein literarisches Denkmal, indem er mit viel Witz eine der mystischen Nachtsitzungen in Stadelmanns Gartenhaus beschrieb. »Vielseitig war Dr. Stadelmann, sehr vielseitig. Unter anderem hatte er ein Geisterklavier konstruiert, ein völlig neues Kalendersystem erdacht und eine eigene Mathematik erfunden. Er las mittelalterliche Schriftsteller und studierte in längst vergessenen Folianten und Arzneibüchern ...« – bei Kerzenlicht, denn alle »elektrischen Drähte und alle eisernen Gas- und Wasserleitungsrohre hatte er ... verbannt«, weil sie die »sympathischen« Ströme und Wellen unterbrächen.

Steenbergen, Johan 1886 – 1967

Unternehmer

Tharandter Straße 8, Marschnerstraße 4

Der Sohn eines niederländischen Textilunternehmers wurde 1908 von seinem Vater nach Dresden geschickt, um die hiesige Textilbranche zu studieren. Der Tod des Vaters entband ihn von diesem Auftrag und Steenbergen wandte sich seinem Hobby zu, der Fotografie. Nach einem Volontariat bei der Ernemann AG gründete er 1912 sein eigenes Unternehmen, in dem Kamerazubehör aus Holz und bald auch die erste Kamera hergestellt wurden. Unter dem Namen Ihagee Kamerawerke gelang dem Unternehmen das erste Modell einer einäugigen Spiegelreflexkamera. Mit der Anstellung von Karl Nüchterlein 1923 entwickelte sich das Unternehmen zu einem der führenden Kamerahersteller. 1932 wurde die »Exakta«, 1936 die »Kine Exakta« vorgestellt, die Basisgeräte aller heutigen Kleinbildspiegelreflexkameras. Nach dem Krieg, der die Produktion zum Erliegen brachte, ging Steenbergen in den Westen und war Honorarkonsul in Hannover, ein Amt, das er ab 1929 auch schon in Dresden bekleidet hatte. Die Ihagee Kamerawerke wurden in das Kombinat Pentacon eingegliedert.

Stepun, Fedor 1884 – 1965

Soziologe

Paradiesstraße 6b, Schnorrstraße 80

Der renommierte Soziologe und Philosoph wurde in Moskau als Sohn einer deutsch-litauischen Fabrikantenfamilie geboren. Er studierte in Heidelberg Philosophie und begründete gemeinsam mit Max Weber und Georg Simmel die in Petersburg und Tübingen erscheinende Zeitschrift *Logos*. 1922 wurde er von der sowjetischen Regierung des Landes verwiesen. Ab 1926 lehrte er an der Technischen Hochschule Dresden als Professor für Soziologie. In Dresden war er dem Künstlerkreis um Otto Dix, Will Grohmann und Ida Bienert eng verbunden und mit dem jüdischen Romanisten Victor Klemperer bekannt. Von den Nationalsozialisten wurde er 1937 zwangsemeritiert. In den folgenden Jahren schrieb er in Dresden und Rottach an seiner Autobiografie. 1945 zog er nach München.

Sterl, Robert 1867 – 1932

Maler

An der Rennbahn (Alt-Dobritz). Schnorrstraße 25, Sedanstraße 5 (überbaut), Ostbahnstraße, 16, 17, 4, Josephstraße 3, Hohe Straße 4 und 16

Robert Sterl zählt, neben Malern wie Lovis Corinth, Max Liebermann und Max Slevogt, unbestritten zu den führenden deutschen Impressionisten. Seine in der Dresdener Umgebung und in Hessen entstandenen Landschaftsbilder, seine Genredarstellungen, bäuerlichen und proletarischen Szenerien sind noch immer ungemein populär und geschätzt. Einen Künstler, der »malt wie ihm der Schnabel gewachsen ist«, nannte ihn sein Kollege Max Liebermann, der Sterls »Steinbrecher-Bilder« besonders schätzte. Viele Jahre gehörte er zu den Freiluftenthusiasten der Künstlerkolonie Goppeln und wirkte beispielgebend als Professor an der Dresdner Kunstakademie. Seit 1997 wird der »Robert-Sterl-Preis« an Meisterschüler der Dresdner Kunsthochschule vergeben.

Stern, Adolf 1835 – 1907

Literaturhistoriker, Schriftsteller

Rosenweg 34 (heute: Rosenstraße), Winckelmannstraße 21, Sedanstraße 5 (überbaut, heute: Hochschulstraße)

Als Friedrich Adolf Ernst in Leipzig geboren, kam Stern 1859 als Lehrer für Literatur und Geschichte ans Krausesche Institut nach Dresden und wurde einige Jahre später Professor für Literaturgeschichte am Königlich-Sächsischen Polytechnikum. Stern schrieb Romane, Reiseerzählungen und zahlreiche Novellen. Als Literaturhistoriker machte er sich u.a. durch ein Lexikon der deutschen Nationalliteratur und eine Geschichte der Weltliteratur einen Namen, verfasste aber auch Biografien über den Kunsthistoriker Hermann Hettner, den Schriftsteller Otto Ludwig und die Pianistin Margarete Stern, mit der er in zweiter Ehe verheiratet war. Stern wirkte als Kritiker und war der Herausgeber einiger Werkausgaben, darunter von Hauff, Herder, Christian Gottfried Körner und dessen Sohn Theodor, Ludwig und Hebbel.

Sternheim, Carl 1878 – 1942

Dramatiker

Waldhof 6–8

Der oft gespielte Dramatiker, bekannt geworden durch seine den wilhelminischen Spießer entlarvenden Komödien, kaufte im Juni 1922 das Haus Waldhof am Wilden Mann in Dresden, wo er mit seiner Ehefrau Thea (die Ehe wurde

1927 geschieden) bis Oktober 1924 lebte. Er pflegte engen Kontakt zu Conrad Felixmüller und Otto Rühle. Bereits 1901 war sein Gedichtband »Fanale« im Dresdner Pierson-Verlag erschienen. Ein Jahr darauf hatte das Gesellschaftsstück »Auf Krugdorf« am Königlichen Hoftheater in Dresden Premiere. Bei der Uraufführung seiner Satire »Die Hose«, am 16. Oktober 1923, führte Sternheim am Neuen Theater Dresden selbst Regie.

Sternheim, Thea 1883 – 1971

Autorin, Übersetzerin

Waldhof 6–8

Thea Sternheim, die Frau von Carl Sternheim, trat als Autorin von Erzählungen und Kunstkritiken hervor. Sie übersetzte André Gides »Saul« und brachte 1952 den Roman »Sackgassen« heraus. Von zeitgeschichtlicher Bedeutung sind vor allem ihre Tagebücher, in denen sie auch die Jahre im Waldhof beschreibt und sich plastisch an ihren Besuch der Uraufführung des »Hinkemann« von Ernst Toller in Dresden erinnert, an nie da gewesene Tumultszenen, bei denen ein Bankangestellter vor Aufregung gestorben sei und der nationale Mob die Entlassung des Theaterdirektors Wiecke verlangt habe.

Steyer, Heinz 1909 – 1944

Arbeitersportler, Widerstandskämpfer

Roßmäßlerstraße (Laubenkolonie)

Der beim Dresdner Sportverein »Rot-Weiß« aktive Fußballer und Mitglied der »Kampfgemeinschaft für Rote Sporteinheit« war mit 18 Jahren dem Kommunistischen Jugendverband beigetreten. Von 1933 bis 1939 befand er sich mit kurzen Unterbrechungen ständig in Gestapohaft. Dennoch leistete er Widerstandsarbeit und organisierte illegale Treffen Dresdner Widerstandskämpfer in einer Trachauer Kleingartenkolonie. 1943 wurde er zum Strafbataillon 999 eingezogen und in Griechenland als Funker eingesetzt, was es ihm ermöglichte, zu griechischen Partisanen Kontakt aufzunehmen. Nach der Entdeckung wurde er vor ein Kriegsgericht der Wehrmacht gestellt und am 12. Juli 1944 in St. Elias erschossen.

Stöckel, Erich 1893 – 1964

Klempnermeister

Johann-Georgen- Straße 6

Der Volkssturmmann Stöckel hatte in den letzten Tagen des Zweiten Weltkrieges die Aufgabe, mit seinem Trupp Dresdens bekannteste Brücke, das »Blaue Wunder« vor Feindeinwirkung zu schützen. Als Pendelposten erfuhr er von dem Plan, die Brücke zu sprengen. In der Nacht vom 5. zum 6. Mai 1945 »zog Erich Stöckel auf der Brückengehbahn die Stecker aus der getarnten Sammelbatterie, in die

die Zündkabel mündeten« (Michael Wüstefeld) und bewahrte so die Brücke vor der Zerstörung.

Stövesand, Hermann 1906 – 1992

Schauspieler

Goethestraße 31

Der gelernte Motorenschlosser begann als Laiendarsteller, bevor er sich 1933 entschloss, die Laufbahn des Berufsschauspielers einzuschlagen. Zunächst auf Provinzbühnen präsent, war er seit der Spielzeit 1950/51 in Dresden engagiert und arbeitete ab 1953 auch als Spielleiter. Er wirkte in mehreren Fernsehserien und vier DEFA-Filmen mit, darunter in dem preisgekrönten Streifen »Einer trage des anderen Last«. Erst mit 86 Jahren, ein Jahr vor seinem Tod, trat das Ehrenmitglied des Dresdner Staatsschauspiels von der Bühne ab.

Stosch-Sarrasani, sen., Hans 1873 – 1934

Zirkusdirektor, Clown

König Albert-Straße1, Königin Carola-Platz 5, Briefstraße 1

Als Sohn eines Chemikers wurde der spätere Dressurclown und Zirkusgründer unter dem Namen Hans Erdmann Franz Stosch in Posen geboren. Er begann als Stallbursche und Tierpfleger einer Wanderschau, bevor er sich als Komödiant »Giovanni Sarrasani« profilieren konnte. 1912 ließ er für sein Unternehmen in der Dresdner Innenstadt den ersten festen Zirkusbau Europas errichten. Nach seinem Tod, er starb 1934 im brasilianischen Sao Paulo, übernahm sein Sohn Hans Stosch-Sarrasani, jun. (1897–1941) das Familienunternehmen. Das berühmte steinerne Domizil am Carolaplatz wurde bei den Luftangriffen auf Dresden im Februar 1945 zerstört.

Straub, Werner 1902 – 1983

Psychologe, Hochschullehrer

Teplitzer Straße 36

Von 1931 bis zu seiner Emeritierung war der Psychologe Werner Straub an der TH/TU beschäftigt, viele Jahre davon als Professor für Psychologie. Besondere Verdienste erwarb er sich beim Wiederaufbau der Universität nach 1945. Straub entwickelte einen Dynamographen zur experimentellen Erforschung der Willensbeschaffenheit von Menschen, die so genannte »Straubsche Zange«.

Streubel, Manfred 1932 – 1992

Dichter, Dramatiker, Erzähler

Veilchenweg 34, Gartenstraße 9

Aus Berlin kam 1963 der geborene Leipziger Streubel nach Dresden, jene Stadt, die er die »knisternde Idylle« nannte, um nach seinen in der DDR-Hauptstadt und deren Künstlerkreisen gemachten ambivalenten Erfahrungen einen Neuanfang zu starten. In der Elbestadt entstanden u. a. die Verse seines lyrischen Tagebuchs »Inventur«, der Sonettenband »Wachsende Ringe«, die Sammlung »Fazit« und mehrere Kinderbücher. Nach der Wende 1989 erschienen erstmals bissige und zupackende Essays von Streubel, der 1992 den Freitod wählte.

Striegler, Kurt 1886 – 1958

Kapellmeister

Ammonstraße 72 (Geburtshaus), Bayreuther Straße 7, Kügelgenstraße 11, Zeughausstraße 3

Striegler stammte aus einer Dresdner Musikerfamilie, besuchte das Kapellknaben-Institut, studierte am Dresdner Konservatorium und wurde 1905 von Ernst von Schuch als Kapellmeisteraspirant an die Hofkapelle berufen. Ab 1912 Kapellmeister, galt er als »getreuer Ekkehard« und »ruhender Pol der Oper«. Er wirkte als Lehrer am Konservatorium, dirigierte verschiedene Chöre, war aktiver Kammermusiker und komponierte Bühnenwerke, Sinfonik, Kirchen- und Kammermusik sowie Lieder. Nach dem Krieg zunächst für den Fortbestand der Staatskapelle engagiert, ging Striegler 1950 nach München.

Stritt, Marie 1855 – 1928

Frauenrechtlerin

Seidnitzer Platz 1, Striesener Straße 9, Dürerstraße 110, Reißigerstraße 17, Wintergartenstraße 3

Nach Beendigung ihrer Laufbahn als Schauspielerin kam die in Siebenbürgen als Marie Bacon geborene Ehefrau des Opernsängers Albert Stritt nach Dresden und engagierte sich für Frauenrechte. Der von ihr 1894 gegründete Rechtsschutzverein für Frauen war der erste seiner Art und Vorbild für zahlreiche Gründungen in Deutschland. Marie Stritt war u. a. Vorsitzende des Bundes Deutscher Frauenvereine, Leiterin der Zeitschrift *Die Frauenfrage*, Vorsitzende des Gesamtvereins der Frauenstimmrechtsvereine und Stadträtin für die Deutsche Demokratische Partei.

Tauber, Richard 1891 – 1948

Sänger

Eliasstraße 31, Prager Straße 33, Nürnberger Straße 53

Die Presse nannte ihn den »König des Belcanto«, den als Richard Denemy im Linzer Hotel »Zum schwarzen Bären« unehelich geborenen Tenor, der nach der späteren Adoption durch seinen Vater Richard Tauber hieß. Seine Karriere stand noch am Anfang, als er im Frühjahr 1913 als Königlicher Hofopernsänger angestellt wurde. Der Intendant Graf Seebach hatte Taubers Debüt als Tamino in Chemnitz erlebt und ihn spontan verpflichtet. Als Alfonso in »Die Stumme von Portici« stand er am 31. August erstmals auf der Dresdner Bühne, sang sich schnell in die erste Reihe der namhaften Solisten und startete seine glanzvolle internationale Karriere. Ab 1916 als Königlich-Sächsischer Kammersänger trat er mit Mozartpartien und den lyrischen und jugendlich-dramatischen Partien in Opern von Puccini, Verdi und Bizet auf. Obwohl sein Vertrag 1918 um weitere fünf Jahre verlängert wurde, ging er 1922 nach Wien, wo ihm die Staatsoper nach einigen umjubelten Gastspielen einen Vertrag anbot. Endgültig zum Star wurde er durch die Bekanntschaft mit Franz Lehar, der für ihn eine Erfolgsoperette nach der anderen schrieb. 1926 kehrte er mit der Erstaufführung von Puccinis »Turandot« noch einmal nach Dresden zurück.

Tessenow, Heinrich 1876 – 1950

Architekt

Tännichtweg 2, Am Schänkenberg 12

Neben Richard Riemerschmid und Hermann Muthesius entwarf der in Rostock geborene, der Reformbewegung nahe stehende Architekt Tessenow zahlreiche Bauten für die Gartenstadt Hellerau, wählte aber im Gegensatz zu den anderen die Heiderandsiedlung auch zu seinem Wohnsitz. Zunächst Assistent von Martin Dülfer an der TH, übernahm er 1920 die Leitung der Architekturabteilung der Kunstakademie, bevor er 1926 an die TH Berlin-Charlottenburg wechselte. In Hellerau entwarf er Einzel- und Reihenhäuser am Moritzburger- und am Tännichtweg, sowie Am Pfarrlehn und Am Schänkenberg. Sein Hauptwerk, das 1911/12 gebaute Festspielhaus, bildet den Mittelpunkt der Gartenstadt. Beteiligt war er zudem am Entwurf der reformpädagogischen Landesschule auf dem Thümmelberg bei Klotzsche.

Teuscher, Heinrich 1862 – 1946

Arzt

Thielaustraße 2–8, Wohnhaus Nr. 7 (später: Roosstraße, heute: Chopinstraße)

1896 gründeten die Brüder Heinrich und Paul Teuscher nach dem Vorbild von Dr. Lahmann das nach ihnen benannte Sanatorium auf dem Weißen Hirsch, beschränkten dessen Größe aber auf maximal 55 Betten. Besonders durch den Einsatz des Arztes Fritz Neuberger gelang es während des Ersten Weltkrieges Künstlern wie Oskar Kokoschka, Walter Hasenclever und Heinrich George sich im Sanatorium oder der nahe gelegenen Pension »Felsenburg« auf dem Rißweg von den psychischen Folgen des Krieges zu erholen oder ihren erneuten Fronteinsatz zu verhindern. Bis 1938 blieb Heinrich Teuscher, der auch mehrere Bücher über moderne Kurmethoden veröffentlichte, Direktor und ärztlicher Leiter, dann wurde das Sanatorium zum Lazarett. Nach verschiedenen Nutzungen wurden die Gebäude mit Ausnahme des »Schweizerhauses« in den 90er-Jahren abgerissen. Paul Teuscher (1864–1927), ebenfalls Arzt im Sanatorium, wohnte in der Wolfshügelstraße 1.

Thiess-Böttner, Inge 1924 – 2001

Malerin, Grafikerin

Anton-Graff-Straße 99, Haydnstraße 25, Borsbergstraße 7

Nach dem Besuch der Malschule Castelli und dem Studium an der Dresdner Kunstakademie, wurde Inge Thiess-Böttner Privatschülerin bei Ernst Hassebrauk. Neben ihrem freiberuflichen bildkünstlerischen Schaffen war die »resolut-optimistische Kunstdame« auch in der Abgusswerkstatt der Staatlichen Kunstsammlungen Dresden und als Restauratorin an der Puppentheatersammlung tätig. Erst spät, nach der Wende 1989, war sie, deren »abstrakte, vom Konstruktivismus beeinflussten Linolschnitt-Kompositionen in den 50er-Jahren unter das Dekadenz-Verdikt der Funktionäre gefallen war« (Paul Kaiser/Claudia Petzold), künstlerisch erfolgreich.

Thilmann, Johannes Paul 1906 – 1973

Komponist, Musikschriftsteller

Thormeyerstraße

Thilmann besuchte zuerst das Lehrerseminar in seiner Geburtsstadt und studierte an der TH Kunstgeschichte. Auf musikalischem Gebiet war er zunächst Autodidakt, studierte dann bei Paul Hindemith und am Leipziger Konservatorium. In den 30er-Jahren als Lehrer tätig, wurde er 1956 Professor für Komposition an der Musikhochschule. Er schuf eine Vielzahl kammermusikalischer und sinfonischer Werke.

Tillich, Paul 1886 – 1965

Religionswissenschaftler, Sozialphilosoph

Elisenstraße 11

Der 1925 neu errichtete Lehrstuhl für Religionswissenschaften an der TH wurde mit Paul Tillich besetzt. Der in der Nähe von Guben geborene Pfarrerssohn, der sich in Halle habilitiert hatte, las nicht nur vor Lehramtsstudenten, sondern wirkte mit Sondervorlesungen wie »Die Hauptprobleme des Christentums« auch in die Dresdner Öffentlichkeit. Tillich war einer der einflussreichsten Theologen der Weimarer Republik und Mitbegründer des »Religiösen Sozialismus«. 1929 wechselte er nach Frankfurt am Main, emigrierte nach 1933 in die USA, wo er an mehreren Universitäten lehrte und als Theologe und Religionsphilosoph Weltruhm erlangte.

Toepler, August 1836 – 1912
Physiker, Hochschullehrer
Winckelmannstraße 43, Reichenbachstraße 9

Toepler, Maximilian 1870 – 1960
Physiker, Hochschullehrer
Winckelmannstraße 43, Reichenbachstraße 9, Uhlandstraße 40, Reichenbachstraße 31
Als im Jahr 1900 der in Brühl geborene August Toelper, seit 1876 Professor der Physik und Direktor des Physikalischen Instituts am Dresden Polytechnikum, in den Ruhestand ging, habilitierte an der TH sein Sohn Maximilian und trat kurz darauf seine Stelle als Professor an. Während sich August Toepler mit der Entwicklung einer Vakuumpumpe, des Schlierenverfahrens in der Fotografie und der Konstruktion von Influenzelektrisiermaschinen einen Namen gemacht hatte, arbeitete Maximilian Toepler auf dem Gebiet der Hochspannungsentladungen, wobei er die „geschichteten Entladungsformen“ entdeckte und mit dem Toeplerschen Funkengesetz ein Berechnungsverfahren entwickelte. Trotz seines Bekenntnisses zum nationalsozialistischen Staat wirkte er wegen des herrschenden Lehrkräftemangels bis 1951 an der TH. Das Gebäude der TU, das heute das Institut für Grundlagen der Elektrotechnik und Elektronik beherbergt, trägt den Namen der Physiker.

Trefftz, Erich 1888 – 1937
Mathematiker, Techniker, Hochschullehrer
Nürnberger Straße 21, Kulmstraße 1 (heute: Weißbachstraße)
Hydrodynamik, Aerodynamik und Flugtechnik, Festigkeitslehre, Elastizitätstheorie und Schwingungslehre waren die Forschungsgebiete von Erich Trefftz, der 1922 bis 1937 als Professor für Technische Mechanik an der TH lehrte und ein nach ihm benanntes Verfahren zur Lösung von elliptisch partiellen Differenzialgleichungen entwickelte. Trefftz baute die Akademische Fliegergruppe Dresden auf, die »Akaflieg«, die nach ihrer Auflösung 1933 im Jahre 1998 wieder neu belebt wurde. Der Leiter der Redaktion der renommierten *Zeitschrift für Angewandte Mathematik und Mechanik*, der sich in der Nazizeit für politisch und rassisch Verfolgte einsetzte, starb nach schwerer Krankheit in seinem 49. Lebensjahr. Ein Hörsaalgebäude trägt seinen Namen.

Treu, Georg 1843 – 1921
Archäologe, Kunsthistoriker
Lüttichaustraße 18 (heute: Hans-Dankner-Straße), Schweizer Straße 6, Kaitzer Straße 11, Semperstraße 11, Residenzstraße 12b (heute: Loschwitzer Straße), Heinrichstraße 21
Der in St. Petersburg geborene Georg Treu, der zeitweise die deutschen Ausgrabungen in Olympia geleitet hatte, kam 1882 als Direktor der Skulpturensamm-

lung nach Dresden, lehrte an der Technischen Hochschule und an der Kunstakademie. Bis 1915 im Amt, erweiterte er die Sammlung durch den Ankauf antiker Keramik sowie griechischer und ägyptischer Plastik, aber auch von Werken der zeitgenössischen Kunst, z. B. von Klinger und Rodin. Treu publizierte u. a. über griechische Tongefäße, die Bildwerke von Olympia und das Werk Max Klingers.

Tschackert, Franz 1887 – 1958

Präparator

Kanonenstraße 37 (heute: Weinböhlaer Straße)

Er muss wie ein Frankenstein-Laboratorium ausgesehen haben, der Schuppen der Firma »Siemank & Ringelhahn. Mandelpräparate, Konserven und Marmeladen« in der Großenhainer Straße. Dort experimentierte Franz Tschackert, der gerade seine Stelle als Präparator am Hygiene-Museum verloren hatte, 1925 mit Knochen, Organmodellen, Elektroleitungen, Glühlampen und dem Kunststoff Cellon. Nach zwei Jahren stand das erste Menschenmodell, überzogen mit einer Cellon-Haut, die Tschackert mittels der Hitze aus dem Dampfkessel der Marmeladenfabrik formbar gemacht hatte. Ab 1930 wurde der »Gläserne Mensch« zum bekanntesten Ausstellungsstück des Hygiene-Museums und Tschackert zu einem der bestbezahlten Angestellten. Unter seiner Leitung wurden bis 1945 vermutlich neun weite Modelle gebaut, bis der Präparator, ein aktiver Nationalsozialist, nach Köln ans dortige Deutsche Gesundheitsmuseum ging.

Two-Two, Edward 1851 – 1914

Indianerhäuptling

König-Albert-Platz 1 (Zirkus Sarrasani), Bremer Straße 20

Sein Grab auf dem Neuen Katholischen Friedhof an der Bremer Straße ist eines von nur zwei Indianergräbern in Deutschland. Am Anfang des 20. Jahrhunderts hatte sich der Lakota-Sioux Edward Two-Two (»Ein Mann wie Zwei«) mit seiner Familie für eine Wild-West-Völkerschau des Hamburger Tierparks Hagenbeck anwerben lassen und kam 1913 zum Dresdner Zirkus Sarrasani, um den Besuchern indianisches Leben vorzuspielen. Sarrasani ernannte ihn zum »Sioux-Häuptling« und muss ihn auch sonst gut behandelt haben, weshalb Two-Two testamentarisch verfügte, in Dresden beerdigt zu werden. Während einer Tournee starb er am 27. Juli 1914 in Essen, drei Tage später wurde er in Dresden beigesetzt.

Ulbricht, Richard 1849 – 1923

Bauingenieur, Physiker, Hochschullehrer

Äußere Pirnaische Straße 52 (Geburtshaus), Strehlener Straße 43, Hettnerstraße 3, Wiener Platz 4, Münchner Platz 2

Der Sohn eines Dresdner Münzgraveurs studierte zunächst Bauwesen und war als Ingenieur bei der Sächsischen Eisenbahn tätig. Dort wurde er zum Leiter des Eisenbahn-Telegraphenwesens berufen und war von 1890 bis 1910 Professor für Telegraphie, Telephonie und Signalwesen an der TH. Er konstruierte ein Gerät zur Prüfung von Glühfäden, ein Kugelphotometer, das später ihm zu Ehren als »Ulbrichtsche Kugel« bezeichnet wurde. Der Künstler Jürgen Schieferdecker schuf 1984 nach dem Vorbild der Kugel das Kunstobjekt »Dresdner Celebes«.

Ullrich, Wolfgang 1923 – 1973

Zoodirektor, Tierfilmer, Tierbuchautor

Wiener Straße 53

Wolfgang Ullrich war gerade 27, als er sich nach Abschluss seines Biologiestudiums um eine Assistentenstelle im Dresdner Zoo bewarb. Er wurde angenommen, allerdings als Direktor. Unter seiner Leitung wurde der im Krieg völlig zerstörte Zoo wieder aufgebaut. Populär wurde Ullrich durch die Fernsehserie »Der gefilmte Brehm«, für die er mit seiner Frau Ursula Reisen nach Afrika und Asien unternahm, um die dortige Tierwelt vorzustellen und auf ihre Bedrohung aufmerksam zu machen. Ullrich, ab 1961 Professor, gründete die Zooschule und veröffentlichte zahlreiche Tierbücher.

Ulrich, Pauline 1835 – 1916

Schauspielerin

Ostra-Allee 27, Körnerweg 12

Auf dem Gebiet der Tragödie und des historischen Schauspiels habe er nichts gesehen, was an die Pompadour des Fräuleins Pauline Ulrich heranreiche, begeisterte sich Theodor Fontane angesichts eines Gastspiels der Schauspielerin 1884 am Berliner Hoftheater. Da war die in Berlin geborene Pauline Ulrich nach Stationen in Berlin und Stettin schon 25 Jahre fest am Dresdner Hoftheater engagiert und hatte das Publikum als Gretchen, Jeanne d'Arc, Emilia Galotti, Elektra, Medea und in anderen zumeist klassischen Rollen begeistert. 1884 wurde Pauline Ulrich zur Hofschauspielerin ernannt, 1909 zur Professorin der Schauspielkunst und 1914 zum Ehrenmitglied des Dresdner Theaters.

Ungelenk, Carl Ludwig 1861 – 1949

Buchhändler, Verleger

Zellsche Straße 22, Chemnitzer Straße 59, Wallstraße 6

1887 übernahm der Buchhandlungsgehilfe Carl Ludwig Ungelenk eine Buchhandlung und gliederte ihr einen Verlag für evangelisches Schrifttum an. Über 100 Titel zu Theologie, Philosophie und Religionsgeschichte erschienen, außerdem christliche Dichtung und Biografien sowie 11 Zeitschriften, unter den die *Pastoralblätter* und die *Homiletischen Monatshefte* auch überregionale Bedeutung erlangten. Ungelenk, der Bekennenden Kirche nahe stehend, verkaufte sein Unternehmen im September 1939 aus Altersgründen. Die älteste noch bestehende Dresdner Buchhandlung befindet sich heute im Haus Kreuzstraße 7.

Viertel, Berthold 1885 – 1953

Regisseur, Schriftsteller

Pensionshäuser Karl-Liebknecht-Straße 56

Berthold Viertel kam 1917/18 als Regisseur an das Königliche Schauspielhaus in Dresden und machte die Stadt als engagierter Spielleiter und Autor für kurze Zeit zu einem der Zentren expressionistischer Dramatik in Deutschland. Während seines Aufenthaltes in der sächsischen Metropole inszenierte er 22 Stücke, u. a. von Sternheim, Wolf und Hasenclever. In Hellerau begegnete er Geistesschaffenden wie Camill Hoffmann, Paul Adler und dem Verleger Jakob Hegner, der vier Bücher Viertels edierte. 1922 verließ Viertel die Stadt in Richtung Berlin. Später, in den Jahren des Exils, arbeitete er erfolgreich in England und den Vereinigten Staaten am Theater, zuletzt in seiner Heimatstadt Wien.

Viertel, Peter 1920 – 2007

Drehbuchautor

Pensionshäuser: Karl-Liebknecht-Straße 56

In Dresden wurde Peter Viertel, nach Johannes der zweite Sohn des Ehepaares Salka und Berthold Viertel geboren. Er war später in den USA als Roman- und Drehbuchautor (u.a. für Alfred Hitchcock) erfolgreich.

Viertel, Salka 1889 – 1978

Schauspielerin, Autorin

Pensionshäuser: Karl-Liebknecht-Straße 56

Die mit Berthold Viertel verheiratete Schauspielerin Salka Viertel, geborene Steuermann, war an den Bühnen in München, Leipzig, Berlin, Hamburg und Düsseldorf engagiert, nicht aber in Dresden, weil die Satzung des Staatstheaters die zeitgleiche Einstellung von Ehepartnern nicht zuließ. Über ihre Wohnstatt in Dresden-Hellerau, in einem der Pensionshäuer schreibt sie in ihren Erinnerungen: »Der riesige Raum hatte acht Fenster und zwei Terrassentüren; leider funktionierte die Heizung nicht. Aber da wir ohnedies nicht über den Winter bleiben wollten, würde an kühlen Tagen der offene Kamin gewiß ausreichen. Im August 1919 zogen wir ein und fühlten uns wie die Fürsten.« Nach Beendigung ihrer

Theaterkarriere arbeitete sie erfolgreich in Hollywood als Drehbuch- und Ideenautorin für Greta Garbo und wirkte in vier Filmen mit.

Vogelsang, Marianne 1912 – 1973

Tänzerin, Tanzpädagogin

Die Dresdnerin war eine der talentiertesten Schülerinnen von Gret Palucca, Mitglied in deren Tanzgruppe und im legendären Palucca-Tanz-Trio. Ihren ersten Soloabend gab sie 1935 im Dresdner Komödienhaus. Noch ein Jahr später als Erste unter den kommenden Ausdruckstänzerinnen gefeiert, galt sie den Nationalsozialisten bald als »undeutsch«, »ostisch« und »bolschewistisch« und wurde zur Zwangsarbeit in einer Munitionsfabrik verpflichtet. Ihre schon in den 30er-Jahren begonnene Laufbahn als Tanzpädagogin, u.a. an der Essener Folkwang-Schule, setzte sie nach dem Krieg in Rostock und Berlin fort.

Voigt, Helga 1940 – 1956

Schwimmerin

Bergbahnstraße 8

Bereits als 13-Jährige siegte die talentierte Dresdner Nachwuchsschwimmerin bei nationalen und internationalen Wettkämpfen. Sie galt 1956 als Hoffnungsträgerin für die bevorstehenden Olympischen Spiele im australischen Melbourne. Die Tochter des Betreibers des bekannten Ausflugsrestaurants »Luisenhof« auf dem Weißen Hirsch starb 16-jährig beim Großbrand der Gaststätte an den Folgen einer Rauchvergiftung.

Voll, Christoph 1897 – 1939

Bildhauer, Grafiker, Maler

Ammonstraße 9

Das Mitglied der Dresdner Sezession 1920 war von Albert Starke in der Bildhauerkunst geschult worden. In Dresden blieb er nur vier Jahre. Seinem »Dresdner Kreis« gleichgesinnter zwischen »Expressionismus und Realismus« angesiedelter Künstler wurden von Willi Wolfradt, dem Kunstkritiker der *Weltbühne*, wohlwollend »Ansätze zu einer realistisch verschärften, stofflich ins konkrete Leben hinein erweiterten Darstellung« bescheinigt. Voll, der nach seiner Dresdner Zeit in Saarbrücken als Kunstschulprofessor wirkte, galt den Nationalsozialisten als »entarteter Künstler«, der Barlachs Irrweg folgte. Als seine wichtigsten Werke der Dresdner Jahre gelten Skulpturen wie »Arbeiter mit Kind« (1922), »Der blinde Bettler« (1923) und die Aquarelle »Mönch« (1921) und »Sprengmeister Hantsch« (1922).

Vonnegut, Kurt 1922 – 2007

Schriftsteller

Schlachthof 5

Als die Dresdner Innenstadt am 13. und 14. Februar 1945 durch angloamerikanische Bomber fast vollständig zerstört wurde, befand sich Kurt Vonnegut aus Indianapolis unter den amerikanischen und englischen Kriegsgefangenen, die auf dem Gelände des Dresdner Schlachthofes im Ostragehege interniert waren. Während die Angehörigen der deutschen Wachmannschaft getötet wurden, überlebten die Gefangenen in einem Keller. Die grauenhafte Szenerie des Bombenangriffes und der darauf folgenden beklemmenden Stille in der toten Stadt an den Tagen danach beschäftigte Vonnegut sein ganzes Leben lang. 1970 erschien der Roman »Schlachthof 5 oder Der Kinderkreuzzug«, in dem er sich literarisch mit seinen Erlebnissen auseinandersetzt. In den Vereinigten Staaten ambivalent aufgenommen und diskutiert, wurde der Roman zu einem Welterfolg.

Wallot, Paul 1841 – 1912

Architekt

Hähnelstraße 6

Bekannt geworden ist Paul Wallot durch den Bau des Berliner Reichstagsgebäudes, nach dessen Fertigstellung 1894 er nach Dresden kam und bis 1911 als Professor für Baukunst an der Kunstakademie lehrte. Wallot entwarf das Ständehaus an der Brühlschen Terrasse, in dem sich bis 1933 der Sächsische Landtag versammelte. Sein ursprünglicher Plan, die Brühlsche Terrasse an dieser Stelle abzureißen, wurde von der Bevölkerung abgelehnt.

Walzel, Oskar 1864 – 1944

Literaturwissenschaftler

Marschnerstraße 27, Zeschaustraße 6 (heute: Rudolf-Mauersberger-Straße)

»Der weiland k.k. Geheime Hofrat Oskar Walzel, der über die Romantik schrieb und selber ein Romantiker ist, einer der besten Kenner neudeutscher Literatur und einer der würdigsten Repräsentanten des künstlerischen Dresden …«, schrieb der Schriftsteller Ossip Kalenter über den österreichischen Literaturwissenschaftler, der von 1907 bis 1921 am Dresdner Polytechnikum deutsche Sprache und Literatur lehrte. Neben Veröffentlichungen zur Romantik und zu Leitmotiven in der Dichtung machte sich Walzel vor allem mit der Herausgabe eines Handbuchs der Literaturwissenschaft einen Namen.

Warnekros, Kurt 1882 – 1949

Arzt

Pfotenhauer Straße 90

»Ein Mensch wechselt sein Geschlecht!« lautete eine Schlagzeile im Jahr 1931. Berichtet wurde über die erste »geschlechtsangleichende Operation«, die der Dresdner Gynäkologe Kurt Warnekros durchgeführt hatte und in deren Folge der dänische Maler Einar Wegener zu Lily Elbe wurde. Warnekros war von 1925 bis 1948 Direktor der Staatlichen Frauenklinik Dresden-Johannstadt, »ein Gott, den alle fürchteten, den alle verehrten«. Um seinen Patientinnen nahe zu sein, wohnte er im Verwaltungsgebäude der Frauenklinik, kam aber auch schon mal aus der Oper im Frack direkt in den Kreißsaal. Wissenschaftlich zählt sein zweibändiger Atlas zum Thema Schwangerschaft und Geburt im Röntgenbild zu seinen größten Leistungen. Nach 1933 ging er auf Distanz zum Regime, was ihn beinahe seinen Posten gekostet hätte, nur weil er die Frau von Reichsstatthalter Mutschmann erfolgreich behandelte, konnte er im Amt bleiben. Zu Warnekros' Patientinnen zählten bis Ende 1944 aber auch jüdische Frauen sowie russische und polnische Zwangsarbeiterinnen. Nach dem Hitler-Attentat vom 20. Juli unterstützte er die Angehörigen von Friedrich Olbricht. Die Zerstörung der Frauenklinik in der Bombennacht vom Februar 1945, bei der viele Frauen und Neugeborene ihr Leben verloren, war ein tiefer Einschnitt, auf den er mit einer Erkrankung an Angina Pectoris reagierte. Zwar leitete er noch die Evakuierung der Klinik und deren Wiederaufbau, doch 1949 übersiedelte er resigniert nach Paris, wo er kurz danach starb.

Weber, Carlo 1934 – 2014

Architekt

Münzmeisterstraße 14c

Der in Saarbrücken geborene Architekt war Mitarbeiter in der Architektengemeinschaft Behnisch & Partner und damit am Bau des Münchner Olympiastadions beteiligt. Nach einer langjährigen Lehrtätigkeit an der Universität Stuttgart, kam der mit vielen Preisen Ausgezeichnete 1992 als Professor für Gebäudelehre und Entwerfen an die TU Dresden. Weber war viele Jahre Sekretär der Klasse Baukunst an der Sächsischen Akademie der Künste. In Dresden entwarf er die Mensa und das Casino der Offiziersschule des Heeres und baute das Ausstellungsgebäude auf der Brühlschen Terrasse um.

Wehding, Hans-Hendrik 1915 – 1975

Komponist, Dirigent

Kaitzer Straße 14, An der Berglehne 1

Opern, Operetten, Orchesterwerke, Kammer- und Chorwerke gehören zum Œuvre des in Dresden geborenen und ausgebildeten Komponisten, wobei das

Intermezzo aus dem Ballett »Der Goldene Pavillon« von 1942 sein größter Erfolg auf dem Gebiet der gehobenen Unterhaltungsmusik wurde. Als Dirigent wirkte Wehding beim Großen Rundfunkorchester und war musikalischer Oberspielleiter der Staatsoperette. In der DDR war er ein viel beschäftigter Filmkomponist.

Wehner, Herbert 1906 – 1990

Politiker

Spenerstraße 13,1b, 5, Wittenberger Straße 17

In Dresden-Striesen als Sohn eines Schuhmachers geboren, absolvierte Wehner die Volksschule auf der Haydnstraße und anschließend eine Experimentier- und Musterklasse an der Realschule Dresden-Neustadt, die ihn auf eine Verwaltungslaufbahn vorbereiten sollte. Nebenher arbeitete er als Markthelfer, Transportarbeiter und Laufbursche, um zum Lebensunterhalt der Familie beizutragen. Trotz erfolgreichen Abschlusses der Schule scheiterte der Versuch, Beamter zu werden, an einem Einstellungssperrgesetz der sächsischen Regierung. Deshalb nahm er eine Lehre in der Maschinenfabrik Hille auf, die er 1926 beendete. 1923 war Wehner der Sozialistischen Arbeiterjugend beigetreten. Zwei Jahre später gründete er die anarchistische Zeitschrift *Revolutionäre Tat*, deren Rekakteure sich auf der Tieckstraße 3 in der Wirtschaft »Zur Nachtigall« trafen. Bei einem kurzzeitigen Berlin-Aufenthalt lernte er bei Erich Mühsam die Schauspielerin Lotte Loebinger kennen, mit der er eine vom Standesamt Dresden-Striesen beglaubigte Ehe einging, die aber keinen Bestand hatte.1927 trat Wehner der KPD bei. Als er aus politischen Gründen seine Arbeitsstelle bei Zeiss-Ikon verlor, entschloss er sich zu einer Karriere als Berufsrevolutionär, die 1928 als Bezirkssekretär der »Roten Hilfe« und Landtagsabgeordneter begann, ab 1931 als angestellter Funktionär im Berliner Karl-Liebknecht-Haus fortgesetzt wurde und in der Bundesrepublik Deutschland nach 1945 als Bundestagsabgeordneter und Fraktionsvorsitzender der SPD endete.

Weidauer, Walter 1899 – 1986

Bürgermeister

Thomas-Mann-Straße 43

Der Zimmermann aus dem erzgebirgischen Lauter war seit seinem 17. Lebensjahr in der Sozialistischen Arbeiterjugend und den Gewerkschaften organisiert. 1922 wechselte er von der USPD zur Kommunistischen Partei. Nach 1933 wurde er mehrfach inhaftiert. Er emigrierte 1935 in die Tschechoslowakei und nach Dänemark, wo er 1940 von der einmarschierenden Wehrmacht interniert wurde. Wegen Hochverrats verurteilt, saß er bis 1945 in den Zuchthäusern Brandenburg, Waldheim und Leipzig. Ab Mai 1945 arbeitete er in der Dresdner Stadtverwaltung und wurde wenige Monate später zum Bürgermeister ernannt. 1946 wurde er Oberbürgermeister der Stadt Dresden und hatte dieses Amt bis1958 inne. In unrühmlicher Erinnerung blieb sein mit Denkmalpfleger Kurt Löffler, den Weidauer als »Verhinderer sozialistischer Kulturpolitik« bezeichnete, öffentlich und unerbittlich geführter Streit um den Erhalt bzw. Wiederaufbau historisch wichtiger Bausubstanz in der Dresdner Innenstadt.

Weidling, O.F. (Otto Franz] 1924 – 1985

Conferencier

Holbeinstraße 24, Christianstraße (heute: St. Petersburger Straße), Edwin-Hoernle-Straße 26a

Als er bei der Einweihung des neuen Friedrichstadtpalastes in Berlin am 27. April 1984 in seiner Conférence scharfzüngig und politisch pointiert vor der Partei- und Staatsführung der DDR und einem Millionenpublikum vor den Fernsehgeräten brilliert hatte, war es mit der Karriere des O. F. (schwarzer Smoking, rot gefüttert), einer der beliebtesten »Quasselstrippen« der DDR, vorbei. Rasch verschwand er, wenige Monate vor seinem Tod, in der zweiten Reihe der Unterhaltungskünstler. Im Berliner Wedding war der geborene Thüringer zum Polizeiverwaltungsangestellten ausgebildet und anschließend zur Wehrmacht eingezogen und gen Osten geschickt worden. Seine Liebe zu den Brettern, die die Welt bedeuten, entdeckte Otto Franz während der Kriegsgefangenschaft in der Sowjetunion, und ab 1955 stand er als freiberuflicher Künstler auf den großen und kleinen Bühnen des Landes, moderierte im Rundfunk und stand vor der Fernsehkamera. Seit Anfang der 70er-Jahre lebte er in der sächsischen Bezirkshauptstadt. Die von ihm konzipierte und moderierte und vom Fernsehstudio Dresden produzierte Sendung »Treff mit O.F.« wurde zum Höhepunkt seiner Karriere.

Weidner, Eugen 1861 – 1926

Arzt

Prinzeß-Luisa-Straße 6 (heute: Bergbahnstraße), Gabelsberger Straße 15, Malerstraße 31

Zunächst Arzt am Lahmann-Sanatorium, war Eugen Weidner durch seine Heirat zu beträchtlichem Vermögen gekommen und konnte so 1916 am Wachwitzer Höhenpark sein eigenes Sanatorium eröffnen. Zu den Gästen der für ihre Zeit sehr modernen Kurklinik gehörten hochrangige Adlige und Militärs, aber auch Schauspielerinnen wie Lilian Harvey, der berühmte Clown Charlie Rivel und Schriftsteller wie Stephan Hermlin und Gerhart Hauptmann. Bei seinem letzten Besuch erlebte Hauptmann von hier aus die Bombardierung der Stadt. »Wer das Weinen verlernt hat«, schrieb er kurz darauf, »der lernt es wieder beim Untergang Dresdens«.

Weiser, Grethe 1903 – 1970

Schauspielerin, Kabarettistin, Chansonsängerin

Königsbrücker Straße 91, Fürstenstraße 89 (heute: Fetscherstraße), Bautzener Straße 134 (Schloss Eckberg)

Margarethe Nowka, in Hannover geborene Tochter eines Hochbauunternehmers, wuchs in Klotzsche auf, besuchte die Höhere Töchterschule und die Friedelsche Privatschule in Blasewitz. Schon mit 17 heiratete sie den österreichischen Süßwaren-Großhändler und -Fabrikanten Josef Weiser, die Einwilligung der Eltern hatte sie sich mit einem Hungerstreik erpresst. Das Paar zog ins Schloss Eckberg, wo 1922 der gemeinsame Sohn Günther zur Welt kam. Weiser verlor in der Wirtschaftskrise einen Großteil seines Vermögens, im von ihm als Neustart gepachteten Kabarett »Charlott« am Berliner Kurfürstendamm hatte Grethe Weiser ihre ersten Auftritte. Die Ehe zerbrach, Grethe Weiser nahm Gesangs- und Schauspielunterricht, trat auch im Komödienhaus in Dresden auf und startete dann eine äußerst erfolgreiche Kariere als Sängerin sowie Theater- und Filmschauspielerin, vorwiegend im komödiantischen Fach.

Westphal, Gert 1920 – 2002

Regisseur, Schauspieler, Rezitator

Blasewitzer Straße 1

»König der Vorleser«, »des Dichters oberster Mund«, »Caruso der Vorleser«, »Fischer-Dieskau des Wortes« – mit solchen Superlativen wurde der Rezitator Westphal reichlich bedacht. Die Karriere des Schauspielers und Hörspielleiters im Rundfunk begann in Dresden, wo er als Sohn eines Fabrikbesitzers geboren wurde. Nach dem Besuch des Realgymnasiums Blasewitz erhielt er am Staatsschauspiel seine Ausbildung und stand 1940, kurz vor seiner Einberufung zum Kriegsdienst, erstmals auf der Bühne des Theaters. Rezitationen und literarische Lesungen vor Publikum oder im Radio und die zahlreichen von ihm eingesprochenen Hörbücher, besonders mit Werken von Thomas Mann, machten die Stimme Westphals, der auch selbst Hörspiele geschrieb, zur Legende.

Wiecke, Paul 1862 – 1944

Schauspieler, Regisseur, Schauspieldirektor

Katharinenstraße 18, Schumannstraße 14, Comeniusstraße 85, Tetschener Straße 20, Müller-Berset-Straße 32

Ab 1895 in Dresden engagiert, spielte Paul Wiecke in den großen klassischen Dramen, war Don Carlos, Hamlet und Faust. Doch der »Schauspieler des Herzens und der Phantasie« wirkte auch als Regisseur, wurde 1919 zum künstlerischen Leiter des Schauspielhauses und 1920 zum Schauspieldirektor ernannt. In den Revolutionstagen hatte man mit dem Traditionalismus des Hoftheaters gebrochen, Wiecke öffnete die Bühne verstärkt jungen Autoren. Die Aufführung von Ernst Tollers Antikriegsstück »Hinkemann« wurde am 17. Januar 1924 zum Theaterskandal, national gesinnte Zuschauer randalierten, im Landtag und in der Stadtverordnetenversammlung wurden Debatten geführt und Wiecke später zum Rücktritt genötigt. Von 1928 bis 1931 wirkte er als Direktor des Komödientheaters an der Reitbahnstraße.

Wieke, Johannes 1913 – 1982

Schauspieler, Intendant, Operndirektor

Altmarkt 8 (heute: Seestraße)

Nach einer Lehre als Buchdrucker und Farblithograph debütierte Johannes Wieke 1937 als Schauspieler in Rudolstadt. Er war Intendant in Glauchau und Görlitz, bevor er 1960 nach Dresden wechselte und fünf Jahre als Operndirektor der Staatstheater arbeitete. Danach war er ausschließlich als Schauspieler tätig, spielte in Dresden zahlreiche Theaterrollen und im Film beispielsweise den Lagerältesten Krämer in »Nackt unter Wölfen«. Rollen in Filmen wie »Ich war neunzehn« und »Spur der Steine«, Auftritte in Fernsehserien wie »Daniel Druskat« und »Polizeiruf 110« machten ihn einem breiten Publikum bekannt.

Wigand, Albert 1890 – 1978

Künstler

Striesener Straße 9

Der »lyrische Expressionist« Albert Wigand, der an der Düsseldorfer Kunstgewerbeschule studiert hatte, lebte von 1925 bis 1971 in der Elbestadt und verdiente sich seinen Lebensunterhalt als Arbeiter im Gaswerk, im Wasserwerk, als Laternenanzünder ... Für längere Zeit war er als Schaufensterdekorateur im Residenz-Kaufhaus, dem Glas- und Betontempel am Eingang zur Prager Straße, angestellt und absolvierte gleichzeitig Abendkurse an der privaten Malschule von Woldemar Winkler. Nebenbei zeichnete und malte er nach der Natur und machte sich so die böhmischen und sächsischen Gebirgslandschaften zu Eigen. Auf einem Auge erblindet, »stellte er immer erneut die Fläche, dieses rechteckige Etwas, dieses Stück Papier, Pappe oder Leinwand, in Frage, um es erneut in Angriff zu nehmen« (Walter Hertzsch). In seinem Spätwerk fügte er häufig, scheinbar willkürlich, »Bestandteile und Stücke früherer Arbeiten ... zu neu entstandenen Collagen zusammen«.

Wigman, Mary 1886 – 1973

Tänzerin, Choreografin, Tanzpädagogin

Schillerstraße 17, (heute: Bautzner Straße 107)

Von ihrer Ausdrucksschärfe und ihrem Anmut, von ihrer »kautschukartigen Gelenkigkeit, der akrobatischen Kraft der Glieder, die die Übergänge von der aufrechten zur kauernden, knienden oder liegenden und wieder zur aufrechten

Stellung mit scheinbar spielerischer Leichtigkeit überwindet«, schwärmten die *Dresdner Nachrichten* nach einem umjubelten Auftritt der Protagonistin des deutschen Ausdruckstanzes 1919 im großen Saal der Kaufmannschaft. Mary Wigman, in Hannover als Marie Wiegmann geboren, hatte sich von 1910 bis 1912 beim Musikpädagogen Emile Jaques-Dalcroze in Hellerau zur Gymnastik-Lehrerin ausbilden lassen und fand danach in der Schweiz bei Rudolph von Laban zum Ausdruckstanz. Unablässig kreierte sie fortan neue Solotänze, unter denen der »Hexentanz« herausragte, und machte den Ausdruckstanz auf zahlreichen Tourneen als New German Dance international bekannt. Ab 1920 begann sie, zunächst im Palasthotel Weber am Postplatz, später in der Bautzner Straße zu unterrichten. Dort und in weiteren Filialen ihrer Schule wurden weit über tausend Tänzerinnen und Tänzer ausgebildet, darunter Gret Palucca, Harald Kreutzberg oder Dore Hoyer.

Wilhelm, Paul 1886 – 1965

Maler

Atelier: Antonsplatz 1

In den 20er- und 30er-Jahren züchtete er Blumen in seinem Garten in Kötzschenbroda und unternahm ausgedehnte Reisen nach Italien und Südengland. Hier wie dort fand er vor allem die Motive für Bilder, Blumen und Landschaften, die er in leuchtenden Aquarellen malte. Die meiste Zeit seines Lebens wohnte Paul Wilhelm, »der Vollender und letzte bedeutende Führer einer typischen Dresdner Malkultur, die kurz vor der Jahrhundertwende ihren Anfang nahm« (Fritz Löffler), in Radebeul, zuvor hatte der in Greiz geborene Sohn eines Tuchfabrikanten an der Dresdner Akademie studiert und war Meisterschüler von Gotthard Kuehl. Ab 1935 gehörte er zur Künstlergruppe »Die Sieben«, einer ihrer Stadt und deren spätimpressionistischer und expressiv-realistischer Maltradition verbundenen Vereinigung.

Willers, Friedrich Adolf 1883 – 1959

Mathematiker, Hochschullehrer

Dorotheenstraße 12

Noch bis in die letzten Jahre des 20. Jahrhunderts zählte das von Friedrich Adolf Willers herausgegebene Buch »Elementarmathematik« zu den Standardwerken des Fachs. Seinem Wechsel von Freiberg, wo er den Lehrstuhl für Mathematik und Darstellende Geometrie an der Bergakademie innehatte, nach Dresden, gingen Kontroversen mit der NS-Studentenschaft voraus. Ab 1944 Professor an der TH Dresden, war er aktiv am Wiederaufbau der mathematischen Institute beteiligt und wirkte von 1949 bis 1954 als Dekan der Hochschule. Der »Willers-Bau« der TU erinnert heute an den herausragenden Mathematiker und Verfasser zahlreicher Lehrbücher.

Woermann, Karl 1844 – 1933

Jurist, Kunsthistoriker, Schriftsteller

Hübnerstraße 5

1882 wurde der Sohn eines Hamburger Reeders als Leiter der Dresdner Gemäldegalerie und des Kupferstich-Kabinetts berufen. Woermann veröffentlichte mehrere Gedichtbände und kunstgeschichtliche Bücher. Nach dem Ausscheiden aus dem Amt 1910 verfasste er eine sechsbändige »Geschichte der Kunst« und legte 1924 unter dem Titel »Erinnerungen eines Achtzigjährigen« seine Memoiren vor.

Wolf, Friedrich 1888 – 1953

Schriftsteller, Arzt

Löbtauer Straße 31–35, Friedrich-August-Straße 21 (später: Ernst-Thälmann-Straße, heute: Jakob-Weinheimer-Straße), Strehlener Platz 1

Friedrich Wolf absolvierte vom Dezember 1912 bis zum April 1913 ein medizinisches Praktikum an der Städtischen Heil- und Pflegeanstalt Dresden. Gegen Ende des Ersten Weltkrieges, im Sommer 1918, kam er als Lazarettarzt nach Langebrück, wurde im nahen Dresden Mitglied des Arbeiter- und Soldatenrates und gründete die »Sozialistische Gruppe der Geistesarbeiter«. Sein expressionistisches Drama »Das bist Du« wurde ein Jahr darauf in der Residenzstadt uraufgeführt. In der Erzählung »Der Todessprung« setzte er seinem Dresdner Freund, dem Architekten Paul Bender, ein literarisches Denkmal. Bis 1920 lebte Wolf in Langebrück am Rande der Dresdner Heide. Ein Jahr vor seinem Tode recherchierte er längere Zeit in Dresden für den geplanten Roman »Trafo«, der unvollendet blieb.

Wolf, Paul 1879 – 1957

Architekt, Stadtplaner

Comeniusstraße 87 und 71

1922 zum Stadtbaurat für Hochbauwesen und Stadterweiterung berufen, beeinflusste Paul Wolf die bauliche Entwicklung Dresdens in den 20er- und 30er-Jahren entscheidend mit. In der sich rasch vergrößernden Stadt mussten Flächennutzungspläne und Verkehrskonzepte erarbeitet werden, in den Vorstädten wurden große Wohnkomplexe projektiert und gebaut – eine Arbeit, die Paul Wolf leitete und mit zahlreichen Publikationen zum Thema Stadtentwicklung begleitete. Neben Schulen und Wohnhäusern baute er u.a. das ehemalige Stadtkrankenhaus Johannstadt (heute: Medizinische Fakultät der TU), das Sachsen- und das Georg-Arnold-Bad, das Planetarium, das Städtische Elektrizitätswerk am Wettiner Platz und den Straßenbahnhof Friedrichstadt. 1930 erarbeitete Paul Wolf Pläne zur Umgestaltung des Königsufers zwischen Marienbrücke und Prießnitz-Mündung, die dann als größtes Projekt der Stadtgestaltung in der NS-Zeit umgesetzt wurden. So entstanden der Rosen- und Staudengarten und ein Aufmarsch- und Kundgebungsplatz vor dem Finanzministerium. Nach dem Krieg war er 1952 als Referent für Stadtplanung am Ministerium für Aufbau in Ost-Berlin tätig.

Wolff, Willy 1905 – 1985
Maler, Grafiker, Bildhauer
Am Wachwitzer Höhenpark 6
Nach einer Kunsttischlerlehre in Dresden, zog Wolff ab 1924 für ein Jahr als »Wandervogel« durch Deutschland. Danach besuchte er die Kunstgewerbeschule und die Kunstakademie seiner Heimatstadt und wurde 1930 Meisterschüler bei Otto Dix. Nach der Entlassung seines Mentors durch die Nationalsozialisten musste auch er, der sich in der KPD und der ASSO engagiert hatte, 1933 die Akademie verlassen und schlug sich als Zeitungsverkäufer und Stubenmaler durchs Leben. 1940 wurde er zur Wehrmacht einberufen und desertierte kurz vor dem Kriegsende im Frühjahr 1945. Sein Werk wurde in weiten Teilen beim Luftangriff auf Dresden vom 13. Februar 1945 vernichtet. In der Nachkriegszeit gehörte er der Künstlergruppe »Das Ufer« an. Auf Reisen nach England in den 50er-Jahren kam er mit der in der Entstehung begriffenen Pop-Art in Berührung, die sein weiteres Schaffen nachhaltig beeinflusste. Mehrere Jahre galten seine surrealen und abstrakten Darstellungen, seine Collagen und Objektkombinationen als unerwünscht und fielen unter Ausstellungsverbot. Erst ab 1971 kamen offizielle Ankäufe seiner Werke, so das 1932 entstandene »Liebespaar«, zustande. Der »große Einzelgänger in der Dresdner Kunst …, ein stets freundlicher und altruistisch gesinnter Mensch« (Erhard Frommhold), galt dennoch als schlagfertiger und »gefürchteter Diskutant«, wenn es darum ging, seine ästhetischen Anschauungen rückhaltlos zu verteidigen.

Wolff, Julius Ferdinand 1871 – 1942
Journalist, Verleger, Theaterkritiker
Henzestraße 10, Palaisstraße 6 (heute: Franz-Liszt-Straße)
Bis 1933 war der jüdische Journalist Julius Ferdinand Wolff 30 Jahre Chefredakteur und Verleger der *Dresdner Neuesten Nachrichten*, der größten und einflussreichsten Tageszeitung in Dresden. Er galt als ausgezeichneter Kenner der Kunst- und Kulturszene, schrieb über das Dresdner Theaterleben und förderte u. a. Lingners Pläne für die Internationale Hygiene-Ausstellung und den Bau des Hygiene-Museums. Wolff wurde Karl August Lingners Testamentsvollstrecker und Biograf. Am 31. März 1933 legte er seine Ämter nieder, um die Zeitung wegen ihres jüdischen Besitzers vor Schaden zu bewahren. Sein Vetter Karl Wolff, Dramaturg am Staatstheater emigrierte, sein Bruder Max, kaufmännischer Leiter der *DNN*, erhängte sich im Januar 1942, Julius Ferdinand Wolff

wählte nach mehreren Hausdurchsuchungen Anfang März mit seiner Frau den Freitod.

Wrba, Georg 1872 – 1939

Bildhauer

Wiesenstraße 3, Gautschweg 1, Atelier: Pfotenhauer Straße 81

Der »Bacchus auf trunkenem Esel« vor dem Dresdner Rathaus zählt zu den bekanntesten Werken des in München geborenen Bildhauers – im wahrsten Sinne des Wortes Kunst zum Anfassen, denn eine Berührung der großen Zehe des Weingottes soll Glück bringen. Auch die beiden bronzenen Wappen-Löwen stammen von Wrba, der von 1907 bis 1930 an der Akademie für Bildende Künste lehrte. Das Werk des Bildhauers umfasst vor allem Bau- und Brunnenplastiken, für Dresden schuf er den Marie-Gey-Brunnen in der Nähe des Hauptbahnhofes und den Europabrunnen am Königsheimplatz. Am Zwinger leitete er Restaurierungs- und Ergänzungsarbeiten. Dazu kommen Bildnisse u. a. von Georg Treu, Hans Erlwein, Otto Gussmann, Cornelius Gurlitt und Martin Dülfer.

Wulffen, Erich 1862 – 1936

Kriminologe, Staatsanwalt, Schriftsteller

Reißigerstraße 3 und 10, Zellsche Straße 42, Münchner Straße 9

Der Sohn eines Dresdner Druckereibesitzers und Buchhändlers studierte Rechtswissenschaften, Literatur und Germanistik. Vom Vater ins Beamtentum gedrängt, veröffentlichte Wulffen dennoch zunächst Gedichte und Theaterstücke und stand selbst auf der Bühne. Ab 1899 Staatsanwalt in Dresden, setzte sich der konservative Humanist für eine Modernisierung des Strafrechts und des Strafvollzugs ein und veröffentlichte zahlreiche Fachbücher zum Thema sowie psychologische Studien, von denen besonders das Buch »Das Weib als Sexualverbrecherin« Kritik hervorrief. Neben kriminalpsychologischen Studien zu den Werken von Ibsen, Hauptmann und Shakespeare veröffentlichte Wulffen Romane, die oft ein Sittenbild des damaligen Justizwesens entwarfen. Als sich Kollegen in einem seiner Romane zu erkennen glaubten, wurde er einige Zeit nach Zwickau versetzt. 1919 kehrte er zurück und begann eine Karriere im Justizministerium, u. a. als Leiter der sächsischen Gefängnisverwaltung. Ärger bekam er mit der Witwe Karl Mays. Als die nach dem Tod des Abenteuerschriftstellers dessen Strafakten verbrennen ließ, hatte sich Wulffen längst Abschriften hergestellt, die er für seine Forschungen und Texte über Karl May verwendete.

Wustmann, Erich 1907– 1994

Völkerkundler, Reiseschriftsteller

Leubener Straße 40

In Niedersedlitz wurde er geboren, in Bad Schandau war er zu Hause, die meiste

Zeit aber verbrachte er auf Reisen, in Skandinavien, auf den Färöer Inseln und Island ebenso wie in Indien, Nordafrika und Südamerika – »Durch Tundra, Wüste und Dschungel«, wie Erich Wustmann seine Autobiografie nannte. Über 60 Reisebeschreibungen und volkskundliche Bücher hat er geschrieben, über Samen, Indianer und Beduinen. Seine Vorträge füllten in der DDR, wo die Bevölkerung nicht gerade reiseverwöhnt war, große Säle und auch im Fernsehen war er als Moderator der Serie »Unter Indianern, Lappen und Beduinen« präsent.

Zachar, Gerhard 1945 – 1978

Rockmusiker, Komponist

Comeniusstraße 38

Der urmusikalische Autodidakt aus Glauchau absolvierte ein Pädagogikstudium in Halle an der Saale und bildete sich im Abendstudium an der Dresdner Musikhochschule weiter. Er gehörte zu den Gründern der aus dem »Dresden-Septett« 1973 entstandenen Gruppe »Lift«, die sich zunächst dem Blues, später mehr und mehr dem Artrock verpflichtet sah und wurde schließlich Bandleader der Formation, die zwischen 1971 und 1977 mehrere Singles, darunter: »Mein Herz soll ein Wasser sein« und die legendäre AMIGA-Langspielplatte »Lift« (1977), veröffentlichte. Nachdem Gerhard Zachar, der mit der Sängerin Dina Straat verheiratet war, am 15. November 1978 in der Nähe des polnischen Kalisz (wie sein Kollege Henry Pacholski) bei einem Autounfall ums Leben gekommen war, erschien ein Jahr später die LP »Meeresfahrt«.

Zehder, Hugo 1882 – 1961

Architekt

Auf dem Sand, Eliasstraße 22

Obwohl von Beruf Architekt, wurde Hugo Zehder nicht durch seine Bauten, sondern als Herausgeber und Schriftleiter expressionistischer Zeitschriften wie der *Neuen Blätter für Kunst und Dichtung* und *Die neue Schaubühne* bekannt. Zehder veröffentlichte u.a. in der Zeitschrift *Menschen* auch literarische Beiträge. Im Revolutionsjahr 1918 war er Mitglied im Propagandaausschuss des »Revolutionären Rates der Geistesarbeiter« und Mitbegründer der Künstlergruppe Dresdner Sezession »Gruppe 1919«. Seine 1920 im Dresdner Rudolf Kaemmerer Verlag erschienene Biografie über Wassily Kandinsky wurde von den Nazis verboten, später schrieb er Bücher über den Schauspieler Ernst Deutsch und »Die Gotik«.

Zickler, Paul 1884 – 1964

Telegrafenarbeiter

Schillerplatz 5

Nahezu parallel zur Rettungsaktion des Klempnermeisters und Volkssturmmannes Stöckel, wurde der »Telegrafer« Paul Zickler in den ersten Maitagen 1945 am

»Blauen Wunder« aktiv. Nachdem er beobachtet hatte, »wie Sprengkammern in die Brückenpfeiler geschlagen wurden, kletterte er über ein Holzgerüst unter das »Blaue Wunder« und kappte die Zündkabel« (Michael Wüstefeld). Zur Erinnerung an die Rettungstat der beiden Dresdner Erich Stöckel und Paul Zickler wurde zwanzig Jahre später, im Mai 1965 auf der Altstädter Brückenseite feierlich eine Gedenktafel angebracht.

Zietz, Hugo 1864 – 1927

Unternehmer

Am Hochwald 1

Hugo Zietz war Inhaber der 1886 gegründeten Orientalischen Tabak- und Cigarettenfabrik Yenidze, benannt nach dem Anbaugebiet des vom Unternehmen importierten Tabaks. 1908 bis 1909 ließ Zietz sich vom Architekten Martin Hammitzsch auf seinem Grundstück an der Eisenbahntrasse ein Produktions- und Lagergebäude im Stil einer Moschee mit farbig verglaster Kuppel und einem den Schornstein tarnenden Minarett errichten. Er umging damit das Verbot für den Bau von Fabrikgebäuden im Zentrum und schuf trotz zahlreicher Anfeindungen zugleich ein mächtiges Werbemonument für seine Zigarettenfabrik, die mit der Marke »Salem« auf den Zauber des Orients setzte. 1925 verkaufte Zietz, der am Rand der Dresdner Heide eine prächtige Villa besaß, seine Fabrik an das Unternehmen Reemtsma.

Zimmering, Max 1909 – 1973

Schriftsteller, Lyriker

Franz-Lehmann- Straße 35, Collenbuschstraße 7

Der Sohn eines Pirnaer Uhrmachers besuchte das Wettiner Gymnasium in Dresden und die Oberschule in der Johannstadt. Er engagierte sich in der jüdischen Sport- und Jugendbewegung Dresdens und schrieb als Arbeiterkorrespondent für verschiedene linke Presseorgane.1930 erhielt er den Lyrikpreis der Zeitschrift *Linkskurve.* Mit dem Machtantritt Hitlers 1933 begann für Zimmering die Zeit der Flucht und des Exils, die er in seinem Jugendbuch »Die unfreiwillige Weltreise« plastisch und spannend beschrieb. Sie führte ihn über die Tschechoslowakei, nach Frankreich, Palästina, England und Australien. 1946 kehrte er nach Dresden zurück, arbeitete als Redakteur der Illustrierten *Zeit im Bild* und als freier Autor, dessen Verse häufig vertont wurden. Viele seiner Jugendbücher (z. B. »Die Jagd nach dem Stiefel«, »Li und die roten Bergsteiger«) fanden in der DDR ein interessiertes Publikum.

Zirkler, Albert 1891 – 1971

Lehrer, Volkskundler, Mundartforscher

Alaunstraße 91, Zwinglistraße 56

Der in Dresden geborene Albert Zirkler arbeitete nach dem Abschluss am Dresdner Lehrerseminar in Meißen, in der Elbestadt und ab 1945 in Radebeul als Lehrer. Als Mundartforscher wurde er 1927 mit der Herausgabe des »Hausbuchs sächsischer Mundartdichtung« bekannt, leitete bis 1945 den »Verein für Volkskunde Dresden« und gab Schriftenreihen zur sächsischen Volkskunde heraus. In der Zeit des Nationalsozialismus hatte der »Treuhänder des sächsischen Mundartschrifttums« leitende Funktionen im NS-Lehrerbund und in der Reichsschrifttumskammer inne, konnte seine Arbeit danach aber fortsetzen und arbeitete u. a. am »Wörterbuch der obersächsischen Mundarten« mit.

Zschocke, Joachim 1928 – 2003

Schauspieler

Wiener Straße 108, Erich-Weinert-Straße 14

Der gebürtige Essener, der vor dem Besuch der Berliner Schauspielschule das Bäckerhandwerk erlernte und danach am Meininger Theater debütierte, galt als einer der großen Charakterdarsteller des Dresdner Theaters, an dem er seit 1963 spielte. Er brillierte als Tartuffe und Othello ebenso wie in der Rolle Richard des III. Landesweit bekannt war er als Synchron- und Radiosprecher sowie als gefragter Filmschauspieler, der für mehr als 20 Filme vor der Kamera stand. Zuletzt war er in mehreren Folgen der TV-Reihe »Polizeiruf 110« zu sehen.

Zuchardt, Karl 1887 – 1968

Schriftsteller, Hochschullehrer

Comeniusstraße 78

Seit 1940 lebte der Sohn eines Leipziger Buchhändlers als freier Schriftsteller in Dresden. Vor dem Zweiten Weltkrieg war er vor allem als Stückeschreiber erfolgreich. Später widmete er sich besonders historischen Erzählungen und Romanen, von denen »Der Spießrutenlauf«, »Stirb, du Narr« und »Die Stunde der Wahrheit« die weiteste Verbreitung fanden. Von 1945 bis 1957 war er außerdem an der TH Dresden und der Musikhochschule als Dozent tätig.

Zwetajewa, Marina 1892 – 1941

Dichterin

Rißweg 70

Marina Zwetajewas Vater, der Begründer des Moskauer Puschkin-Museums, schickte seine Tochter im Sommer 1910 nach Dresden, wo sie unter Obhut der Pfarrersfamilie Bachmann auf dem Weißen Hirsch neben der deutschen Sprache vor allem »gutes Benehmen und Hauswirtschaft« erlernen sollte. Weit stärker allerdings lockten die junge Dichterin (ihr erstes Buch war gerade in Russland erschienen) »das nahe Schwimmbad, die kühle Heide und die behutsam aufkeimende Freundschaft zu zwei halbwüchsigen Jungen«. Eine Märchenerzählerin aus der Nachbarschaft inspirierte sie zu ihren wehmütigen Feen-Versen »Deutsches Zauberreich der Feerien«. Jahre später, als international gefeierte Lyrikerin erinnerte sie sich amüsiert an Oberloschwitz, den Weißen Hirsch und das System Lahmann: »der ganze Ort läuft in Sandalen ...«.

Zwingenberger, Marianne 1896 – 1967

Kinderärztin

Bautzner Straße 177, Praxis: Antonstraße 2a

Ihre Ausbildung hatte sie beim berühmten Kinderarzt Arthur Schloßmann (1867–1932) in Düsseldorf erhalten, der am Ende des 19. Jahrhunderts in Dresden eine Poliklinik für Säuglinge und Kleinkinder und das erste Säuglingsheim Deutschlands gegründet hatte. 1932 eröffnete Marianne Zwingenberger ihre eigene Praxis im Hochhaus am Albertplatz. Schon zwei Jahre später wurde ihr die Tätigkeit als Schul- und Mütterberatungsärztin entzogen, da sie sich geweigert hatte dem NS-Ärztebund beizutreten. 1947 wurde sie an die Spitze der Johannstädter Kinderklinik berufen, wo sie vor allem die in den Nachkriegsjahren stark auftretende Tuberkulose durch den Einsatz neuer Therapiemethoden erfolgreich bekämpfte. 1955 übernahm die überaus beliebte Kinderärztin die im Stadtkrankenhaus Dresden-Neustadt eingerichtete Kinderklinik.

Zwintscher, Oskar 1870 – 1916

Maler, Illustrator

Plattleite 1b

Zwintscher, ein enger Freund von Sascha Schneider, gehörte zu den bedeutendsten Vertretern des Jugendstils in der Dresdner Malerei und schuf vor allem an den Alten Meistern geschulte Gemälde und Bildnisse, u. a. von Heinrich Vogeler, Clara Rilke-Westhoff und Dresdens Oberbürgermeister Beutler, wirkte aber auch als Illustrator für Sammelbildserien der Schokoladenfirma Stollwerck. Aus Leipzig kam er 1890 an die Kunstakademie Dresden, war erst Schüler und nach einer Zeit als freischaffender Künstler in Meißen, von 1904 bis zu seinem Tod, Professor und Leiter des Malsaales.

Abbildungsnachweis

Archiv der Autoren S. 8, 12, 13, 15, 17, 18, 28, 31, 37, 39, 43, 45r., 47, 53, 57, 74, 76, 80, 81, 87, 89, 93, 103, 114, 117, 124, 127, 128, 142, 151, 304
Archiv Schieferdecker S. 80
Bundesarchiv S. 33 (183-S43211), 35 (183-S96873), 51 (183-1983-0617-302), 55 (183-54953-0006), 91 (183-S90733)
Erfurth, Hugo S. 95
Festspielhaus Hellerau S. 41
Friedrich-Wolf-Archiv, Lehnitz S. 133
Kerber, Heinz S. 59
Privatarchiv S. 65, 67, 107, 109, 111, 121
Rathgeber, Aberdeen S. 130
Richter, Ursula S. 108
Sächsische Landesbibliothek – Staats- und Universitätsbibliothek Dresden, Abt. Deutsche Fotothek S. 45l., 70, 85, 100
Stadtmuseum Dresden S. 119, 122
Stedelijk van Abbemuseum, Eindhoven S. 97
TU Dresden, Kustodie S. 61, 63
Wikimedia Commons S. 11, 20, 21, 26, 49 (Martin Röll), 73 (Brücke-Osteuropa), 78, 82, 116 (Paulae)
Sollten trotz sorgfältiger Nachforschungen nicht alle Rechteinhaber korrekt ermittelt worden sein, so bitten wir um Mitteilung an den Verlag.

Danksagung

Für Hinweise und freundliche Unterstützung danken die Autoren:
Mathias Bäumel, Dr. Friedrich Dieckmann, Christoph Flämig, Sven Geisler, Professor Dr. Thomas Gramatté, Dr. Katja Lindenau, Professor Dr. Christoph Meyer, Dr. Klaus Michael, Andrea O'Brien, Till Patzer, Inka Reuter, Angelika Törpsch, Annegret Wache, Renate Weber, Carsten Weidling, den Angestellten der Dresdner Friedhofsverwaltungen, dem Erich Kästner Museum Dresden und der Herbert-Wehner-Stiftung Dresden.

Norbert Weiß, geboren 1949 in Dresden, studierte Pädagogik in Zwickau und Literatur in Leipzig. Er lebt heute als Erzähler, Lyriker und Publizist in Dresden und ist Herausgeber der Literaturzeitschrift »Signum«. Im be.bra verlag erschienen von ihm u. a. »Der Weiße Hirsch in Dresden«, »Lieber Dresden im Regen als Wien bei Sonne« (gemeinsam mit Jens Wonneberger) und »Sächsische populäre Irrtümer – Ein Lexikon (gemeinsam mit Wolfgang Stumph).

Jens Wonneberger, geboren 1960 in Großröhrsdorf, studierte Bauingenieurwesen in Dresden. Seit 1992 ist er Schriftsteller und Literaturredakteur des Dresdner Stadtmagazins »Sax«. Von ihm erschienen bereits zahlreiche Romane und Sachbücher, im be.bra verlag u. a. »Pfunds Molkerei«, »Dresdner Dichterhäuser« und »Dichterhäuser um Leipzig« (beide gemeinsam mit Norbert Weiß).